# Gegenentwurf

zum

## Vorentwurf eines deutschen Strafgesetzbuchs

Aufgestellt von

**D. Dr. W. Kahl,**
Professor an der Universität Berlin,

**Dr. K. v. Lilienthal,**
Professor an der Universität Heidelberg,

**Dr. F. v. Liszt,**
Professor an der Universität Berlin,

**Dr. J. Goldschmidt,**
a. o. Professor an der Universität Berlin.

---

## Begründung.

**(Nebst einer Denkschrift, betreffend die Einarbeitung der Nebengesetze, von Privatdozent Dr. N. H. Kriegsmann, Kiel).**

Berlin 1911.

**J. Guttentag, Verlagsbuchhandlung,**

G. m. b. H.

# Inhaltsverzeichnis.

Erstes Buch.

## Von den Verbrechen und Vergehen.

### Allgemeiner Teil.

**Besonderer Teil.**

---

## Nachtrag zur Anlage II des Textes des GE.

In dem GE. gehen außerdem noch auf:

Impfgesetz vom 8. April 1874 § 17 in § 270 GE.;

Gesetz, betr. die Beseitigung von Ansteckungsstoffen bei Viehbeförderung auf Eisenbahnen vom 25. Februar 1876 § 5 in § 225 GE.;

Invalidenversicherungsgesetz vom 13. (19.) Juli 1899 §§ 187, 188 (§§ 1496—1499 der Reichsversicherungsordnung) in den §§ 206, 360 Ziff. 1 (und 80) GE.

---

Die Verfasser des GE. danken den Herren Referendaren Oborniker und Imberg für freundliche Unterstützung bei Abfassung der Begründung.

---

# Erstes Buch.

# Von den Verbrechen und Vergehen.

## Allgemeiner Teil.

---

## Erster Abschnitt.

## Das Strafgesetz.

### § 1. Einteilung der strafbaren Handlungen.

Bei der Einteilung der strafbaren Handlungen kommen nach der gesamten Lage des GE. (vgl. Vorwort) hier nur noch Verbrechen und Vergehen in Betracht, da die Übertretungen im II. Buch grundsätzlich selbständig behandelt werden.

Der GE. behält die Unterscheidung von Verbrechen und Vergehen trotz der gegen sie gerichteten Angriffe (Wach, Dtsch. Jur. Zt. XV 13; Reform des RStGB. 1910, I 11; Binding, Gerichtssaal Bd. 77 S. 10; Traeger ebenda S. 81 ff.) bei. Zwar hat sie für den GE., zumal nach der grundsätzlichen Strafbarkeit des Vergehensversuchs (§ 27), eine große systematische Bedeutung nicht mehr (immerhin vgl. §§ 32 Abs. 2, 104, 178 Abs. 2, 180, 181, 185, 227). Für die Beibehaltung sprach die Erwägung, daß auch das kriminelle Unrecht nicht ohne weiteres als eine einheitliche Masse angesehen werden kann. Es sollte vielmehr, wesentlich in Übereinstimmung mit dem Volksbewußtsein hervorgehoben werden, daß nur ein Teil der strafbaren Handlungen regelmäßig ihrer Natur nach auf eine ehrlose Gesinnung des Täters schließen läßt. Das findet gesetzlichen Ausdruck in der Androhung der schwersten

Strafen, insbesondere der Zuchthausstrafe. Das Anstößige der „Trichotomie" ist in der Tat nicht die Unterteilung des kriminellen Unrechts in „Verbrechen" und „Vergehen", sondern die Koordinierung dieser Unterabteilungen des kriminellen Unrechts mit dem polizeilichen Unrecht: den „Übertretungen".

Da für die Bewertung der Handlung durch den Gesetzgeber die an erster Stelle — also grundsätzlich — angedrohte Strafart entscheidend ist, so genügte es, den mit dem Tode oder mit Zuchthaus bedrohten Handlungen die mit Gefängnis bedrohten gegenüberzustellen. Denn der GE. verwendet „Haft" und „Geldstrafe" bei Verbrechen und Vergehen immer nur wahlweise. Es erschien deshalb überflüssig, besonders darauf hinzuweisen, daß auch diejenigen Handlungen als Verbrechen oder Vergehen anzusehen sind, neben denen wahlweise noch eine andere Strafart angedroht ist.

## § 2. **Keine Strafe ohne Gesetz. Zeitliche Geltung des Strafgesetzes.**

Der Paragraph entspricht inhaltlich dem § 2 des VE. Dieser weicht von dem geltenden Recht nur durch die vereinfachte und sachgemäße Fassung, sowie durch die in einem neu hinzugefügten Abs. 3 enthaltene Vorschrift ab, daß bei Aufhebung eines Gesetzes die Strafbarkeit fortfällt. Wenn der GE. in Abs. 1 zu dem „gesetzlich bestimmt" des § 2 StGB. zurückgekehrt, so rechtfertigt sich dies durch die Erwägung, daß diese Fassung — weitergehend als die des VE. — die poenae arbitrariae ausschließt (Olshausen, 8. Aufl., Note 7 zu § 2 StGB.).

Aus dem Abs. 3 zieht die Begr. z. VE. (S. 7) den Schluß, daß die unter der Herrschaft des aufgehobenen Gesetzes begangenen, aber noch nicht abgeurteilten Handlungen nicht mehr bestraft werden können. Wäre das so, dann wäre der Abs. 3 gegenüber dem Abs. 2 überflüssig. Tatsächlich erscheint jener Schluß als eine nicht ganz folgerichtige Einschränkung. Denn der Wegfall der Strafbarkeit umfaßt nicht nur die Möglichkeit der Aburteilung, sondern auch die des Strafvollzuges. Formell würde allerdings für ihn das ergangene rechtskräftige Urteil die erforderliche Grundlage bilden, materiell aber entspräche es nicht den Forderungen der Gerechtigkeit, eine Strafe zu vollziehen zu einer Zeit, in der die Handlung, wegen der sie erkannt wurde, straflos ist (z. B. nach dem GE. der fahrlässige Falscheid). Lediglich diese Folgerung hat Abs. 3 GE., in Befolgung der Anregungen Traegers (Gerichtssaal Bd. 77 S. 138), gezogen. Daneben war es angesichts des Abs. 2 überflüssig, noch besonders hervorzuheben, daß auch eine Verurteilung nicht mehr erfolgen kann. Ein Hinweis darauf liegt übrigens in dem Worte „auch". Daß den Strafen die sichernden Maßnahmen gleichgestellt werden, ist gleichfalls nur eine notwendige Folgerung aus der Aufhebung des ganzen Gesetzes.

Selbstverständlich ist ein Gesetz nur dann als „aufgehoben" anzusehen, wenn die in ihm als strafbar bezeichnete Handlung in Zukunft straflos bleiben soll. Die inhaltliche, nicht die formelle Beseitigung ist entscheidend. Ist das „aufgehobene" Gesetz durch ein neues mit ähnlichem Inhalt ersetzt worden, so liegt nur eine „Änderung" des Gesetzes vor, es kommt also Abs. 2 und nicht Abs. 3 zur Anwendung. Aber auch eine „Änderung" des Gesetzes liegt nicht vor, wenn nur die tatsächlichen Voraussetzungen für seine Anwendung zeitweilig nicht mehr vorhanden sind, wenn also z. B. Zuwiderhandlungen gegen ein inzwischen aufgehobenes Vieheinfuhrverbot in Frage stehen.

Durch die vorgeschlagene Erweiterung des Abs. 3 wird nur der am meisten in die Augen springende Fall der Nichtvollstreckbarkeit einer Strafe oder sichernden Maßnahme wegen Gesetzeswechsels betroffen. Zu fordern ist mindestens noch eine entsprechende Regelung des Falles, daß eine noch nicht vollzogene Strafe oder sichernde Maßnahme selbst durch das neue Gesetz aufgehoben oder durch eine mildere ersetzt oder inhaltlich gemildert wird (Traeger a. a. O.). So beseitigen z. B. VE. und GE. die Polizeiaufsicht, der VE. ersetzt sie freilich durch die „Aufenthaltsbeschränkung" (§ 53), der GE. beseitigt sie ganz. Diese Änderungen dürfen nicht ohne Einfluß auf eine z. Zt. des Inkrafttretens des neuen StGB. noch andauernde „Polizeiaufsicht" sein. Da es aber hier speziellerer Bestimmungen bedürfen wird (vgl. z. B. Art. 42 Abs. 1 Entw. eines EG. z. öst. StGB.), so werden sie besser dem Einführungsgesetz vorbehalten.

Andererseits wäre zu erwägen, ob nicht im EG. — in Abweichung von dem Grundsatz des § 2 — die s o f o r t i g e Anwendung der durch den Entwurf nen eingeführten sichernden Maßnahmen (vgl. insbesondere die der §§ 14, 60, 68, 69, 98 GE.) auf noch nicht abgeurteilte Strafsachen vorgeschrieben werden müßte (so auch § 80 Abs. 2 öst. VE.; v. Bar, Reform des RStGB. I 41).

Schließlich wird es im EG. einer Bestimmung darüber bedürfen, von welchem Tage ab die Antragsfrist läuft, wenn das neue StGB. ein bisheriges Offizialdelikt in ein Antragsdelikt verwandelt (Entw. eines EG. z. öst. StGB. Art. 39 Ziff. 3; v. Bar, Reform a. a. O. S. 41; Traeger, Gerichtssaal a. a. O. S. 137).

## §§ 3—7. **Räumliche Geltung des Strafgesetzes.**

Das den Bestimmungen des GE. zugrunde gelegte System ist im allgemeinen das des geltenden Rechts.

I. Strafbar sind alle im Inlande begangenen Delikte, welchem Staate auch der Täter angehören mag (§ 3).

II. In einem ausländischen „Staate" begangene Delikte können bestraft werden

1. wenn der Täter Deutscher ist,
   a) regelmäßig unter der Voraussetzung, daß sie auch am Orte der Tat mit Strafe bedroht sind, wobei dann die lex loci zur Anwendung kommt, soweit sie für den Fall günstiger ist (§ 4 Ziff. 4);
   b) ausnahmsweise ohne Rücksicht auf die lex loci in den besonders angeführten Fällen (§ 4 Ziff. 1, 3);
2. wenn der Täter Ausländer ist, nur in den besonders angeführten Fällen und dann ohne Rücksicht auf die lex loci (§ 4 Ziff. 1).

Neu gegenüber dem geltenden Rechte sind besondere Vorschriften über die Strafbarkeit der auf staatenlosem Gebiete begangenen Handlungen. Der Deutsche wird regelmäßig (§ 4 Ziff. 4, arg. „Ausland" im Gegensatz zu „ausländischer Staat"), der Ausländer nur dann bestraft, wenn seine Handlung sich gegen einen Deutschen oder bestimmte den Deutschen gleichzustellende Personen richtet (§ 4 Ziff. 2).

Die Bestrafung der im Auslande begangenen Delikte soll, wie im geltenden Rechte, unter der Herrschaft des Opportunitätsprinzipes stehen. Das ist aber im § 3 GE. nicht ausdrücklich gesagt, weil die Abgrenzung des Opportunitätsprinzipes in der Strafprozeßordnung zu geschehen hat (vgl. auch § 155 Entw. d. StPO.; Neumeyer, SA. aus SeuffBl. v. 1. u. 15. Februar 1911, S. 12).

Übereinstimmend sowohl mit dem geltenden Rechte wie mit dem VE. ist eine ausdrückliche Bestimmung darüber unterblieben, welcher Ort als der der Tat anzusehen sei. Eine gesetzliche Regelung könnte nur sehr kasuistisch geschehen, wenn durch sie wirklich alle Zweifel ausgeschlossen werden sollen. Zudem entspricht die Behandlung dieser Frage in der Praxis wohl den praktischen Bedürfnissen, so daß eine ausdrückliche Stellungnahme im Gesetze überflüssig erscheint.

Der VE. ist in der Behandlung der Auslandsdelikte erheblich weitergegangen als das geltende Recht. Dem zu folgen, erschien bedenklich.

Was zunächst das Außerachtlassen des lex loci in § 4 Ziff. 1 VE. anlangt, so kann darin ein Fortschritt in Übereinstimmung mit der nahezu einhelligen Ansicht der Kritik (v. Bar, Reform I 45, 46, 52; Kohler, GoltdArch. Bd. 56 S. 288, 304; v. Lilienthal, Monatsschr. für Kriminalpsychologie VI 531; Kantorowicz, ebenda VII 269; Köhler, Hirths Ann. Bd. 43 S. 163; Kitzinger, Zeitschr. f. Strafr.-Wiss. XXXI 206; Hartwig, ebenda 193ff.; Neumann, SeuffBl. a. a. O. S. 1ff.; Kaufmann, Privatäußerung; anders nur Kleinfeller, in der Zeitschr. f. internat. R. XX 125) nicht gefunden werden. Das Strafrecht eines jeden Staates ist auf dessen besondere Bedürfnisse abgestimmt, und wenn auch diese besonderen Bedürfnisse sehr häufig in Staaten gleicher Kultur die gleichen sind, so fehlt es doch keineswegs an Ausnahmen. Es ist nun eine keineswegs berechtigte petitio principii, daß der Deutsche in der ganzen Welt den deutschen Gesetzen Gehorsam schulde. Richtig ist nur, daß er überall dem geltenden Rechte sich zu unterwerfen hat. Er muß sich deshalb die Bestrafung gefallen lassen, wenn er in einem fremden Staate eine Handlung begangen hat, die dort strafbar ist, auch wenn sie nach deutschem Rechte straffrei wäre. Dagegen kann ihn das Deutsche Reich nicht schützen. Wenn er so die Nachteile des fremden Rechtes zu erdulden hat, so entspricht es nur der Gerechtigkeit, ihm auch die Vorteile zugute zu halten. Er begeht tatsächlich kein Unrecht, wenn er sich die größere Bewegungsfreiheit zunutze macht, die ihm das Recht des Aufenthaltsstaates gestattet. Das ist regelmäßig um so weniger bedenklich, als sich diese größere Bewegungsfreiheit doch in sehr engen Grenzen zu halten pflegt. Die wirklich schweren Delikte sind wohl ausnahmslos überall strafbar. Das festzustellen ist im einzelnen Fall gar nicht besonders schwierig. Jedenfalls aber würde diese geringe Erschwerung der richterlichen Tätigkeit reichlich aufgewogen durch die Vermehrung der Fälle, in denen die Feststellung von Vorgängen im Auslande nötig würde, die stets große Schwierigkeiten der Beweisführung mit sich bringt.

Hierzu kommt ferner, daß die Nichtbeachtung der lex loci folgerichtig dazu führt, auch eine im Ausland ergangene Aburteilung nicht zu berücksichtigen. Der VE. (§ 5) hat diese Folgerung tatsächlich gezogen, geradeso wie es das geltende Recht für die Fälle tut, in denen es die Bestrafung ohne Rücksicht auf die lex loci zuläßt. Das ist erträglich, wenn es sich um wenige, das Inland ebenfalls oder ausschließlich in Mitleidenschaft ziehende Delikte handelt. Als allgemeine Regel wäre diese Verletzung des Grundsatzes ne bis in idem außerordentlich gefährlich. Doppelt gefährlich, wenn auch der im Ausland freigesprochene Deutsche im Inlande eine neue Strafverfolgung zu gewärtigen hat.

Noch bedenklicher ist die starke Ausdehnung der Strafbarkeit des Ausländers, der in einem ausländischen „Staate" eine strafbare Handlung begangen hat. Der dem VE. § 4 Ziff. 2 zugrunde gelegte Gedanke, daß jede Verletzung eines Deutschen durch einen Ausländer diesen im Inlande strafbar macht, entspricht zwar einem hochgespannten Nationalitätsgefühl, hat aber gleichwohl schwerste Bedenken gegen sich. Einmal liegt darin ein Eingriff in die Souveränitätsrechte fremder Staaten, der leicht zu unangenehmen diplomatischen Konflikten führen kann. Ferner würde die Durchführung unter Umständen nicht ohne Verletzung vertraglich übernommener Verpflichtungen geschehen können. Wenn ein Russe in Rußland gemordet hat und dann nach Preußen gekommen ist, so hat Rußland das Recht, die Auslieferung des Mörders zu verlangen. Wollte Preußen ihn selbst bestrafen, statt ihn auszuliefern, so wäre das ein Bruch des bestehenden Auslieferungsvertrages. Endlich müßte sich Preußen nach dem Grundsatz der Reziprozität ein gleiches Verfahren gefallen lassen, was noch eine wesentliche Verminderung des den Deutschen im Auslande zu gewährenden Schutzes herbeiführen würde. Um sehr geringer Vorteile halber verschlechterte man die internationalen Beziehungen der Staaten zueinander. Es liegt deshalb kein Grund vor, von dem geltenden Rechte, das sich bisher gut bewährt hat, abzuweichen (ebenso v. Bar a. a. O. S. 47ff., 53ff.; Kohler, v. Lilienthal, Köhler, Kitzinger, Hartwig a. a. O.; Neumeyer a. a. O. S. 8; Kaufmann; anders nur Stölzel, Staatliches und staatloses Ausland, 1910, S. 72).

Anders ist die Sachlage, sofern die Verletzung von Deutschen durch Ausländer in „staatenlosem" Ausland begangen wurde. Hier greift GE. § 4 Ziff. 2 ein.

§ 3.

Hier weicht der GE. von dem geltenden Rechte und dem VE. insofern ab, als er das Anwendungsgebiet der deutschen Strafgesetze einfach durch den Ausdruck „Inland" statt „Gebiet des Reichs" bezeichnet (ebenso Wach, Reform I 19 Note 1; Neumeyer a. a. O. S. 21). Es soll damit die zweifellose Tatsache anerkannt werden, daß die Anwendung des deutschen Strafrechts auch an Orten zu geschehen hat, die nicht eigentlich zu dem Gebiete des Deutschen Reichs gehören, z. B. in den Schutzgebieten, den Konsulargerichtsbezirken u. a. m. Eine nähere Bestimmung des Begriffes „Inland" gehört nicht in das Strafrecht, das hier von dem Staats- und Völkerrechte durchaus abhängig ist.

§ 4.

In Ziff. 1 wird bestimmt, in welchen Fällen sowohl Deutsche wie Ausländer ohne Rücksicht auf die lex loci nach deutschem Rechte bestraft werden können. Der GE. geht dabei über das geltende Recht hinaus, indem er den „Meineid vor einer deutschen Behörde" hinzunimmt, bleibt damit freilich hinter VE. § 4 Ziff. 2 („Meineid in einem bei einer deutschen Behörde anhängigen Verfahren") bewußt zurück (Neumeyer S. 6). Dasselbe gilt, insoweit der GE. zwar, über § 4 Ziff. 1 StGB. hinaus, nicht nur „Verbrechen oder Vergehen im Amte", aber auch nicht, wie § 4 Ziff. 2 VE., alle „Verbrechen oder Vergehen" deutscher Beamten, vielmehr nur solche hineinzieht, die „in oder bei Ausübung des Amtes" begangen sind. Neu hinzugefügt ist der Frauenhandel (GE. § 249), während Sklavenraub und Sklavenhandel (GE. § 275) auch jetzt schon ebenso behandelt werden, wie die in § 4 Abs. 2 Ziff. 1 StGB. angeführten Delikte (Sklavenraubges. § 5). Andererseits sind die Sprengstoffverbrechen (GE. § 215) trotz § 12 Sprengstoffges. fortgelassen. Der GE. gibt ihre Sonderstellung auf. Ohnehin wird jeder Staat die in seinem Gebiet begangenen gemeingefährlichen Verbrechen ahnden.

Im Zusammenhang mit Ziff. 1 steht Ziff. 3, welche die Strafbarkeit des Deutschen im Auslande inhaltlich ebenso regelt wie das geltende Recht. Nur ist an Stelle des Ausdrucks „Beleidigung“ eines Bundesfürsten der zutreffendere „Verletzung“ (Bes. Teil, 2. Abschnitt) gesetzt und der „Regent“ dem Bundesfürsten gleichgestellt worden.

Ziff. 2 behandelt (in Befolgung einer Privatanregung Kaufmanns) die auf staatenlosen Gebieten begangenen Handlungen, soweit Deutsche und Ausländer dabei gleichgestellt werden sollen. Das ist der Fall bei Verletzungen von Deutschen, denen gleichgestellt werden Beamte des Reichs, eines Bundesstaates oder Schutzgebietes sowie die Besatzung und die Passagiere eines deutschen Schiffes oder Luftfahrzeuges. Daß diese Anwendung des Schutzprinzipes Ausländern gegenüber notwendig ist, wird ebensowenig bestritten werden können, wie die Tatsache, daß hier ein Eingriff in eine fremde Souveränität nicht vorliegt. Die Haftbarkeit des Deutschen geht erheblich weiter wie die des Ausländers. Für ihn kommt nämlich auf staatenlosen Gebieten so gut wie in fremden Staaten außer Ziff. 2 noch Ziff. 4 zur Anwendung.

Ziff. 4 entspricht dem geltenden Rechte. Hinzugefügt ist, gemäß mehrfacher Anregung (v. Bar a. a. O. S. 53; Köhler a. a. O. S. 164; Privatäußerung Kohlers), aus Billigkeitsgründen die bisher nur für den Neubürger (StGB. § 4 Ziff. 3 Abs. 2, VE. § 5 Ziff. 1) geltende Vorschrift, daß das ausländische Recht angewendet werden soll, wenn es dem Täter günstiger ist. Dieser auch schon in § 5 Ziff. 1 VE. verwendete Ausdruck macht § 5 Ziff. 2 (z. T.) und 3 StGB. überflüssig — eine Folgerung, die der VE. (§ 5 Ziff. 2a, b und z. T. d) allerdings nicht gezogen hat.

Ist die Handlung in staatenlosem Ausland begangen, so ist die Bestrafung durch die Strafbarkeit am Begehungsort nicht bedingt.

Abs. 2 behandelt die Bestrafung der sog. „Neubürger“ im wesentlichen im Sinne des geltenden Rechtes. Abweichend ist 1. die Bezeichnung des hier auch bei Begehung in staatenlosem Ausland anzuwendenden Strafgesetzes des ausländischen Staates, dem der Täter zur Zeit der Begehung angehörte (Privatanregung Kaufmanns), durch „günstiger“ statt durch „milder“; 2. der Verzicht auf den Antrag der zuständigen Behörde des Landes, in welchem die strafbare Handlung begangen wurde. Maßgebend für letzteres waren die in der Begründung des VE. S. 13 geltend gemachten Gründe.

§ 5.

Entspricht inhaltlich dem geltenden Recht, § 5 StGB. Doch sind Ziff. 3 und z. Teil Ziff. 2 überflüssig geworden, weil allgemein im Falle von § 4 Ziff. 4 das dem Täter „günstigere" ausländische Gesetz anzuwenden ist (so auch v. Bar a. a. O. S. 53). So vereinfacht, findet § 5 gleichzeitig einen Zusammenhang mit

§ 6,

der (bis auf die Ersetzung von „Reichsgebiet" durch „Inland", dazu Begr. zu § 3 GE.), so wenig wie

§ 7,

eine Änderung des geltenden Rechtes enthält. Beide Paragraphen entsprechen den §§ 7 und 8 VE.

§ 8. **Persönliche Geltung des Strafgesetzes.**

Abs. 1 entspricht wörtlich dem § 9 VE.

Abs. 2 ist hinzugefügt, um die Streitfrage, ob Zivilpersonen in Friedenszeiten wegen Teilnahme an militärischen Delikten nach dem MilStGB. bestraft werden können, zu entscheiden, und zwar, im Gegensatz zum Reichsgericht, in verneinendem Sinne. Diese Entscheidung steht allein im Einklang mit der geschichtlichen Entwickelung, dem vom preuß. MilStGB. und von der Reichsregierung bei Beratung des RMilStGB. eingenommenen Standpunkt, der Eigenart der MilStGB., die es als im Frieden auf Zivilpersonen unanwendbar erscheinen läßt, der Überschrift des 3. Titels des II. Teils des MilStGB. und dem schweiz. und öst. VE. (vgl. auch v. Koppmann — Weigel, Komment. z. MilStGB., 3. Aufl. Note 9 A zu Teil I Abschnitt 4; M. E. Mayer, Vgl. Strafrechtsdarstell. Bes. T. I 392, 393; Goldschmidt, Reform des RStGB., II 100 ff.).

Der vom GE. eingenommene Standpunkt bedingte selbstverständlich, die Teilnahme an militärischen Delikten mit selbstständiger Strafe zu bedrohen. Dies ist in § 153 GE. geschehen. Im übrigen wird vorausgesetzt, daß der § 2 Abs. 3 EG. z. MilStGB., der selbstverständlich inhaltlich aufrechtzuerhalten ist, im EG. formell mit § 8 Abs. 2 GE. in Einklang gebracht wird.

§§ 9 und 10 — **Unverantwortlichkeit der Volksvertreter und Parlamentsberichte** —

entsprechen wörtlich den §§ 10 und 11 VE. Doch erschien es richtiger, sie nicht dem Marginale: „Persönliche Geltung des

Strafgesetzes" zu unterstellen (Kitzinger, Zschr. f. Strafr.-Wiss. XXXI 205).

## § 11. Verantwortlichkeit körperschaftlicher Organe.

Die Bestimmung ist, in Befolgung einer Anregung v. Lilienthals, Vgl. Strafrechtsdarst. Allg. T. V 101, neu hier angefügt, um Mißstände zu beseitigen, die sich aus der tatsächlichen Unbestrafbarkeit juristischer Personen ergeben haben. Es kam hier darauf an, nicht eine gesetzliche Entscheidung über die Natur der juristischen Person zu geben, sondern eine Bestrafung der jeweils schuldigen natürlichen Personen zu ermöglichen. In den meisten Fällen bedarf es dazu besonderer Vorschriften nicht, weil der für die juristische Person Handelnde (gleichviel ob als Vertreter oder als Organ) sich durch Begehung einer strafbaren Handlung selbst in vollem Umfange verantwortlich macht. Anders liegt die Sache da, wo Voraussetzungen der Strafbarkeit nur bei der juristischen Person vorliegen. Ein typisches Beispiel bieten dafür die Konkursdelikte: die juristische Person ist Gemeinschuldner, ihr Vorstand begeht eine nach §§ 239 ff. KO. strafbare Handlung. Den richtigen Weg hat § 244 KO. gezeigt; ebenso die §§ 12 Depot-Ges. v. 1896, 83 des Ges. betr. die Gesellsch. m. b. H. v. 1898, 112 des Ges. betr. die privaten Versicherungsunternehmungen v. 1901. § 11 GE. soll nur den dort ausgesprochenen Gedanken verallgemeinern. Da dieselben Verhältnisse auch bei der Verwaltung fremden Vermögens eintreten können, erschien es sachgemäß, sie der Vertretung einer juristischen Person in dieser Beziehung gleichzustellen.

## § 12. Sprachgebrauch dieses Gesetzes.

Die Festlegung des Sprachgebrauches im Gesetze ist gegen über dem VE. etwas erweitert worden.

Ziff. 1 ist insofern erweitert, als durch Ersetzung von „Geschwistern und deren Ehegatten" durch „Verwandte und Verschwägerte der Seitenlinie bis zum zweiten Grade" zweifelsfrei auch die „Geschwister der Ehegatten" einbegriffen sind (darüber Olshausen, Note 23 Abs. 2 zu § 52 StGB.), und insofern, als durch Aufführung der Paragraphen des BGB. die Frage entschieden werden soll, ob im Strafrecht uneheliche Zeugung Verwandtschaft begründet und Auflösung der Ehe die Schwägerschaft bestehen läßt.

Ziff. 2 = Ziff. 2 VE.

Ziff. 3 = Ziff. 3 VE.

Ziff. 4 regelt, ebenso wie Ziff. 5, eine Frage allgemein und ermöglicht dadurch die Vereinfachung der Tatbestandsbestimmungen im Besonderen Teil.

Ziff. 6 = Ziff. 4 VE.

Ziff. 7 gibt eine Begriffsbestimmung des Ausdrucks „Urkunde", die der herrschenden Anschauung im wesentlichen entspricht und wohl geeignet ist, zahlreiche und ziemlich unfruchtbare Kontroversen abzuschneiden.

Ziff. 8 = Ziff. 5 VE.

## Zweiter Abschnitt.

# Die strafbare Handlung.

### § 13. Geistige Mängel.

I. Unter der Überschrift „Strafausschließungs- und Milderungsgründe" nennt in erster Linie § 63 des VE. diejenigen „geistigen Mängel", welche die Zurechnungsfähigkeit ausschließen oder vermindern. Die Unterscheidung von Schuld- und Strafausschließungsgründen will die Begründung § 224 ausdrücklich preisgegeben wissen. Dies ist — wie die Kritik nahezu einhellig anerkannt hat — weder theoretisch gerechtfertigt, noch vom Standpunkte der Praxis erwünscht. Manche nicht unbedenkliche Folge müßte sich ergeben; so z. B. die Strafbarkeit der Teilnahme an der Notwehrhandlung, die Strafbarkeit der Putativnotwehr. Man soll einen im Wesen der Sache begründeten Unterschied nicht durch Gesetzesbefehl beseitigen wollen. Der GE. setzt in seiner den § 13 einleitenden Formel „Eine Handlung ist straflos" (zu vgl. auch §§ 15, 16, 25, 26) den Unterschied als fortbestehend voraus, überläßt aber die Anwendung der Begriffe der Wissenschaft und Rechtsprechung und beschränkt sich darauf, die irrationelle Folgerung der Straflosigkeit des Teilnehmers an der Handlung eines Zurechnungsunfähigen in § 34 positivrechtlich auszuschließen.

II. Die in § 63 Abs. 1 des VE. aufgestellte Formulierung der geistigen Mängel selbst kann unmöglich bestehen bleiben. Es soll nicht strafbar sein, „wer zur Zeit der Handlung geisteskrank, blödsinnig oder bewußtlos war, so daß dadurch seine freie Willensbestimmung ausgeschlossen wurde". Diese Dreiteilung entspricht weder dem volkstümlichen Verständnis, noch kann sie den Bedürfnissen der Rechtspflege genügen. Sie ist von Ärzten, welche sie früher vertreten haben, ausdrücklich aufgegeben und nunmehr widerraten (vgl. Verh. der Berl. Ges. f. Psychiatrie und Nervenkrankheiten in Berl. klin. Wochenschr., 1910, No. 15 und 22; Deutsche med. Wochenschr., 1910, No. 47—49; Bericht d. Preuß. Med. Beamten-Ver., 1910; auch Gretener, Die Zurechnungsfähigkeit im VE., 1910, S. 28ff.).

Es ist zunächst geltend zu machen, daß der Blödsinn eine Erscheinungsform der Geisteskrankheit überhaupt darstellt. Beide lassen sich zwar im engeren Sinne darin unterscheiden, daß Geisteskrankheit die positiven Merkmale anormaler Geistesbeschaffenheit, Blödsinn die Hemmungen und Mängel eines normalen Geisteszustandes ausdrückt und in sich schließt. Aber damit ist kein Unterscheidungsmerkmal gegeben, welches irgendwie für die richterliche Diagnose der Zurechnungsfähigkeit zu gebrauchen oder von Bedeutung wäre. Andererseits würde auch dadurch nicht geholfen sein, daß man einfach den Oberbegriff „geisteskrank" wählte. Denn er würde zu eng sein und darum sachwidrig den Begriff der Zurechnungsunfähigkeit auf die Fälle einer pathologisch bestimmt ausgeprägten Form geistiger Erkrankung einschränken. Es kann nur dringend empfohlen werden, es bei der bewährten, alle hierhergehörigen Zustände umfassenden Formel des geltenden Rechts „krankhafter Störung der Geistestätigkeit" zu belassen. Ebenso erscheint, was schon bisher in vielen Fällen der täglichen Praxis sich ergeben hat, der Ausdruck „bewußtlos" mit Rücksicht auf gewisse epileptische Dämmerzustände und andere psychopathische Formen, welche zweifellos die Zurechnungsfähigkeit ausschließen, ohne sich äußerlich als Bewußtlosigkeit i. e. S. darzustellen, als zu eng und leicht mißverständlich. Er ist durch „Bewußtseinsstörung" zu ersetzen (vgl. auch Frank, Reform der RStGB., I 235), und es würde sich, wiederum im Anschluß an das geltende Recht, empfehlen, diesen speziellen geistigen Mangel voranzustellen. So kommt der GE. zu dem Vorschlag „Bewußtseinsstörung oder krankhafte Störung der Geistestätigkeit". Endlich aber empfehlen wir dringend, den die Zurechnungsfähigkeit begrenzenden Regulator beider geistigen Mängel nicht mehr in den jeden Falles unbestimmten Begriff des „Ausschlusses der freien Willensbestimmung" zu verlegen, sondern durch die beiden zutreffenden Komponenten des Intellekts und der Handlungsfreiheit zu ersetzen, deren Nichtvorhandensein in gemeinverständlicher Weise die Zurechnungsfähigkeit ausschließt. Die große prinzipielle Streitfrage ist hier nicht noch einmal aufzurollen. Es genügt, darauf hinzuweisen, daß nach der Begründung des VE. selbst durch die Wahl des Ausdrucks „freie Willensbestimmung" unzweifelhaft weder die Lehre des Determinismus aus dem künftigen Strafgesetzbuch ausgeschlossen, noch die Lehre des Indeterminismus in dasselbe eingeführt werden sollte. Die Bezeichnung ist gewählt, weil die Verfasser eine bessere nicht zu finden glaubten. Die vom GE. empfohlene „nicht die Fähigkeit besaß, die Strafbarkeit seiner Tat einzusehen oder dieser Einsicht gemäß zu handeln" ist eine bessere. Wie sie die ärztlich wissenschaftliche Erfahrung befriedigt, so deckt sie auch vollkommen das juristisch praktische Bedürfnis der Strafrechtspflege. Jeder Laienrichter kann sie verstehen und handhaben (vgl. denn auch § 3 österreich. VE.; Gretener a. a. O. S. 87, 91; Frank a. a. O. S. 234; u. a.).

Die vom GE. gewählte Formulierung bringt aber auch noch einen anderen Gewinn. Sie ermöglicht in knappster Form den korrekten sprachlichen Anschluß der Zustände verminderter Zurechnungsfähigkeit. Die Fassung des VE. ist schon logisch unmöglich. Die „freie Willensbestimmung" kann „durch Bewußtlosigkeit" niemals bloß „vermindert" sein. Der GE. folgt dem Sinne nach der wohlerwogenen Fassung des Innsbrucker Juristentags von 1904 (Vhdl. Bd. IV S. 396ff.) und der Redaktion des österr. VE. § 4. Die jahrelangen Vorarbeiten von Juristen und Medizinern dürfen auch dem künftigen Deutschen Strafgesetzbuch nicht verloren gehen.

An Stelle der obligatorischen Strafmilderung für vermindert Zurechnungsfähige empfiehlt der GE. die fakultative, deren Vorzüge von vielen, darunter auch von früheren Anhängern der obligatorischen anerkannt sind. Für den hiernach als möglich angenommenen Fall, daß die Milderungsstrafe nicht angewendet wird, war nach dem Vorbilde Österreichs § 4 die Anwendung der Todes- und lebenslangen Zuchthausstrafe ausdrücklich und für jeden Fall auszuschließen, sowie die nach § 28 Abs. 2 Satz 1 des GE. bemessene Ersatzstrafe einzusetzen.

Der im § 63 Abs. 2 des VE. richtig enthaltene, aber in seiner prinzipiellen Tragweite etwas verschleiert ausgedrückte Gedanke, daß selbstverschuldete Trunkenheit einen Fall privilegierter verminderter Zurechnungsfähigkeit nicht bilden soll, ist im GE. § 13 Abs. 2 Satz 2 verständlicher und grundsätzlicher dahin gefaßt: „Selbstverschuldete Trunkenheit schließt die Anwendung eines milderen Strafgesetzes aus." Der von einem der Herausgeber gegen diese Bestimmung früher erhobene Widerspruch (Ärztl. Sachverst.-Ztg. 1910, No. 5 S. 17) wird hiermit zurückgezogen. Es ist, mag sich auch klinisch der bloße akute Rausch als Bild einer verminderten Zurechnungsfähigkeit darstellen, doch gerechtfertigt, daß der Legalbegriff der letzteren die selbstverschuldete Trunkenheit ausschließe. Aus zwei Gründen. Einmal strafpolitisch aus Rücksichten der Generalprävention. Sodann mit Rücksicht auf die Notwendigkeit, eine im VE. gelassene bedauerliche Lücke auszufüllen: nämlich auch die nicht gemeingefährlichen, vermindert zurechnungsfähigen Kriminellen irgendwie einer Sicherung und Nachbehandlung zu unterwerfen (s. Begr. zu § 14 GE.). Es wird aber niemand vertreten wollen, daß eine solche auch demjenigen Gesunden gegenüber eintrete, welcher in akutem Rausch eine strafbare Handlung begangen hat.

III. § 64 des VE. hat eine gute Absicht, ist aber unbedingt zu streichen. Er will den strafrechtlichen Kampf gegen die Trunkenheitsdelikte dadurch stärken, daß er Bestrafung für „fahrlässige Begehung" eintreten läßt, wenn „der Grund der Bewußtlosigkeit selbstverschuldete Trunkenheit war und der Täter in diesem Zustand eine Handlung begangen hat, die auch bei fahrlässiger Begehung strafbar ist".

Vorweg ist zu betonen, daß man sich zur Stütze einer solchen Strafrechtsnorm nicht auf § 827 BGB. berufen darf. Privatrechtliche Haftung wegen Verursachung und strafrechtliche Verantwortlichkeit wegen Verschuldung sind in Wesen und Voraussetzungen grundverschieden. Das künftige Strafrecht kann sich nicht nach dem vorhandenen Bürgerlichen Recht strecken müssen. Für dieses ist weder die Schuld im allgemeinen in dem Sinne wie für das Strafrecht prinzipale Voraussetzung, noch die Verschiedenheit der Schuldformen im besonderen von so entscheidender Bedeutung.

§ 64 des VE. ist zunächst schon darin anstößig, daß er in seiner Wirkung die vorsätzlichen Trunkenheitsdelikte geradezu prämiiert. Denn begeht, von actiones liberae in causa natürlich abgesehen, ein schuldhaft bis zur Sinnlosigkeit Trunkener eine nur bei vorsätzlicher Begehung strafbare Handlung, so bleibt er nach allgemeinen Grundsätzen wegen dieser straflos. Wie viele reine Vorsatzdelikte aber gibt es, zu denen gerade der Vollrausch prädisponiert: Widerstand, Hausfriedensbruch, Sittlichkeitsverbrechen. Wie sollte das einfache Rechtsbewußtsein die andere und strengere Behandlung der Fahrlässigkeitsdelikte verstehen!

Der wesentliche und unverbesserliche Fehler des § 64 aber ist, daß er die allgemein gültigen Grundsätze über Zurechnung aufhebt. Er straft ohne Schuld. Er läßt die poena ordinaria für einen rechtswidrigen Erfolg auch dann eintreten, wenn sich auf diesen die Fahrlässigkeit überhaupt nicht bezogen hatte, sondern auf den Zustand der Trunkenheit allein. Und noch dazu ohne Rücksicht auf den Grad der Trunkenheit selbst! Die nicht preiszugebenden und die Praxis stetig beherrschenden Grundsätze sind doch diese: Hatte der Täter sich vorsätzlich in den Zustand der Trunkenheit versetzt, um in diesem eine Straftat zu begehen (actio libera in causa), so tritt auch ohne gesetzliche Vorschrift die Bestrafung wegen vorsätzlicher Begangenschaft ein. Genau das gleiche Prinzip gilt aber auch dann, wenn der Täter sich zwar nur fahrlässig, aber mit dem, eben einen Bestandteil seiner Fahrlässigkeit bildenden Bewußtsein selbstverschuldet betrunken hatte, daß er in trunkenem Zustand nach seiner persönlichen Anlage oder unter den gegebenen Umständen wahrscheinlicher-, selbst nur möglicherweise eine strafbare Handlung begehen werde oder nicht werde vermeiden können. Besteht aber endlich die Fahrlässigkeit lediglich in Herbeiführung eines trunkenen Zustandes außerhalb jeder Verbindung mit der Wahrscheinlichkeit oder Möglichkeit einer Straftat, so könnte für die unvorhersehbar gleichwohl begangene strafbare Handlung eine Bestrafung jedenfalls dann unter keinen Umständen eintreten, wenn nach dem Grade der Trunkenheit die Zurechnungsfähigkeit ausgeschlossen war. Diesen gemeingültigen Grundsätzen gegenüber kann § 64 des VE. nicht aufrechterhalten werden.

Allerdings aber offenbart sich hier ein in der bestehenden Gesetzgebung noch ungedecktes Bedürfnis der Strafverantwortlichkeit. Jeder empfindet als ungehörig, in manchen Fällen unerträglich, wenn ein leichtsinniger, wegen selbstverschuldeter Trunkenheit zurechnungsunfähiger Täter überhaupt straffrei bleiben muß. Es gibt eine vollbefriedigende Lösung. Die selbstverschuldete Trunkenheit als solche ist zu bestrafen, wenn sie den Grund der Zurechnungsunfähigkeit bildete, um derentwillen von der Handlung selbst freigesprochen werden mußte. Nach dieser Seite das allgemeine Verantwortlichkeitsbewußtsein zu stärken, ist im Hinblick auf den Zusammenhang von Alkoholismus und Verbrechen ein unzweifelhaftes soziales Bedürfnis. Solche Strafandrohung gehört aber nicht an Stelle des jetzigen § 64 in den Allgemeinen, sondern in den Besonderen Teil. Nach Vorbild des österr. VE. § 242 hat der GE. unter die Delikte gegen die öffentliche Ordnung mit dem Stichwort „Selbstverschuldete Trunkenheit" in § 190 die Bestimmung aufgenommen: „Wer sich vorsätzlich oder fahrlässig in einen die Zurechnung nach § 13 Abs. 1 ausschließenden Zustand der Trunkenheit versetzt, wird mit Gefängnis bis zu sechs Monaten bestraft, wenn er in diesem Zustand eine Handlung begeht, die ihm sonst als Verbrechen oder Vergehen zuzurechnen wäre." Es soll sowohl Verwahrung, als Wirtshausverbot und Unterbringung in eine Trinkerheilanstalt zulässig sein. Durch eine solche Bestimmung würden auch die an sich bedenklichen Übertretungstatbestände in §§ $306^{3}$ und $309^{6}$ des VE. entbehrlich gemacht, wozu die nähere Begründung für § 190 des Besonderen Teils vorbehalten bleibt.

## § 14.

§ 65 des VE. regelt die Anstaltsverwahrung Gemeingefährlicher, welche wegen Zurechnungsunfähigkeit freigesprochen oder außer Verfolgung gesetzt, oder auch bei verminderter Zurechnungsfähigkeit zu einer milderen Strafe verurteilt waren. Ihm entspricht § 14 des GE.

Ein erster Abänderungsvorschlag ist überwiegend redaktioneller Art und bezieht sich auf das Verhältnis dieser Anstaltsverwahrung zur Unterbringung in eine Trinkerheilanstalt, wie solches unklar in Satz 2 Abs. 1 des § 65 VE. geregelt ist. Der GE. streicht diese Bestimmung ganz. Die Begründung dafür ist unten in der Begr. zu § 69 GE. unter Ziff. 4 das. gegeben.

Eine sachliche Änderung beantragt der GE. in § 14 Abs. 1 nur zu § 65 Abs. 3 VE. Dieser gibt gegen alle Bestimmungen der Landespolizeibehörde über Dauer der Verwahrung und über die Entlassung „gerichtliche Entscheidung". Nach Ansicht des

GE. ist hier die Bewegungsfreiheit und das selbständige Bestimmungsrecht der Landespolizeibehörde zu erweitern. Es empfiehlt sich, dem Verwahrten ein Rechtsmittel gegen ihre Anordnungen erst dann zu geben, wenn die Unterbringung ein gewisses zeitliches Höchstmaß überschreitet. Denn es handelt sich hier, soll die Maßregel überhaupt Sinn und Wirksamkeit haben, in jedem Fall um die Notwendigkeit einer Verwahrung auf einen längeren Zeitraum. Der GE. hält eine dem diskretionären Ermessen der Landespolizeibehörde anheimzustellende Zeitdauer von zwei Jahren für angemessen. Er will also erst gegen jede dieses Maß überschreitende Unterbringung den „Antrag auf gerichtliche Entscheidung" bewilligen. Ein zurückgewiesener Antrag soll nach Ablauf von zwei Jahren wiederholt werden können. Den Vorschlag, über solchen Antrag Verwaltungsgerichte entscheiden zu lassen, hat sich der GE. mit Rücksicht auf die Verschiedenheit der Landesrechte in Beziehung auf das Verwaltungsstreitverfahren nicht angeeignet. Er empfiehlt endlich zur Prädizierung der Gemeingefährlichkeit in Abs. 1 statt der Worte „öffentliche Sicherheit" den Ausdruck „Rechtssicherheit". Denn eine Gemeingefahr kann zweifellos auch dann vorliegen, wenn sich die Aggression des Zurechnungsunfähigen oder vermindert Zurechnungsfähigen zunächst und unmittelbar gegen private Rechtsgüter richtet.

Das Hauptanliegen des GE. geht dahin, den Abs. 2 seines § 14 neu hinzuzufügen. Er ist das maßvoll auf das Notwendigste beschränkte Ergebnis einer starken Bewegung, welche ohne die Möglichkeit einer Sicherung auch gegenüber den nicht gemeingefährlichen minderwertigen Kriminellen die gesetzliche Neuordnung über verminderte Zurechnungsfähigkeit für halbe Arbeit, für unbefriedigend und für wirkungslos erkennen muß. Der VE. trifft hierüber keinerlei Vorsehung. Das ist ein schwerer Mangel. In der Zulassung der milderen Bestrafung liegt der Schwerpunkt nicht. Ob der vermindert Zurechnungsfähige drei Monate mehr oder weniger bekommt, ist für die Gesamtheit gleichgültig. In der Sicherung liegt für sie die Lösung des Problems der verminderten Zurechnungsfähigkeit. Die nicht gemeingefährlichen geistig Minderwertigen, die Trottel, die Haltlosen, stellen ein nicht geringes Kontingent zur alltäglichen Gesellschaft der Strafgerichtssäle. Der 27. Deutsche Juristentag hat daher nach langen und gründlichen Vorerwägungeu die Thesis aufgestellt: „Geistig Minderwertige, welche nicht gemeingefährlich sind, müssen nach Vollzug oder Erlaß der Strafe unter staatlich organisierter Gesundheitsaufsicht bleiben; daneben kann Unterbringung in eine Familie oder in eine Privatanstalt verfügt oder die Stellung eines besonderen Pflegers vorgesehen werden. Die Dauer einer solchen Aufsicht wird innerhalb der gesetzlichen Grenzen durch das Gericht bestimmt.“ Der GE. bescheidet sich, diese Aufsichtsbetätigung als eine nur fakultative Maßregel aufzunehmen und läßt für ihre Ausführung die verschiedensten Formen, welche allen individuellen Verhältnissen anzupassen sind, offen. Auch betrachtet er das vorgeschlagene Höchstmaß des richterlichen Bestimmungsrechts von fünf Jahren natürlich nicht als eine Prinzipienfrage. Eine solche ist ihm nur, daß gesetzliche Vorsehung gegen die sichere Gefahr getroffen werde, daß vermindert zurechnungsfähige Entlassene von nicht ausgesprochen gemeingefährlicher Art alsbald wieder steuerlos dem Verbrechen anheimfallen. Die Aufgabe der Strafgesetzgebung wird damit nicht überschritten, weil es sich auch hier nur um eine an Verurteilung sich anschließende Sicherungsmaßregel handelt.

### §§ 15—18. **Jugendliches Alter.**

In Erhöhung der Altersgrenze der strafrechtlichen Verantwortlichkeit auf das vollendete 14. Lebensjahr stimmt § 15 GE. mit § 68 VE. überein. Im übrigen sind die Bestimmungen des VE. in mehrfacher Hinsicht der Verbesserung oder Vervollständigung bedürftig: wie hinsichtlich der Anlage und Stoffanordnung im allgemeinen, so im besonderen in Beziehung auf das Kriterium der Strafbarkeit, auf das Verhältnis von Strafe und Erziehung, Strafvollzug und Anstaltspflege und auf die Schutzaufsicht über vermindert zurechnungsfähige Jugendliche.

Der GE. verteilt den in die §§ 69 und 70 des VE. zusammengedrängten Stoff in die drei §§ 16—18. Die beiden ersten enthalten die allgemein für die Bestrafung Jugendlicher bestimmten Vorschriften, § 18 behandelt das Sonderrecht für vermindert zurechnungsfähige Jugendliche.

### § 16.

§ 16 Abs. 1 des GE. nimmt den unentbehrlichen und wesentlichen Inhalt des § 56 Abs. 1 des geltenden StGB. wieder auf und unterscheidet sich von diesem nur darin, daß er, einer bisher allgemein erhobenen Forderung entsprechend, das Kriterium der Strafbarkeit nicht mehr einseitig in die intellektuelle Reife des Jugendlichen verlegt, sondern es als nicht vorhanden betrachtet, „wenn der Täter zur Zeit der Handlung nicht die Fähigkeit besaß, ihre Bedeutung für die Rechtsordnung und ihre Tragweite für den Täter richtig zu würdigen". Diese Fassung ermöglicht und fordert die Würdigung der Gesamtpersönlichkeit des Täters. Auf eine Bestimmung dieser Art kann nicht verzichtet werden. Die Jugendlichen würden ohne sie ganz erheblich schlechter gestellt sein, als im geltenden Recht. Es geht nicht an, für sie die gleiche gesetzliche Vermutung der Zurechnungsfähigkeit gelten zu lassen, wie für den Erwachsenen. Die Gründe, welche seinerzeit für die Aufstellung einer Altersstufe der zweifelhaften Zurechnungsfähigkeit bestimmend gewesen sind, wirken heute und für alle Zeit in gleicher Stärke fort (ebenso denn auch gegenüber dem VE. u. a. v. Liszt, Ztschr. f. Strafr.-Wiss. XXX 258; Gretener, Die Zurechnungsfähigkeit a. a. O. S. 85, 91; Frank, Reform I 273).

Mit dem Maßstab der Versuchsstrafe im Falle vorhandener Strafverantwortlichkeit ist der GE. § 16 Abs. 2 mit der auf eine Anregung Franks (Reform I 276) zugefügten Maßgabe einer Beschränkung der an Stelle von zeitigem Zuchthaus tretenden Gefängnisstrafe auf 5 Jahre einverstanden; in Aufzählung der gegen Jugendliche nicht anwendbaren Mittel entfallen im GE. Verschärfung des Strafvollzugs und Aufenthaltsbeschränkung, weil er beide Maßnahmen überhaupt ausgeschieden hat. Die allgemeine Bestimmung über die Vollstreckung von Freiheitsstrafen gegen Jugendliche war des logischen Zusammenhangs wegen aus § 70 des VE. schon hier einzustellen, dabei aber die von der Sachverständigenliteratur mit Recht geforderte wichtige Ergänzung hinzuzufügen, daß „erstmalig bestrafte von vorbestraften Jugendlichen vollständig zu trennen sind." Dagegen empfiehlt es sich nicht, die Forderung des VE., „die voll zurechnungsfähigen Jugendlichen von vermindert zurechnungsfähigen vollständig abzusondern", in das Gesetz selbst aufzunehmen. Erfahrene Strafanstaltsdirektoren und Psychiater versichern, daß unter den jugendlichen minderwertigen Sträflingen sich nicht wenige finden, welche im gewöhnlichen Strafvollzug mitgenommen werden können, ja daß es bei manchen sogar besonders vorteilhaft sei, unter gesunde gleichalterige

Jugendgenossen eingereiht zu sein, und daß andererseits für die Vollwertigen daraus kein Nachteil befürchtet werden müsse. Man überlasse also Absonderung oder Gemeinschaft dem diskretionären Ermessen der Anstaltsleiter und Ärzte.

§ 17.

§ 17 des GE. reproduziert den Inhalt von § 69 Abs. 2 des VE., aber mit dem Bestreben, eine größere Klarheit und Folgerichtigkeit in das Verhältnis von Strafe und Erziehungsmaßregeln zu bringen. „Erscheint die Tat hauptsächlich als Folge mangelhafter Erziehung oder ist sonst anzunehmen, daß Erziehungsmaßregeln erforderlich sind, um den Täter an ein gesetzmäßiges Leben zu gewöhnen", so gibt der VE. dem Gericht die Befugnis, „neben oder an Stelle einer Freiheitsstrafe" Überweisung zur staatlich überwachten Erziehung anzuordnen. „Neben oder an Stelle" ist verwirrend. Die Fälle sind gerade für die Freiheitsstrafe zu trennen. § 17 Abs. 1 des GE. ordnet zunächst den Fall, daß die Tat sich als erkennbare „Folge" mangelhafter Erziehung darstellt; dann kann „an Stelle" einer Freiheitsstrafe die Erziehungsmaßregel angeordnet werden. Solche Anordnung ist aber sinngemäß nicht bloß auf einen verurteilungsfähigen Jugendlichen zu beschränken, sondern auch auf solche zu erstrecken, welche wegen in concreto mangelnder Strafverantwortlichkeit freizusprechen oder außer Verfolgung zu setzen waren. Ihnen gegenüber sind, wenn „die Tat hauptsächlich als Folge mangelhafter Erziehung erscheint", Erziehungsmaßregeln nicht weniger angezeigt, als gegenüber den Bestrafungsfähigen. § 17 Abs. 2 des GE. ordnet die Erziehung „neben der Freiheitsstrafe". Er geht aber, abweichend vom VE., von der Erwägung aus, daß der Strafrichter sogleich bei der Verurteilung nicht oder jedenfalls nicht zuverlässig wissen kann, ob der Vollzug der Freiheitsstrafe nicht ausreichen werde, die staatliche Erziehung für diesmal entbehrlich zu machen. Denn „ob sonst anzunehmen ist, daß Erziehungsmaßregeln erforderlich sind, um den Täter an ein gesetzmäßiges Leben zu gewöhnen", kann pädagogisch zuverlässig erst nach Vollstreckung der Freiheitsstrafe, d. h. auf Grund der bei ihr gemachten Erfahrungen und Beobachtungen zu beurteilen sein. Daher will der GE. dem Gericht die „nachträgliche" Anordnung vorbehalten, „falls nach Ansicht und auf Antrag der Strafanstaltsbehörde" noch weitere Erziehungsmaßregeln geboten erscheinen. Es hätte aber keine Berechtigung, die letzteren von vornherein, gewissermaßen als Nebenstrafe anzuordnen und damit die noch unübersehbaren Einwirkungen des Strafvollzuges grundsätzlich zu ignorieren. Es ist zu erwarten, daß mit dieser im GE. vorgeschlagenen Regelung allen Unklarheiten über die Alternative „neben oder an Stelle" vorgebeugt wird.

§ 18.

§ 18 des GE. endlich faßt die Sonderbestimmungen für vermindert zurechnungsfähige Jugendliche, ohne diesen Ausdruck zu gebrauchen, zusammen.

Der GE. geht davon aus, daß die Vorschriften der §§ 13, 14 zwar auf zurechnungsunfähige Jugendliche anwendbar sind (arg. §§ 16, 17), dagegen nicht auf vermindert zurechnungsfähige Jugendliche. Es folgt dies formell schon daraus, daß die §§ 13, 14 zu ihrer Anwendung auf vermindert Zurechnungsfähige „Verurteilung in Anwendung des § 13 Abs. 2" voraussetzen, daß aber diese Voraussetzung bei Jugendlichen nicht zutreffen kann, da diese ja in jedem Fall in Anwendung des milderen § 16 Ab. 2 zu bestrafen sind (§ 86 GE.). Die Behandlung vermindert zurechnungsfähiger Jugendlicher bedarf also besonderer Regelung.

Daß der Grundsatz ihrer vollständigen Trennung von vollwertigen Altersgenossen im Strafvollzug nicht aufrechtzuerhalten sei, wurde schon oben zu § 16 a. E. gerechtfertigt. Dagegen ist es notwendig, den allgemeinen Grundsatz, den § 13 Abs. 3 des GE. (§ 63 Abs. 3 des VE.) für den Vollzug von Freiheitsstrafen an erwachsenen vermindert Zurechnungsfähigen aufstellt, auf Jugendliche für anwendbar zu erklären. Dies tut § 18 Abs. 2 Satz 2 des GE. Es ist aber richtig, mit § 70 Abs. 2 des VE. noch über jenen allgemeinen Grundsatz hinauszugehen. Nur bedarf dabei § 70 Abs. 2 des VE. unbedingt einer redaktionellen Verbesserung.

§ 70 Abs. 2 des VE. läßt zu, daß „Freiheitsstrafen" gegen vermindert zurechnungsfähige Jugendliche auch in staatlich überwachten Erziehungs-, Heil- oder Pflegeanstalten „vollzogen" werden. Der Grundgedanke dieser Bestimmung ist nur zu billigen, ihre Fassung hat Anstoß erregt. Die Heil- und Pflegeanstalten lehnen es ab, gesetzlich als Ersatzstrafanstalten gestempelt zu werden. Der GE. schlägt daher in § 18 Abs. 2 Satz 3 die auch von Anstaltsleitern gutgeheißene Fassung vor: „Erfordert der Geisteszustand des Jugendlichen die Unterbringung in eine staatlich überwachte Erziehungs-, Heil- oder Pflegeanstalt, so gilt für den in diesen Anstalten verbrachten Zeitraum die Freiheitsstrafe als verbüßt". Im praktischen Erfolg kommen die Bestimmung des VE. und die des GE. auf dasselbe hinaus.

Da § 14 des GE. auf vermindert zurechnungsfähige Jugendliche unanwendbar ist, bedarf es aber auch in dieser Richtung einer besonderen Bestimmung. Diese bringt § 18 Abs. 1, Abs. 2 Satz 1 des GE. und damit zugleich eine Ergänzung des VE. Der GE. fordert nämlich, daß jeder mit dem Strafgesetz in Konflikt geratene vermindert zurechnungsfähige Jugendliche, mag er bestraft oder nicht bestraft worden sein, nach Freisprechung, Außerverfolgungsetzung, Verbüßung oder Erlaß usw. unter „Schutzaufsicht" (§ 60 GE.) gestellt werde. Alle Gründe, welche schon oben zu § 14 des GE. ausgeführt worden sind, treffen hier in verdoppelter Stärke zu. Es würde unverantwortlich sein und den Wert der ganzen Reform herunterdrücken, wollte man diese jugendlichen Kriminellen führerlos sich selbst überlassen. Noch eine andere zwingende Erwägung tritt hinzu. In der generellen und obligatorischen Anordnung der Schutzaufsicht liegt die Garantie gegen Mißbrauch der doch auch bei Jugendlichen unmittelbar wirksamen (GE. § 18 Abs. 2 Satz 2 und 3) gesetzlichen Anerkennung der verminderten Zurechnungsfähigkeit. Nur durch sie wird der Einwand zu entkräftigen sein, daß es sich hier um eine der Rechtsverwirklichung gefährliche Neuerung handle, und nur durch sie wird der Gesellschaft derjenige Nutzen gestiftet werden, welchen die gesetzliche Regelung des ganzen Gebietes bezweckt.

## § 19. **Rechtswidrigkeit, Schuld und Schuldformen.**

1. Die Begr. z. VE. S. 251 sagt: „Bildet die Rechtswidrigkeit ein an sich selbstverständliches Merkmal jedes Verbrechensbegriffs, dann muß auch ihr Fehlen notwendig die Strafbarkeit ausschließen, ohne daß es darüber einer Vorschrift bedarf." Und in einer Reihe von Tatbeständen des Bes. Teils hat der VE. das Tatbestandsmerkmal der „Rechtwidrigkeit", im Gegensatz zum geltenden Recht, gestrichen. In anderen Tatbeständen ist aber das Tatbestandsmerkmal der „Rechtswidrigkeit" stehengeblieben, so z. B. in §§ 108, 110, 154, 187, 202, 205, 207, 242, 271, sowie als „unbefugt" z. B. in §§ 135, 139, 158, 267, 268, 297, 300,

301, 307 No. 1, 2, 308 No. 10, 11, 309 No. 2, 3. Damit beläßt es also der VE. in dem praktisch wichtigsten Punkte doch wieder beim geltenden Recht; denn die Zweifel, welche die Hervorhebung des Tatbestandsmerkmals der „Rechtswidrigkeit" in einzelnen Tatbeständen des Bes. Teils hervorgerufen hat (darüber Kohlrausch, Irrtum und Schuldbegriff, I, 1903, S. 74ff.), bleiben bestehen. Besser ist es, das Erfordernis der „Rechtswidrigkeit" als allgemeines Tatbestandsmerkmal trotz seiner Selbstverständlichkeit im Gesetz ausdrücklich aufzustellen, es dafür aber in den Tatbeständen des Bes. Teils ausnahmslos zu streichen (so im wesentlichen auch einerseits v. Lilienthal, i. d. Monatsschrift f. Kriminalpsychologie, VI 541; Frank, bei Aschrott und v. Liszt, Die Reform des RStGB., I 231; Binding, im Gerichtssaal Bd. 77 S. 25; und schweiz. VE. § 25; andererseits Heimberger, Vgl. Darst. d. Strafr., Allg. Teil, IV 13; Wach, Reform des RStGB., I 28).

2. § 58 Abs. 1 S. 1 VE. läßt von dem Erfordernis, daß die „Schuld" allgemeines Tatbestandsmerkmal strafbarer Handlungen sei, Ausnahmen zu. Die Begr. S. 201, 202 meint, daß für das Verwaltungsstrafrecht (Finanz- und Polizeistrafrecht) die Möglichkeit einer Strafe ohne Schuld vorbehalten bleiben müsse. Mit Recht ist diese Auffassung in der Kritik bekämpft worden (so von Binding, im Gerichtssaal, Bd. 76 S. 26; Bd. 77 S. 24; Beling, Unschuld, Schuld und Schuldstufen im VE., 1910, S. 17ff.; Kantorowicz, i. d. Monatsschrift f. Kriminalpsychologie, VII 273, 274). Zwar steht auch der GE. mit dem VE. auf dem Standpunkt, daß bei den Übertretungen zur Strafbarkeit grundsätzlich Fahrlässigkeit genüge. Zwar mag insbesondere bei den Finanzdelikten die Aufstellung von Schuldvermutungen angezeigt sei. Bei nachgewiesenem Mangel jeglichen Verschuldens darf aber auch im Verwaltungsstrafrecht niemals Strafe verhängt werden (Goldschmidt, Verwaltungsstrafrecht, 1902, S. 423, 473, 477, 478). Der GE. § 19 S. 1 streicht daher die Worte des § 58 Abs. 1 S. 1 des VE.: „Wenn das Gesetz nichts anderes bestimmt" und setzt, in geradem Gegensatz zu der vom VE. zu diesen Worten gemachten Anm. 1, voraus, daß im Einführungsgesetze wegen Anpassung der Reichsneben- und der Landesgesetze an die unbedingt aufgestellte Forderung: „Ohne Schuld keine Strafe" Bestimmung getroffen werde.

3. Der die Übertretungen betreffende Teil von § 58 Abs. 2 VE. ist in den Allg. Teil des II. Buchs verwiesen. Im übrigen ist,

insbesondere in Beachtung der Bemerkungen Wachs (Reform I 24), die Fassung vereinfacht.

4. Der GE. zieht aus seiner ausdrücklichen Aufstellung der Rechtswidrigkeit als allgemeines Tatbestandsmerkmal strafbarer Handlungen die Konsequenz, im Besonderen Teil von einer Wiederholung dieses Merkmals ausnahmslos abzusehen. Ebenso zieht er aber aus der ausdrücklichen Aufstellung der Schuld als eines allgemeinen und nur im Fall fahrlässigen Handelns eine besondere Bedrohung erfordernden Tatbestandsmerkmals die Konsequenz, im Besonderen Teil von einer Wiederholung des Vorsatzmerkmals ausnahmslos abzusehen. Daß der VE. willkürlich im Besonderen Teil bald das „vorsätzlich" setzt, bald nicht, ist ihm mit Recht zum Vorwurf gemacht worden (Wach, Reform I 26; Binding, Gerichtssaal Bd. 77 S. 47).

## § 20. **Vorsatz.**

Daß die Definition des Vorsatzes in § 59 Abs. 1 VE. mindestens wertlos ist, darüber herrscht in der Kritik nahezu Einhelligkeit (so u. a. Wach in Aschrott-v. Liszt, Reform I 16; Kohlrausch, ebenda I 189; Beling, Unschuld usw. a. a. O., S. 75; Kantorowicz a. a. O. S. 276). In der Tat sagt die Definition weder etwas über den zum Vorsatz erforderlichen Inhalt des „Wissens", noch etwas über den zum Vorsatz erforderlichen Grad des „Wollens". Die Definition des dolus eventualis in § 59 Abs. 2 VE. ist aber, ebenfalls fast einmütig, geradezu als unrichtig und gefährlich bezeichnet worden (so die bei Beling a. a. O. S. 62 Note 1 Zitierten; Beling selbst, a. a. O.; seither noch Hamm, Dtsch. JurZt. XVI 59; Binding Gerichtssaal Bd. 77 S. 33). In der Tat ist der dolus eventualis des VE. dadurch, daß der VE., im Widerspruch mit der reichsgerichtlichen Praxis (z. B. Entsch. Bd. 33 S. 4), keine „Billigung" des Erfolges verlangt, nicht mehr Vorsatz, sondern bloße Fahrlässigkeit.

Die Ursache dieses Mißlingens der Vorsatzdefinition in § 59 VE. dürfte darin zu finden sein, daß der VE., der in dem Streit der Willens- und Vorstellungstheorie keine Stellung genommen hat (Begr. S. 203) und daher in Abs. 1 des § 59 der Willens-, in Abs. 2 des § 59 der Vorstellungstheorie huldigt, das Mißgeschick gehabt hat, beiden Theorien gerade ihre Fehler abzusehen. Der der Willenstheorie huldigende Abs. 1 unterliegt, wie diese, dem

Einwand der Vieldeutigkeit, und der der Vorstellungstheorie huldigende Abs. 2 unterliegt, wie diese, dem Einwand, die Grenzen von Vorsatz und Fahrlässigkeit zu verwischen.

Der GE. sucht zu einer einwandfreien Definition des Vorsatzes im allgemeinen und des Eventualvorsatzes im besonderen dadurch zu gelangen, daß er unter Ablehnung sowohl der reinen Willens- wie der reinen Vorstellungstheorie, eine Theorie zugrunde legt, welche die Vorzüge jener beiden Theorien vereinigt. Diese Theorie ist die sog. „Motiventheorie". Sie ist wohl zuerst von M. E. Mayer (Die schuldhafte Handlung und ihre Arten im Strafrecht 1901; Deutsches Militärstrafrecht 1, 1907, S. 90ff.) entwickelt worden und hat seitdem, wenn auch vielfach modifiziert, eine immer steigende Anzahl von früheren Vertretern sowohl der Willens- wie der Vorstellungstheorie, bewußt oder unbewußt, auf sich vereinigt. So hat sich ihr insbesondere der Wortführer der Vorstellungstheorie, Frank (Über den Aufbau des Schuldbegriffs, 1907, S. 28; Das Strafgesetzbuch 5. bis 7. Aufl. 1908, 8. bis 10. Aufl. 1911, No. I zu § 59) angeschlossen, und ein Hauptvertreter der Willenstheorie, Beling (Unschuld usw. S. 39) hat ihr zugestimmt. Vor allem aber finden sich in ihr die beiden Vorkämpfer der Vorstellungstheorie einerseits, der Willenstheorie andererseits zusammen gerade bei dem Prüfstein aller Vorsatztheorien, der Definition des dolus eventualis (sog. Frank- v. Hippelsche Formel; vgl. Frank, Ztschr. f. d. ges. Strafr. Wiss. X 211, 217; Das Strafgesetzbuch 5. bis 7. Aufl. No. III, 8. bis 10. Aufl. No. V zu § 59; v. Hippel, Die Grenze von Vorsatz und Fahrlässigkeit, 1903, S. 111ff., 132ff.; Vgl. Darstell. d. Strafrechts, Allgem. Teil III 506). Sie befinden sich dabei in Übereinstimmung mit der vom 24. D. Juristentage (Verhdl. IV 369) vorgeschlagenen Formulierung des dolus eventualis. Es ist sonach die Auffassung gerechtfertigt, daß die „Motiventheorie" nicht nur eine wissenschaftliche Synthese der Willens- und Vorstellungstheorie bedeutet, sondern auch eine taugliche Grundlage für gesetzgeberische Formulierungen abzugeben imstande ist. In diesem Sinne hat man denn auch neuestens auf die „Motiventheorie" hingewiesen (Kantorowicz, in der Monatsschrift für Kriminalpsychologie VII 275).

Danach definiert der GE. in § 20 Abs. 1 S. 1 den Vorsatz in Anknüpfung an die neueste Franksche Formulierung. Diese Formel bietet einen dreifachen Vorzug:

1. Sie betont, daß der Vorsatz Willensschuld ist.

2. Sie vermeidet es, dem Täter unerwünschte, aber von ihm in Kauf genommene und daher zum Vorsatz zurechenbare Tatumstände, unter Vergewaltigung des Sprachgebrauchs, als „gewollte“ zu bezeichnen.

3. Sie ermöglicht es, den Vorsatz zwanglos nicht nur auf den eigentlichen „Erfolg“, sondern auch auf die begleitenden „Tatumstände“ zu beziehen.

Ebenso schließt sich die Begriffsbestimmung des dolus eventualis in § 20 Abs. 1 S. 2 des GE. an die Franksche Formel an. Zwar hat Kohlrausch neuerdings (bei Aschrott- v. Liszt, Reform I 200 ff.) behauptet, daß dieser von ihm sog. „älteren Frankschen Formel“ gegenüber der Einwand v. Bars (Gesetz und Schuld II 328 ff.) durchgreife, sie mache die Feststellung des Vorsatzes abhängig von dem in letzter Linie auf eine Charakterbeurteilung hinauslaufenden hypothetischen Urteil, wie der Täter in einem unterstellten Falle gehandelt haben würde. Dagegen — so meint Kohlrausch — treffe jener Einwand nicht die von ihm sog. jüngere Franksche Formel, die mit der v. Hippels und der vom 24. Juristentag vorgeschlagenen Formulierung übereinstimme, und wonach ein Erfolg dann zum Vorsatz zuzurechnen sei, wenn der Täter „die Tat auch für den Fall wollte, daß sie diesen Erfolg haben würde“. Denn hier „unterstelle“ „nicht der Richter“ „dem Täter eine Überlegung“, „sondern der Täter unterstelle dem möglichen Verlauf einen anderen“.

Indessen Kohlrausch sucht Gegensätze, wo keine sind. Im Fall des dolus eventualis hält tatsächlich der Täter den Erfolg immer nur für möglich, nie für sicher. Die Feststellung, daß der Täter die Tat auch wollte für den Fall, daß der Erfolg sicher eintreten würde, enthält stets eine Unterstellung. Die Forderung, daß diese Unterstellung bereits der Täter vorgenommen haben müsse, ergibt sich so wenig aus dem psychologischen Tatbestand des Vorsatzes, daß sie vielmehr in gekünstelter Weise dem Täter eine Vorwegnahme der richterlichen Aufgabe zumutet. Denn das hypothetische Urteil, wie sich der Täter verhalten haben würde, wenn der psychologische Tatbestand ein anderer gewesen wäre, als er in concreto war, ist seiner Natur nach äußersten Falles ein Maßstab für die richterliche Wertung dieses konkreten abweichenden

Tatbestandes, aber kein Teil desselben (in demselben Sinne jetzt Frank, StGB. 8. bis 10. Aufl. No. V Abs. 6 zu § 59). So gibt denn auch Kohlrausch zu, daß der Nachweis kaum zu führen sein werde, daß der Täter jenes hypothetische Urteil selbst gefällt habe, ja daß der Täter es nur höchst „selten so exakt" gefällt haben werde. „Eine Hilfe gewähre hier" — „die ältere Franksche Formel". In der Tat ist es völlig gleichgültig, ob der Täter das hypothetische Urteil gefällt hat; es genügt, daß der Richter es fällen kann.

Danach ist die von Kohlrausch sog. ältere Franksche Formel jedenfalls für das, was ausgedrückt werden soll, der theoretisch richtigere und praktisch brauchbarere Ausdruck. Insbesondere leidet die von Kohlrausch a. a. O. S. 207, 208 empfohlene Formel des 24. Juristentages an allen Schwächen der Willenstheorie, vor allem an ihrer Vieldeutigkeit. Erklärt doch v. Bar a. a. O. S. 336 geradezu, jeder könne sich unter ihr denken, was er wolle. Frank selbst (StGB. 5. bis 7. Aufl. III, 8. bis 10. Aufl. V zu § 59) und v. Liszt (Lehrb. 18. Aufl. S. 177, 178) halten mindestens beide Formeln für gleichbedeutend.

Danach scheint indessen die Frank- v. Hippelsche Formel in jeder Gestalt dem Einwand v. Bars zu unterliegen, sie mache die Feststellung des Vorsatzes in unzulässiger Weise von „einer Beurteilung der Täterpersönlichkeit auf Grund eines unterstellten Sachverhalts" abhängig. Aber dieser Einwand greift überhaupt nicht durch. Es ist nämlich durchaus nichts Unerhörtes, daß der Richter den Maßstab für die Beurteilung eines Tatbestandes auf Grund eines hypothetischen Urteils gewinnt. Bei der Begehung durch Unterlassung, bei der Fahrlässigkeit, bei den Gefährdungsdelikten, nach verbreiteter Ansicht auch beim Versuch, kurz überall, wo die Diagnose auf Grund eines festgestellten Tatbestandes von der Prognose auf Grund eines unterstellten Tatbestandes abhängt, ist der Richter in der gleichen Lage, wie nach der Frank- v. Hippelschen Formel beim dolus eventualis. Daß der Richter für die Prognose im Falle des dolus eventualis die Täterpersönlichkeit mit heranziehen muß, beruht einfach darauf, daß es sich hier um Feststellungen auf dem Gebiete des subjektiven Tatbestandes handelt. Auch die zur Bejahung der Fahrlässigkeit unumgängliche Feststellung, daß der Täter bei Anwendung der erforderlichen Sorgfalt den Erfolg hätte voraussehen können, setzt eine Bewertung der Täterpersönlichkeit voraus (v. Liszt, Lehrb. 18. Aufl. S. 188, 189).

So ist denn auch der Einwand v. Bars gegen die Frank-v. Hippelsche Formel in Wahrheit ein Einwand gegen den dolus eventualis überhaupt. —

Wo das Gesetz Begehung wider besseres Wissen voraussetzt, genügt zur Strafbarkeit dolus eventualis nicht. Diese sich schon aus dem Sprachgebrauch ergebende und auch vom VE. anerkannte Folgerung stellt Abs. 2 des § 20 des GE., wegen der „allgemeineren Bedeutung" der sich hier zeigenden „Unterstufe" des Vorsatzes (Begr. z. VE. S. 202, insbes. Anm. 3 das.), sicher.

## § 21. **Absicht.**

Die Abweichungen der Definition der „Absicht" in § 21 Abs. 1 GE. von der in § 59 Abs. 3 VE. ergeben sich einesteils aus der vom GE. angenommenen und zu § 20 gerechtfertigten „Motiventheorie", deren Brauchbarkeit gerade hier besonders deutlich hervortritt. Die auf der Willenstheorie beruhende Absichtsdefinition in § 59 Abs. 3 VE. ist von Wach (bei Aschrott-v. Liszt, Reform I S. 17) direkt als tautolog bezeichnet worden. In der Tat bleibt der Willenstheorie, für die bereits der „Vorsatz" „Wollen" des Erfolges ist, kaum eine Möglichkeit, die Absicht befriedigend zu definieren. Die Begr. z. VE. S. 211 gerät denn auch bei Erläuterung des Absichtsbegriffes in das Fahrwasser der Vorstellungstheorie (vgl. Kohlrausch, bei Aschrott-v. Liszt, Reform I S. 191).

Zum anderen Teil ergibt sich eine Abweichung des GE. vom VE. daraus, daß, in Beachtung einer in der Kritik mehrfach laut gewordenen Rüge (vgl. z. B. Wach a. a. O.; Kohlrausch a. a. O.; Binding, Gerichtssaal Bd. 77 S. 35; auch Hoegel, SeuffBl. f. Rechtspfl. Bd. 75 S. 230), zum Ausdruck gebracht ist, daß „Absicht" im Sinne des Gesetzes die Richtung auf einen „im Gesetz" bestimmten Erfolg voraussetzt. Daß dieser Erfolg ein „tatbestandmäßiger" sein müsse (Kohlrausch a. a. O.), ist nicht erforderlich. Vielmehr wird schon im VE. Absicht oft gebraucht, um ein über den eigentlichen Tatbestand hinausgehendes Ziel zu bezeichnen. Im GE. wird die Absicht sogar ausschließlich in diesem Sinne verwendet. Diese Verwendung macht eine dritte und letzte Abweichung vom VE. dahin erforderlich, daß die „Absicht" als solche, nicht die „absichtliche Handlung" als eine Unterstufe der „vorsätzlichen Handlung" zu definieren war.

Daß mit der ausschließlichen Verwendung der Absicht im Sinne des GE. die Definition der Absicht überhaupt überflüssig werde, weil eine nicht verwirklichte Vorstellung immer nur eine „lustbetonte" sein könne (so Kohlrausch a. a. O. S. 190), läßt sich nicht sagen. Braucht doch z. B. beim Versuch (§ 27) der Vollendungsvorsatz keine Absicht zu sein.

In Abs. 2 des § 21 GE. ist die Böswilligkeit, eine „Unterart der Absichtlichkeit" (Begr. z. VE. S. 212), sowohl ihrer allgemeineren Bedeutung, als auch ihrer Zweifelhaftigkeit wegen, definiert. Die Definition knüpft an die auch von der Begr. (S. 212) gebilligte Begriffsbestimmung der Böswilligkeit durch Binding (Grdr. Allg. T., 7. Aufl., S. 127) an. Zu bemerken ist, däß die Böswilligkeit sich stets auf den tatbestandmäßigen Erfolg richten muß.

## § 22. **Fahrlässigkeit.**

Die auf der Willenstheorie fußende Definition der Fahrlässigkeit in § 60 VE. ist von der Kritik im wesentlichen in drei Punkten beanstandet worden:

1. Es fehle jede Beziehung der Vorstellung des Täters auf die zum gesetzlichen Tatbestand gehörigen Tatumstände (v. Liszt, i. d. Ztschr. f. Strafr.-Wiss. XXX 262; Exner, Österreich. Ztschr. f. Strafr. I 409; Galliner, Die Bedeutung des Erfolges usw., Strafrechtl. Abhdl., Heft 116 S. 50ff.).
2. Es fehle die Berücksichtigung des Falles, wo der Täter zwar mit der erforderlichen Aufmerksamkeit gehandelt und sich alles vorgestellt hat, was er sich vorstellen mußte, aber dennoch, wegen der vorhandenen und allein zu verlangenden Vorstellung der Möglichkeit des Erfolges, nicht hätte handeln sollen (Kohlrausch, Reform a. a. O. S. 214).
3. Die an die Aufmerksamkeit des Täters zu stellenden Anforderungen, in deren Aufstellung sich der Inhalt des § 60 erschöpfe, seien vieldeutig und nichtssagend (Wach, Reform a. a. O. S. 17; v. Liszt a. a. O.; Kohlrausch a. a. O. S. 212).

Die zu 1 und 3 gerügten Mängel sind Folgen der vom VE. zugrunde gelegten Willenstheorie. Der zu 2 gerügte Mangel ist eine Folge des Einflusses, den Überspannungen der Vorstellungstheorie auf dem Gebiete der Fahrlässigkeit gehabt haben.

Der GE. legt auch hier wieder die sog. „Motiventheorie“ zugrunde. Er erfüllt damit nicht nur ein aus der komplementären Stellung von Vorsatz und Fahrlässigkeit sich ergebendes Gebot formaler Logik (v. Hippel, Vgl. Strafrechtsdarst. Allgm. T. III 567; Kantorowicz, i. d. Monatsschr. f. Kriminalpsych. VII 279), sondern er glaubt, auf diese Weise alle gerügten Mängel zu beseitigen.

Wie beim Vorsatz, besteht bei der Fahrlässigkeit die Schuld, die „Vorwerfbarkeit“, in letzter Linie darin, daß der Täter sich durch die Vorstellung der zum gesetzlichen Tatbestand gehörigen Tatumstände nicht von der Begehung hat abhalten lassen. Nur hat hier weder der Täter die Vorstellung des sichern Vorhandenseins jener Tatumstände gehabt, noch gelangt der Richter zu der Überzeugung, daß der Täter, der jene Tatumstände für möglich hielt, sich auch durch die Vorstellung ihres sicheren Vorhandenseins nicht von der Begehung hätte abhalten lassen. Der Vorwurf besteht also hier darin, daß der Täter entweder die Vorstellung des sicheren Vorhandenseins der Tatumstände hätte haben, oder daß er die Vorstellung des möglichen Vorhandenseins der Tatumstände hätte haben und sich durch sie von der Begehung hätte abhalten lassen müssen. Daß jede „bewußte Gefährdung verboten“ (d. i. hier = subjektiv pflichtwidrig) sei (Kohlrausch a. a. O. S. 214), trifft nicht zu; sonst müßten alle Unfälle, die sich im Betriebe von Eisenbahnen, Bergwerken, Kraft- und Luftfahrzeugen, bei Produktionen im Zirkus, aber auch bei ärztlichen Operationen ereignen, der Gefährlichkeit dieser Handlungen wegen zur Schuld zurechenbar sein. Tatsächlich liegt indessen nur dann Fahrlässigkeit vor, wenn die Vorstellung der Verletzungsmöglichkeit nach den Anforderungen des Verkehrs vom Handeln hätte abhalten müssen.

Man könnte einwenden, daß auch für den Bereich vorsätzlichen Handelns das Erfordernis der „Pflichtwidrigkeit“ der Willensbetätigung Geltung habe, und daß es doch in der Vorsatzdefinition nicht ausgedrückt zu werden pflege. So dürfe z. B., wer einen anderen in der Absicht oder mit dem Eventualvorsatz, seine Verletzung herbeizuführen, einer verkehrsüblichen Gefahr aussetze, ihn etwa zu einer Luftfahrt veranlasse, auch dann nicht wegen vorsätzlicher Tötung haftbar gemacht werden, wenn wirklich ein Unglück passiere. Aber was für den Bereich des Vorsatzes, der typischen „Verletzungsschuld“ (Kohlrausch a. a. O. S. 197), selbstverständlich und, sofern nicht selbstverständlich, wegen des dort erforderlichen „bösen Willens“ sogar allenfalls entbehrlich ist, ist dies nicht für den Bereich der typischen „Gefährdungsschuld“, deren Grenze an die völliger Schuldlosigkeit stößt. Übrigens kommt die ausdrückliche Hervorhebung des Erfordernisses der „Pflichtwidrigkeit“ bei der Fahrlässigkeit auch dem Vorsatz zugute, indem die Hervorhebung dieses Merkmals bei der minderen Schuldform vermöge eines argumentum a minori ad majus die Auslegung dazu nötigen wird, dasselbe erst recht bei der schwereren Schuldform, dem Vorsatz, gelten zu lassen. Denn was nicht einmal zur Fahrlässigkeit zurechenbar ist, kann noch viel weniger zum Vorsatz zurechenbar sein (so bereits Frank, StGB., 8.—10. Aufl. No. IX 2 zu § 59).

Auf den vorstehenden Erwägungen beruht die in § 22 des GE. vorgeschlagene Definition der Fahrlässigkeit. Sie stellt die im VE. fehlende Beziehung der Fahrlässigkeit zu den Tatumständen des gesetzlichen Tatbestandes her, indem sie, wie § 20, die Vorstellung in den Mittelpunkt rückt. Sie deckt die Fälle, wo der Täter die Vorstellung des sicheren Vorhandenseins jener Tatumstände — die in § 20 Abs. 1 Satz 1 bezeichnete Vorstellung — hätte haben müssen, aber entweder an gar nichts dachte (unbewußte Fahrlässigkeit) oder den Erfolg nur für möglich hielt (bewußte Fahrlässigkeit). Sie deckt aber ferner denjenigen Fall der — unbewußten oder bewußten — Fahrlässigkeit, wo der Täter den Erfolg nur für möglich zu halten brauchte, sich indessen durch diese Möglichkeitsvorstellung von der Begehung hätte abhalten lassen müssen. Die auf das Ausschließungsverhältnis, in dem die Fahrlässigkeit zum Vorsatz steht, hinweisenden Worte „wer zwar nicht mit Vorsatz handelt“ usw. hat der GE. mit dem VE., trotz der dagegen von beachtenswerter Seite gemachten Einwände, aufnehmen zu müssen geglaubt. Sie erscheinen angesichts der Fassung des § 22 des GE. noch weniger überflüssig als angesichts der Fassung des § 60 des VE. (ebenso § 7 Abs. 3 österreich. VE. v. 1909).

Das Maß der vom Täter aufzuwendenden Vorsicht gibt der GE., im Gegensatz zum VE., nicht an. Er begnügt sich vielmehr mit der Forderung, daß der Täter die Bedachtsamkeit und Rücksicht, die er außer acht ließ, aufzuwenden „verpflichtet und imstande“ war („mußte“ = sollte und konnte; vgl. auch BGB. § 122

Abs. 2). Damit erkennt der GE., in Übereinstimmung mit Kohlrausch (a. a. O. S. 212), an, daß die Einwendungen, welche man gegen die vom VE. § 60 aufgestellten Anforderungen an die Sorgfalt des Täters erhoben hat, nur um den Preis des Verzichts auf Aufstellung solcher Anforderungen zu beseitigen sind. Es muß in der Tat teils dem Richter, teils den für den Täter geltenden Spezialnormen überlassen bleiben, zu bestimmen, welches Maß von Sorgfalt im Einzelfalle prästiert werden mußte.

## § 23. **Irrtum über die Rechtswidrigkeit.**

§ 61 VE. ist von der Kritik fast einhellig abgelehnt worden (v. Overbeck, Schweiz. Ztschr. f. Strafr. XXIII 21; M. Rümelin, Das Verschulden im Straf- und Zivilrecht, 1909, S. 24 Anm. 1; Kohlrausch a. a. O. S. 221; Köhler, Studien z. VE. S. 24; in Hirths Annalen 1910 S. 178; Kantorowicz a. a. O. S. 277; Kitzinger, Ztschr. f. Strafr.-Wiss. XXXI 219; Beling, Unschuld usw. S. 64ff.; Binding, Gerichtssaal Bd. 77 S. 29, 37ff.). In der Tat kann die in ihm enthaltene Sanktionierung der reichsgerichtlichen Unterscheidung von strafrechtlichem und außerstrafrechtlichem Rechtsirrtum, deren Mängel die Begr. S. 217 selbst anerkennt, nicht gebilligt werden. Würde man allerdings jene Unterscheidung in dem Sinne verstehen können, daß der allein erhebliche Rechtsirrtum über die Rechtswidrigkeit begriffsnotwendig außerstrafrechtlicher Rechtsirrtum sein müsse, so wäre gegen die Unterscheidung grundsätzlich nichts einzuwenden. Denn ob eine Handlung rechtswidrig ist, ergibt sich allerdings primär niemals aus dem Strafgesetz. So ist aber die Unterscheidung weder vom Reichsgericht noch vom VE. gemeint. Das zeigt, wie Beling treffend ausgeführt hat, Abs. 2 des § 61, der fakultative Strafmilderung für den Fall zuläßt, daß der Täter die Handlung für „erlaubt" hält, „weil er sich über das Strafgesetz irrt". Dieser Satz ist nämlich nur dann verständlich, wenn man annimmt, daß der VE. — mit dem Reichsgericht — auf dem Standpunkt steht, die Rechtswidrigkeit einer Handlung könne sich erst aus dem Strafgesetz ergeben. Dann aber ist der Satz, daß nur der außerstrafrechtliche Rechtsirrtum entschuldige, nicht im Wesen der Sache begründet. Vielmehr wird die schwerwiegende Entscheidung, ob Schuld, ob Nichtschuld, ohne inneren Grund von dem rein zufälligen Umstand abhängig gemacht, ob der irrig aufgefaßte Rechtsbegriff „äußerlich nur im Strafgesetz hervortritt, oder ob er zugleich als solcher auch detaillierte Verwertung in einem anderen Rechtsteil gefunden hat" (Beling a. a. O. S. 68; ebenso Kohlrausch, Binding a. a. O.).

Die Begr. S. 217 leugnet nun, daß eine bessere Lösung der Frage bisher gefunden sei. Demgegenüber geht der GE. von folgenden Erwägungen aus:

Es ist zu billigen, daß der VE. nicht von vornherein die Vorstellung bzw. die Vorstellbarkeit der Rechtswidrigkeit als Schuldmerkmal erfordert. Denn wo die Vorstellung oder Vorstellbarkeit der zum gesetzlichen Tatbestand gehörigen Tatumstände obwaltet, wird, wenigstens bei den hier vorläufig allein in Betracht kommenden Justizdelikten (Verbrechen und Vergehen), regelmäßig auch die Vorstellung bzw. Vorstellbarkeit der Schädlichkeit der Handlung obwalten. Daneben noch das Bewußtsein oder die Bewußtseinsmöglichkeit der Rechtswidrigkeit zu fordern, scheint überflüssig, ja für die Rechtspflege geradezu unmöglich. Anders liegt es, wenn der Täter, trotz bekannter oder bekannt sein sollender Tatumstände, infolge irriger Auffassung eines konkreten Rechtsverhältnisses sich zur Vornahme der Handlung für positiv „berechtigt" hielt, insbesondere also eine „Ausnahme von der Norm" (Binding) für vorliegend erachtete. Kann dem Täter die Behauptung eines solchen Irrtums nicht widerlegt werden, dann fehlt es allerdings an dem Nachweis eines wesentlichen Schuldmerkmals. Es bedarf mithin zwar nicht des Nachweises des Vorhandenseins oder der Möglichkeit des Bewußtseins der Rechtswidrigkeit in abstracto, wohl aber bedarf es der Widerlegung, daß infolge eines konkreten Rechtsirrtums das Bewußtsein der Berechtigung vorhanden gewesen sei.

Dabei liegt es nun allerdings im Wesen der Sache, daß das Rechtsverhältnis, dessen irrige Auffassung die bona fides ausmacht, ein außerstrafrechtliches sein muß. Denn strafrechtliche Rechtsverhältnisse gibt es, außer dem subjektiven staatlichen Strafrecht selbst, überhaupt nicht. Diese Erkenntnis und nur sie ist der richtige Kern der die Praxis beherrschenden Auffassung, daß nur außerstrafrechtlicher Rechtsirrtum entschuldige. Dagegen ist es völlig gleichgültig, ob das irrtümlich aufgefaßte Rechtsverhältnis zufällig nur in einem strafrechtlichen Tatbestand ausdrückliche oder detaillierte Regelung erfahren hat.

Mögen auch die den Strafdrohungen gegen Verrat, Beamtennötigung, Verletzung der Amtspflicht, Geldfälschung, Gefährdung der Rechtspflege, Urkundenfälschung, Verletzung der Sittlichkeit, Angriffe gegen das Eigentum und Benachteiligung von Gläubigern zugrunde liegenden Rechtsverhältnisse, sei es überhaupt, sei es in ihren Einzelheiten erst im Strafrecht entwickelt sein, — sie bleiben trotzdem ihrem Wesen nach dem Staats-, Verwaltungs-, Prozeß-, Familien-, Sachen- und Obligationenrecht zugehörige, keine strafrechtlichen, sondern nur „strafrechtlich indizierte" (Beling). Nur da, wo der vom Strafgesetz geprägte Rechtsbegriff nicht der Abgrenzung von Recht und Unrecht, sondern der Pönalisierung einer ohnehin rechtswidrigen Handlung dient, ist der Rechtsbegriff wirklich ein strafrechtlicher, der Irrtum über ihn echter Strafrechtsirrtum. Mit einem Worte: die Unterscheidung von außerstrafrechtlichem und strafrechtlichem Rechtsirrtum ist zu verinnerlichen; nicht darauf kommt es an, ob der irrig aufgefaßte Rechtsbegriff gesetzestechnisch im Strafgesetz oder außerhalb seiner ausgeprägt worden ist, sondern darauf, ob er die Rechtswidrigkeit oder die Strafbarkeit der Handlung bedingt.

Von diesen Erwägungen aus hält der GE. mit dem VE. daran fest, nicht die Vorstellung oder Vorstellbarkeit der Rechtswidrigkeit in abstracto als Schuldmerkmal in den §§ 20—22 zu erfordern, sondern die irrige Vorstellung der Berechtigung in concreto als Schuldausschließungsgrund anzuerkennen. Darin liegt nicht etwa eine mit den strafrechtlichen und strafprozeßrechtlichen Grundsätzen unverträgliche Umkehrung der Beweislast, vielmehr nur eine Umkehrung des Verhältnisses von Regel und Ausnahme. Um dies noch schärfer zu betonen, ersetzt der GE. die Worte: „Hält der Täter die Handlung für erlaubt" durch die Worte: „Hält der Täter sich zur Vornahme der Handlung für berechtigt." Dagegen ersetzt der GE. die vom VE. akzeptierte äußerliche Unterscheidung von außerstrafrechlichem und strafrechtlichem Irrtum durch die innerliche von Irrtum über die Rechtswidrigkeit und über die Strafbarkeit. Der GE. streicht also die Worte: „weil er sich über nicht strafrechtliche Rechtssätze oder deren Anwendbarkeit irrt" in Abs. 1 § 61 VE., ebenso den ganzen Abs. 2 dieses Paragraphen. Mit der erstgenannten Streichung wird allerdings das ausdrückliche Erfordernis preisgegeben, daß der Irrtum über die Rechtswidrigkeit notwendig

Rechtsirrtum sein müsse, und damit die Möglichkeit eröffnet, auch auf Tatirrtum beruhenden Irrtum über die Rechtswidrigkeit (z. B. Putativnotwehr) unter § 23 GE. zu subsumieren. Indessen diese Möglichkeit ist unschädlich, ja geradezu nützlich. Zwar nehmen die Verfasser des GE. mit denen des VE. (Begr. S. 218 Anm. 2) an, daß der Irrtum über Tatumstände, welche die Rechtswidrigkeit ausmachen, unter § 20 Abs. 1 fällt, weil die Rechtswidrigkeit gesetzliches Tatbestandsmerkmal aller strafbaren Handlungen ist. Von angesehener Seite (Beling, Unschuld usw. S. 73ff.) ist indessen zwischen denjenigen Tatumständen, welche zum gesetzlichen Tatbestand gehören, und denjenigen, von denen die Rechtswidrigkeit abhängt, unterschieden worden. Eine Fassung, die auf den Inhalt, nicht auf den Grund des Irrtums abstellt, kann daher dem Gesetzgeber taktisch nur willkommen sein (vgl. auch Binding, Gerichtssal Bd. 77 S. 37ff.). Wer den auf Tatirrtum beruhenden Irrtum über die Rechtswidrigkeit nicht unter § 20 Abs. 1 subsumieren zu können glaubt, wird ihn alsdann unter § 23 subsumieren können. Die Folge ist, daß das Marginale „Rechtsirrtum" durch das Marginale „Irrtum über die Rechtswidrigkeit" zu ersetzen war.

Die völlige Streichung des Abs. 2 des § 61 VE. bedeutet andererseits sachlich nicht etwa eine Verschärfung. Denn dieser Absatz räumt ja dem Richter nur für den Fall ein fakultatives Milderungsrecht ein, daß der Täter infolge Strafrechtsirrtums die Handlung für „erlaubt" hält. In solchem Falle liegt nach dem GE. Irrtum über die Rechtswidrigkeit und damit Straflosigkeit vor. Noch weiter zu gehen und dem Richter ein fakultatives Milderungsrecht für den Fall einzuräumen, daß der Täter — infolge Strafrechtsirrtums — die Handlung nur für straflos hielt, dazu liegt kein Anlaß vor (Beling a. a. O. S. 66, 67; Binding a. a. O. S. 43, 44). Überdies würde die dem Richter ohne weitere Kautelen eingeräumte Befugnis, fakultativ die Vorschriften über die Bestrafung des Versuchs anzuwenden, zu bedenklichen Konsequenzen führen, nämlich zu einer rein alternativen Androhung der Todesstrafe. Sollte wirklich sich das Bedürfnis nach einer Strafmilderung in dem Falle ergeben, daß der Täter die Handlung zwar für rechtswidrig, aber für straflos hielt, so würde es gedeckt durch das dem Richter nach § 87 GE. zur Verfügung stehende allgemeine Strafmilderungsrecht bei Annahme mildernder Umstände.

## § 24. Erfolgshaftung.

An § 62 VE. ist insbesondere ausgesetzt worden:

1. daß er durch die Worte: „soweit nichts anderes bestimmt ist“ die Erfolgshaftung doch wieder für die Reichs- und Landesnebengesetze vorbehält (Kantorowicz, i. d. Monatsschr. f. Kriminalpsychologie VII 283; Kitzinger, i. d. Zeitschr. f. Strafr.-Wiss. XXXI 219; Binding, Gerichtssaal, Bd. 77 S. 44);

2. daß er sich damit begnügt, daß der Täter die Möglichkeit des qualifizierenden Erfolges voraus sehen „konnte“, womit gewissermaßen eine dritte und zweifelhafte Schuldform geschaffen werde (v. Liszt, i. d. Zeitschr. f. Strafr. Wiss. XXX 264; Köhler, Studien z. VE. S. 24; Galliner, Bedeutung des Erfolges S. 56; v. Overbeck, Schweiz. Zeitschr. f. Strafr. XXIII 21; Wach, Reform a. a. O. I 18; Binding, Gerichtssaal Bd. 77 S. 44).

Der GE. streicht deshalb in § 24, wie schon in § 19, die „salvatorische Klausel“ — sie wäre ohnehin mit der prinzipiellen Stellung des GE. zu den Reichs- und Landesnebengesetzen unvereinbar —; außerdem fordert er in Beziehung auf den qualifizierenden Erfolg unzweideutig Fahrlässigkeit.

Die Ersetzung der Worte: „nicht gewollten“ durch „unvorsätzlichen“ Erfolg ergibt sich aus der Ablehnung der reinen Willenstheorie beim Vorsatz durch den GE. und entspricht überdies dem § 43 norweg.StGB.

Man hat gegenüber dem § 62 VE. noch eingewendet, daß er mit den Grundsätzen über Idealkonkurrenz im Widerspruch stehe (Beling, Binding a. a. O.), oder doch verlangt, daß im Besonderen Teil die Strafrahmen der durch ihn geschaffenen „zusammengesetzten Verbrechen“ mit denen der einfachen in Einklang gebracht würden (Kantorowicz a. a. O.; vgl. auch Exner, Galliner a. a. O.). An diesen Einwänden ist jedenfalls so viel richtig, daß der Strafrahmen des durch fahrlässige Herbeiführung eines Erfolges qualifizierten Delikts nicht strenger sein darf als der Strafrahmen der vorsätzlichen Herbeiführung jenes Erfolges (Nagel, Dtsch. Jur.Ztg. XV 1206). Auf dieses Erfordernis sind die Strafdrohungen des GE. gegeneinander abgestimmt.

## § 25. Notwehr.

Frank (Reform des RStGB. a. a. O I S. 230) glaubt, daß § 227 BGB. eine Bestimmung über Notwehr im Strafgesetzbuch überflüssig mache. Er schlägt deshalb vor, den ersten Absatz des § 66 VE. zur streichen und nur den zweiten Absatz, der auch den Notwehrexzeß unter gewissen Umständen für straflos erklärt, beizubehalten. Der GE. vermag diesem Vorschlag nicht zu folgen. § 227 BGB. gewährt nur das Recht, in der Notwehr private Rechtsgüter zu verletzen. Er deckt nicht die in Notwehr begangene Verletzung öffentlicher Interessen. Man denke an Notwehr gegenüber einem Beamten, an Begehung einer Polizeiübertretung in Notwehr u. a. Auf der andern Seite geht es über die Kompetenz des Strafgesetzgebers hinaus, in Verallgemeinerung des § 227 BGB. jede Notwehrhandlung für „nicht widerrechtlich" zu erklären (Frank a. a. O. S. 258). Vielmehr muß sich der Strafgesetzgeber, soweit er über § 227 BGB. hinausgeht, damit begnügen, die Notwehrhandlung für „straflos" zu erklären, wobei der Theorie und Praxis des zugrunde liegenden öffentlichen Rechts überlassen bleiben muß, ob die Notwehrhandlung, auch über § 227 BGB. hinaus, als „rechtmäßige" anzuerkennen ist. In keinem Falle darf allerdings mit § 66 des VE. durch die Fassung: „Nicht strafbar ist, wer usw." der Ansicht Vorschub geleistet werden, als sei die Notwehr überhaupt kein Schuld-, sondern ein bloßer persönlicher Strafausschließungsgrund. § 25 des GE. stellt daher im wesentlichen die Fassung des § 53 des StGB. („Eine strafbare Handlung ist nicht vorhanden") wieder her („Eine . . . Handlung ist straflos").

In der Kritik ist dem VE. gegenüber mehrfach eine Einschränkung der Notwehr gefordert worden, so, im Anschluß an Oetker, eine Scheidung der Notwehr von der sog. „Unfugabwehr" (Köhler, Studien zum VE. S. 26; Frank a. a. O. S. 259), die Einführung des Erfordernisses der Proportionalität zwischen dem angegriffenen und dem durch die Notwehr zu verletzenden Gut (Köhler, S. 25; Frank, S. 261; Kohler, in Goltdammers Archiv Bd. 56 S. 288; Mittermaier, i. d. Zeitschr. f. Strafr.-Wiss. XXX 631), die Einführung des Erfordernisses der Subsidiarität (Köhler S. 25; Frank S. 261, 262; Kantorowicz, i. d. Monatsschr. f. Kriminalpsychologie VII S. 292, 293), vor allem der Ausschluß der Notwehr gegenüber Kindern und Geisteskranken (Köhler a. a. O. S. 25; Frank a. a. O. S. 261; Kantorowicz, S. 293). Der GE. hält mit dem VE. jede Einschränkung der Notwehr, des „Rechts" gegenüber dem „Unrecht", für bedenklich. Ausschlaggebend aber ist, daß der Strafgesetzgeber hier nicht allein vorgehen kann. Wie bereits ausgeführt, hat die Notwehrbestimmung im StGB. nur einen die Notwehrbestimmung in § 227 BGB. ergänzenden Charakter. Es geht nicht an, daß jede Verletzung von privaten Rechtsgütern in Notwehr auf Grund des insoweit maßgebend bleibenden § 227 BGB. als rechtmäßig und folgeweise auch als straflos erscheinen, daß dagegen die Verletzung öffentlicher Interessen unter den gleichen Voraussetzungen nicht einmal immer strafrechtlich entschuldigt werden soll. Zudem wäre, wollte man die Straflosigkeit der Verletzung öffentlicher Interessen in Notwehr einschränken, nicht einmal etwas gewonnen; denn in den Fällen, im Hinblick auf welche man eine Einschränkung der Notwehr verlangt, handelt es sich stets um Verletzung privater Rechtsgüter in Notwehr. Eine Abänderung des § 227 BGB. wäre aber unmöglich ohne gleichzeitige Abänderung der damit zusammenhängenden §§ 228, 904 BGB. So würde insbesondere das Verbot der Notwehr gegenüber Kindern und Geisteskranken eine Unterstellung der Abwehr von Angriffen solcher Personen unter die Notstandsbestimmungen erforderlich machen. Eine so weitschichtige Revision auch der Bestimmungen des BGB. vorzunehmen (vgl. dazu Oetker, Vergleichende Strafrechtsdarst. Allgem. Teil II S. 327), waren die Verfasser des GE. nicht in der Lage.

Es ist weiter ein Verbot der Verletzung Dritter in Notwehr gefordert worden (Frank a. a. O. S. 262). Ein solches Verbot ergibt sich indessen nach der zutreffenden herrschenden Ansicht (Olshausen, Kommentar, 8. Aufl. Note 12 zu § 53) bereits daraus, daß die Notwehr „Verteidigung" sein muß.

Endlich ist eine Behandlung der Putativnotwehr gefordert worden (Frank S. 262). Sie hat jedenfalls nicht bei der Notwehr zu erfolgen, sondern höchstens bei der Schuld. Aber auch dort bedurfte es keiner ausdrücklichen Bestimmung. Die Behandlung der Putativnotwehr erhellt (oben S. 35) ohne weiteres aus §§ 20 ff. GE.

Dagegen weicht § 25 Abs. 2 des GE. in Behandlung des Notwehrexzesses von § 66 Abs. 2 des VE. ab. Zwar behält auch er die Straflosigkeit des entschuldbaren Notwehrexzesses bei. Aber er verlangt, im Anschluß an Kantorowicz a. a. O. S. 295 (ähnlich bereits Köhler a. a. O. S. 27, 28), nicht nur, daß die „Aufregung oder Bestürzung", in der der Notwehrexzeß begangen wurde, „entschuldbar" seien, sondern darüber hinaus, daß der Notwehrexzeß selbst hierdurch „entschuldbar" werde. Liegt doch kein Anlaß vor, den in „entschuldbarer" Aufregung unentschuldbar Exzedierenden für straflos zu erklären. Noch weniger Anlaß besteht, den durch keine „Aufregung oder Bestürzung" entschuldigten Notwehrexzeß milder zu bestrafen (so auch Köhler, Studien a. a. O. S. 28). Der GE. beseitigt also die durch § 66 Abs. 2 VE. dem Richter eingeräumte Befugnis, dem unentschuldbaren Notwehrexzeß gegenüber die Vorschriften über den Versuch anzuwenden. Bestehen doch ohnehin gegenüber der uneingeschränkten fakultativen Anwendung der Versuchsvorschriften erhebliche Bedenken. Und ist doch die nach § 87 GE. dem Richter gewährte allgemeine Milderungsbefugnis bei Vorliegen mildernder Umstände ausreichend, berücksichtigenswerte Fälle zu decken. Beides ist bereits am Ende der Begründung zu § 23 GE. ausgeführt worden.

## § 26. **Notstand.**

Die Notwendigkeit einer strafrechtlichen Bestimmung über den Notstand ist unbezweifelt, da die §§ 228, 904 BGB. und andere außerstrafrechtliche Bestimmungen nicht ausreichen, alle berücksichtigenswerten Fälle zu decken. Auch hier stellt der GE. § 26 die objektive Fassung des § 54 StGB. („Straflos ist auch eine Handlung . . .") aus den in der Begründung zu § 25 GE. angeführten Gründen wieder her. Andererseits sieht er auch hier davon ab, die Notstandshandlung für „rechtmäßig" zu erklären (dazu Frank, Reform a. a. O. S. 265—267).

Im einzelnen hat die Kritik an § 67 VE. folgende Ausstellungen gemacht:

1. Die Notstandshandlung müsse nicht nur dann entschuldigt werden, wenn „Person oder Eigentum" in Gefahr seien, sondern auch dann, wenn andere Rechtsgüter, wie z. B. Freiheit, Geschlechtsehre, Ehre, das Vermögen überhaupt bedroht seien (Kohler bei Goltdammer Bd. 56 S. 290; Kitzinger, Zeitschr. f. Strafrechtsw. Bd. 31 S. 224).

§ 26 GE. hilft diesem Einwand ab, indem er lediglich eine Gefahr „für den Täter oder einen anderen" voraussetzt. Ohnehin ist der Gedanke, daß das „Eigentum" gefährdet sein könne, in § 67 VE., wie in §§ 181 ff. VE. abwegig (Neubecker, Zwang und Notstand, I, 1910, S. 334). Der GE. spricht daher auch in den §§ 215 ff. immer nur von Gefährdung fremder „Sachen".

2. Die Entschuldbarkeit der Notstandshandlung dürfe nicht davon abhängen, daß die Gefahr eine „unverschuldete" sei (Kohler a. a. O. S. 289; Frank a. a. O. S. 264; Kantorowicz S. 295; auch Mittermaier, Ztschr. f. Strafr.-Wiss. XXX 634).

Auch dieser Einwand ist berechtigt. Einmal ist unklar, ob es auf das Verschulden der gefährdeten oder der die Notstandshandlung begehenden Person ankommt. Sodann übersieht die Begründung zum VE. S. 249 ganz, daß § 67 VE. von „unverschuldeter Gefahr", § 54 StGB. von „unverschuldetem Notstand" spricht. Nach dem VE. genügt mithin zweifelsfrei bereits Verschuldung der Gefahr, um den Notstand auszuschließen, während nach dem StGB. wenigstens nach herrschender Ansicht (Olshausen, Note 7 zu § 54) der Täter gewußt haben muß, daß er sich nur durch Verletzung eines fremden Rechtsguts werde retten können. Der VE. gestaltet hier also die Notstandsvoraussetzungen wesentlich strenger. Ausschlaggebend ist aber, daß § 228 BGB. die Notstandshandlung trotz Verschuldung der Gefahr für rechtmäßig erklärt, den Täter vielmehr bei Verschuldung der Gefahr nur zum Schadensersatz verpflichtet. Wenn die Begründung zum VE. meint, im Strafrecht müßten die Voraussetzungen des Notstandes „enger umgrenzt sein", so ist gerade das Gegenteil richtig. Denn das Strafrecht erkennt doch, als solches, den Notstand immer nur als Entschuldigungsgrund an, das bürgerliche Recht dagegen als Rechtfertigungsgrund. Es leuchtet aber ein, daß die Voraussetzungen eines Entschuldigungsgrundes nicht „enger", sondern weiter „umgrenzt" sein müssen als die eines Rechtfertigungsgrundes.

3. Man hat Bedenken gegen das Erfordernis geäußert, daß die Gefahr eine auf „andere" Weise nicht zu beseitigende sein müsse. So handle doch auch derjenige in entschuldbarem Notstand, der im Notstand den A verletze, obgleich er geradeso gut den B habe verletzen können (Privatäußerung Kohlers). In der Tat wird der zugrunde liegende Gedanke besser in der Art ausgedrückt, wie es der GE. § 26 versucht, nämlich durch Aufstellung des Erfordernisses, daß die Gefahr auf „rechtmäßige" Weise nicht beseitigt werden konnte.

4. Man hat beanstandet, daß der VE. Proportionalität zwischen dem von der Notstandshandlung zu erwartenden „Schaden" und

der drohenden „Gefahr" erfordere. Diese Größen seien inkommensurabel; gemeint sei das Verhältnis zwischen dem von der Notstandshandlung zu erwartenden und dem drohenden „Schaden". Der GE. trägt diesem Einwand um so eher Rechnung, als er sich mit der entsprechend veränderten Fassung an § 904 BGB. anlehnen kann, auch die Fassung etwas vereinfacht wird. Allerdings mußte, wenn in dem Satze: „es sei denn, daß" das Subjekt „der drohende Schaden" den ganzen Satz beherrschen sollte, abweichend von § 904 BGB., nicht verlangt werden, daß der drohende Schaden unverhältnismäßig „groß", sondern daß er nicht unverhältnismäßig „geringer" sei als der von der Notstandshandlung zu erwartende Schaden. Diese abweichende Fassung wird nicht nur durch den negativ bedingenden Eingang des Nebensatzes „es sei denn, daß" erfordert, sondern auch dadurch, daß, mit §§ 67 VE., 228 BGB. und im Gegensatz zu § 904 BGB., daran festzuhalten ist, daß der drohende Schaden nicht unverhältnismäßig größer, sondern daß er nicht unverhältnismäßig geringer sein muß als der von der Notstandshandlung zu erwartende Schaden.

Die weitere Abweichung in der Fassung, daß Proportionalität gefordert wird nicht positiv, „soweit es sich um die Rettung von Eigentum", vielmehr negativ, „soweit es sich nicht um Gefahr für die Person" handelt, ergibt sich daraus, daß der GE. den Kreis der notstandsfähigen Güter nicht einschränkt. Korrelat ist, daß für Abwendung aller Gefahren, die nicht gerade der Person gelten, Proportionalität gefordert werden muß.

5. Mit Recht ist aus logischen und grammatikalischen Gründen gefordert worden, daß in dem Konditionalsatz das „oder" durch „und" ersetzt werde (Kitzinger i. d. Ztschr. f. Strafr.-Wiss. XXXI 225 Anm. 26). Der GE. entspricht dieser Forderung.

6. Man hat schließlich gerügt, daß der VE. in Zulassung der Notstandshilfe insofern zu weit gehe, als er auch die Verletzung einer dem Täter näher stehenden Person zur Rettung einer dem Täter ganz fremden Person entschuldige (Kantorowicz a. a. O. S. 296). Die Verfasser des GE. meinen, daß es ausreiche, wenn betont wird, daß es dem Täter wirklich um Rettung der gefährdeten Person zu tun gewesen sein müsse. Zu diesem Zwecke sagt der GE. statt „zur Rettung . .": „in der Absicht, . . abzuwenden". War die Abwendung der Gefahr von dem Bedrohten und nicht etwa die Schädigung des Verletzten Beweggrund des Handelnden,

so ist einem Mißbrauch der Straflosigkeit der Notstandshilfe genügend vorgebeugt.

Indem der GE. die Notstandshandlung nicht als „Rettungs"-, sondern als „Abwendungs"-Handlung bezeichnet, paßt er die Ausdrucksweise des Notstandsparagraphen sowohl dem erweiterten Umfange des Notstandes, als auch der Terminologie des Notwehrparagraphen und der §§ 228, 904 BGB. an.

## Dritter Abschnitt.

# Versuch. Täterschaft und Teilnahme.

### § 27. Begriff des Versuchs.

Der Begriff des Versuchs erfordert den Vorsatz, das Delikt zu vollenden. In § 43 StGB. ist dieses Erfordernis durch die Worte „Entschluß, ein Verbrechen oder Vergehen zu verüben" zum Ausdruck gebracht. In § 76 VE. fehlt seine ausdrückliche Hervorhebung. Auf Vorschlag von M. E. Mayer, Reform d. RStGB. I S. 332, 333, stellt § 27 GE. insoweit das geltende Recht wieder her, doch ersetzt er, gleichfalls auf M. E. Mayers Vorschlag, das unklare Wort „Entschluß" durch das klare „Vorsatz".

Mit Recht ist dem VE. zum Vorwurf gemacht worden, daß er es bei der kasuistischen Bedrohung des Vergehensversuchs beläßt (Wach, Dtsch. Jur-Ztg. XV 14; Binding, Gerichtssaal Bd. 77 S. 13; auch Löwenstein, Reform d. RStGB. II S. 429). Der GE. geht mit dem schweizerischen und österreichischen VE. davon aus, daß der Versuch eines Vergehens stets strafbar ist. Er kann dies um so eher, als nach §§ 76 VE., 28 GE. in besonders leichten Fällen beim Versuch stets von Strafe abgesehen werden kann. Nur bei den Vergehen, welche mit Gefängnis von nicht mehr als sechs Monaten bedroht sind, ist der Versuch, und zwar wiederum in allen Fällen, straflos zu lassen. Diese Vergehen rekrutieren sich zum Teil aus den „Übertretungen" des StGB. und des VE. Ganz entsprechend erklärt übrigens § 14 Abs. 3 des österreich. VE. den Versuch von Handlungen, die mit höchstens dreimonatiger Freiheitsstrafe bedroht sind, für nicht strafbar.

### § 28. Bestrafung des Versuchs.

Der VE. § 76 Abs. 2 läßt beim Versuche todeswürdiger Verbrechen in Abweichung von § 44 des StGB. lebenslängliches Zuchthaus zu. Der GE. § 28 Abs. 2 stellt demgegenüber das geltende Recht wieder her, da ein Bedürfnis für die vom VE. vorgeschlagene Verschärfung nicht erwiesen ist. Außerdem ändert § 28 Abs. 2 Satz 1 GE. die Fassung des § 76 Abs. 2 VE. derart, daß klar erhellt, daß die Milderung der Todes- oder lebenslangen Zuchthausstrafe im Versuchsfalle unvorgreiflich einer etwaigen sonstigen Strafmilderung erfolgt (vgl. Olshausen, Note 8 zu § 44 StGB.). Da der GE. lebenslange Haftstrafe nicht kennt, bedurfte es für ihn, im Gegensatz zum VE., keiner Vorschrift über ihre Milderung im Versuchsfalle.

Ohne sich die Angriffe anzueignen, die in der Kritik gegen die Milderungsvorschriften des Abs. 3 des § 76 VE. als zu weitgehend erhoben sind (vgl. M. E. Mayer a. a. O. S. 346; Kitzinger, Ztschr. f. d. ges. Strafr.-Wiss. XXXI S. 341), hält es der GE., entsprechend seiner Auffassung der „Haft", doch für unzulässig, daß der Richter im Versuchsfalle von Gefängnis oder gar von Zuchthaus solle auf Haft gehen dürfen. Der GE. § 28 Abs. 2 Satz 2 gestattet daher nur, in Anlehnung an § 44 Abs. 4 Satz 2 StGB., das Herabgehen von Zuchthaus auf Gefängnis.

## § 29. **Untauglicher Versuch.**

Eine Bestimmung über den sog. untauglichen Versuch wird nicht zu umgehen sein, wenn der Streit über seine Strafbarkeit in der Literatur zur Ruhe gelangen soll. Die hier vorgeschlagene hat einen doppelten Zweck. Einmal soll sie zum Ausdruck bringen, daß in dem GE. der untaugliche Versuch regelmäßig als strafbar behandelt wird, ganz im Sinne der auch in der Begründung des VE. (S. 284ff.) vertretenen subjektiven Theorie. Andererseits aber sollen die Fälle ausgeschieden werden, in denen auch der Beginn der Ausführung nicht den Beweis eines ernsten verbrecherischen Willens erbringt. Das ist sicher dann der Fall, wenn der Täter sich mit der Verwendung von Mitteln begnügt, die nach vernünftigem Ermessen im gegebenen Falle den vorgestellten Erfolg nicht herbeiführen können. Die Anwendung des § 29 setzt also voraus, daß der Täter weiß, welches Mittel er gebraucht, daß er sich aber in einem Irrtum über dessen Brauchbarkeit befindet. Die Unterscheidung zwischen relativ und absolut untauglichen Mitteln spielt dabei keine Rolle. Wer einem andern 5 Tropfen Opiumtinktur beibringt, weil er glaubt ihn damit vergiften zu können, ist ebenso straflos wie der, der im Geheimen Zaubermittel zum Zweck der Tötung eines anderen anwendet. Die Fälle werden nicht allzu häufig sein, immerhin kommen solche vor, am häufigsten wohl bei dem Versuche der Abtreibung.

Grundsätzlich wäre auch hier nicht zwischen Versuch mit untauglichen Mitteln und am untauglichen Objekt zu unterscheiden. Praktisch werden allerdings Handlungen gegen ein untaugliches Objekt bewußt kaum vorgenommen werden.

### § 30. **Freiwilliger Rücktritt und tätige Reue.**

§ 30 GE. gibt § 77 des VE. unverändert wieder. Der Anregung M. E. Mayers (Reform I S. 351 Anm. 4), durch die Fassung sicherzustellen, daß der Rücktritt als persönlicher Strafaufhebungsgrund zu charakterisieren sei, ist der GE. nicht gefolgt. Grund dafür ist, daß der GE., wie auch aus der Fassung der §§ 13, 15, 16, 25, 26 und der Begr. zu § 13 erhellt, im Prinzip überhaupt vermeidet, durch die Fassung die Eigenschaft als Schuldausschließungsgrund oder als persönlichen Strafausschließungs- oder Strafaufhebungsgrund festzulegen. Er begnügt sich vielmehr damit, überall die objektive Fassung des geltenden Rechts (Straflosigkeit der Handlung), im Gegensatz zur subjektiven Fassung des VE. (Straflosigkeit des Täters), wiederherzustellen und damit der vom VE. (dessen Begr. S. 224) vertretenen Ansicht, daß der Begriff der Schuldausschließungsgründe verschwunden sei, den Boden zu entziehen. Überdies scheint gerade durch die Änderung der Fassung des § 77 des VE. („Die Strafbarkeit des Versuchs fällt weg") im Gegensatz zu § 46 des StGB. („Der Versuch als solcher bleibt straflos") der bisher vereinzelt verteidigten Auffassung, der Rücktritt wirke als objektiver Strafaufhebungsgrund, die Grundlage genommen.

Der GE. erklärt den § 30 in einer ganzen Reihe von Fällen des Bes. Teils, wo Vorbereitungshandlungen selbständig mit Strafe bedroht sind, für anwendbar. Er folgt insoweit einer Anregung M. E. Mayers (a. a. O. S. 353, 354). Damit dürfte gleichzeitig die Streitfrage, ob § 30 auch da anwendbar ist, wo der Versuch unter selbständige Strafe gestellt ist (nach dem GE. nur beim Hochverrat, §§ 113, 114), argumento a contrario mit der Begr. z. VE. S. 292, 299 in verneinendem Sinne entschieden sein.

## §§ 31—35. **Täterschaft und Teilnahme.**

Der VE. hält in der Teilnahmelehre am geltenden Recht fest (Begr. S. 309, 310). Der ärgste Anstoß, den die sog. akzessorische Natur der Teilnahme im geltenden Recht erregt, die Straflosigkeit an der Tat eines Zurechnungsunfähigen, scheint allerdings beseitigt zu sein. Denn da der VE. alle Schuldausschließungsgründe, darunter die Zurechnungsunfähigkeit, in den persönlichen Strafausschließungsgründen aufgehen lassen will, das Vorliegen eines persönlichen Strafausschließungsgrundes in der Person des Täters aber schon nach geltendem Recht die Strafbarkeit des Teilnehmers unberührt läßt (was in § 80 VE. noch besonders hervorgehoben wird), so scheint der Bestrafung des an der Tat eines Zurechnungsunfähigen Teilnehmenden nichts im Wege zu stehen. Dies hebt denn auch die Begr. S. 311, 312 ausdrücklich hervor.

Diese Regelung empfiehlt sich nicht. Die Beseitigung der Schuldausschließungsgründe ist in der Kritik einhellig abgelehnt, ja geradezu für wirkungslos erklärt worden. Der GE. setzt, wie die Begr. zu § 13 ergibt, den Begriff der Schuldausschließungsgründe als fortbestehend voraus. Damit würde aber der einzige Fortschritt, den der VE. in der Teilnahmelehre gegenüber dem geltenden Recht anscheinend bringt, auch noch entfallen. Zwar meint M. E. Mayer (Reform I S. 358), daß auch bei Beibehaltung des Begriffs der Schuldausschließungsgründe die Möglichkeit bestände, alle auf „persönlichen Eigenschaften oder Verhältnissen" beruhenden Schuldausschließungsgründe unter § 80 des VE. zu subsumieren. Aber diese Ansicht steht im Widerspruch mit dem geschichtlichen Ursprung des § 80 (vgl. auch Begr. z. VE. S. 312). Sie würde auch zu der unannehmbaren Konsequenz führen, daß auf „persönlichen Eigenschaften oder Verhältnissen" des Täters beruhende Rechtfertigungsgründe, z. B. Vorliegen eines Verhaftungs- oder Züchtigungsrechts, dem Teilnehmer nicht zugute kämen. In keinem Falle kann sich der Gesetzgeber darauf verlassen, daß die von M. E. Mayer vertretene singuläre Auslegung des § 80 VE. Gemeingut der Rechtsanwendung wird.

Aber nicht nur die Straflosigkeit des Teilnehmers an der Tat eines Zurechnungsunfähigen hat Anstoß erregt, sondern die Überspannung des unselbständig zu beurteilenden Teilnehmers überhaupt. Vor allem gilt dies für den Anstifter. Man hat darauf hingewiesen, daß es zu schweren Ungerechtigkeiten entweder für die Rechtsordnung oder für den Schuldigen führe, wenn der, welcher eine Straftat durch einen anderen ausführen lasse, entweder straffrei ausgehen müsse, weil die Voraussetzungen der Anstiftung nicht gegeben seien, oder, um die anstößige Straflosigkeit zu vermeiden, in der Praxis oft als Anstifter bestraft werde, obgleich bei näherem Zusehen nur fahrlässige Täterschaft vorliege. Man hat Anstoß daran genommen, daß dem Anstifter Strafschärfungs- und Strafmilderungsgründe zuzurechnen seien, welche nur in der Person des Täters vorlägen, ohne doch gerade auf „persönlichen Eigenschaften oder Verhältnissen zu beruhen" (z. B. Überlegung oder Überlegungsmangel bei Ausführung vorsätzlicher Tötung). Man hat darauf hingewiesen, daß die angeblich scharfe Scheidung von mittelbarer Täterschaft und Anstiftung sich verflüchtige, denn schon heute werde vielfach mittelbare Täterschaft angenommen, wo der, durch dessen Vermittlung gehandelt werde, schuldhaft, ja sogar vorsätzlich gehandelt habe; erkenne doch das Reichsgericht den Begriff des „dolosen Werkzeuges" an (Olshausen, Note 17 zu § 47 StGB.). Es sei daher an der Zeit, mit dem Dogma, daß die freie vorsätzliche Handlung eines Zurechnungsfähigen den Kausalzusammenhang unterbreche, aufzuräumen (vgl. darüber statt aller Binding, im Gerichtssaal Bd. 76 S. 90ff.; Kohler, in Goltdammers Archiv Bd. 56 S. 292, 293).

Der GE. hat sich der Berechtigung dieser Einwendungen nicht verschließen können. Die Begr. z. VE. S. 299ff. hat abgelehnt, die unselbständige Teilnahme nach dem Vorgange des norwegischen StGB. ganz zu beseitigen, ebenso hat sie abgelehnt, gemäß den Vorschlägen der Internationalen Kriminalistischen Vereinigung die gesetzliche Unterscheidung von Arten der Teilnahme und ihrer Bestrafung zu beseitigen. Der GE. kommt auf diese abgelehnten Vorschläge nicht wieder zurück. Er billigt die Beibehaltung und mildere Bestrafung der „Beihilfe", und er erkennt an, daß auch die Beibehaltung des Anstifterbegriffes unausweichlich ist, da in vielen Fällen der, welcher die Tat durch einen anderen ausführen läßt, die zu ihrer Zurechnung zur Täterschaft erforderlichen Merkmale in seiner Person nicht erfüllt. Man denke an die Verleitung zu einer Eidesverletzung, einer Blutschande, zu einem Ehebruch, einem Amtsverbrechen. Daß in manchen dieser Fälle nach geltendem Recht, soweit nicht besondere Strafdrohungen, wie z. B. § 160 StGB., zur Verfügung stehen, mittelbare Täterschaft für zulässig gehalten wird (v. Liszt, Lehrbuch, 18. Aufl. S. 224 Note 3), beruht nur darauf, daß man sonst angesichts der Straflosigkeit der Teilnahme an einer unvorsätzlichen Tat Fälle ärgster Strafwürdigkeit straflos lassen müßte.

Der GE. beschränkt aber den Anstifterbegriff auf eine subsidiäre Stellung. Er soll nur da eingreifen, wo der durch Vermittlung eines anderen Handelnde, weil in seiner Person ein gesetzliches Merkmal fehlt, eben wirklich nicht als Täter bestraft werden kann. Dagegen soll es hinfort gleichgültig sein, ob jemand die ihm im übrigen zurechenbare strafbare Handlung selbst ausführt oder ihre Ausführung durch einen anderen bewirkt (§ 31 GE.). Der GE. bricht also mit dem Dogma, daß die freie vorsätzliche Handlung eines Zurechnungsfähigen den Kausalzusammenhang unterbricht. Wer einen Bravo zum Morde dingt, soll selbst Mörder sein. Daraus ergibt sich aber die weitere Konsequenz, daß auch der verantwortlich gemacht werden kann, der die vorsätzliche Ausführung einer Straftat durch einen andern fahrlässig verschuldete (Frau John in Gerhart Hauptmanns „Ratten"). Natürlich nur wegen fahrlässiger Begehung. Strafschärfungs- und Strafmilderungsgründe sollen dem, der durch einen anderen handelte, auch dann selbständig zugerechnet werden, wenn sie nicht auf „persönlichen Eigenschaften oder Verhältnissen" beruhen. Wer im Affekt einen Mörder dingt (Beatrice Cenci), ist bloß Totschläger, wer mit Vorbedacht einen anderen in Affekt versetzt und so zur Tötung eines Dritten bestimmt (Jago), ist Mörder. Es versteht sich von selbst, daß die so erweiterte mittelbare Täterschaft des GE., wie die engere des geltenden Rechts, voraussetzt, daß die Mittelsperson mit der Ausführung begonnen hat.

Für den als einen subsidiären beibehaltenen Anstifterbegriff (§ 32) stellt sich der GE. auf den von M. E. Mayer (Reform a. a. O. I S. 356; vgl. aber auch Hamm, Dtsch. Jur.-Ztg. XVI 64) sog. Standpunkt einer „limitiert-akzessorischen Gestaltung der Teilnahme", d. h. er verlangt zur Strafbarkeit des Anstifters nicht mehr und nicht weniger, als daß der Angestiftete den objektiven und objektiv rechtswidrigen Verbrechenstatbestand verwirklicht hat. Der GE. glaubt dies in § 34 Satz 2 am besten durch die Worte auszudrücken: „Die Bestrafung des Teilnehmers (Anstifter, Gehilfe) erfolgt ohne Rücksicht auf die Strafbarkeit der Person des Täters." Diese Worte „ohne Rücksicht auf die Strafbarkeit der Person des Täters" verwendet der GE. überall da, wo er das Vorliegen des objektiven Verbrechenstatbestandes für ausreichend erklärt, so in den §§ 80 Abs. 2, 180 Abs. 2, 185 Abs. 1, 341 Abs. 1. Er folgt damit im Ergebnis einer Anregung Bindings (Gerichtssaal Bd. 76 S. 85). Der Anstifter bleibt also strafbar, nicht nur dann, wenn dem Angestifteten ein persönlicher Strafaufhebungs- oder Strafausschließungsgrund zur Seite stand, sondern auch dann, wenn bei dem Angestifteten die Schuld (der subjektive Tatbestand) fehlte, d. i. wenn er zurechnungsunfähig oder gutgläubig war. Damit entfällt z. B. die Notwendigkeit einer Strafbestimmung wie § 170 VE. (§ 160 StGB.).

Mit dieser Regelung des Verhältnisses von Täterschaft und Anstiftung, sowie der Anstiftung stellt sich danach der GE. der Sache nach auf den Standpunkt Bindings (Gerichtssaal Bd. 76 S. 87 ff.). Der „Anstifter" des GE. ist im wesentlichen der „Urheber" Bindings (Gerichtssaal Bd. 71 S. 1 ff.; Bd. 76 S. 34 ff., 113). Der GE. beläßt es nur bei der Unterstellung der „Anstiftung", zusammen mit der Beihilfe, unter die „Teilnahme", bei dem Namen „Anstiftung" und bei der Gleichbestrafung der Anstiftung mit der Täterschaft. In allen diesen Beziehungen liegt ein zwingender Grund, mit dem geltenden Recht radikal zu brechen, nach Überzeugung der Verfasser des GE. nicht vor.

## § 31. Täterschaft.

Aus der Erweiterung des Täterschaftsbegriffs ergab sich für den GE. von selbst die Notwendigkeit, die Forderung Bindings (Gerichtssaal Bd. 76 S. 90 ff.) nach einer gesetzlichen Feststellung des Täterbegriffs zu erfüllen. Allerdings war bei dieser Begriffsfeststellung Beschränkung auf das geboten, was zur Lösung von Zweifeln erforderlich erschien. Der Begriff des unmittelbaren Alleintäters bedarf keiner Definition. Auch könnte jedes Hinausgehen über das unbedingt Gebotene, statt zur Klärung, zur Verwirrung beitragen, mindestens zu neuen Zweifeln Anlaß geben. Daher erklären sich die Eingangsworte des § 31: „Als Täter wird auch derjenige bestraft . . ."

Im übrigen kann für Rechtfertigung der Definition der mittelbaren Täterschaft in § 31 GE. („Als Täter wird auch derjenige bestraft, der" die „Ausführung der ihm zurechenbaren strafbaren Handlung" „durch einen anderen bewirkt") auf das zu

§§ 31—35 Ausgeführte Bezug genommen werden. Hier sei noch bemerkt: Die Abweichungen in der Definition der mittelbaren Täterschaft (§ 31) von der Definition der Anstiftung (§ 32) folgen aus dem Unterschiede beider Begriffe. § 31 spricht von „bewirkt", nicht von „bestimmt". Das Wesen der mittelbaren Täterschaft ist Verursachung eines eigenen Verbrechens, nicht eines fremden verbrecherischen Entschlusses. Das bedeutet einerseits mehr, anderseits weniger als die Tätigkeit des Anstifters (vgl. einerseits Olshausen, Note 4 zu § 48 StGB.; anderseits Binding, Gerichtssaal Bd. 76 S. 96 Note 1). § 31 spricht ferner von Bewirkung der „Ausführung", nicht der „Begehung". Jene, nicht diese läßt der mittelbare Täter durch einen anderen vornehmen; „begangen" hat er die Tat selbst. Endlich erfordert § 31 nicht „vorsätzliches" Handeln; die dem mittelbaren Täter „zurechenbare strafbare Handlung" kann auch eine fahrlässige sein. Ähnlich wie der GE. definiert auch Binding (a. a. O. S. 98). Nur spricht er nicht von „Ausführung bewirken", sondern von „ausführen lassen". Indessen das „lassen" ist zweideutig; es bezeichnet sowohl das Veranlassen (faire), als auch das Zulassen (laisser).

Die letztgenannte Feststellung leitet über zur Rechtfertigung, daß nach § 31 als Täter auch derjenige bestraft werden soll, der die Ausführung der ihm zurechenbaren strafbaren Handlung „pflichtwidrig zuläßt". Nach geltendem Recht wird die pflichtwidrige Nichthinderung einer strafbaren Handlung grundsätzlich so behandelt, wie ihre Verursachung. Dies hat die Folge, daß, wenn die strafbare Handlung die freie vorsätzliche Tat eines Zurechnungsfähigen ist, ihre pflichtwidrige Nichthinderung nur als „Beihilfe" bestraft werden kann (Olshausen, Note 12 zu § 49; Binding, Gerichtssaal Bd. 76 S. 29 unter 3b das.) (sog. negative Beihilfe). Da der GE. jenes Dogma für die Verursachung preisgibt, ergibt sich für ihn von selbst die Preisgabe für die Nichthinderung. Widerspricht doch auch die Straflosigkeit der fahrlässigen pflichtwidrigen Nichthinderung eines vorsätzlichen Verbrechens nach geltendem Recht der Gerechtigkeit und dem praktischen Bedürfnis, sofern die fahrlässige Begehung dieses Verbrechens überhaupt strafbar ist. Eltern, Vormünder usw., die ihre Kinder oder Pflegebefohlenen fahrlässig mißhandeln oder gar zu Tode quälen lassen, verdienen wegen fahrlässiger Körperverletzung oder Tötung bestraft zu werden. Die allgemeine Gleichstellung von Verursachung und pflichtwidriger Zulassung einer strafbaren Handlung in § 31 GE. ermöglicht dem GE., die ausdrückliche Erwähnung der pflichtwidrigen Zulassung in Bestimmungen wie GE. §§ 155 (VE. 151), 267 (StGB. 223a Abs. 2 in der Fassung der 2. Lesung der Reichstagskommission für den Entwurf der sog. kleinen Strafgesetznovelle, Ber. v. 19. April 1910) zu streichen.

Als dritte regelungsbedürftige Form der Auch-Täterschaft behandelt § 31 GE. die Mittäterschaft. Der VE. hat den die Mittäterschaft behandelnden § 47 des StGB. gestrichen, weil er einerseits die Haftung des Mittäters als Täter für selbstverständlich hält, andererseits die Beschränkung des akzessorischen Teilnahmebegriffs auf Anstiftung und Beihilfe ausdrücklich zu betonen wünscht (Begr. S. 304). Die ausdrückliche Ausscheidung der Mittäterschaft aus dem akzessorischen Teilnahmebegriff hält auch der GE. für angebracht. Er bedient sich dazu des Mittels, daß er die Mittäterschaft in dem „Täterschafts"-§ 31 behandelt und in § 34 Satz 2 den Teilnehmerbegriff ausdrücklich auf Anstifter und Gehilfen beschränkt. Daß sich die Haftung des Mittäters als Täter von selbst verstehe, wird dem VE. gegenüber von Wach (Dtsch. JurZtg. XV 109), M. E. Mayer (Reform I S. 367) und Binding (Gerichtssaal Bd. 76 S. 101) bestritten. Wach meint, erst die Aufstellung des Teilnahme- (d. i. hier einschließlich Mittäterschaft) Begriffs ermögliche „die Verantwortlichkeit nicht nur für das, was man selbst tat, sondern auch für das, was der andere frei mitwirkend getan hat". Da der GE. den Standpunkt, daß die freie vorsätzliche Handlung eines Zurechnungsfähigen den Kausalzusammenhang unterbreche, aufgibt, so war für ihn aus dem von Wach angeführten, für das geltende Recht und den VE. vollauf berechtigten Grunde die Regelung der Mittäterschaft allerdings nicht so unbedingt geboten. Dennoch hat der GE. sich zur Aufnahme einer Bestimmung über Mittäterschaft entschlossen, einmal zur Sicherstellung dieses unentbehrlichen Begriffs auch neben dem erweiterten Begriff der mittelbaren Täterschaft, insbesondere aber zur Abgrenzung von Mittäterschaft und Beihilfe. Daß der VE. die Abgrenzung von Mittäterschaft und Beihilfe seiner Begründung (S. 305, 310) überläßt, ist ihm mit Recht zum Vorwurf gemacht worden (v. Liszt, Ztschr. f. Strafr.-Wiss. XXX 275; Kantorowicz, Monatsschr. f. Kriminalpsych. VII 309; v. Overbeck, Schweizer Ztschr. f. Strafr. XXXIII 28).

Der GE. lehnt bei Abgrenzung von Mittäterschaft und Beihilfe sowohl die vom Reichsgericht vertretene, von der Begr. zum VE. S. 305 akzeptierte subjektive, als auch die vor allem von v. Birkmeyer verteidigte objektive Theorie ab. Er stellt sich auf einen vermittelnden Standpunkt. Diesen gewinnt er aus dem Vorschlag v. Birkmeyers (Vgl. Strafrechtsdarst. Allg. Teil II S. 150ff.), „die Beihilfe bei der Ausführung der Mittäterschaft gleich zu strafen, demnach die mildere Bestrafung auf die Beihilfe zur Vorbereitung zu beschränken". Es empfiehlt sich, diesen von v. Birkmeyer für die Bestrafung der Beihilfe aufgestellten Grundsatz von Haus aus für ihre Begriffsbestimmung zu verwerten; denn er verbindet mit dem Vorzug gerechter Differenzierung in der Bestrafung den Vorzug einer praktisch brauchbaren, weil leicht festzustellenden Tatbestandsabgrenzung (ähnlich die von v. Birkmeyer a. a. O. S. 16 Note 3, S. 151 angeführten sog. Vermittlungstheorien). Danach ist Mittäter der, welcher „bei Ausführung der ihm zurechenbaren strafbaren Handlung mitwirkt" (§ 31 GE.), also auch z. B. der, welcher „Schmiere steht". Gehilfe ist dagegen der, welcher nur bei der Vorbereitung mitwirkt, also z. B. nur die Brechwerkzeuge anfertigt. Es versteht sich von selbst, daß beim Mittäter — wie beim mittelbaren Täter — alle erforderlichen gesetzlichen Merkmale des betreffenden Verbrechens vorhanden sein müssen, die strafbare Handlung muß ihm „zurechenbar" (GE. § 31) sein. Gebricht es an einem der erforderlichen Merkmale, so wird, ebenso wie aus einem „mittelbaren Täter" höchstens ein „Anstifter", aus dem „Mittäter" höchstens ein Gehilfe. Dieser Sachlage ist die Definition der Beihilfe in § 33 des GE. angepaßt. Sie vermeidet, als Beihilfe etwa positiv nur die Mitwirkung bei der Vorbereitung hinzustellen; sie vermeidet aber auch die nichtssagende Definition des § 49 StGB. (79 VE.). Sie beschränkt sich vielmehr darauf, als Beihilfe zu bezeichnen jede „vorsätzliche Beteiligung" bei dem von einem anderen begangenen Verbrechen oder Vergehen, die nicht Täterschaft oder Anstiftung im Sinne der §§ 31, 32 GE. ist.

Einverständliches Zusammenwirken erfordert die Mittäterschaft des GE. nicht. Denn sie ist keine Teilnahmeform mehr und auch nicht mehr bestimmt, die Schwierigkeiten zu überwinden, die sich aus dem Dogma der Unterbrechung des Kausalzusammenhanges durch die freie vorsätzliche Handlung eines Zurechnungsfähigen ergeben. Damit erledigt sich die Streitfrage, ob Mittäterschaft auch bei fahrlässigen Delikten möglich sei (Ohlshausen, Note 10 zu § 47 StGB.). Ebenso wird damit überflüssig der neben der Mittäterschaft emporgekommene Begriff der „Nebentäterschaft", welcher den Mittäterschaftsbegriff des geltenden Rechts und das Dogma von der Kausalunterbrechung schon zu unterhöhlen begonnen hat.

## § 32. **Anstiftung.**

Die Zurückdrängung der Anstiftung in eine subsidiäre Stellung und ihre Befreiung von der extrem-akzessorischen Gestaltung des geltenden Rechts ist schon in der Begr. zu §§ 31—35 gerechtfertigt worden.

Da der GE. den Begriff der Täterschaft auf Kosten der Anstiftung ausdehnt und überdies (vgl. Vorwort) alle schwereren Übertretungen des geltenden Rechts und des VE. in Vergehen verwandelt, ist er in der Lage, die Strafbarkeit der Anstiftung, ebenso wie die der Beihilfe, auf „Verbrechen und Vergehen" zu beschränken. Ohnehin steht die Strafbarkeit der Anstiftung zu einer Übertretung mit der polizeilichen Natur der Übertretungen im Widerspruch.

Schränkt der GE. auf diese Weise den Kreis der strafbaren Handlungen, bei denen er die Anstiftung bedroht, ein, so erweitert er diesen Kreis in einer anderen Beziehung. Der VE. geht mit dem Reichsgericht davon aus, daß Teilnahme auf vorsätzliche Delikte beschränkt bleiben müsse (Begr. S. 310). Dieser Standpunkt ist schon dem Reichsgericht gegenüber angefochten worden (vgl. darüber v. Birkmeyer, Vgl. Strafrechtsdarst. Allg. Teil II S. 153). Gegen die Billigung der reichsgerichtlichen Praxis durch den VE. wendet sich Binding (Gerichtssaal Bd. 76 S. 101 ff.). Für den GE. kann nicht zweifelhaft sein, daß er Teilnahme auch bei fahrlässigen Delikten für zulässig erachten muß. Denn für den GE. ist die gesonderte Behandlung der Teilnahme nicht eine Folge des Satzes, daß die freie vorsätzliche Handlung eines Zurechnungsfähigen den Kausalzusammenhang unterbreche, so daß sie sich also nur bei Vorsatzdelikten als notwendig erwiese. Sondern für den GE. folgt die gesonderte Behandlung der Anstiftung aus der Unmöglichkeit, in gewissen Fällen mittelbare Täterschaft anzunehmen, und die gesonderte Behandlung der Beihilfe einesteils aus dem nämlichen Grunde, anderenteils aus der minderen Strafwürdigkeit dessen, der bei der Ausführung nicht mitwirkt. Alle diese Gesichtspunkte treffen aber bei fahrlässigen Handlungen gerade so zu, wie bei vorsätzlichen. Der GE. erkennt also die Möglichkeit der Teilnahme auch bei fahrlässigen Vergehen an. Er bringt dies dadurch zum Ausdruck, daß er sowohl in § 32 wie in § 33 von einer Teilnahme an „Vergehen" schlechthin spricht. Damit ändert er anscheinend an den §§ 78, 79 VE. nichts. In der Tat ist der Standpunkt des VE. hier wie so oft nicht im Text, sondern bloß in der Begründung zum Ausdruck gekommen. Dagegen bewendet es nach dem GE. §§ 32, 33, wie nach dem VE. §§ 78, 79, bei der Strafbarkeit der vorsätzlichen Teilnahme (Anstiftung, Beihilfe).

In Abs. 2 des § 32 stellt der GE. den Versuch der Anstiftung zu einem Verbrechen, d. h. also zu einer mit Tod oder Zuchthaus bedrohten Handlung unter Strafe. Der GE. folgt damit dem Vorgang des schweizerischen VE. (§ 23 Ziff. 1) und des österr. VE. (§ 15), sowie den Anregungen Hoegels (SeuffBl. Bd. 75 S. 234) und M. E. Mayers (Reform I, 370ff.). Die Begr. zum VE. S. 311, 312 lehnt zwar die Bedrohung der versuchten Anstiftung ab einmal, weil sie im Widerspruch zu der akzessorischen Natur der Anstiftung stehe, sodann, weil sie zu einer übermäßigen Ausdehnung der Strafbarkeit führe. Indessen diese Gründe sind nicht durchschlagend. Die akzessorische Natur der Teilnahme, welche schon das geltende Recht, mehr noch der VE. und der GE., durchbrechen, ist kein noli me tangere. Und die Entwicklung der strafbaren „Aufforderung" zur Begehung eines Verbrechens nach §§ 49a StGB., 132 VE. zur strafbaren „versuchten Anstiftung" ist nur ein Schritt von einem kasuistischen Gelegenheitsgesetz zu einem allgemeinen Rechtsgedanken. Ohnehin ist der Unterschied zwischen „Aufforderung" und „versuchter Anstiftung" nicht sehr erheblich.

Die allgemeine Bedrohung der versuchten Anstiftung führt zum Wegfall von Strafbestimmungen wie §§ 167, 208 VE.

## § 33. Beihilfe.

Die Abgrenzung der Beihilfe von der Mittäterschaft und die sich daraus ergebende Definition der Beihilfe ist am Ende der Begr. zu § 31 gerechtfertigt, die Möglichkeit der Beihilfe auch bei fahrlässigen Handlungen, die Beschränkung der Strafbarkeit andererseits auf die vorsätzliche Beihilfe ist in der Begr. zu § 32 erläutert worden. Für die Beihilfe gilt, wie für die Anstiftung, die limitiert-akzessorische Gestaltung der Teilnahme (GE. § 34, insbes. Satz 2 das. und Begr. zu §§ 31—35 am Ende).

Beihilfe im Sinne des GE. ist also die Beteiligung bei der Vorbereitung und diejenige Beteiligung bei der Ausführung, die wegen Fehlens eines erforderlichen Merkmals in der Person des Teilnehmenden nicht als Mittäterschaft angesehen werden kann. Dabei umfaßt „Beteiligung" nicht nur die „Mitwirkung", sondern auch die „pflichtwidrige Zulassung", welche Beihilfe (nagative Beihilfe) ist, sofern sie sich entweder nur auf die Vorbereitung oder zwar auf die Ausführung bezieht, aber wegen Mangels eines erforderlichen Merkmals nicht Mittäterschaft sein kann.

Einer Rechtfertigung bedarf noch der Abs. 2 des § 33. Nach geltendem Recht ist bekanntlich streitig, ob Mittäter, Anstifter und Gehilfen nach § 46 des StGB. durch Rücktritt vom Versuch oder Abwendung des zur Vollendung gehörigen Erfolges Straflosigkeit verdienen können (Olshausen, Note 7 zu § 46, Note 27 zu § 47 des StGB.). Der GE. bejaht die streitige Frage. Er nimmt an, daß sich die Anwendbarkeit des dem § 46 StGB. entsprechenden § 30 GE. auf den Mittäter aus seiner Qualifikation als Täter, auf den Anstifter aus seiner Behandlung „gleich dem Täter" ergibt. Für den Gehilfen bedurfte es aber einer ausdrücklichen Bestimmung. Nach § 33 Abs. 2 bleibt also der Gehilfe straflos, wenn er den Eintritt des zur Vollenduug gehörigen Erfolges freiwillig und durch eigene Tätigkeit abgewendet hat, ebenso dann, wenn er als „doloses Werkzeug" eines mittelbaren Täters die Ausführung freiwillig aufgegeben hat (Reichsger.Entsch. XXXIX 38ff.).

## § 34. **Einwirkung persönlicher Eigenschaften usw.**

Die durch Zufügung des Satzes 2 bedingte Abweichung des § 34 GE. von § 80 VE. ist oben in der Begr. zu §§ 31—35 GE. gerechtfertigt.

Zu einer Ausdehnung des dem § 80 VE. entsprechenden Satzes 1 des § 34 GE. von den persönlichen Strafschärfungs-, Strafmilderungs- und Strafausschließungsgründen auf sachliche, wie sie Binding (Gerichtssaal Bd. 76 S. 110, 111) fordert, hat sich der GE. nicht entschließen können. Eine solche Ausdehnung würde der von Binding selbst vertretenen, vom GE. zugrunde gelegten „limitiert-akzessorischen" Gestaltung der Teilnahme widerstreiten. Der GE. geht dabei natürlich mit der gemeinen Meinung davon aus, daß Rückfälligkeit, Gewerbs- und Gewohnheitsmäßigkeit der Begehung persönliche Strafschärfungsgründe sind. Es ist auch die vom GE. vorgesehene starke Erweiterung des Gebietes selbständiger Täterschaft in Rechnung zu ziehen.

Ebensowenig hat der GE. sich veranlaßt gesehen, den Grundsatz des § 80 VE. einzuschränken (wie es Köhler, Studien zum VE. S. 37, 38 verlangt).

## § 35. Straflose Teilnehmer.

Bekanntlich straft das Reichsgericht wegen Anstiftung den Gefangenen, der einen anderen bestimmte, ihn zu befreien oder seine Entweichung zu befördern (Entsch. III S. 140); ebenso den Gläubiger, der den Gemeinschuldner bestimmte, ihn vor den übrigen Gläubigern zu begünstigen (Entsch. V S. 276, 435); ebenso den, welcher den Kuppler bestimmte, ihn selbst zu verkuppeln (Entsch. XXIII S. 69; XXV S. 370) usw. Die Praxis des RG. hat nahezu einhellige Mißbilligung gefunden. Es ist daher gefordert worden, ihr im künftigen StGB. durch eine allgemeine Bestimmung einen Riegel vorzuschieben (Goldschmidt, Reform II 60). Diese Forderung erfüllt § 35 GE. Gemeinsam ist allen oben angeführten Fällen, daß es sich um Personen handelt, bezüglich derer sich aus dem Gesetz ergibt, daß sie straflos sein sollen, wenn sie sich als Gehilfen beteiligen. Diese ihre Straflosigkeit wegen Beihilfe erkennt auch das Reichsgericht an (Entsch. II S. 439; VIII S. 298). Hiernach war der Weg vorgezeichnet, den § 35 GE. zu beschreiten hatte: „Ergibt sich aus dem Gesetz, daß bestimmte Personen straflos sein sollen, wenn sie sich als Gehilfen beteiligen, so sind sie auch straflos, wenn sie sich als Anstifter beteiligen." Eine Haftung wegen Täterschaft ist in allen diesen Fällen ganz ausgeschlossen. Gleichgültig ist, ob die aus dem Gesetz sich ergebende Straflosigkeit wegen Beihilfe ein Fall sog. „notwendiger Teilnahme" ist oder nicht (vgl. dazu Frank, 8.—10. Aufl. Vorbem. V vor § 47 StGB.).

## Vierter Abschnitt.

## Strafantrag.

§§ 36—39.

Der GE. stellt die §§ 71, 72 des VE. um, da es richtiger ist, zuerst die „Person des Berechtigten" und erst dann die „Antragsfrist" zu behandeln.

### § 36. Person des Berechtigten.

Die Fassung von § 72 Abs. 2 VE., welcher die Antragstellung durch gesetzliche Vertreter regelt, ist mit Recht beanstandet worden (Wulffen, Gesetz und Recht XI 223). Bei der Neufassung in § 36 Abs. 2 tut aber der GE. einen grundsätzlichen Schritt, indem er, hier wie in § 37, „Antragsrecht" und „Befugnis zu seiner Ausübung" unterscheidet.

Das geltende Recht und der VE. gewähren nur dem gesetzlichen Vertreter ein, und zwar eigenes Antragsrecht. Im übrigen wird die Zulässigkeit einer Stellvertretung im Willen bei Ausübung des Antragsrechts zwar anerkannt (vgl. auch Begr. S. 274), aber, auch soweit diese Anerkennung positiv-gesetzlichen Boden hat (Patentgesetz von 1891 § 12, Gebrauchsmusterschutzgesetz von 1891 § 13, Warenzeichengesetz von 1894 § 23), die Befugnis des Stellvertreters in völlige Abhängigkeit von dem Recht des Vertretenen versetzt. Die Antragsfrist soll also auch für den Bevollmächtigten von der Kenntnis des Vertretenen ab laufen (RG. Entsch. XXXVI S. 416).

Dieser Rechtszustand befriedigt nicht. Es entspricht einerseits nicht dem Wesen der Sache, dem gesetzlichen Vertreter ein eigenes Antragsrecht beizulegen. Dies tritt hervor, wenn das Recht des gesetzlichen Vertreters und das des minderjährigen, achtzehn Jahre alten Verletzten konkurrieren. Es stehen doch dann nicht zwei eigene Antragsrechte, sondern nur zwei selbständige Befugnisse zur Ausübung desselben Antragsrechts in Frage. Beide werden hinfällig, wenn, wie z. B. nach §§ 232 Abs. 2 Satz 2, 271 Abs. 1 Satz 2, 287 Abs. 1 Satz 2 GE., „das Antragsrecht ausgeschlossen" ist. Es tritt auch darin hervor, daß der volljährig gewordene Verletzte den von seinem gesetzlichen Vertreter gestellten Antrag zurücknehmen kann (RG. Entsch. XXII 256). Wie könnte er das, wenn dem gesetzlichen Vertreter, sei es überhaupt, sei es von Vollendung des 18. Lebensjahres des Minderjährigen ab, ein eigenes Antragsrecht zustände. Andererseits widerstreitet es dem praktischen Bedürfnis, da, wo zur Wahrung des verletzten Interesses ein Bevollmächtigter bestellt ist, die Antragsfrist vom Tage der Kenntnis des Vertretenen ab laufen zu lassen, da dieser sich vielleicht auf die Wahrung seines Interesses durch den Vertreter verlassen hat (so mit Recht Oetker, Reform I 299, 300).

Aus diesen Gründen trennt der GE. vom Antragsrecht die Befugnis zu seiner Ausübung. Das Verhältnis beider Rechte zu einander ist ein ähnliches wie das des bürgerlich-rechtlichen Verwaltungs-, insbesondere Prozeßführungsrechts (Hellwig) zu den Rechten des der Verwaltung unterliegenden Vermögens. In Satz 1 Abs. 2 des § 36 erkennt der GE. dem gesetzlichen Vertreter des geschäftsunfähigen oder minderjährigen Verletzten nur eine Befugnis zur Ausübung des Antragsrechts des Verletzten zu. In Satz 2 Abs. 2 des § 36 legt er, mehrfachen Anregungen entsprechend (Oetker a. a. O.; Köhler, in Hirths Annalen 1910 S. 213; ebenso eine Privatanregung Kohlers) und nach dem Vorgang der obengenannten gewerblichen Gesetze, auch sonstigen Vertretern die Befugnis zur Ausübung des Antragsrechts bei, sofern sie zur Wahrung des verletzten Interesses bestellt sind. Im Zusammenhange damit läßt der GE. § 37 Satz 2 die Antragsfrist mit dem Tage der Kenntnis des zur Ausübung des Antragsrechts Befugten beginnen. Gleichgültig ist, ob der „sonstige" Vertreter ein gesetzlicher (z. B. Nachlaßverwalter, Konkursverwalter) oder ein rechtsgeschäftlicher, und ob seine Vollmacht eine generelle oder spezielle ist. Gleichgültig ist auch, ob das verletzte Interesse, zu dessen Wahrung der Vertreter bestellt ist, ein vermögensrechtliches ist oder nicht. Die von Oetker a. a. O. verteidigte Beschränkung der Befugnis zur Ausübung des Antragsrechts auf die Vertreter vermögensrechtlicher Interessen empfiehlt sich schon deshalb nicht, weil die Grenzen der materiellen und immateriellen Rechte gerade bei den hier eine wesentliche Rolle spielenden Urheber- und Erfinderrechten fließende sind.

Die vom GE. vorgenommene Regelung löst auch die Zweifel, die sich bisher an die Befugnis zur Zurücknahme eines von einem Vertreter gestellten Strafantrages geknüpft haben. Solange seine Vertretungsmacht und damit seine Befugnis zur Ausübung des

Strafantragsrechts dauert, kann der Vertreter auch den von ihm selbst gestellten Strafantrag zurücknehmen. Der Vertretene kann den vom Vertreter gestellten Strafantrag ohne Zustimmung des Vertreters nur dann zurücknehmen, wenn dessen Vertretungsmacht und damit seine Befugnis zur Ausübung des Strafantragsrechts erloschen ist. Für den gesetzlichen Vertreter des geschäftsunfähigen oder minderjährigen Verletzten entspricht letzteres der schon jetzt gemeinen Meinung (RGR. Entsch. XXII 256). Für die sonstigen Fälle der Stellvertretung weicht allerdings die gemeine Meinung nach geltendem Recht ab, indem sie dem Vertretenen beliebig das Recht zur Zurücknahme des von seinem Vertreter gestellten Strafantrags beilegt. Die für den GE. gezogene abweichende Konsequenz ergibt sich aus der Selbständigkeit der dem Vertreter zugesprochenen Befugnis zur Ausübung des Antragsrechts. Sie entspricht aber auch dem praktischen Bedürfnis, denn sie schränkt die Zulässigkeit einander widersprechender Erklärungen verschiedener Ausübungsbefugter ein. Will der Vertreter dem Vertretenen die geforderte Zustimmung zur Zurücknahme des Strafantrags nicht erteilen, so steht es bei dem Vertretenen, dem Vertreter die Wahrung des verletzten Interesses zu entziehen und damit Antragsrecht und Ausübungsbefugnis wiederum in seiner eigenen Person zu konsolidieren.

Im übrigen weicht § 36 GE. von § 72 VE. noch darin ab, daß er in Abs. 3 Satz 2 (einer privaten Anregung Kohlers Folge gebend) ausdrücklich bestimmt, daß ein nach Begehung der strafbaren Handlung eintretender Wechsel in der Beziehung des Verletzten zum Gegenstand der Verletzung auf das Antragsrecht keinen Einfluß hat. Es ist dies zwar schon nach geltendem Recht anerkannt (Olshausen, Note 11 zu § 61 StGB.). Es empfahl sich aber die ausdrückliche gesetzliche Sanktion, um nicht dem Mißverständnis Raum zu geben, als stehe der zwischen Antragsrecht und Ausübungsbefugnis unterscheidende GE. hier auf einem anderen Standpunkt.

### § 37. **Frist.**

Daß § 37 GE., im Gegensatz zu § 71 des VE., die Frist mit dem Tage der Kenntnis des zur Ausübung des Antragsrechts Befugten beginnen läßt, ist bereits zu § 36 gerechtfertigt. Im übrigen weicht § 37 GE. von § 71 des VE. noch in einer doppelten Beziehung ab:

Erstens: Der GE. spricht von einer Kenntnis der „Tat“, nicht der „Handlung“. Zwar will der GE., so wenig wie der VE. und das geltende Recht, der Terminologie „Tat“ und „Handlung“ eine ausschlaggebende Bedeutung beilegen. Immerhin ist doch nicht zu verkennen, daß unsere Strafgesetze den Ausdruck „Handlung“ bevorzugen, wenn es ihnen mehr auf deren rechtliche oder subjektive Bedeutung ankommt, den Ausdruck „Tat“ dagegen, wenn sie mehr die tatsächliche oder objektive Seite betonen wollen. Es kann nun nicht zweifelhaft sein, daß in § 37 GE., der dem § 71 des VE. und dem § 61 des StGB. entspricht, die Kenntnis der „Tat“ in ihrer tatsächlichen und objektiven Bedeutung genügt (RG. Entsch. V 98, 271; VI 212, 312; XXVI 376). Bei dieser Sachlage ist es befremdlich, daß der VE., der in § 73 das Wort „Handlung“ des § 63 StGB. durch „Tat“ ersetzt und in § 74 das Wort „Tat“ neu eingesetzt hat, in § 71 das Wort „Handlung“ aus § 61 des StGB. beibehält, obgleich es in der Rechtsprechung viele Schwierigkeiten verursacht hat. Der GE. ersetzt danach auch in § 37 (71 des VE.) das Wort „Handlung“ durch „Tat“.

Zweitens: § 37 des GE. läßt die Antragsfrist von der Kenntnis der Tat und der Person „eines daran Beteiligten“, nicht „des Täters“ (§ 71 VE.) an laufen. Der GE. hält es nämlich, im Gegensatz zum VE. (Begr. S. 270) für nötig, die Streitfrage zu entscheiden, von welchem Zeitpunkte die Frist zu berechnen ist, wenn an der Tat mehrere Personen beteiligt sind und der Berechtigte von ihrer Beteiligung nicht auf einmal, sondern nach und nach Kenntnis erlangt. Und zwar entscheidet der GE. die Streitfrage im Sinne der reichsgerichtlichen Rechtsprechung (Entsch. IX 390). Denn diese Rechtsprechung hindert eine übermäßige Ausdehnung der Antragsfrist und entspricht dem Grundsatz der Unteilbarkeit des Antrags. Das gegen die reichsgerichtliche Judikatur von Allfeld (Vgl. Strafrechtsdarst. Allg. Teil II S. 193 Note 5 und S. 223) erhobene Bedenken, daß dann der Antrag wirke gegen einen dem Berechtigten erst später bekannt werdenden Beteiligten, gegen den der Berechtigte vielleicht die Antragstellung unterlassen hätte, ist dem GE. gegenüber gegenstandslos, da der GE. § 39 allgemein die Zurücknahme des Strafantrags zuläßt. Andererseits ist durch Festhaltung des Erfordernisses, daß die Antragfrist erst von Kenntnis der „Tat“ an läuft, dafür vorgesorgt, daß die Antragsfrist nicht schon von Kenntnis einer bloßen Anstiftungs- oder Beihilfehandlung ab läuft (RGR. Entsch. XXV 106, XL 329).

Die Ersetzung der Worte „des Täters" durch die Worte „eines daran (sc. an der Tat) Beteiligten" stellt auch klar, daß im § 37 GE. nicht „Täter" im engeren, eigentlichen Sinne (des § 31 GE.) in Frage stehen. Zwar gilt auch von der Verwendung des Ausdrucks „Täter" dasselbe, was oben von der Verwendung der Termini „Tat" und „Handlung" ausgeführt wurde. Der Ausdruck „Täter" wird im GE., so gut wie im VE. und geltenden Recht, oft im weiteren, uneigentlichen, die „Teilnehmer" umfassenden Sinne gebraucht. Es ist aber bedenklich, wenn gerade der VE. § 71 und das StGB. § 61 von „Täter" im weiteren, uneigentlichen Sinne sprechen. Denn da die unmittelbar sich anschließenden §§ 73, 74 des VE., 63, 64 des StGB, von „an der Tat (Handlung) Beteiligten" sprechen, gewinnt es den Anschein, als ob in § 71 VE., 61 des StGB. mit „Täter" doch „Täter" im engeren, eigentlichen Sinne gemeint sei.

Dagegen hat der GE., so wenig wie der VE., eine Bestimmung darüber aufgenommen, daß in Fällen des Ehebetrugs, des Ehebruchs usw. die Antragsfrist erst mit dem Tage beginne, an dem der Berechtigte von der Rechtskraft des die Scheidung oder Nichtigkeit der Ehe aussprechenden Urteils Kenntnis erlangt hat (Bgr. z. VE. S. 271; für Aufnahme einer solchen Bestimmung Allfeld, Vgl. Strafrechtsdarst. Allg. Teil II 223; Köhler, in Hirths Annalen 1910 S. 213). Der GE. stellt in den hier in Frage kommenden Fällen (§§ 230 Abs. 1, 232 Abs. 1, insbesondere aber 241 Abs. 3 u. 243 Abs. 3, die letzteren beiden in Verbindung mit 235 Abs. 3) durch die Fassung ausdrücklich klar, daß die Scheidung oder Nichtigkeitserklärung der Ehe keine Voraussetzung der Verfolgbarkeit, sondern eine Voraussetzung der Strafbarkeit ist. Damit wird der schon nach geltendem Recht herrschenden Ansicht, daß die Antragsfrist erst von Kenntnis der Rechtskraft des die Scheidung oder Nichtigkeit der Ehe aussprechenden Urteils an laufe, das Siegel aufgedrückt (vgl. Mittermaier, Vgl. Strafrechtsdarst. Bes. Teil IV 98).

### § 38. **Unteilbarkeit.**

Der GE. hält es im Gegensatz zum VE. (Begr. S. 277), insbesondere infolge einer Privatanregung Kohlers, für richtig, den Grundsatz der Unteilbarkeit des Strafantrags für die Fälle zu durchbrechen, in denen der Antrag nur mit Rücksicht auf das zwischen dem einzelnen Beteiligten und dem Verletzten bestehende persönliche Verhältnis erfordert wird (sog. relative Antragsdelikte).

### § 39. Zurücknahme.

Der GE. § 39 stellt in Ansehung der Zurücknahme des Strafantrags den in Deutschland vor der Novelle vom 26. Februar 1876 bestehenden Rechtszustand wieder her, indem er die Zurücknahme des Strafantrags allgemein zuläßt.

Der GE. steht mit der überwiegenden Gesetzgebung des Auslands (Allfeld, Vgl. Strafrechtsdarst. Allg. Teil II S. 209), insbesondere dem schweizer. VE. Art. 24 Ziff. 2 (vgl. auch Unger, Recht XIII 825), auf dem Standpunkt, daß die allgemeine Zulässigkeit der Zurücknahme des Strafantrags dem Wesen des Strafantrags entspricht, und daß die kasuistische Zulassung, welcher die Reichsgesetzgebung seit 1876 und der VE. huldigen, den gleichen Bedenken unterliegt, wie die kasuistische Bedrohung des Vergehensversuchs. Die Rolle, welche der Strafgesetznovelle von 1876 in der Geschichte des Strafantrags zufällt, erklärt sich im wesentlichen aus der übermäßigen Ausdehnung der Antragsdelikte des damaligen Rechts, welches vor allem eine Reihe „absoluter Antragsverbrechen" kannte. Diese „absoluten Antragsverbrechen" hat auch die Novelle von 1876 nicht völlig beseitigt (StGB. §§ 102, 179, 236); ebensowenig der VE. (§§ 236, 246). Der GE. (§§ 238, 239) beseitigt auch noch diese Reste von absoluten Antragsverbrechen und glaubt damit die der Verallgemeinerung der Zurücknahme des Strafantrags entgegenstehenden Hindernisse wegzuräumen. In der Tat ist da, wo die Zurücknahme des Strafantrags Anstoß erregt, die Abhängigmachung der Verfolgung von einem Strafantrag überhaupt anstößig.

## Fünfter Abschnitt.

## Strafen. Sichernde Maßnahmen.

In der Überschrift des fünften Abschnitts des GE., der dem 2. Abschnitt des VE. entspricht, fällt das in dessen Überschrift vorkommende Wort „Schadensersatz" fort. Der GE. hat nämlich den § 57 des VE. gestrichen. Maßgebend dafür war, daß dieser

Paragraph nicht, wie die Begr. z. VE. S. 191 meint, „auch“, sondern ausschließlich prozessualen Inhalts ist. Eine ausschließlich prozessuale Vorschrift gehört aber nicht in das StGB. (ebenso Wach, Reform I 3; Aschrott, ebd. S. 176—178; Hoegel, Seuff.-Bl. Bd. 75 S. 270; Rosenberg, Hirths Annalen Bd. 43 S. 692; Kitzinger, Zeitschr. f. Strafr.-Wiss. Bd. 31 S. 216; Reichardt, Bl. f. Gefängniskunde Bd. 44 S. 12).

Es erhob sich allerdings die Frage, ob es nicht angezeigt erscheine, dem § 57 des VE. einen materiellen Inhalt zu geben und dem Verletzten, in Fortentwicklung des Instituts der „Buße“, über das bürgerliche Recht hinaus einen Anspruch auf Ersatz des immateriellen Schadens zu gewähren (vgl. Aschrott a. a. O. S. 177; Kronecker, Reform II 334; Kohler, in Goltdammers Archiv Bd. 56 S. 295). Der GE. meint aber, daß es sich hierbei um eine zwar dringend wünschenswerte, aber auf dem Gebiete des bürgerlichen Rechts liegende Reform handelt.

## § 40. **Todesstrafe.**

Der GE. behält die Todesstrafe bei. Er schränkt aber ihr Anwendungsgebiet gegenüber dem VE. in dreifacher Beziehung ein:

1. Er stellt in § 113 (VE. § 100), gemäß dem Beschlusse des 30. Juristentages (Verhandl. II 529), das geltende Recht (§ 80 des StGB.) wieder her.
2. Er beseitigt die Androhung der Todesstrafe in den Fällen der §§ 5 Abs. 3 des Sprengstoffges. vom 9. Juni 1884, 1 Abs. 2 des Sklavenraubges. vom 28. Juli 1895 (GE. §§ 215, 275).
3. Er beseitigt, gleichfalls gemäß dem Beschlusse des 30. Juristentages (Verhandl. II 530), die absolute Androhung der Todesstrafe auch in § 113 (VE. § 100), indem er in § 87 allgemein die Herabsetzung der ordentlichen Strafdrohungen bei Vorliegen mildernder Umstände vorsieht.

Im übrigen entspricht der GE. einem in der Kritik fast einhellig, insbes. auch vom 30. Juristentage (Verhandl. II 530) geäußerten Wunsche, indem er eine einheitliche Vollzugsart der Todesstrafe für das ganze Reich fordert. Nach dem jetzigen Stande der Dinge kommt als solche nur die „mittels Fallbeils“ in Betracht.

In § 70 dehnt der GE. die ipso iure-Folgen der Zuchthausstrafe auf die Todesstrafe aus, und in § 71 schreibt er die Aberkennung der bürgerlichen Ehrenrechte neben der Todesstrafe obligatorisch vor, „wenn nicht der Umstand, daß die Tat nicht aus ehrloser Gesinnung hervorgegangen ist, besondere Berücksichtigung verdient". Mit dieser Regelung bewegt sich der GE. auf einer Mittellinie zwischen dem VE. § 45 (dazu Begr. S. 28) und dem Beschlusse des 30. Juristentages (Verhdl. II 530), der mit der Todesstrafe den Ehrverlust in vollem Umfange „von Rechts wegen" verbunden haben will.

§§ 41 Abs. 1—3, 42. 43, **Arten, Anwendungsgebiet und Dauer der Freiheitsstrafen.**

Der GE. behält das System der Freiheitsstrafen des VE.: Zuchthaus, Gefängnis, Haft, welches in der Kritik überwiegend gebilligt worden ist, bei.

Der GE. geht auch bei Bestimmung des Anwendungsgebiets der Freiheitsstrafen Zuchthaus und Gefängnis im wesentlichen von denselben Prinzipien aus wie der VE. Zuchthaus ist für ihn die Strafe der Verbrechen, Gefängnis die Strafe der Vergehen (GE. § 1). Und zwar hält der GE. dabei mit aller Schärfe daran fest, daß eine Straftat immer nur entweder mit Zuchthaus oder mit Gefängnis bedroht ist. Den einzigen noch im VE. (§ 217) sich findenden Fall wahlweiser Androhung von Zuchthaus und Gefängnis hat der GE. beseitigt (so auch v. Liszt, Reform II 377; Goldschmidt, Verhandl. des 30. Juristentages II 497, 519 unter II 2b das.). Daß der GE. die vom VE. vorgenommene Ausdehnung des Anwendungsgebiets der Gefängnisstrafe auf Übertretungen rückgängig gemacht hat, verstand sich bei der von ihm gezogenen scharfen Grenzlinie zwischen kriminellem und polizeilichem Unrecht von selbst (s. darüber Vorwort).

Der GE. lehnt also, mit dem VE., die Forderung (Aschrott Reform I 77—79, 157; noch weitergehend Binding, Gerichtssaal Bd. 77 S. 15ff.; vgl. aber auch Oetker, Strafen und sichernde Maßnahmen nach dem VE. 1910, S. 8, 18) ab, zwischen Zuchthaus und Gefängnis nicht in erster Linie nach der Schwere der Straftat, sondern nach der ethischen Qualität der Gesinnung zu unterscheiden und daher die wahlweise Androhung von Zuchthaus und Gefängnis sogar zu erweitern. Die Vertreter dieser Forderung übersehen, daß die Differenzierung von Zuchthaus und

Gefängnis ihre Existenzberechtigung nicht in demselben Umstand finden kann, wie die Differenzierung der beiden gemeinen Freiheitsstrafen (Zuchthaus, Gefängnis) von der Haft. Wäre es so, dann hätte die Unterscheidung zwischen Zuchthaus und Gefängnis überhaupt keine Existenzberechtigung, und es würde genügen, im ganzen zwei Freiheitsstrafarten, Gefängnis und Haft, zu unterscheiden (so denn auch konsequenterweise dem VE. gegenüber Rosenfeld, österr. Zeitschr. f. Strafr. I 315). Richtig ist nur, daß die mit Zuchthaus bedrohten gemeinen Verbrechen regelmäßig solche sind, die ihrer Natur nach von ehrloser Gesinnung zeugen, wie die alten Meintaten, Neidingswerke (vgl. Begr. z. VE. S. 53; v. Staff, Verhandl. des 30. Juristentages II 465, 466). Dies äußert sich darin, daß der GE., wie der VE., bei ihnen Haft überhaupt nicht zuläßt. Auch kriminalpolitisch verdient die Forderung, für die Wahl zwischen Zuchthaus und Gefängnis in erster Linie nicht die Schwere der Tat, sondern die Qualität der Gesinnung entscheiden zu lassen, keinen Beifall, da sie zu einer Erweiterung des Anwendungsgebiets der Zuchthausstrafe, und das auf leichtere Delikte und nicht vorbestrafte Personen, sowie zu einer Vermehrung kurzzeitiger Zuchthausstrafen führt.

Lehnt der GE. danach also die Forderung, für die Wahl zwischen Zuchthaus und Gefängnis in erster Linie die ethische Qualität der Gesinnung entscheiden zu lassen, ab, so erkennt er doch andererseits, wie der VE. (§§ 89, 250, 270 Ziff. 7, 276, 281, 302), an, daß nicht die Schwere der Straftat allein für das Zuchthaus reif macht. Die von dem Unterschied zwischen Gefängnis und Zuchthaus untrennbare Verschiedenheit ihrer Dauer weist zwingend darauf hin, den Unterschied beider Strafarten nicht nur den Zwecken der Vergeltung und Generalprävention, sondern auch dem Zwecke der Spezialprävention dienstbar zu machen. Daraus folgt, daß für die Wahl zwischen Gefängnis und Zuchthaus neben der Schwere der Tat, wenn auch nicht die Qualität, so doch die Intensität der bekundeten verbrecherischen Gesinnung berücksichtigt werden muß. Wer Freiheitsstrafe noch nicht erlitten hat, soll, auch wenn er an sich Zuchthaus verwirkt hätte, soweit irgend tunlich, vor dem Zuchthaus bewahrt bleiben (GE. § 83). Der vielfach Rückfällige und der rückfällige Gewerbs- oder Gewohnheitsverbrecher sollen auch dann ins Zuchthaus kommen, wenn sie ein „Vergehen“ verüben (GE. §§ 96, 97).

Bei Bestimmung des Anwendungsgebiets von Gefängnis und Zuchthaus steht der GE. also im wesentlichen auf dem Standpunkt des VE. Anders dagegen bei Bestimmung des Anwendungsgebiets der Haft. Die Verwendung der Haft im VE. entspricht nicht dem Zweck und Wesen dieses Strafmittels (Kahl, Deutsche Juristenzeitung XV 923; Goldschmidt, Verhandl. des 30. Juristentages II 489ff., 517ff.). In der Haft soll der Beurteilungsmaßstab der ethischen Qualität der Gesinnung nun wirklich zum Ausdruck kommen. Sie soll die neben den beiden gemeinen Freiheitsstrafen herlaufende custodia honesta des künftigen Rechts werden, welche sich von der Festungshaft des geltenden Rechts nur dadurch unterscheidet, daß ihr Anwendungsgebiet erheblich über das jener erweitert, und daß ihr Vollzug aus der Verbindung mit der Militärverwaltung losgelöst und in einer dem erweiterten Anwendungsgebiet angemessenen Weise gestaltet wird.

Soll sie das aber sein, so darf sie nicht, wie im VE., weder als „polizeiliche Gefängnisstrafe", noch als Ersatzstrafe für uneinbringliche Geldstrafen verwandt werden. Sie darf nicht, wie im VE., die Strafe „mildernder Umstände" statt Gefängnis oder gar statt Zuchthaus (beim Landesverrat) sein. Und es darf endlich nicht, wie im VE., eine Strafbemessungsvorschrift fehlen, die dem Richter sagt, welche Gesichtspunkte für ihn bei der Auswahl maßgebend sein sollen, soweit das Gesetz Haft und gemeine Freiheitsstrafe alternativ androht.

Um der Haft die ihr gebührende Stellung zu verschaffen, schlägt der GE. daher folgende Abweichungen vom VE. vor:

1. Die Haft darf weder als Polizei-, noch als Ersatzstrafe für uneinbringliche Geldstrafen verwendet werden. Beides ermöglicht der GE. Jenes, indem er die mit Freiheitsstrafe zu bedrohenden Übertretungen aus dem Kreise der Übertretungen überhaupt ausscheidet und mit Gefängnis bedroht (vgl. Vorwort, sowie § 356 des GE.); dieses, indem er die Umwandlung einer nicht beitreibbaren Geldstrafe in Freiheitsstrafe auf die Fälle beschränkt, wo die Geldstrafe neben Gefängnis oder Zuchthaus erkannt ist, und indem er im übrigen Abverdienen der nicht beitreibbaren Geldstrafe „in einer dazu geeigneten Anstalt" vorsieht (§ 65 GE.).
2. Aber auch als Strafe „mildernder Umstände" an Stelle von Zuchthaus oder Gefängnis verwendet der GE. die Haft

nicht. Vielmehr droht er sie immer wahlweise neben den gemeinen Freiheitsstrafen an.

Dabei beläßt es der GE., soweit die Haft wahlweise neben Zuchthaus in Frage kommt, bei der Methode des VE., die Fälle der Zulassung von Haft im Besonderen Teil einzeln zu bestimmen. Die mit einer solchen Methode leicht verbundene Gefahr einer Willkür besteht hier nicht, da für die Zulassung von Haft neben Zuchthaus von vornherein nur Verbrechen politischen Charakters in Betracht kommen. Maßgebende Strafbemessungsvorschrift für diese Fälle ist der dem § 85 VE. entsprechende Abs. 1 des § 82 GE.

Soweit aber Haft neben Gefängnis wahlweise zuzulassen ist, verzichtet der GE. überhaupt darauf, die Vergehen, bei denen dies der Fall sein soll, gleich dem VE., im Besonderen Teil einzeln zu bestimmen. Denn bei den Vergehen führt die Methode einer Auslese der haftwürdigen Delikte im Bes. Teil in der Tat zur Willkür, da hier — anders als bei den Verbrechen — ein sicheres Erkennungsmerkmal der sich dafür qualifizierenden Delikte fehlt (vgl. darüber Kahl, Dtsch. Jur.-Ztg. XV 924; Goldschmidt, Verhdl. des 30. Juristentages II 494). Der GE. ersetzt deshalb die Fälle der Zulassung von Haft im Bes. Teil durch eine allgemeine Vorschrift, daß bei allen Vergehen statt auf Gefängnis auf Haft von gleicher Dauer erkannt werden kann, wenn die Tat nicht aus ehrloser Gesinnung hervorgegangen ist (Abs. 2 des § 82 GE.) (so schon v. Liszt, Reform a. a. O. I 378; Goldschmidt a. a. O. S. 495, 518).

Die allgemeine Zulassung von Haft bei Vergehen ermöglicht dem GE. gleichzeitig, von einer Androhung der Haft als ausschließlicher Freiheitsstrafe gänzlich, auch beim Zweikampf abzusehen. Damit scheidet die Haft, ungeachtet der tatsächlich großen Erweiterung ihres Anwendungsgebiets, aus dem Kreise der ordentlichen, für die Qualifizierung einer Tat als Verbrechen oder Vergehen maßgebenden Strafmittel aus. Dies entspricht nicht nur dem Wesen der Haft als einer außerordentlichen Strafe, sondern es wird auch eine wesentliche Vereinfachung der Strafdrohungen, sowie des Kriteriums zwischen Verbrechen und Vergehen erzielt (GE. § 1).

Die vielleicht einschneidendsten Änderungen des VE. schlägt der GE. bezüglich der Dauer der Freiheitstrafen vor.

Der GE. fordert zunächst die Erhöhung des Zuchthausminimums und die Herabsetzung des regelmäßigen Gefängnismaximums auf zwei Jahre (GE. §§ 41 Abs. 2, 42).

Die Gründe dieser Forderung sind so oft ausgeführt worden, daß hier nicht noch einmal darauf zurückgekommen werden soll. Sie ergeben sich aus den oben charakterisierten Zwecken von Zuchthaus und Gefängnis in ihrem Verhältnis zueinander, sie ergeben sich insbesondere aus der zu Erreichung dieser Zwecke notwendigen Gestaltung ihres Vollzuges. Die Begr. z. VE. S. 57, 60 hat die Forderung abgelehnt einmal, weil ein Bedürfnis nach einer kürzeren als zweijährigen Zuchthaus- und nach einer längeren als zweijährigen Gefängnisstrafe gegeben sein könnte, sodann, weil der VE. für Zuchthaus und Gefängnis keine verschiedenen Haftsysteme, insbesondere nicht für Zuchthaus das Progressivsystem vorsehe (vgl. noch Begr. S. 79).

Indessen wenn die oben ausgeführte Verschiedenheit der Zwecke von Zuchthaus und Gefängnis das Wesen der Sache, wenn sie — woran nicht zu zweifeln — auch den Standpunkt des VE. richtig wiedergibt, dann muß dieser Verschiedenheit der Zwecke auch eine wenigstens grundsätzliche Verschiedenheit des Vollzuges entsprechen. Denn kürzere Freiheitsstrafen gegen leichtere Verbrecher oder Verbrechensneulinge können unmöglich in derselben Weise vollstreckt werden, wie langzeitige Freiheitsstrafen gegen schwere oder vielfach rückfällige Verbrecher. Darauf soll unten bei Begründung des Strafvollzuges nach dem GE. noch zurückgekommen werden. Es ist übrigens bemerkenswert, daß die Begr. S. 57 die Einführung der zweijährigen Grenze zwischen Gefängnis und Zuchthaus ablehnt, weil der VE. für Gefängnis und Zuchthaus nicht verschiedene Vollzugssysteme, insbesondere nicht für Zuchthaus das Progressivsystem vorsehe, und daß sie S. 79 die Einführung des Progressivsystems für den Vollzug der Zuchthausstrafe ablehnt, weil der VE. nicht die zweijährige Grenze zwischen Gefängnis und Zuchthaus vorsehe.

Daß ein Bedürfnis nach einer kürzeren als zweijährigen Zuchthausstrafe bestehe, mag dann richtig sein, wenn, wie im geltenden Recht und nach dem VE. unter Umständen Zuchthaus ausschließlich zur Verfügung steht. Für den GE., der in allen

Fällen (§ 87 Ziff. 4—6), ja sogar bei Rückfälligen und Gewohnheitsverbrechern (§§ 96 Abs. 2, 97) gestattet, bei Vorliegen mildernder Umstände (ohne erhöhtes Minimum angedrohtes) Zuchthaus durch Gefängnis zu ersetzen, entfällt das Bedürfnis. Denn unter keinen Umständen kann ein Bedürfnis anerkannt werden, auch da, wo eine Zuchthausstrafe als solche geboten ist, unter zwei Jahre herabzugehen. Ein solches Bedürfnis anerkennen, hieße die durch den GE., aber auch die durch den VE. vertretene prinzipielle Auffassung von der Zuchthausstrafe verleugnen. Zuchthaus ist nächst der Todesstrafe die schärfste Waffe der Strafjustiz. Sie soll daher, wenigstens ihrer tatsächlichen Anwendung nach, eine „Ausnahmestrafe" (v. Staff, Verhandl. des 30. Juristentages II 478) sein. Regelmäßig nur da, wo Schwere der Tat und Intensität der verbrecherischen Gesinnung zugleich eine rücksichtslose Abwehr der Gesellschaft erfordern, soll Zuchthaus Anwendung finden. Diesem seinem Standpunkt verleiht der GE. besonderen Nachdruck, indem er in § 83 vorschreibt, den mit Freiheitsstrafe noch nicht Vorbestraften grundsätzlich überhaupt mit Zuchthaus zu verschonen. Wenn aber alle Mittel der sozialen Verteidigung erschöpft sind, wenn wirklich zu Zuchthaus gegriffen werden muß, dann soll man auch ordentlich zugreifen, und dann ist ein Minimum von zwei Jahren nicht zu hoch gegriffen.

Im Volke besteht eine tiefe Scheu vor dem ehemaligen Zuchthäusler. Er gilt als deklassiert. Man hat deshalb die Zuchthausstrafe überhaupt beseitigen wollen (insbes. H. Seuffert, Ein neues Strafgesetzbuch 1902 S. 62; ebenso dem VE. gegenüber Radbruch, Monatsschr. f. Kriminalpsych. VII 209, 210). In der Praxis sinkt, wie die Statistik ergibt, die Zahl der verhängten Zuchthausstrafen ständig. Zuchthaus ganz zu beseitigen, verbieten, wie die Begr. zum VE. S. 52 mit Recht hervorhebt, Gesichtspunkte der General-, wie der Spezialprävention in gleicher Weise. Gerade die Schwere und Empfindlichkeit, mit der die Waffe: Zuchthaus trifft, lassen sie als ein im Arsenal der Strafmittel wenigstens vorläufig unentbehrliches Rüstzeug erscheinen. Aber Gesetzgeber und Richter müssen sich der Zweischneidigkeit dieses Strafmittels stets bewußt bleiben und von ihm nur einen sparsamen Gebrauch machen. Die vom GE. vorgeschlagene Erhöhung des Zuchthausminimums auf zwei Jahre steht ganz im Banne dieses Gedankenkreises. Sie ist nicht als eine Verschärfung, sondern ganz im Geiste der Zeit und ihrer Praxis als eine Milderung des geltenden Rechtszustandes gedacht. Sie steht in untrennbarer Verbindung mit den vom GE. in den §§ 83, 87 gemachten auf eine Zurückdrängung der Zuchthausstrafe abzielenden Vorschlägen. Sie ist in diesem Sinne selbst ein Vorschlag zur Zurückdrängung der Zuchthausstrafe.

Wenn man darauf hingewiesen hat, daß zur Zeit die Hälfte aller erkannten Zuchthausstrafen Zuchthaus unter zwei Jahren beträgt, so beweist das nichts. Darunter befinden sich einesteils Fälle, wo der Richter auf Zuchthaus erkennen mußte, weil ihm keine andere Strafe zu Gebote stand (z. B. Meineid). Diese Fälle fallen nach dem GE., wie bereits bemerkt, fort. Wo aber der Richter nach freier Wahl die Strafe auf Zuchthaus unter zwei Jahren ausmaß, da muß sich — das kann man ohne weiteres sagen — ein Fehler in der Rechnung befunden haben. Entweder er war übertrieben streng und hätte auf Gefängnis erkennen sollen. Es sind das meist Fälle einseitigster Berücksichtigung der Vergeltung oder Generalprävention (vgl. darüber Goldschmidt, Verhandl. des 30. Juristentages II 499, 500). Hier wird insbesondere § 83 des GE. einen Riegel vorschieben. Oder es hat sich die auch von der Begr. zum VE. S. 58 beklagte Neigung gezeigt, „auch gegen vielfach rückfällige Verbrecher dem Mindestmaße nahebleibende Zuchthausstrafen zu verhängen". Diese Vernachlässigung der Spezialprävention ist aber keine durch den Geist der Zeit gerechtfertigte Milde, sondern eine den Geist der Zeit arg verkennende Schwäche. Der Gesetzgeber der Strafrechtsreform hat keine Veranlassung, dieser Verkennung der Aufgaben, welche die Zeit der Strafjustiz stellt, Vorschub zu leisten, vielmehr allen Grund, ihr auf das nachdrücklichste entgegenzutreten.

So ist denn auch die vom VE. abgelehnte Forderung der Heraufsetzung des Zuchthausminimums auf zwei Jahre gelegentlich des 30. Juristentages von allen dabei zum Wort gekommenen Kritikern (Kahl, Dtsch. Jur.-Ztg. XV 921; v. Staff, Verhandl. II 478; Goldschmidt, ebd. 505, 521) wiederholt worden. Wenn von anderer Seite (Aschrott, Reform I 81; Oetker, Strafen u. sich. Maßn. n. d. VE. 1910 S. 9) der Standpunkt des VE. gebilligt worden ist, so ist das vom Standpunkt einer Auffassung geschehen, welche für die Auswahl von Zuchthaus und Gefängnis in erster Linie nicht die Schwere des Verbrechens und die Intensität der bekundeten verbrecherischen Gesinnung entscheiden lassen will, sondern die ethische Qualität der Gesinnung. Dieser oben, als theoretisch und praktisch gleich bedenklich, abgelehnte Standpunkt ist aber weder der Standpunkt des VE. noch der des GE.

Gerade weil der GE. den Vorschlag der Erhöhung des Zuchthausminimums auf zwei Jahre im Sinne einer Einschränkung der Anwendung der Zuchthausstrafe macht, glaubt er andererseits das von der Begr. z. VE. S. 57, 60 betonte Bedürfnis nach einer längeren als zweijährigen Gefängnisstrafe anerkennen zu sollen. Zwar hält der GE. § 42 im Prinzip an einem Gefängnismaximum von zwei Jahren fest (so auch dem VE. gegenüber Rosenfeld, Öst. Ztschr. f. Strafr. I 315). Er eröffnet aber die Möglichkeit, über dieses Maximum hinauszugehen. Und zwar tut er das nicht nur bei Jugendlichen, wo die Gefängnisstrafe die Todes- und Zuchthausstrafe gänzlich ersetzen muß (GE. § 16 Abs. 2), und in Fällen der Realkonkurrenz (§§ 100, 101, 103), sondern in allen Fällen, wo Gefängnis bei mit Freiheitsstrafe noch nicht Vorbestraften an Stelle von Zuchthaus (§ 83) oder bei mildernden Umständen an Stelle von Zuchthaus bis zu fünfzehn oder bis zu zehn Jahren (§ 87 Ziff. 4 u. 5) tritt. Ja, der GE. läßt sogar zu, daß „in besonders schweren Fällen" stets über zwei Jahre Gefängnis hinausgegangen werden kann (§ 89), und da der GE., im Gegensatz zum VE. (§ 84), eine — freilich lange nicht so weit gehende — Straferhöhung in „besonders schweren Fällen" allgemein zuläßt, dazu auch den Begriff der „besonders schweren Fälle" (§ 89 Abs. 2) gegenüber dem VE. (§ 84 Abs. 2) wesentlich erweitert, so ist Vorsorge getroffen, daß in allen von der Begr. zum VE. S. 60 für wünschenswert gehaltenen Fällen eine längere Gefängnisstrafe verhängt werden kann. Was in „besonders schweren Fällen" gilt, soll auch Geltung erhalten nicht nur in dem besonderen Fall des § 90 GE., sondern auch im ersten und zweiten Rückfall und bei der ersten Feststellung von Gewerbs- oder Gewohnheitsmäßigkeit (§§ 96 Abs. 1 Satz 1, 97).

Man könnte einwenden, daß der GE. bei Bestimmung des Gefängnismaximums weit weniger als bei Bestimmung des Zuchthausminimums Anlaß habe, von dem durchgängigen Festhalten an den geforderten zwei Jahren abzugehen, da er ja bei dieser Forderung die Statistik, die längere als zweijährige Gefängnisstrafen nur ausnahmsweise kennt, für sich habe. Der GE. legt aber, wie bereits bemerkt, Wert darauf, dem Bedenken vorzubeugen, daß die von ihm vorgeschlagene Normalgrenze von zwei Jahren zwischen Gefängnis und Zuchthaus zu einer Verschärfung der Strafbemessung führen könne. Und er hält es daher für ein notwendiges Korrelat der von ihm mit Energie vertretenen Forderung eines zweijährigen Zuchthausminimums, einen Ersatz für die künftig wegfallenden kurzzeitigen Zuchthausstrafen zu schaffen. Er sieht diesen Ersatz in einer künftigen Steigerung der Höhe der Gefängnisstrafen, soweit sie, wie in den §§ 83, 87 Ziff. 4 und 5, an Stelle von Zuchthaus zu treten berufen sein werden. Er will aber auch, gleichsam durch Eröffnung eines Sicherheitsventils in § 89 Abs. 1, den Einwand entkräften, es sei von einer Festlegung des schon jetzt in der Praxis üblichen Gefängnismaximums auf zwei Jahre ein weiteres Sinken der Durchschnittshöhe der erkannten Gefängnisstrafen zu befürchten.

Andererseits mußte der GE. doch daran festhalten, den zwei Jahre übersteigenden Gefängnisstrafen einen Ausnahmecharakter beizulegen. Es sei hier ausdrücklich bemerkt, daß die Verfasser des GE. ursprünglich die Absicht hatten, das regelmäßige Gefängnismaximum auf drei Jahre zu bemessen (so auch v. Staff, Verhandl. des 30. Juristentages II 479; Goldschmidt, ebenda 506, 507, 521). Bei Aufstellung der Strafdrohungen des Besonderen Teils ergab sich aber, daß eine weitere Abstufung der Gefängsstrafdrohungen, als sie der Bes. Teil jetzt enthält (vgl. die Übersicht in Anlage III zum Text des GE.), nicht im Wesen der Sache lag. Es ergab sich aber vor allem, daß die Delikte, bei denen als ordentliche Strafe Gefängnis vorzusehen ist, im Normalstrafrahmen eine höhere als zweijährige Gefängnisstrafe nicht vertragen. Nur „in besonders schweren Fällen" ließ sich ein Hinausgehen über zwei Jahre Gefängnis als angezeigt denken. Die Durchprüfung des Bes. Teils lieferte also dasselbe Ergebnis, wie die jahrzehntelange Praxis der Gerichte, wie die Theorie des Strafensystems und die Bedürfnisse des Strafvollzuges. Es darf darin wohl eine Gewähr der Richtigkeit des vom GE. angenommenen Standpunktes erblickt werden.

Als Ausnahmemaximum der Gefängnisstrafe in den bezeichneten Fällen sieht der GE. (mit Ausnahme der festgehaltenen Jugendersatzstrafe von drei bis fünfzehn Jahren Gefängnis an Stelle von Tod und lebenslangem Zuchthaus; § 16 Abs. 2 Satz 2) fünf Jahre vor. Dieses Maximum soll auch im Falle der Realkonkurrenz nicht überschritten werden dürfen (§§ 100 Abs. 2, 101 Abs. 3). Daß der VE. § 91 Abs. 3 im Falle der Realkonkurrenz noch über das geltende Recht hinaus ein Gefängnismaximum von fünfzehn Jahren zuläßt, muß als ein den Strafvollzug gänzlich aus den Augen lassender Schematismus und daher als entschiedener Rückschritt angesehen werden.

Die Abweichung des GE. vom VE. in der Bestimmung des Gefängnismaximums bedingt von selbst die Abweichung in Bestimmung des Maximums der Haft, soweit dieselbe bei Vergehen in Frage kommt. Der GE. (§ 43) bestimmt es ebenfalls auf regelmäßig zwei Jahre, auf fünf Jahre in den Fällen der Realkonkurrenz (§§ 100, 101, 103), sowie wenn auf Haft auf Grund des § 82 Abs 2 GE. an Stelle einer zwei Jahre übersteigenden Gefängnisstrafe erkannt wird. Denkbar ist letzteres — da die Fälle der §§ 16 Abs. 2, 83, 87 Ziff. 4 und 5, wo die zwei Jahre übersteigende Gefängnisstrafe wegen eines „Verbrechens" erkannt wird, hier ausscheiden — nur in einem „besonders schweren" Vergehensfall (§ 89, z. B. Zweikampf mit tödlichem Ausgang), bei einem Vergehen in oder bei Ausübung des Amtes (§ 90), sowie formell auch im ersten und zweiten Rückfall und bei der ersten Feststellung gewerbs- oder gewohnheitsmäßiger Begehung von Vergehen (§§ 96 Abs. 1 Satz 1, 97). In den beiden zuletzt genannten Fällen wird freilich für eine Anwendung von § 82 Abs. 2 schwerlich Raum sein.

Ergibt sich die Festsetzung des Haftmaximums bei Vergehen im GE. ohne weiteres aus der vom GE. vorgesehenen Festsetzung des Gefängnismaximums, so bedarf die Bestimmung des Höchstmaßes der Haft als Verbrechensstrafe besonderer Rechtfertigung. Der VE. § 19 Abs. 2 setzt fünfzehn Jahre, der GE. 43 Satz 1 zehn Jahre fest. Zehn Jahre Maximum erscheinen für die Haft, deren Schwere an das Zuchthaus doch nicht entfernt heranreicht, als ausreichend und daher auch als allein angemessen (vgl. Goldschmidt, Vergleichende Strafrechtsdarst. Allg. Teil IV 347; Galli, in den Thesen f. d. 29. Juristentag unter III 7b). Auch hier wieder steht die vom VE. vorgenommene Bestimmung des Maximums außer Fühlung mit den Bedürfnissen und Möglichkeiten eines rationellen Strafvollzuges. Es ist übrigens darauf hinzuweisen, daß der Entwurf des Reichsstrafgesetzbuchs für die Festungshaft gleichfalls nur ein Höchstmaß von zehn Jahren vorsah.

Argumento a fortiori ergab sich für den GE. die Beseitigung der lebenslangen Haft (VE. § 19 Abs. 1). Der VE. verwendet die lebenslange Haft nur ein einziges Mal in dem Falle des Hochverrats des § 101. Die Begr. S. 61 rechtfertigt hier die Beibehaltung der lebenslangen Haft vorzugsweise mit Präventivzwecken. Diese Rechtfertigung widerspricht aber der kurz zuvor (S. 56) erfolgten Ablehnung der lebenslangen Zuchthausstrafe gegen rückfällige Gewohnheitsverbrecher „als einer lediglich mit Sicherungszwecken zu rechtfertigenden, dem Gedanken der gerechten Vergeltung aber nicht, oder doch nur in seltenen Fällen entsprechenden Maßregel.“ Außerdem dürfte, wo wirklich bei Hochverrat lebenslange Freiheitsstrafe angezeigt erscheint, immer auf lebenslanges Zuchthaus zu erkennen sein, welches in diesem Falle nach § 114 GE. wie nach § 101 des VE. zur Verfügung steht. Mit Recht hat man (Aschrott, Reform I 98) darauf hingewiesen, daß die deutsche Kriminalstatistik keinen einzigen Fall anführe, wo tatsächlich auf lebenslange Festungshaft erkannt worden wäre. So hat sich denn auch die Kritik gegenüber dem VE. nahezu einhellig für Beseitigung der lebenslangen Haft ausgesprochen (Aschrott a. a. O.; Hoegel, SeuffBl. Bd. 75 S. 193; Kahl, Dtsch. Jur.-Ztg. XV 921; v. Staff, Verhandl. des 30. Juristentages II 487; Goldschmidt, ebendaselbst 507, 521).

Endlich weicht der GE. (§§ 42, 43) auch vom VE. (§§ 16, 19) in der Festsetzung der Mindestmasse von Gefängnis und Haft ab. Der GE. setzt das Mindestmaß der Gefängnisstrafe auf eine Woche, das Mindestmaß der Haftstrafe auf drei Tage fest. Beide Vorschläge sind kein Ausfluß von Gegnerschaft gegen die „kurzzeitige Freiheitsstrafe“. Sie beruhen allein auf der jetzt eigentlich gar nicht mehr bestrittenen Überzeugung, daß eine unter diesen Mindestmaßen bleibende Freiheitsstrafe vollzugstechnisch überhaupt nicht imstande ist, sich als solche, vor allem aber sich in ihrer Unterschiedlichkeit als Haft oder Gefängnis fühlbar zu machen. Daß ein Bedürfnis nach noch kürzeren Maßen bestehe, ist ganz ausgeschlossen, wenn dem Richter nach dem GE., wie im wesentlichen ja schon nach dem VE., bedingte Verurteilung (GE. §§ 92—94), Geldstrafe mit weitestem Spielraum in Anwendung (GE. §§ 84, 87 Ziff. 9, 88), Ausmaß (GE. § 61) und Vollstreckung

(GE. §§ 62—65), sowie Verweis (GE. §§ 67, 88) und gänzliches Absehen von Strafe (GE. § 88) zur Verfügung stehen. So ist denn die Kritik — unter Hinweis auf den schweiz. VE. — auch dem VE. gegenüber einig in der Forderung, daß jedenfalls für die Gefängnisstrafe ein Minimum von einer Woche erforderlich sei (Rosenfeld, österr. Zeitschr. f. Strafrecht I 322; Feisenberger, Zeitschr. f. Strafr.-Wiss. XXXI 8; v. Lilienthal, ebenda XXX 237; Monatsschr. f. Kriminalpsych. VI 530; Dtsch. Jur.-Ztg. XV 387; v. Hippel, Monatsschr. f. Kriminalpsych. VII 464, 470 Note 2; Aschrott, Reform I 87; Kahl, Dtsch. Jur.-Ztg. XV 920; Oetker, Strafen und sichernde Maßn. S. 11; Reichardt, Blätter f. Gefängnisk. Bd. 44 S. 14; Reich, ebenda S. 592; v. Staff, Verhandl. des 30. Juristentages II 479, 480; Goldschmidt, ebenda 505, 506, 521).

Die Erhöhung der gesetzlichen Mindestmaße für Gefängnis und Haft ermöglicht dem GE., von angedrohten Mindestmaßen dieser Strafarten im Besonderen Teil bei Vergehen gänzlich abzusehen. Damit wird auch in dieser Richtung ein weiterer Schritt im Geiste der modernen Reformbestrebungen getan (Kantorowicz, Monatsschr. f. Kriminalpsych. VII 309—312, 315; Wulffen, Reform d. RStGB. II 135).

## §§ 41 Abs. 4, 44—53. **Vollzug der Freiheitsstrafen.**

Die Vorschriften des VE. über den Vollzug der Freiheitsstrafen befriedigen nach dem fast einhelligen Urteil der Kritik nicht (Aschrott, Reform I 101 ff.; Wach, Dtsch. Jur.-Ztg. XV 12, 13; Kitzinger, Ztschr. für Strafr.-Wiss. XXXI 210, 211; Oetker, Strafen usw. S. 10; Köhler, Hirths Annalen Bd. 43 S. 169; Reichardt, Bl. f. Gefängniskunde Bd. 44 S. 12, 13; Gennat, ebenda S. 567; v. Staff, Verhdl. des 30. Juristentages II 472; Goldschmidt, ebenda S. 508 ff.). Vielmehr hat der VE. (§ 23) alles Wesentliche doch wieder den „vom Bundesrat zu erlassenden Ausführungsvorschriften und den Verwaltungsvorschriften der einzelnen Bundesstaaten“ überlassen. Daß die Regelung durch Reichsgesetz erfolgen müsse, darüber herrscht Einstimmigkeit. Die Frage kann nur sein, ob die Regelung gleich im künftigen RStGB. erfolgen kann, oder ob es dazu eines besonderen Reichsstrafvollzugsgesetzes bedarf. Es kann nicht in Abrede gestellt werden, daß überwiegende Gründe insbesondere der Gesetzgebungstechnik für das Beschreiten des zuletzt genannten Weges sprechen. Wenn der GE. trotzdem eingehende Bestimmungen über den Freiheitsstrafvollzug aufgenommen hat, so will er damit der Schaffung eines Reichsstrafvollzugsgesetzes den Weg nicht versperren, sondern ebenen. Die Verfasser des GE. hätten, wenn sie ihren Wünschen für die Grundlinien eines rationellen Strafvollzuges im künftigen Recht hätten Ausdruck geben wollen, sich anderenfalls zur Aufstellung eines selbständigen Entwurfs eines Strafvollzugsgesetzes entschließen müssen. Die Aufstellung eines solchen hätte sie unvermeidlich in die in ein solches Gesetz aufzunehmenden technischen Einzelheiten hineingeführt, mit denen sich zu befassen für sie kein Anlaß vorlag. Die Verfasser des GE. haben es daher für richtiger gehalten, die dringlichsten Reformwünsche für eine einheitliche Regelung des Freiheitsstrafvollzuges in den GE. selbst aufzunehmen. Sollte es zur Ausarbeitung eines Reichsstrafvollzugsgesetzes kommen, so werden die einschlagenden Paragraphen des GE. leicht ausgeschieden und in das Vollzugsgesetz übernommen werden können.

Mag man nun aber auch zu der eben behandelten gesetzgebungstechnischen Frage stehen, wie man immer wolle, entschiedenen Widerspruch muß es erfahren, wenn die Begr. zum VE. S. 77 mit der Behauptung, „ein festes, in sich geschlossenes Strafvollzugssystem“ „gehöre nicht in das Strafgesetzbuch“, grundsätzlich von Aufstellung eines solchen absehen zu sollen geglaubt hat. Im Gegenteil, man kann ein besonderes zur Regelung aller Einzelheiten bestimmtes Strafvollzugsgesetz für unbedingt erforderlich halten und doch der Überzeugung sein, daß die Aufstellung der „Strafvollzugssysteme“ in das Strafgesetzbuch selbst gehört. Auf alle Fälle aber muß der Strafgesetzgeber, wenn er die Arten der Freiheitsstrafen, ihr Anwendungsgebiet und ihre Dauer bestimmt, mit jeder einzelnen dieser Freiheitsstrafen ein ganz bestimmtes Strafvollzugssystem als notwendige Voraussetzung verbinden. Denn erst durch ihre Vollzugsart erhält eine Freiheitsstrafe ihren Charakter.

Der GE. geht davon aus, daß das Vollzugssystem der Zuchthausstrafe das Progressivsystem, das der Gefängnisstrafe die Einzelhaft ist, und daß es bei der Haftstrafe genüge, unter Berücksichtigung der Strafdauer, die zur Aufrechterhaltung des Strafzweckes und der Ordnung in der Anstalt erforderlichen Vorkehrungen zu treffen. Dabei versucht aber der GE. sich von jedem Doktrinarismus freizuhalten.

Was zunächst das für die Zuchthausstrafe vorgesehene Progressivsystem anbelangt, so hat es die Begr. zum VE. S. 78—80 abgelehnt. Der dafür angeführte Grund, ein in sich geschlossenes Strafvollzugssystem gehöre nicht in das Strafgesetzbuch, ist bereits zurückgewiesen worden. Ebenso erledigt sich für den GE. der Grund, daß die Einführung des Progressivsystems für Zuchthaus ein zweijähriges Zuchthausminimum voraussetze. Als dritten Grund führt die Begr. an, das Progressivsystem setze ein Recht des Gefangenen auf vorläufige Entlassung bei guter Führung voraus, was ihm aber der VE. nicht einräumen wolle. Auch dieser Grund fällt für den GE. weg, da er (§ 55 Abs. 2 Satz 2) wenn auch kein „Recht" des Gefangenen auf vorläufige Entlassung bei guter Führung anerkennt, so doch die vorläufige Entlassung in diesem Fall als „Regel" vorsieht. Als letzten Grund führt die Begr. endlich an, daß beim Progressivsystem der Schwerpunkt in der „Gemeinschaftshaft" beruhe, diese aber mit erheblichen Bedenken verknüpft sei. Aber hier ist dem VE. mit Recht entgegengehalten worden (Gennat, Bl. f. Gefängnisk. Bd. 44 S. 557), daß er ja selbst (§ 22) für Zuchthaussträflinge eine Einzelhaft von sechs Monaten für ausreichend erkläre, mithin sich nur die Nachteile, nicht die Vorteile des Progressivsystems zu eigen gemacht habe.

Immerhin ist das von der Begr. angeführte Bedenken, daß das Progressivsystem mit obligatorischer Gemeinschaftshaft im weitesten Umfange verbunden sei, das beachtlichste. Der GE. sieht also in Würdigung dieses Bedenkens, in Würdigung ferner der bestehenden deutschen Verhältnisse von der Proklamierung und konsequenten Durchführung des Progressivsystems als Vollzugssystem der Zuchthausstrafe überhaupt ab. Zwar kann er sich nicht damit zufrieden geben, daß schon auf Grund des geltenden Rechts und des VE. das Progressivsystem durchführbar sei, wie die Begr. S. 80, teilweise im Widerspruch mit ihren gegen das Progressivsystem gemachten Ausführungen, meint. Aber er versucht das, was am Progressivsystem unzweifelhaft gut ist, durch Ausbau der bestehenden Einrichtungen durchzuführen.

Von diesem Standpunkt aus schreibt der GE. in § 45 Abs. 1 Satz 2 zwar vor, daß Zuchthausgefangene regelmäßig nicht länger als die ersten neun Monate in Einzelhaft zu halten sind. Er sieht aber in § 45 Abs. 2 Satz 2 und 3 eine Fortdauer der Einzelhaft auch bei Zuchthausgefangenen vor, wenn entweder von dem Gefangenen ein schädlicher Einfluß auf Mitgefangene oder eine Gefahr für die Sicherheit zu besorgen ist, oder der Gefangene selbst die Fortdauer der Einzelhaft wünscht. Tritt Gemeinschaftshaft ein, so beugt der GE. durch — beträchtlich über den VE. § 22 Abs. 4 hinausgehende — nächtliche Trennung und Einteilung der Zuchthausgefangenen in voneinander zu trennende Disziplinarklassen (§§ 41 Abs. 4, 45 Abs. 2 Satz 1) den Gefahren der Gemeinschaftshaft in weitgehendstem Maße vor. Den Schwerpunkt legt der GE. aber darauf, daß die Zuchthausgefangenen insbesondere gegen Ende der Strafzeit tunlichst im Freien beschäftigt werden (§ 46 Abs. 1 Satz 2), und vor allem auf die von der Haftart ganz unabhängige Forderung, daß der Vollzug der Zuchthausstrafe nach näherer Vorschrift des § 50 GE. im Sinne einer Milderung des Strafzwanges in Stufen erfolgt (ebenso § 565 des östern Entw. eines Gesetzes zur Abänderung der StPO.; Goldschmidt, Verhandl. d. 30. Juristentages II S. 514, 515, 521, 522; v. Staff, ebenda S. 477; Gennat, Bl. f. Gefängnisk. Bd. 44 S. 557, 558; Langer, Zeitschr. f. Strafr.-Wiss. XXXI 190). Endlich ist in diesem Zusammenhang auch der bereits erwähnte § 55 Abs. 2 Satz 2 des GE. zu nennen.

Verhältnismäßig weiter und konsequenter geht der GE. in der Durchführung der Einzelhaft als Vollzugssystem der Gefängnisstrafe vor. Hier fordert er (§ 45 Abs. 1 Satz 1) durchgängige Vollstreckung in Einzelhaft, soweit die Gefängnisstrafe, wie es ja nach dem GE. die Regel sein soll, zwei Jahre nicht überschreitet; darüber hinaus nur bei Besorgnis eines schädlichen Einflusses auf Mitgefangene, einer Sicherheitsgefahr oder auf Verlangen des Gefangenen (§ 45 Abs. 2 Satz 2, 3). Die strenge Durchführung der Einzelhaft bei der Gefängnisstrafe erscheint dem GE. notwendig, nicht nur um hier jeder moralischen Ansteckung unbedingt vorzubeugen, sondern auch um der Gefängnisstrafe die abschreckende Wirkung zu sichern. In diesem Sinne ist die Forderung der Einzelhaft für Gefängnis im GE. der Ersatz für die vom GE. abgelehnten „Schärfungen" (§ 18 VE.). Finanzielle Bedenken dürften nicht zu besorgen sein, einmal mit Rücksicht auf die zu erwartende Verminderung der Gefängnisstrafen (infolge Einführung der bedingten Verurteilung, Ausdehnung des Anwendungsgebiets und Erhöhung der Verwertbarkeit der Geldstrafe, Ausdehnung der Haft, des Verweises, Erhöhung des Gefängnisminimums), sodann mit Rücksicht auf den regelmäßigen Ausschluß der Einzelhaft für Zuchthaus. Übergangsbestimmungen bleiben vorbehalten; sie könnten die Anwendung der Einzelhaft auf die ältesten Jahresklassen zunächst einschränken.

Daß die Einzelhaft nicht zu einer Gesundheitsgefahr werde, dafür trifft § 45 Abs. 3 Vorsorge, der u. a. auch für Jugendliche in Frage kommen wird. Die Anwendung der Einzelhaft auf Jugendliche ausdrücklich einzuschränken, trägt der GE., gleich dem VE. (Begr. S. 80), Bedenken. Es versteht sich von selbst, daß langzeitige Gefängnisstrafen gegen Jugendliche, welche an Stelle von Todes- oder Zuchthausstrafe treten, hier überhaupt nicht in Betracht kommen; denn § 45 Abs. 1 Satz 1 gilt nicht für die ersten zwei Jahre jeder Gefäugnisstrafe, sondern nur für zwei Jahre nicht übersteigende Gefängnisstrafen. Ob mit der Einzelhaft Arbeit im Freien verträglich ist, kann zweifelhaft erscheinen. Die Strafvollzugspraxis bejaht die Frage vielfach. Der GE. entscheidet die Frage absichtlich nicht. Er geht zwar davon aus, daß die Einzelhaft der Regel nach Zellenhaft sein wird, er will aber einer weiteren Auslegung keine Hindernisse bereiten. Ist doch insbesondere nicht zu verkennen, daß den an ländliche Arbeit Gewöhnten die Zellenhaft unverhältnismäßig härter trifft als die städtische Bevölkerung, ohne daß doch geradezu der Fall des § 45 Abs. 3 des GE. gegeben zu sein braucht.

Die Unabhängigkeit des in § 50 GE. angeordneten Strafvollzuges in Stufen von dem Haftsystem ermöglicht dem GE., diesen Strafvollzug auch auf die in Einzelhaft zu verbüßende Gefängnisstrafe für anwendbar zu erklären, sofern ihre Dauer ein Jahr erreicht. Zwar meint die Begr. zum VE. S. 79 zur Rechtfertigung ihres Standpunktes, daß mit Ablehnung der zweijährigen Grenze zwischen Gefängnis und Zuchthaus auch die Aufstellung verschiedener Vollzugssysteme für beide Strafarten entfalle, es gehe nicht an, dieselbe Strafe, je nachdem sie eine bestimmte Dauer erreiche oder nicht, nach verschiedenen Grundsätzen zu vollstrecken. Aber diese Konsequenzziehung enthält eine petitio pricipii. Denn wenn für Zuchthaus und Gefängnis wegen ihrer regelmäßig so verschiedenen Dauer verschiedene Vollzugssysteme aufgestellt werden, so enthält es keine Inkonsequenz, für eine in der einen Strafart erkannte Strafe Vollzug nach den grundsätzlich nur für die andere Strafart geltenden Grundsätzen anzuordnen, sofern diese Strafe ausnahmsweise ihrer Dauer nach den Strafen der anderen Strafart nahekommt. Ist doch auch die vorläufige Entlassung auf Freiheitsstrafen aller Art anwendbar.

Für den Vollzug der Haftstrafe stellt sich endlich der GE. § 45 im wesentlichen auf den Standpunkt, den § 22 des VE. für den Vollzug der Gefängnisstrafe einnimmt, d. h. im Anfang Einzelhaft, sodann Gemeinschaftshaft. Doch ist, wie schon dem Verlangen eines Gefängnisgefangenen, so erst recht dem Verlangen eines Haftgefangenen nach Fortdauer der Einzelhaft nicht nur „tunlichst" (VE. § 22 Abs. 5), sondern unbedingt stattzugeben. Da der GE. die Anwendung der Haftstrafe in ganz anderer Weise regelt als der VE., so entfallen im übrigen die in der Kritik gegenüber der auch vom VE. vorgesehenen Vollstreckung der Haftstrafe in Gemeinschaftshaft geltend gemachten Bedenken (Aschrott, Reform I 105).

Die übrigen Vollzugsvorschriften der §§ 44—51 des GE. suchen, unter Anknüpfung an die Bundesratsgrundsätze von 1897 und an den VE., den Unterschied der drei Freiheitsstrafarten zu vertiefen. Sie enthalten dabei weniger Abänderungen, als vielmehr Ergänzungen des VE. Eine eigentliche Abänderung findet sich nur in der Richtung, daß den Gefängnisgefangenen stets (nicht nur, „wenn sie sich im Besitz der bürgerlichen Ehrenrechte befinden," VE. § 17 Abs. 2 Satz 2, Halbsatz 1) der Gebrauch eigener Kleidung gestattet ist (GE. § 48 Satz 3). Andererseits hält es der GE. in geradem Gegensatz zur Begr. des VE. S. 66 für „selbstverständlich", daß die Gefängnisverwaltung nicht in der Lage ist, den Gefängnisgefangenen Selbstbeschäftigung zu gestatten. Damit würde der Unterschied zwischen Gefängnis und Haft völlig verwischt werden (so auch Aschrott, Reform I 89). Es liegt dazu auch angesichts des Umfanges, in dem die Haft zulässig ist, kein Bedürfnis vor. Von den Ergänzungen sei besonders hervorgehoben die in § 51 GE. enthaltene gesetzliche Festlegung der Disziplinarmittel. Auch sie sind nach den Arten der Freiheitsstrafe differenziert. Über Einzelheiten wird sich hier streiten lassen. Wesentlich ist dagegen der aus § 51 hervorgehende Ausschluß der körperlichen Züchtigung und des Lattenarrestes. Bemerkt sei schließlich noch, daß erst mit der vom GE. vorgenommenen Abgrenzung des Anwendungsgebiets der Haftstrafe die vom GE. § 44 Abs. 1 Satz 2, in Übereinstimmung mit dem VE. § 20 Abs. 1 Satz 2, vorgesehene Trennung der Haftgefangenen von anderen Gefangenen praktisch durchführbar erscheint.

Nicht übernommen hat der GE. die von § 18 VE. vorgesehenen „Schärfungen der Zuchthaus- und Gefängnisstrafe". Zur Rechtfertigung muß auf die von Goldschmidt (Verhandl. des 30. Juristentages II 508—512) gemachten Ausführungen Bezug genommen werden. Bemerkt sei hier nur soviel: Die Schärfungen sind eine Konzession an die Forderung der Prügelstrafe. Sie sind aber auch praktisch undurchführbar. Denn beschränkt man sie auf kurze Freiheitsstrafen, so ist man ungerecht, und erstreckt man sie auf langzeitige, so gerät man in unüberwindliche Schwierigkeiten. Konzentriert man sie nämlich auf den Anfang der Strafzeit, so schreckt man nicht ab, da der Gefangene bei der Entlassung längst die Erinnerung daran verloren hat. Und verteilt man sie, wie der VE., über die ganze Strafdauer, so greift man in den Besserungsprozeß mit rauher Hand ein und sät Erbitterung und Rachedurst. In allen Fällen aber stört man den Arbeitsbetrieb, beraubt sich der Disziplinarstrafen und landet bei Einführung je zwei verschiedener Arten der Zuchthaus- und Gefängnisstrafe. Gar nicht hoch genug sind schließlich die Gefahren zu veranschlagen, die sich bei Anwendung der Schärfungen insbesondere auf langzeitige Freiheitsstrafen für die Gesundheit des Sträflings ergeben. So haben sich denn auch so gut wie alle über den VE. zum Wort gekommenen Ärzte (Moeli, Aschaffenburg, Longard, F. Leppmann) gegen die Schärfungen ausgesprochen.

In § 52 versucht der GE., unter Anknüpfung an englische Einrichtungen (sog. Borstal System), Wünschen entgegenzukommen, welche dem VE. gegenüber besonders von ärztlicher Seite hinsichtlich Berücksichtigung der Altersstufe von 18 bis zu 21 Jahren geäußert worden sind. Eine weitere Zwischenstufe für die Strafanwendung zu schaffen, schien bedenklich. Dagegen ist eine Berücksichtigung beim Strafvollzuge ungefährlich und angesichts der günstigen englischen Erfahrungen wohl eines Versuches würdig.

§ 53 GE. (Beschwerden, Aufsicht) wird kaum der Rechtfertigung bedürfen (vgl. dazu Goldschmidt, Vgl. Strafrechtsdarst. Allg. Teil IV 391—397; Verhandl. des 30. Juristentages II 522 unter IVe). Wenn in Abs. 1 das. die Entscheidung über Beschwerden, welche die Gesetzmäßigkeit der Art und Weise der Strafvollstreckung oder die Anwendung der schwersten Disziplinarstrafen betreffen, dem Gericht (am besten dem Amtsgericht) übertragen wird, so wird damit für die Strafvollstreckung, bei der Leben, Gesundheit, Freiheit und Ehre auf dem Spiele stehen, nur beansprucht, was für die bloße Vermögensinteressen betreffende „Zwangsvollstreckung" seit jeher gilt. Der Vorschlag setzt in keiner Weise voraus, daß alle Strafanstalten der Justizverwaltung unterstellt werden. Vielmehr schafft er gerade einen gangbaren Weg, den Strafvollzug mit allen denkbaren Rechtsgarantien zu umkleiden und doch die Strafanstalten im Zusammenhange mit den der inneren Verwaltung unterstellten, durch den VE. und GE. ja erheblich vermehrten Fürsorge- und Sicherungsanstalten zu belassen. Die Erfüllung der so vielfach aufgestellten Forderung, sämtliche Strafanstalten unter dem Ressort derJustizverwaltung zu vereinigen, würde die Strafanstalten diesem Zusammenhange und der damit verbundenen Herrschaft des Gedankens der Spezialprävention entziehen, ohne doch in der Verweisung auf die Staatsanwaltschaft als die alleinige Vollstreckungsbehörde dem Sträfling den Rechtsschutz zu gewähren, der den Anforderungen des modernen Rechtsstaats eigentlich allein entspricht (darüber Goldschmidt, Vgl. Strafrechtsdarst. a. a. O.).

## § 54. **Berechnung der Freiheitsstrafen.**

Der § 54 GE. entspricht wörtlich dem § 24 des VE.

Dagegen hat der GE. den § 25 des VE. („Verhältnis der verschiedenen Freiheitsstrafen zueinander") gestrichen. Schon der VE. hat (Begr. S. 95) den größten Teil der Anwendungsfälle der „mathematischen Formel" des § 21 StGB. beseitigt. Er hat aber geglaubt, die Formel für Bildung der Gesamtstrafe und wegen des prozessualen Verbots der reformatio in pejus (z. B. RGE. XL S. 411) nicht ganz entbehren zu können. Aber auch für diese Fälle bedarf es der Formel nicht. Werden die einzelnen Freiheitsstrafen, wie nach dem VE., bei Umwandlung von Geld- in Freiheitsstrafe als formell gleich behandelt, so ist nicht einzusehen, warum nicht dasselbe bei Bildung einer Gesamtstrafe und für prozessuale Verhältnisse gelten soll. Hat doch der Richter gerade bei Bildung einer Gesamtstrafe ein noch viel freieres Ermessen als bei Umwandlung von Geld- in Freiheitsstrafe, er kann also bei Bemessung der Gesamtstrafe der verschiedenen Schwere der Strafarten materiell gerecht werden. VE. wie GE. gewähren wirklich dem Richter ein so großes Maß von Freiheit — man denke nur an die „besonders leichten Fälle“ (VE. § 83, GE. § 88) —, daß man ihn bei Bildung einer Gesamtstrafe (VE. § 91 Abs. 2 S. 2 entfällt für den GE.) nicht zu einer Rechenmaschine herabzuwürdigen braucht.

In Wahrheit widerstreitet die Festsetzung eines mathematischen Wertverhältnisses zwischen den verschiedenen Strafarten ebensosehr den tatsächlichen Verhältnissen wie dem modernen Rechtsempfinden. Im schweiz. wie im österr. VE. sucht man danach vergebens (vgl. dazu Die erläuternden Bemerkungen zu §§ 66, 67 des österr. VE., Wien 1910 S. 118; Ebermayer, Verhandl. des 29. Juristentages I 289; Goldschmidt, Vgl. Strafrechtsdarst. Allg. Teil IV S. 352 Note 6, S. 468; dem VE. gegenüber noch besonders Aschrott, Reform I 109; Hoegel, SeuffBl. Bd. 75 S. 192).

### §§ 55—59. **Vorläufige Entlassung.**

Der VE. hält an dem Charakter der vorläufigen Entlassung als eines nur ausnahmsweise zu gewährenden Gnadenaktes fest. Wären die Gründe, welche die Begr. S. 96ff. für diesen ihren Standpunkt anführt, überzeugend, dann müßten die Paragraphen über vorläufige Entlassung aus dem Gesetz gestrichen werden. Denn ein Gnadenakt ist gesetzlicher Regelung weder bedürftig, noch fähig. Tatsächlich sind die Gründe nicht überzeugend. Nach der Begr. S. 99 soll die regelmäßige Herabsetzung der richterlich erkannten Strafe durch vorläufige Entlassung „das Gerechtigkeitsgefühl verletzen“. Dieser Grund rechnet damit, daß die richterlich ermittelten Strafgrößen die absolut durch die Gerechtigkeit gegebenen seien. Daß das nur Einbildung ist, geben fast alle Anhänger der Vergeltungsstrafe zu. Außerdem, wenn die vorläufige Entlassung die Regel bildet, erscheinen eben alle ermittelten Strafgrößen von vornherein als durch vorläufige Entlassung proportional zu kürzende; die Gerechtigkeit wird dadurch nicht verletzt. Vor allem aber, wer die vorläufige Entlassung als Regel fordert, erblickt in ihr gar keine Kürzung der richterlich erkannten Strafe, sondern einen integrierenden Bestandteil des Strafvollzuges. Gerade diese Auffassung erklärt die Begr. S. 99 für eine „gekünstelte“. Sie scheint dabei zu übersehen, daß die vorläufige Entlassung aus England stammt, wo sie wenigstens in praxi seit jeher Bestandteil des Strafvollzuges gewesen ist. Soll die vorläufige Entlassung die in ihr steckenden eminenten kriminalpolitischen Kräfte entfalten, dann muß sie als organischer Bestandteil des Progressivsystems anerkannt werden (so auch wiederum dem VE. gegenüber Aschrott, Reform I 110; Goldschmidt, Verhdl. des 30. Juristentages, II 515, 516, 522).

Der GE. befolgt indessen auch der vorläufigen Entlassung gegenüber dieselbe Taktik, die er dem Progressivsystem gegenüber überhaupt befolgt. Er sieht davon ab, die vorläufige Entlassung zu einem Bestandteil des Progressivsystems, selbst in der Teilform, wie es der GE. in § 50 kennt, zu erklären und auszugestalten. Er knüpft vielmehr an das Bestehende an und sucht nur das ihm unumgänglich nötig Erscheinende durch Ausbau des Bestehenden durchzuführen. Den Zusammenhang zwischen dem in § 50 des GE. eingeführten „Strafvollzug in Stufen" und der „vorläufigen Entlassung" stellt § 50 Abs. 1 Satz 3 her, und § 55 Abs. 2 nimmt an dem § 26 Abs. 2 des VE. diejenigen Änderungen vor, die nötig sind, um der vorläufigen Entlassung frischen Wind zuzuführen. Diese Änderungen sind: Einmal Ersetzung der Worte „und nach seiner Vergangenheit und seinen sonstigen persönlichen Verhältnissen" durch die Worte „und nach seinem Charakter". Die Ausschließung ganzer Verbrecherkategorien von der vorläufigen Entlassung lediglich wegen ihrer „Vergangenheit", insbesondere wegen der Natur ihres Verbrechens, schneidet von vornherein der vorläufigen Entlassung den Lebensnerv ab (ebenso denn auch Aschrott, Reform I 111; Goldschmidt, Verhandl. des 30. Juristentages I 516, 522). Sodann die Hinzufügung des Satzes 2 zu Abs. 2, wonach die vorläufige Entlassung als Regel vorgeschrieben wird, soweit sie gegenüber zu zeitiger Freiheitsstrafe Verurteilten überhaupt zulässig ist.

Im übrigen sieht der GE. noch folgende Änderungen des VE. vor:

1. Er dehnt (§§ 55 Abs. 1 Satz 2, 58 Abs. 2) die vorläufige Entlassung aus auf zu lebenslanger Zuchthausstrafe Verurteilte (ebenso schweiz. VE. Art. 30 Abs. 2, österreich. VE. § 23; ferner Brunner, Österreich. Allg. GZ. Bd. 61 S. 142; F. Leppmann, Ber. d. Preuß. Medizinalbeamtenv. 1910 S. 32, 63; Oborniker, Arch. f. Kriminalantr. Bd. 38 S. 145); doch ist bei diesen nicht vorgeschrieben, daß die vorläufige Entlassung die Regel bilden soll.

2. Der GE. (§ 56) schreibt, im Gegensatz zum VE. (§ 28), die Stellung des vorläufig Entlassenen unter „Schutzaufsicht" obligatorisch vor, verbietet dafür aber unbedingt die Stellung unter Polizeiaufsicht (ebenso im wesentlichen Aschrott, Reform I 113; Ebermayer, Dtsch. Jur.-Ztg. XV 992; Goldschmidt, Verhandlung. des 30. Juristentages II 516, 522). Andererseits gestattet der GE. ausdrücklich, dem Entlassenen für sein Verhalten während der Probezeit bestimmte Weisungen zu erteilen.

3. Der GE. (§§ 57) beschränkt, im Gegensatz zum VE. (§§ 27 Abs. 1, 29 Abs. 1), die Zulässigkeit des Widerrufs der vorläufigen Entlassung auf die Verurteilung wegen eines Verbrechens oder Vergehens oder auf den Versuch, sich der Schutzaufsicht zu entziehen, oder endlich auf wiederholte Zuwiderhandlung gegen erteilte Weisungen und überträgt den Widerruf dem Gericht. Zuständig soll sein je nachdem das Gericht, welches über das neue Verbrechen oder Vergehen erkennt (§ 57 Abs. 1), oder das Vollstreckungsgericht (§ 57 Abs. 2). Anstößigen Konsequenzen des Erfordernisses der „Verurteilung" während der Probezeit beugt § 57 Abs. 1 Satz 2 vor. Auslandstaten finden in § 57 Abs. 2 Satz 2 Berücksichtigung. Die Regelung des GE. vermeidet die Mißlichkeiten, welche die Dehnbarkeit des Begriffs „schlechte Führung" in § 27 Abs. 1 VE. im Gefolge haben kann und steht in Übereinstimmung mit der Art, wie der GE. in § 94 die Verwirkung der bedingten Verurteilung ordnet. Da die „Vergehen" des GE. alle Übertretungen des VE., die einen Widerruf der vorläufigen Entlassung im Gefolge haben könnten, umfassen, so dürfte die vom GE. vorgenommene Sicherung der Rechtsstellung des Entlassenen keinerlei Gefahren für das öffentliche Wohl mit sich bringen, überhaupt praktisch von dem geltenden Zustand kaum abweichen (vgl. denn auch österreich. VE. §§ 25, 26).

4. Die Erhöhung des vor der vorläufigen Entlassung zu verbüßenden Mindestmaßes der Zuchthausstrafe auf zwei Jahre in § 55 Abs. 1 Satz 1 GE. ergibt sich aus der Erhöhung des Zuchthausminimums im GE.

5. § 58 Abs. 1 Satz 1 entscheidet, indem er das Wort „Wiedereinlieferung" in § 27 Abs. 2 des VE. durch „Wiederfestnahme" ersetzt, die Streitfrage (Olshausen, Note 2 zu § 24 StGB.), ob die Zeit zwischen der „Festnahme" des Entlassenen und seiner Einlieferung in die Strafanstalt auf die Strafzeit an-

zurechnen sei. Die getroffene Entscheidung rechtfertigt sich aus Billigkeitsgründen,

6. Die Vorschrift des § 58 Abs. 1 Satz 2 GE., welche im Falle des Widerrufs die Verwandlung eines noch zu verbüßenden Gefängnis- oder Haftstrafenrests in Zuchthaus von gleicher Dauer vorschreibt, wenn die neue Strafe Zuchthaus ist, mögen auch die Voraussetzungen des § 103 GE. (§ 93 VE.) nicht vorliegen, erscheint praktikabel. Andererseits soll nach § 103 Satz 2 des GE. dieser Paragraph, selbst wenn seine Voraussetzungen vorliegen, keine Anwendung finden, wenn das den vorläufig Entlassenen aufs neue verurteilende Gericht sich zu einem Widerruf nicht veranlaßt sieht. Dies ist schon wünschenswert, um Schwierigkeiten der Strafberechnung vorzubeugen (weiteres i. d. Begr. zu § 103 GE.).

7. Die Abweichung der Ausdrucksweise in § 58 Abs. 2 GE. von § 27 Abs. 3 VE. erklärt sich durch das Bestreben, die Fälle des § 57 Abs. 1 Satz 2, Abs. 2 Satz 2 Halbsatz 2, Abs. 3 Satz 2 Halbsatz 2 einzubeziehen. Es versteht sich von selbst, daß, von diesen Ausnahmefällen abgesehen, der Widerruf nur innerhalb der Probezeit zulässig ist.

8. § 59 GE. rechtfertigt sich durch die Erwägung, daß damit der Schlußstein eingefügt wird, um eine möglichst gleichmäßige Anwendung der vorläufigen Entlassung im ganzen Reich zu sichern. Abs. 2 des § 28 VE. konnte dagegen wegfallen da er teils durch die zwingende Vorschrift des § 56 GE., teils durch die Bestimmungen des § 60 GE. überflüssig wird.

## § 60. **Schutzaufsicht.**

Der VE. (Begr. S. 182, 183) lehnt die Einführung einer in das Gebiet der freiwilligen Gerichtsbarkeit fallenden „Schutzaufsicht" ab, da eine solche, als f ü r s o r g e n d e Maßnahme, nicht in das StGB. gehöre. Der GE. meint, daß diese fürsorgende Maßnahme ebenso in das StGB. gehört, wie die zahlreichen bereits vom VE. aufgenommenen „sichernden Maßnahmen". Umfassen doch die „s i c h e r n d e n Maßnahmen", im w e i t e r e n Sinn verstanden, unmittelbar auch die f ü r s o r g e n d e n. Und stehen doch viele „sichernden Maßnahmen" des VE. (vgl. sogar dessen Begr. S. 361, 362) auf der Grenze zwischen „sichernden" und „fürsorgenden", wie im Grunde genommen auch die „Schutzaufsicht" steht. Der GE. hat aber um so eher eine Bestimmung über Schutzaufsicht aufnehmen zu sollen geglaubt, als er diese Maßnahme außer in den allgemeinen Anwendungsfällen des § 60 noch besonders verwendet bei vermindert Zurechnungsfähigen (GE. §§ 14 Abs. 2, 18), bei Trunksüchtigen (§ 69 Abs. 2), bei der vorläufigen Entlassung (§§ 56, 68 Abs. 5, 98 Abs. 4) und bei der bedingten Verurteilung („bedingten Strafvollstreckung"; § 92 Abs. 2), in den meisten Fällen sogar obligatorisch.

Die Einzelheiten der in § 60 getroffenen Regelung dürften keine Rechtfertigung erfordern. Bemerkt sei nur, daß der Schutzaufsichtsbehörde eine besondere Zwangsgewalt nicht beigelegt wird. Die Verfügungsmacht, die der Schutzaufsichtsbehörde über die Arbeitsbelohnung des Entlassenen zusteht (GE. §§ 47 Abs. 2 Satz 2, 60 Abs. 2 Satz 2), sowie die in den wichtigsten hierher gehörigen Fällen Platz greifende Androhung der Verwirkung der vorläufigen Entlassung und bedingten Verurteilung (GE. §§ 57 Abs. 2, 94 Abs. 2) dürften genügen, um den Fürsorgern und der Aufsichtsbehörde die erforderliche Autorität zu sichern.

## §§ 61—66. **Geldstrafe.**

1. Der GE. verwendet die Geldstrafe als ausschließliche Strafe nur bei Übertretungen, bei diesen aber immer. Die drei Fälle ausschließlicher Androhung von Geldstrafe bei Vergehen im VE. (§§ 147, 161 Abs. 2 Satz 2, 304 Abs. 2 Satz 2) sind, als dem Wesen des „Vergehens" zuwider, im GE. beseitigt. So wird die Verwendung der Geldstrafe zu einem wesentlichen Unterscheidungsmerkmal zwischen kriminellem und polizeilichem Unrecht.

Die Fälle wahlweiser Androhung von Geldstrafe neben Freiheitsstrafe sind im GE. gegenüber dem VE. vermindert. Da der GE. die Annahme mildernder Umstände bei allen Straftaten und in diesem Falle stets das Herabgehen von Gefängnis und von ohne erhöhtes Minimum angedrohter Haft auf Geldstrafe zuläßt, so war diese Verminderung und damit eine wesentliche Entlastung des Besonderen Teils möglich, ohne daß sie doch eine Verschärfung der Strafdrohungen zur Folge gehabt hätte. Im Gegenteil bot die Einschränkung der wahlweisen Androhung von Geldstrafe neben Freiheitsstrafe dem GE. die Möglichkeit, in § 84 eine Strafbemessungsvorschrift aufzustellen, wonach im Falle wahlweiser Androhung von Geldstrafe gegen den justizmäßig überhaupt noch nicht Verurteilten auf Geldstrafe zu erkennen ist, wenn nicht die

Geldstrafe außer allem Verhältnis zu der besonderen Schwere des Falles oder zu der Ehrlosigkeit der bekundeten Gesinnung stehen würde (für eine solche Vorschrift Goldschmidt, Vgl. Strafrechtsdarst. Allg. Teil IV 400).

Soweit Geldstrafe wahlweise mit Freiheitsstrafe angedroht ist, ist sie im GE. durchweg an zweiter Stelle angeführt. Die Differenzierung der Androhung von Geldstrafe an erster oder an zweiter Stelle hat nach Fortfall der Umwandlungsvorschrift des § 28 Abs. 2 des StGB. schon nach dem VE. jede Bedeutung verloren. Mit Unrecht spielt sie daher in den Strafdrohungen des GE. noch eine Rolle (vgl. Kahl, Dtsch. Jur.-Ztg. XV 917, 918).

Der VE. hat bei der Wahlverbindung von Geldstrafe und Freiheitsstrafe ein festes Verhältnis der Höchstbeträge der zulässigen Geldstrafe zu den Höchstbeträgen der daneben zulässigen Freiheitsstrafe nicht beobachtet. Mit Recht ist von Olshausen und dem 30. Juristentage die Beobachtung eines solchen Verhältnisses gefordert worden (Verhandl. II 369ff., 386, 531). Der GE. verwendet die Geldstrafe in drei Abstufungen, deren jede einer bestimmten Abstufung der daneben angedrohten Gefängnisstrafe entspricht. So entstanden die Strafrahmen: Gefängnis bis zu zwei Jahren oder Geldstrafe bis zu zehntausend Mark, Gefängnis bis zu einem Jahre oder Geldstrafe bis zu fünftausend Mark, Gefängnis bis zu sechs Monaten oder Geldstrafe bis zu eintausend Mark.

Eine kumulative Androhung von Geldstrafe neben Freiheitsstrafe findet sich im VE. gemäß den Nachweisungen Kahls (Dtsch. Jur.-Ztg. XV 918) nur noch in zwei Fällen (§§ 149 Ziff. 3, 261), und zwar in beiden als fakultative. Der GE. sieht keinen Anlaß, diese beiden Fälle aufrechtzuerhalten. Dagegen hat er den § 36 des VE. übernommen, nur als § 85 in den Abschnitt „Strafbemessung" verwiesen (in Befolgung der Anregungen Wachs, Reform I 3; Dtsch. Jur.-Ztg. XV 15; auch Aschrotts, Reform I 124—126) und den Höchstbetrag der in diesem Falle zulässigen Geldstrafe auf fünfzigtausend Mark erhöht (in demselben Sinne auch Aschrott, Reform I 126). Im Hinblick auf die sich so ergebende Erhöhung der Geldstrafe bei Handlungen, die auf Gewinnsucht beruhen, konnte im Besonderen Teil das Höchstmaß von zehntausend Mark durchweg innegehalten werden.

2. Außer diesen wesentlichen Änderungen in Bestimmung des Anwendungsgebiets der Geldstrafe weicht der GE. bei

Behandlung der Geldstrafe noch in folgenden Punkten vom VE. ab:

a) Der GE. stellt in § 61 Abs. 1 den Mindestbetrag der bei Verbrechen und Vergehen zulässigen Geldstrafe des geltenden Rechts (drei Mark statt fünf Mark, § 30 Satz 1 VE.) wieder her. Mit Recht hat Aschrott (Reform I 119) der Begr. zum VE. S. 110, 111 entgegengehalten, daß trotz des unzweifelhaft eingetretenen Sinkens des Geldwerts nicht sicher sei, ob ein Unvermögender heute eine Geldstrafe von fünf Mark ebenso leicht aufbringen könne wie vor dreißig Jahren eine Geldstrafe von drei Mark. In jedem Falle erschwere die Erhöhung des Mindestbetrages die Anwendung der Geldstrafe bei Unvermögenden und sei deshalb abzulehnen.

b) Der GE. § 61 Abs. 2 Satz 1 verwandelt die Sollvorschrift des § 30 Satz 2 des VE. in eine Mußvorschrift und setzt statt „Vermögensverhältnisse" „wirtschaftliche Verhältnisse", dieses, damit künftig bei Bemessung der Geldstrafe auch die Einkommensverhältnisse des Täters und das Maß der ihm obliegenden Unterhaltspflichten berücksichtigt werden (vgl. auch Aschrott, Reform I 120). Außerdem fügt der GE. in § 61 Abs. 2 Satz 2 eine dem Art. 36 Ziff. 1 Abs. 2 Satz 2 des schweiz. VE. entsprechende Vorschrift hinzu.

Eine Versetzung der die Bemessung der Geldstrafe regelnden Bestimmungen in den Abschnitt „Strafbemessung" nimmt der GE. absichtlich nicht vor. Maßgebend war einerseits das Streben, den Zusammenhang nicht zu zerreißen, andererseits die Erwägung, daß die „wirtschaftlichen Verhältnisse" kein „Straf- (d. i. Schuld-) bemessungsgrund" im üblichen Sinne des Worts sind (darüber Goldschmidt, Vgl. Strafrechtsdarst. Allg. Teil IV 402, 403).

c) § 62 Abs. 1 des GE. geht, im Gegensatz zu § 31 des VE., nicht davon aus, daß die Bewilligung der Vergünstigungen im Urteile die Regel sein wird. Er erkennt vielmehr von Haus aus an, daß die Bewilligung von Zahlungsfristen oder Teilzahlungen ebenso oft in der Vollstreckungsinstanz wie im Urteil vorkommen wird. Allerdings hält der GE. mit dem VE. an der ausschließlichen Zuständigkeit des „Gerichts" fest. Der GE. ist dazu trotz seiner primären Gleichstellung von Urteil und Vollstreckungsinstanz noch mehr als der VE. in der Lage, da er auch hier, wie in § 53 Abs. 1, voraussetzt, daß das Gericht unmittelbar „Vollstreckungsbehörde" sein wird. Wirkt doch bei der Vollstreckung von Geldstrafen schon heute das „Vollstreckungsgericht" mit (StPO. § 495).

Der GE. § 62 Abs. 1 erhöht außerdem die für die Teilzahlungen zulässige Maximalfrist, gemäß dem Beschluß des 30. Juristentages (Verhandl. II 531), von einem auf zwei Jahre.

Abs. 2 des § 62 des GE. gibt endlich einer Anregung aus gewerblichen Kreisen statt, welche übrigens schon auf dem 23. Juristentage Vertretung gefunden hat (Verhandl. desselben I 344 ff., 365, II 452; Goldschmidt, Vgl. Strafrechtsdarst. Allg. Teil IV 408). Praktisch stellt sich das in § 62 Abs. 2 GE. zugelassene Tilgungsverfahren als ein Übergang zu der Tilgungsart des § 63 GE. (32 VE.) dar. Es ist sogar zu erwarten, daß es diese an praktischer Verwertbarkeit übertreffen wird.

d) § 63 Abs. 1 des GE. schreibt, im Gegensatz zu § 32 Abs. 1 des VE., die Erlaubnis zur Tilgung der Geldstrafe durch freie Arbeit obligatorisch vor (Kitzinger, Zeitschr. f. Strafr.-Wiss. XXXI 212). Da die Klausel „soweit sich dazu Gelegenheit bietet" bestehen bleibt, dürfte die Änderung ganz unbedenklich sein.

e) Der GE. (§ 65 Abs. 3) beschränkt die Umwandlung einer nicht beizutreibenden Geld- in Freiheitsstrafe auf den Fall, daß auf die Geldstrafe neben Gefängnis oder Zuchthaus erkannt ist. Die Umwandlung soll in diesem Falle je nachdem in Gefängnis oder Zuchthaus erfolgen. Gleichgültig ist, ob die Gefängnis- oder Zuchthausstrafe wegen derselben Tat verhängt ist, wegen deren die Geldstrafe verhängt wird, oder ob es sich um einen Fall des „Zusammentreffens" handelt (anders anscheinend Begr. z. VE. S. 124 bei Note 1; daher „eine" Geldstrafe in § 65 Abs. 3 GE.).

Von diesem Sonderfalle abgesehen, läßt der GE. (§ 65 Abs. 1 und 2), entsprechend den übereinstimmenden Beschlüssen des 23. (Verhandl. II 452, 453) und 30. (Verhandl. II 412 ff., 529, 531) Juristentages, die Verwandlung der nicht beizutreibenden Geldstrafe in Freiheitsstrafe fallen und ersetzt sie durch Abarbeitung der Geldstrafe in einer dazu geeigneten Anstalt unter Festsetzung einer Maximaldauer der Anhaltung. Man hat diesem Vorschlag gegenüber eingewandt, die Abarbeitung einer Geldstrafe in einer Anstalt sei eine Ersatzfreiheitsstrafe unter anderem Namen (Aschrott, Reform I 121; Zeitschr. f. Strafr.-Wiss. XXXI 331). Mit Unrecht! Mag man auch den idealen Gewinn, daß die Gleichsetzung von Geld und

Freiheit fortfällt, gering einschätzen, so bietet die vorgeschlagene Regelung zwei praktische Vorteile. Einmal benimmt sie dem Verurteilten die Lust, durch Absitzen der Geldstrafe „ein gutes Geschäft zu machen" (vgl. darüber Krohne, Verhandl. des 29. Juristentages IV 230). Sodann aber vermeidet sie die Unzuträglichkeiten, die sich daraus ergeben, daß der VE. als Ersatzstrafe die Haftstrafe verwendet. Mit Recht führt die Begr. zum VE. S. 123 aus, daß als Ersatzstrafe nur die mildeste Freiheitsstrafe in Betracht kommen könne. Aber die custodia honesta paßt nicht für die, welche eine Geldstrafe nicht zahlen konnten. Sie paßt deshalb nicht, weil man den Duellanten, den Preßdelinquenten, den politischen Verbrecher nicht mit Personen zusammenbringen kann, die nicht etwa nur zu den ärmsten, sondern zu den schlechtesten Elementen gehören. Denn nur Liederliche und Arbeitsscheue werden in Zukunft die Geldstrafe nicht tilgen, wenn man sich die Vorschriften des VE. und GE. über Bemessung und Einbringung der Geldstrafe sinngemäß durchgeführt denkt. Die Haft paßt aber auch deshalb nicht, weil unklar ist, was die, welche eine Geldstrafe nicht zahlen konnten, in einer Freiheitsstrafe sollen, deren Hauptmerkmale Selbstbeschäftigung und Selbstbeköstigung sind (vgl. über alles das Aschrott, Reform I 105, 106; Goldschmidt, Verhandl. des 30. Juristentages II 412, 413, 490, 491, 493). Das eigentümliche Ergebnis, daß die theoretisch allein als Ersatzstrafe geeignete Freiheitsstrafart praktisch dazu völlig untauglich ist, erklärt sich eben daraus, daß die Umwandlung von Geld- in Freiheitsstrafe ein Unding ist.

Schwierigkeiten ergeben sich bei der vorgeschlagenen Regelung anscheinend bezüglich der Arbeitsunfähigen. Der Juristentag hat geglaubt, es ihnen gegenüber bei der Verwandlung der Geldstrafe in Haftstrafe bewenden lassen zu sollen. Der GE. kann sich dem nicht anschließen. Er meint, daß alle Gründe, welche gegen die Verwendung der Haft als Ersatzstrafe überhaupt sprechen, bei den Arbeitsunfähigen in verstärktem Maße zutreffen. Er trägt kein Bedenken vorzuschreiben (§ 65 Abs. 2), daß für die Dauer der Arbeitsunfähigkeit des Verurteilten die Strafvollstreckung nach § 65 Abs. 1 ausgesetzt werde. Kommt doch die Regelung, die der schweiz. VE. Art. 36, 287 vorsieht, im Ergebnis auf dasselbe hinaus (ebenso auch Krohne a. a. O.). Und ist doch durch den GE. § 356 auch bei Übertretungen dagegen Vorsorge getroffen, daß der Arbeitsunfähige mit seiner Immunität gegen Geldstrafen Mißbrauch treibt.

f) In Ergänzung des § 66 des GE. (§ 35 des VE.) ist in die StPO. eine den §§ 485 Abs. 2, 487 Abs. 1 entsprechende Vorschrift einzustellen, wonach durch Geisteskrankheit des Verurteilten auch die Vollstreckung der Geldstrafe gehindert wird (ebenso Goldschmidt, Vgl. Strafrechtsdarst. Allg. Teil IV 406).

## § 67. **Verweis.**

§ 67 des GE. weicht von § 37 des VE. in zwei Beziehungen ab:

1. Er fordert Vollziehung des Verweises durch den Richter. Diese bereits vom 30. Juristentage (Verhandl. II 529, 531) gestellte Forderung folgt für den GE. schon daraus, daß er auch sonst (insbes. § 53 Abs. 1, aber auch § 62) mit der Einsetzung des Gerichts als Vollstreckungsbehörde rechnet.

2. Der GE. fordert Vollziehung des Verweises in mündlicher Form. „Tunlichst" mündliche Vollziehung hat auch der 30. Juristentag gefordert (a. a. O.). Der GE. hält aber schriftliche Verweiserteilung für absolut unangemessen.

Das Anwendungsgebiet des Verweises ist für Verbrechen und Vergehen im GE. dasselbe wie im VE. (Begr. desselben S. 43). Nur hält es der GE. § 88 für richtig, besonders auf dieses Anwendungsgebiet hinzuweisen. Für Übertretungen geht der GE. § 350 über den VE. hinaus, indem er hier gegenüber Jugendlichen stets (nicht nur „in besonders leichten Fällen") die Strafe des Verweises zuläßt.

## § 68. **Arbeitshaus.**

Die Verwendung, die der VE. § 42 von dem Arbeitshaus macht, hat vielfache Angriffe erfahren. Es hat sich dabei herausgestellt, daß über die Zwecke, denen das Arbeitshaus dienen soll, die verschiedenartigsten Auffassungen bestehen. Von den einen, insbesondere von v. Hippel (Monatsschr. f. Kriminalpsych. VII 460 ff.), ist gefordert worden, daß die Arbeitshäuser das bleiben, was sie vor der Strafgesetznovelle von 1900 waren, nämlich Spezialinstitute zur Aufnahme von Landstreichern, Bettlern, Arbeitsscheuen und Dirnen. Von den anderen, so insbesondere von v. Staff (Verhandl. des 30. Juristentages II 470, 486) ist die Ausgestaltung des Arbeitshauses zu einer selbständigen Strafart gegenüber „willensschwachen Gewohnheitsverbrechern" befürwortet worden.

Der GE. ist der Ansicht, daß sich der VE. grundsätzlich auf dem richtigen Wege befindet. Die Erhebung des Arbeitshauses zu einer „Strafe" ist von der Begr. S. 148 mit zutreffenden Ausführungen abgelehnt worden. Wer überhaupt zwischen „Strafen" und „sichernden Maßnahmen" unterscheidet, für den kann nicht zweifelhaft sein, daß das Arbeitshaus trotz der in ihm steckenden starken generalpräventiven Elemente eine sichernde Maßnahme ist. Es bestimmt sich hinsichtlich Art und Dauer nicht nach einer verbrecherischen Tat, sondern nach einem sozialgefährlichen Zustand. Es läßt sich denn auch — weil mit ihnen ganz inkommensurabel — gar nicht in ein bestimmtes Schwereverhältnis zu den übrigen Strafen setzen (vgl. darüber Goldschmidt, Vgl. Strafrechtsdarst. Allg. Teil IV 331ff.; Verhandl. des 30. Juristentages II 503).

Aber auch als „sichernde Maßnahme" eignet sich das Arbeitshaus nicht gegenüber „Gewohnheitsverbrechern". Oder — richtiger gesagt — es eignet sich vielleicht dazu als das, was es ist, aber nicht als das, was es sein sollte. Wird die Korrektionshaft weiter so vollzogen, wie sie zurzeit vollzogen wird, dann ist allerdings nicht abzusehen, warum sie nicht insbesondere angesichts der Ausdehnung, die ihr die Novelle von 1900, die ihr der VE. geben, zu einer Verwahrung unverbesserlicher Gewohnheitsverbrecher gemacht werden sollte. Dabei wäre es auch ganz gleichgültig, ob man zwischen Gewerbs- und Gewohnheitsverbrechern unterscheiden und nur diese letzteren dem Arbeitshaus zuweisen wollte (so v. Staff a. a. O. S. 468, 469, der aber im wesentlichen dieselben Typen als Beispiele von Gewerbs- wie von Gewohnheitsverbrechern anführt; Zuhälter, Glücksspieler). Denn auch die Gewohnheitsverbrecher würden dem Arbeitshaus nur überwiesen werden, wenn sie „voraussichtlich unverbesserlich" wären (so v. Staff a. a. O. S. 468).

Aber diese Ausgestaltung des Arbeitshauses zu einer Verwahrungsanstalt Unverbesserlicher würde Ansätze im Keime ersticken, die doch auch schon in unseren jetzigen Korrektionsanstalten vorhanden sind, und deren Fortentwicklung sich der VE., nach dem Vorbild des schweiz. VE. Art. 32, mit Recht zum Programm gemacht hat. Danach handelt es sich in den Arbeitshäusern um Anstalten, von denen „bei richtiger Handhabung eine wirksame Bekämpfung des in der Entwicklung begriffenen gewohnheitsmäßigen Verbrechertums zu erwarten“ ist, indem sie gestatten, „beizeiten auf die Änderung der seinen Nährboden bildenden Zustände hinzuarbeiten“ (Begr. zum VE. S. 149). Also nicht zu einer Sicherungsanstalt gegenüber Unverbesserlichen, sondern zu einer Besserungsanstalt gegenüber Besserungsfähigen ist das Arbeitshaus auszugestalten (Goldschmidt, Verhandl. des 30. Juristentages II 504). Gewiß brauchen wir außerdem eine Sicherungsanstalt gegenüber Unverbesserlichen, und sie wird im GE. § 98 ausdrücklich vorgesehen. Aber wir brauchen beides. Und auch der theoretische Zweifel, ob man von „Unverbesserlichen“ überhaupt reden dürfe, kann nicht dazu führen, die „sogenannten Unverbesserlichen“ und die wirklich Besserungsfähigen praktisch gleich zu behandeln.

Eine verwaltungstechnische Frage wäre es, ob man alle Gebäude und Gelände der heutigen Arbeitshäuser für diese Besserungsanstalt der Zukunft brauchen könnte, oder ob es praktischer wäre, wenigstens einen Teil derselben für die in § 98 des GE. vorgesehenen „Verwahrungsanstalten“ oder für Zuchthäuser zu verwenden (vgl. darüber Goldschmidt, Vgl. Strafrechtsdarst. Allg. Teil IV 383; Verhandlung. des 30. Juristentages II 514; v. Staff ebenda 470, 486). Dafür dürfte sprechen, daß man einerseits doch in Zukunft Verwahrungsanstalten nötig haben und die Vollstreckung der Zuchthausstrafe nach dem Muster des Arbeitshauses gestalten (GE. § 46 Abs. 1 Satz 2) wird, und daß andererseits die heutigen Arbeitshäuser unleugbar eine Entwicklung in der Richtung auf die Verwahrungsanstalt und das Zuchthaus der Zukunft genommen haben, so daß sie sich vielleicht leichter nach dieser Richtung als nach der Richtung des Arbeitshauses der Zukunft umbiegen lassen werden.

Ist danach der VE. im Recht, wenn er das Arbeitshaus nicht zu einer Anstalt für Unverbesserliche machen will, so ist es weiter auch zu billigen, daß er ihm eine allgemeinere Bedeutung geben will. Es mag sein, daß die Arbeitshäuser als Spezialinstitute für Bettler, Landstreicher, Arbeitsscheue und Dirnen wirkungsvoll gewesen sind. Indessen diese Wirkungen waren doch in der Hauptsache abschreckende und sichernde, keine eigentlich bessernden, wie sie das Arbeitshaus doch eigentlich in erster Linie erzielen soll (vgl. denn auch v. Hippel, Monatsschrift für Kriminalpsychologie VII 460). Daß das Arbeitshaus bisher die jenen Elementen gegenüber unentbehrlichen abschreckenden und sichernden Funktionen erfüllte, war sicherlich gut; denn die zur Verfügung stehende Haftstrafe schreckte nicht ab, und an sichernden Maßnahmen fehlte es sonst vollständig. Man darf nur in der Genugtuung darüber, in dem Arbeitshaus überhaupt einmal eine Maßnahme vor sich zu haben, die eine Wirkung auf die von ihr betroffenen Personenklassen äußerte, nicht übersehen, daß diese Wirkung eine ganz andere war als die, welche man in Wahrheit mit ihm bezweckte. Wenn man nun, mit dem GE., gegen Bettel, Landstreicherei, Arbeitsscheu und Gewerbsunzucht §§ 192, 246) ausschließlich Gefängnis bis zu sechs Monaten androht und auf diese Weise die Aufgabe abzuschrecken, wie auch allein richtig, im wesentlichen der auf jene Delikte angedrohten Strafe überträgt, die Unverbesserlichen dieser Delinquenten aber zusammen mit anderen Unverbesserlichen einer besonderen Sicherungsanstalt überweist (GE. § 98), so braucht das Arbeitshaus nicht mehr in erster Linie dem Abschreckungs- und Sicherungszweck zu dienen.

Man könnte höchstens die Frage aufwerfen, ob nicht die Arbeitshäuser, angesichts ihrer doch nun einmal bestehenden Einrichtung, als Besserungs- und Sicherungsanstalten den Bettlern, Landstreichern, Arbeitsscheuen und Dirnen, kurz der sog. kleinen Kriminalität reserviert bleiben sollen. Aber es ist nicht ersichtlich, was mit dieser Regelung gewonnen wäre. Die Unverbesserlichen der kleinen Kriminalität können ohne weiteres mit den anderen Unverbesserlichen, den Dieben, Betrügern, Glücksspielern, Zuhältern usw., zusammen verwahrt werden. Denn den Unverbesserlichen gegenüber kann es sich eben um nichts anderes als um Verwahrung handeln. Jedenfalls ist die gemeinsame Verwahrung der Unverbesserlichen jeder Art der gemeinsamen Verwahrung der Unverbesserlichen mit den Besserungsfähigen gleicher Art vorzuziehen. Seit jeher ist denn auch von berufenster Seite (v. Hippel, Vgl. Strafrechtsdarst. Bes. Teil II 227, 228) betont worden, daß das Problem der Unschädlichmachung Unverbesserlicher dasselbe ist für die kleinen wie für die großen Kriminellen.

Verbleiben danach aber dem Arbeitshaus nur die Besserungsfähigen, so wird das Arbeitshaus doch einer Umgestaltung im Sinne einer „Klassifizierung, Isolierung und Individualisierung“

(v. Hippel, Monatsschr. für Kriminalpsychologie und StrafrRef. VII 463) unterzogen werden müssen. Dann können indessen auch die Besserungsfähigen der mittleren Kriminalität — die der schweren scheiden ohnehin aus — darin aufgenommen werden. Unbenommen bliebe es, vollzugstechnisch bestimmte Anstalten den einen, bestimmte den anderen vorzubehalten. Daß dabei den Arbeitshäusern ihre heutige eigenartige Bedeutung verloren gehen würde (so v. Hippel a. a. O.), kann jedenfalls dem GE. nicht entgegengesetzt werden, da für diesen die vorgeschlagene Umgestaltung des Arbeitshauses im Zusammenhang mit den übrigen von ihm vorgesehenen Maßnahmen: Androhung von Gefängnis gegen Bettel usw. und Einrichtung von Verwahrungsanstalten für Unverbesserliche gewürdigt werden muß. Daß das im Sinne einer Individualisierung umgestaltete Arbeitshaus sich von einer wohlorganisierten Freiheitsstrafe nur „dem Namen nach" unterscheiden werde (so v. Hippel a. a. O.), ist eine etwas pessimistische Auffassung. Indessen, mag man ihr auch angesichts von Erfahrungen, die bei der Zwangserziehung gemacht worden sind, eine gewisse Berechtigung nicht absprechen, es lohnt doch, den Versuch mit einer Maßregel zu machen, die in Bemessung und Vollzug den Besserungszweck auch bei Erwachsenen einmal in den Vordergrund stellt.

Es handelt sich ja bei dem vom VE. und vom GE. beschrittenen Wege nicht etwa um ein von irgendeinem doktrinären Standpunkt aus diktiertes Experiment. Vielmehr ist dieser Weg von der Strafgesetznovelle von 1900 eingeschlagen worden rein empirisch aus den Bedürfnis heraus, Arbeitsscheu und Liederlichkeit ganz allgemein als Nährboden des Verbrechens zu bekämpfen, und aus der Überzeugung heraus, daß das zu dieser Bekämpfung geeignete Mittel im Arbeitshaus gegeben sei. Tatsächlich ist nun allerdings das Arbeitshaus in seiner heutigen Gestaltung keine eigentliche Besserungs-, sondern mehr eine Beschäftigungs-, d. h. Verwahrungsanstalt (so mit Recht v. Hippel, Monatsschr. a. a. O. S. 461, 462). Daher haben sich denn erhebliche Unzuträglichkeiten aus dem Zusammenbringen der Zuhälter mit den Bettlern usw. ergeben (darüber Pollitz, Dtsch. Jur.-Ztg. XII 1311). Aber die darüber erhobenen Klagen dürften die im Flusse begriffene Bewegung, das Arbeitshaus zu einer allgemeinen Besserungsanstalt zu gestalten, kaum aufhalten können. Nur muß allerdings das Arbeitshaus seiner veränderten Bestimmung angepaßt werden, soll es nicht, statt zu einer Besserungsanstalt, zu einer „Brutstätte des Lasters und des Verbrechens", gleich den Zuchthäusern des 18. Jahrhunderts, werden (insoweit ganz mit Recht v. Hippel, a. a. O. S. 462, 463).

Wenn danach also der GE. an dem prinzipiellen Standpunkt, den der VE. in Ansehung des Arbeitshauses einnimmt, festhält, so weicht er doch im einzelnen ab.

1. Der VE. läßt die Unterbringung in ein Arbeitshaus nur „in den im Gesetz besonders bestimmten Fällen" zu. Dazu gehören, außer den Fällen des geltenden Rechts und einigen ihnen nahe verwandten, Diebstahl, Erpressung, Betrug, Hehlerei, sodann widernatürliche Unzucht, Kuppelei und Frauenhandel. Diese Bestimmung des Anwendungsgebietes ist in der Kritik mit Recht beanstandet worden. Man hat einerseits darauf hingewiesen, daß das Bedürfnis der Einweisung in ein Arbeitshaus sich bei allen strafbaren Handlungen ergeben könne, daß aber andererseits gerade die vom VE. vorgesehene Einweisung schwerer Sittlichkeitsverbrecher im höchsten Maße bedenklich sei (insbes. Aschrott, Reform I 144).

Der GE. § 68 läßt die Unterbringung in ein Arbeitshaus, gleich dem schweiz. VE. Art. 32, bei allen strafbaren Handlungen zu. Das von der Begr. z. VE. S. 149, 150 aufgeworfene politische Bedenken teilt der GE. um so weniger, als er, außer Liederlichkeit oder Arbeitsscheu, noch Rückfall (§ 95) und Verwirkung von Gefängnis (nicht schon Haft) als Voraussetzung der Unterbringung verlangt (vgl. auch v. Staff, Verhandl. d. 30. Juristentages II 470, 471). Andererseits sorgt der GE. durch erweiterte Androhung von Zuchthaus gegen widernatürliche Unzucht, Zuhälterei, Kuppelei und Frauenhandel (§§ 245, 247—249), aber auch z. B. gegen Erpressung, Betrug und Hehlerei (§§ 320, 321, 341), sowie gegen den Rückfall und die Gewerbs- und Gewohnheitsmäßigkeit (§§ 96, 97), daß schwere Verbrecher dem Arbeitshaus fern gehalten werden. Damit wird zugleich das oben erwähnte, aus dem Zusammenbringen der kleineren und größeren Kriminellen hergeleitete Bedenken gegen die Ausgestaltung des Arbeitshauses zu einer allgemeinen Besserungsanstalt noch weiter abgeschwächt.

2. Die fast allgemein gerügte Verbindung des Arbeitshauses mit „Haft" in § 42 VE. (vgl. Hoegel, Seuff.-Bl. Bd. 75 S. 197; Rosenfeld, Österr. Ztschr. f. Strafr. I 318; Österr. Allg. Ger.-Ztg.

Bd. 61 S. 262) ist, angesichts der Stellung des GE. in Ansehung der Haft, für den GE. von vornherein unmöglich. Der GE. beseitigt sie daher.

3. Der VE. fordert als Voraussetzung der Unterbringung Verwirkung einer „mindestens vierwöchigen" Strafe, da die tiefeingreifende Maßnahme des Arbeitshauses eine Straftat von gewisser Schwere als Symptom der Liederlichkeit oder Arbeitsscheu voraussetzen müsse (Begr. S. 151). Es erscheint indessen angemessener, mit v. Hippel (Monatsschr. a. a. O. S. 456) und in Anlehnung an den schweiz. (Art. 279) und österr. (Art. 18 Ziff. 3 VE. e. EG.) VE., die Erheblichkeit der kriminellen Vergangenheit des Täters durch Erfordern der Voraussetzungen des „Rückfalls" (§ 95 GE.) zu sichern. Im praktischen Ergebnis wird die Regelung des GE. mit der des VE. meist auf dasselbe hinauslaufen.

4. Gegen die Zulassung des Arbeitshauses bei kurzen Strafen auch „an Stelle" der Strafe durch den VE. hat der GE., angesichts der im Arbeitshaus steckenden starken generalpräventiven Elemente, nicht die geringsten Bedenken. Ebenso billigt er mit v. Hippel (a. a. O. S. 458; anders Aschrott, Reform I 146) die Festsetzung des Mindestmaßes der Unterbringung auf sechs Monate. Dagegen hält er es für nötig, in § 68 Abs. 3 nähere Vorschriften über den Vollzug der Anhaltung im Arbeitshaus zu geben (ebenso v. Hippel, Monatsschr. a. a. O. S. 460; Aschrott, Reform I 147, 148). Maßgebend ist dabei für den GE. vor allem der Wunsch, durch diese Vorschriften zum Ausdruck zu bringen, daß der Schwerpunkt des Arbeitshauses fortan im Besserungszweck liegen soll (so auch Oetker, Strafen usw. S. 29). Der GE. lehnt sich in § 68 Abs. 3 an den schweiz. VE. Art. 32 an.

5. Daß bei Ausländern, die ausgewiesen werden sollen, die Landespolizeibehörde von einer vorherigen Unterbringung absehen k a n n, ist an sich nicht zu beanstanden. Nur setzt der GE. voraus, daß auf die Ausweisung vom G e r i c h t erkannt ist. Mit Recht ist aber darauf hingewiesen worden (v. Hippel, Monatsschr. VII 459, 460), daß die Ausweisung dann nicht an Stelle der Unterbringung treten dürfe, wenn die zugrunde liegende Handlung „Ausweisungsbruch" sei. Aber auch wenn auf die Unterbringung „an Stelle" der Strafe erkannt ist, sollte von der Unterbringung nicht abgesehen werden dürfen. Der GE. § 68 Abs. 2 ändert daher insoweit § 42 Abs. 2 des VE. ab.

6. Die Regelung der „vorläufigen Entlassung“ aus dem Arbeitshaus in § 68 Abs. 5 ist der allgemeinen Regelung der vorläufigen Entlassung im GE. angepaßt. Dabei bedurfte es der besonderen Hervorhebung „fleißiger Arbeit“ als Voraussetzung der vorläufigen Entlassung nicht (so mit Recht v. Hippel, a. a. O. S. 459 Note 1). Dagegen bedurfte es der ausdrücklichen Übertragung der in § 58 Abs. 1 Satz 2 des GE. vorgesehenen und in der Begr. dazu (oben S. 85) gerechtfertigten Vorschrift auf die vorläufige Entlassung aus dem Arbeitshause. Und zwar gilt hier diese Vorschrift auch für den Fall des auf das Arbeitshaus ja nicht anwendbaren § 103 GE. (§ 93 VE.).

## § 69. Wirtshausverbot. Unterbringung in eine Trinkerheilanstalt.

Gegen das Wirtshausverbot des VE. sind zahlreiche Bedenken erhoben worden, welche sich teils auf die Maßregel an sich, teils auf ihre Anwendung in der Rechtssprechung beziehen. Der GE., von dem Bestreben geleitet, nichts unversucht zu lassen, was im Kampfe gegen die Trunkenheit einigen, wenn auch nur beschränkten Erfolg für das Strafrecht verbürgen kann, hat jene Bedenken einstweilen zurückgestellt. Soll aber die Maßregel aufrechterhalten werden, so bedarf der VE. notwendig einer Erweiterung. Das Wirtshausverbot ist nicht bloß neben Verurteilung wegen einer auf Trunkenheit zurückzuführenden Handlung, sondern auch dann zuzulassen, wenn wegen hochgradiger akuter Trunkenheit freigesprochen werden mußte. Anderenfalls wirkt der Vollrausch als Privilegium. Die Festsetzung einer Mindestdauer des Verbotes wäre in Erwägung zu ziehen. Abzuweisen ist der Vorschlag richterlicher öffentlicher Bekanntmachung, welche einer Ehrenstrafe gleichkäme.

Die Sicherungsmaßregel der Unterbringung in eine Trinkerheilanstalt hat allgemeine Zustimmung gefunden. Sie bedarf aber, um ihrem bedeutungsvollen Zwecke zu entsprechen, einer vom VE. abweichenden Gestaltung in vierfacher Richtung.

1. Gleichwie das Wirtshausverbot ist auch die Unterbringung in eine Trinkerheilanstalt nicht von einer Verurteilung des Täters abhängig zu stellen, sondern von vornherein auf den Fall der Freisprechung vom Trunkenheitsverbrechen wegen mangelnder Zurechnungsfähigkeit zu erstrecken, andererseits auf festgestellte Trunksucht zu beschränken (mißverständlich VE. § 65 Abs. 1 Satz 2).

2. Die Unterbringung muß ferner unabhängig sein von Höhe und Art der erkannten Freiheitsstrafe. § 43 VE. läßt sie nur „neben einer mindestens zweiwöchigen Gefängnis- oder Haftstrafe" zu. Dies erscheint innerlich ungerechtfertigt, weil die Höhe der erkannten Strafe, welche im gegebenen Fall wesentlich von objektiven Umständen beeinflußt gewesen sein kann, nicht in notwendigem Zusammenhange mit dem Sicherungsbedürfnis steht. Jene Voraussetzung führt aber auch äußerlich zu unmöglicher Konsequenz. Denn hiernach ist Trinkerheilanstalt nach dem VE. zwar zulässig neben fünfjährigem Gefängnis und neben fünfzehnjähriger Haft, nicht aber neben einjährigem Zuchthaus. Die Begr. zum VE. hält die Maßregel neben Zuchthausstrafe für entbehrlich, weil wegen der Höhe der letzteren schon „durch deren Vollzug selbst" die Heilung von Trunksucht zu erwarten sei. Diese Erwartung ist für alle Regelfälle unbegründet, weil die Heilung Trunksüchtiger Bedingungen der Körperpflege, der Arbeitsökonomie und des Luftgenusses erfordert, wie sie auch bei der humansten und höchstindividualisierten Vollstreckung der Zuchthausstrafe nicht gewährt werden können.

3. Näherer Bestimmung bedürfen die Voraussetzungen der Entlassung. Der VE. bestimmt in § 43 Abs. 1, daß das Gericht die Zeit der Unterbringung im Urteile festsetzt, und in Abs. 2, daß die „Landespolizeibehörde" befugt ist, „den Untergebrachten im Falle seiner früheren Heilung auch vor dem Ablaufe der bestimmten Zeit (es dürfen höchstens zwei Jahre sein) aus der Anstalt zu entlassen". Wünschenswert ist, daß, wie Aschrott (Reform I 151, 152) unter Hinweis auf den schweiz. VE. Art. 33 vorgeschlagen hat, die Unterbringung zunächst ohne Zeitbestimmung erfolge, daß aber nachträglich das „Gericht", und zwar frühestens nach dreimonatigem Aufenthalt in der Trinkerheilanstalt, über die Entlassung zu entscheiden habe. Notwendig ist weiter, daß die vorzeitige Entlassung eine jederzeit widerrufliche (keine „vorläufige" im technischen Sinne des GE. mit ihren Konsequenzen) sei. Notwendig ist endlich auch, daß die Entlassung, außer an die immer problematische Annahme des Heilungserfolges, noch an bestimmte Garantien gebunden werde, welche den ernstlichen Entschluß zur Enthaltsamkeit subjektiv glaubhaft machen und objektiv verbürgen. Zwei Mittel kommen alternativ in Betracht. Zunächst der freiwillige ausdrückliche An-

schluß des Entlassenen an eine Enthaltsamkeitsvereinigung, deren Organisation eine wirksame Kontrolle möglich macht. Der Staat kann sich hier mit Nutzen der freien sozialen Organisationen zur Bekämpfung der Trunksucht bedienen. Das wäre weder neu, noch seltsam. Die Verbindung besteht längst und mit großem Nutzen im Anschluß des Strafvollzuges an die Fürsorgevereine für entlassene Sträflinge. Da aber Anschluß an einen Enthaltsamkeitsorden nicht überall zu erreichen sein wird, so ist wahlweise die freiwillige Unterordnung unter eine geeignete Form der Schutzaufsicht (GE. § 60) hinzuzufügen. Erst durch die gesetzliche Darbietung dieser Mittel wäre die Bewahrung vor Rückfall einigermaßen zu erreichen und zugleich in dem Verwahrten selbst ein Antrieb geschaffen, schon durch gutes Verhalten in der Anstalt sich die Entlassung zu verdienen. Es ist weiter angeregt worden (Stier, Achiv für Psychiatrie, Bd. 47 S. 2ff.), beim ersten Rückfall eines entlassenen Trinkers das Recht, beim zweiten die Pflicht der Entmündigung zu statuieren. Dieser Vorschlag ist erwägenswert. Der GE. hat aber davon abgesehen, seine Bestimmungen auf dieses Gebiet zu erweitern.

4. Endlich muß an dieser Stelle § 43 des VE. in seinem Verhältnis zu § 65 das. richtig gestellt werden. Dieser verordnet die Verwahrung Gemeingefährlicher, welche wegen geistiger Mängel freigesprochen, außer Verfolgung gesetzt oder milder verurteilt waren, in einer Heil- oder Pflegeanstalt. Er knüpft daran in Satz 2 die Bestimmung: „War der Grund der Bewußtlosigkeit selbstverschuldete Trunkenheit, so finden auf den Freigesprochenen oder außer Verfolgung Gesetzten außerdem die Vorschriften des § 43 über die Unterbringung in eine Trinkerheilanstalt entsprechende Anwendung.“ Die Begr. S. 239, 240 rechtfertigt diesen Zusatz damit, daß ohne ihn ein trotz Selbstverschuldung freigesprochener Trunkenbold, welcher nicht gemeingefährlich ist, an und für sich weder der Verwahrung aus § 65 (denn er ist für die öffentliche Sicherheit unbedenklich), noch der Verwahrung aus § 43 (denn diese setzt nach VE. Verurteilung zu einer Mindeststrafe voraus) unterliegen könnte, und daß hiernach im Ergebnis der freigesprochene Trunksüchtige hinsichtlich der Verwahrung günstiger gestellt sein würde, als der verurteilte. Daß der VE. solche Anomalie vermeiden und diese Lücke schließen will, ist nur zu billigen. Aber es muß auf andere Weise geschehen (oben unter Ziff. 1).

Aus genauer Vergleichung der Voraussetzungen, an welche die Sicherung in einem Trinkerasyl einerseits im § 43, andererseits im § 65 VE. geknüpft sind, ergeben sich Kombinationen von Verwahrungs- und Nichtverwahrungsmöglichkeiten, welche irrationell sind und vom Gesetzgeber nicht gewollt sein können. Es kommt darauf an, an Stelle der Kumulation die Subsidiarität der beiden hier in Frage stehenden Sicherungsmaßregln klar zum Ausdruck zu bringen. Es hätte einerseits keinen Zweck, die nach § 65 VE. (§ 14 GE.) in einer Heil- oder Pflegeanstalt zu verwahrenden gemeingefährlichen Trunksüchtigen noch „außerdem" in eine Trinkerheilanstalt unterzubringen. Es wird andererseits die letztere Maßregel in jedem Falle ausreichend sein, in welchem trotz vorhandener Trunksucht eine Gefährdung der Rechtssicherheit (zutreffender als „öffentliche Sicherheit", s. o. zu § 14) nicht zu befürchten steht. Dieses Verhältnis der Subsidiarität bringt § 69 des GE. durch die Einschiebung „soweit § 14 Abs. 1 (Verwahrung wegen Gemeingefährlichkeit) keine Anwendung findet" in zweifelsfreier Weise zum Ausdruck. Der mißverständliche Satz 2 in § 65 des VE. ist damit (und mit der oben unter Ziff. 1 erwähnten Änderung) entbehrlich geworden und eine zweckwidrige Häufung von Anstaltsverwahrung vermieden.

## §§ 70—75. **Ehrenfolgen.**

Der GE. hält im Prinzip an der vom VE. vorgenommenen Regelung der Ehrenfolgen fest. Insbesondere hat er, da nach ihm, wie nach dem VE., für die Auswahl zwischen Zuchthaus und Gefängnis nicht in erster Linie die ethische Qualität der Gesinnung maßgebend ist (vgl. die Begr. zu §§ 41 Abs. 1—3, 42, 43 GE.), die Aberkennung der bürgerlichen Ehrenrechte neben Gefängnis nicht grundsätzlich ausgeschlossen (wie es Aschrott, Reform I 153—159, und v. Staff, Verhandl. des 30. Juristentages II 475, 486 wollen). Der GE. glaubt auch, daß die grundsätzliche Ausschließung des Ehrverlustes neben Gefängnis mit der von ihren Vertretern befürworteten Ausdehnung des Zuchthauses auf alle aus ehrloser Gesinnung hervorgegangenen Straftaten (vgl. insbes. Aschrott a. a. O. S. 157) zu teuer erkauft würde. Übrigens wollen auch die Vertreter jenes grundsätzlichen Ausschlusses des Ehrverlustes neben Gefängnis einzelne „Rechtsminderungen" neben Gefängnis zulassen. Man würde also den Richter, der meint, daß sich der zu Gefängnis

Verurteilte sämtlicher Ehrenrechte als „unwürdig" erwiesen hat, durch den Ausschluß des „Ehrverlustes" neben Gefängnis nur nötigen, jedesmal den ganzen Katalog der aberkannten Rechte aufzuzählen, statt sie unter einem gemeinsamen Namen zusammenzufassen.

Wenn danach auch der GE. radikale, dem Verhältnis von Zuchthaus und Gefängnis zueinander widerstreitende Abänderungen des VE. ablehnt, so hält er es doch für richtig, einerseits dem Umstand, daß die zuchthauswürdigen Verbrechen ihrer Natur nach von ehrloser Gesinnung zu zeugen pflegen, Rechnung zu tragen, andererseits den Gefängnisgefangenen tunlichst in seinem Ehrgefühl zu schonen und zu stärken und überhaupt den Unterschied zwischen Zuchthaus und Gefängnis zu vertiefen. Von diesem Standpunkt aus schreibt der GE. in § 71 neben Zuchthaus, genau wie neben der Todesstrafe (vgl. Begr. zu § 40 GE.), Aberkennung der Ehrenrechte obligatorisch vor, „wenn nicht der Umstand, daß die Tat nicht aus ehrloser Gesinnung hervorgegangen ist, besondere Berücksichtigung verdient". Auch beseitigt er in § 73 Abs. 1 die nach § 47 VE. zugelassene Teilaberkennung der Ehrenrechte neben Zuchthaus. Andererseits erhöht der GE. das Mindestmaß der für die Aberkennung der Ehrenrechte in Betracht kommenden Gefängnisstrafe von sechs Monaten (§ 45 Abs. 1 VE.) auf ein Jahr. Damit dürfte die Beschränkung der Ehrenstrafe nur auf schwere Fälle gesichert sein.

Im übrigen weicht der GE. vom VE. noch in folgenden Punkten ab:

1. Der GE. spricht auch in den §§ 71—74 (VE. §§ 45—48) nicht von „Verlust", sondern, gleichwie in § 70 (VE. § 44; vgl. aber auch VE. § 47), von „Unfähigkeit zur Ausübung" der bürgerlichen Ehrenrechte. Grund ist, daß der — dauernde — „Verlust" gewisser Rechte nur eine mildere Form der Ehrenfolgen ist, welche in der von Rechts wegen eintretenden Ehrenfolge des § 70 GE. (§ 44 des VE.), sowie in der dauernden oder zeitigen Aberkennung aller oder einzelner Ehrenrechte gemäß §§ 71—73 des GE. (§§ 45—47 VE.) ohne weiteres mitenthalten ist, außerdem aber gemäß § 73 GE. (§§ 47, 103, 114 VE.) selbständig verhängt werden kann. Es geht aber nicht an, mit „Verlust" sowohl die Teilerscheinung und mildere Ehrenstrafe, als auch die umfassende und strengere Maßregel zu bezeichnen. Es geht dies

um so weniger, als für diese umfassende und strengere Rechtsfolge der Terminus „Unfähigkeit zur Ausübung“ bereits in § 44 VE., ja sogar in § 47 VE. gebraucht wird, trotzdem es sich in diesem letzteren Paragraphen nur um eine Teilaberkennung handelt.

2. § 45 Abs. 2 des VE. ist gestrichen. Die Begr. zum VE. S. 166 rechtfertigt den Absatz damit, daß die als Voraussetzung der Aberkennung der Ehrenrechte notwendige „ehrlose Gesinnung“ eine zu „weite Auslegung“ erfahren könnte. Wenn man aber Mißbräuche in der Auslegung der „ehrlosen Gesinnung“ da nicht fürchtet, wo von Feststellung der ehrlosen Gesinnung die Anwendung von Haft oder Zuchthaus abhängt, so ist die Furcht nicht recht verständlich da, wo es sich nur um Verhängung von Ehrenstrafen handelt.

3. In § 72 ist den in § 46 des VE. aufgezählten Ehrenrechten das „Recht der Mitgliedschaft der Ersten Kammer eines zum Reiche gehörigen Staates“ hinzugefügt. Dagegen sind die in § 46 Ziff. 5 und 6 des VE. aus dem StGB. § 34 Ziff. 5 und 6 übernommenen privatrechtlichen Unfähigkeitsfolgen im GE. gestrichen. Die Begr. zum VE. S. 167 hat bei Ablehnung des Vorschlages, diese Fälle zu streichen (Goldschmidt, Vgl. Strafrechtsdarst. Allg. Teil IV 419), den Hauptgrund ganz übersehen. Der Vorschlag ist nämlich nur die Konsequenz davon, daß die „Unfähigkeiten“ des § 34 Ziff. 5 und 6 des StGB. bereits durch die neue Reichszivilgesetzgebung außer Kraft gesetzt sind, indem diese im Interesse der Gültigkeit bürgerlicher Rechtsgeschäfte nur bestimmt, daß die Ehrlosen zu den fraglichen Funktionen nicht berufen werden „sollen“ (darüber Goldschmidt a. a. O. S. 267). Die Aufnahme der Unfähigkeitsgründe in das neue StGB. würde bedeuten, daß die betreffenden Vorschriften des bürgerlichen Rechts wieder abgeändert werden sollen. Das ist aber schwerlich die Absicht der Begr. des VE. (Auch Aschrott, a. a. O. I 158 fordert die Streichung der Ziff. 5 und 6 des § 46 VE.).

Ziff. 4 des § 46 des VE. wiederholt wörtlich die Ziff. 4 des § 34 des StGB. Ziff. 4 des § 72 des GE. bringt demgegenüber, außer der bereits erwähnten Berücksichtigung des Rechts der Mitgliedschaft der Ersten Kammer, eine Vereinfachung. Das „Wählen“ ist im „Stimmen“ mit enthalten, kann also wegfallen. Ebenso können die Worte fallen: „oder andere politische Rechte auszuüben“, da nach der ausdrücklichen Hervorhebung des Mitgliedschaftsrechts der Ersten Kammer unklar ist, welche „politischen Rechte“ außer dem Recht „zu stimmen“ oder „gewählt zu werden“ in Frage kommen sollen.

4. § 47 VE. fordert für die Teilaberkennung bürgerlicher Ehrenrechte außer der allgemeinen Voraussetzung ehrloser Gesinnung — so ausdrücklich Begr. S. 169 —, daß „nach der Art der Tat ein Mißbrauch dieser Rechte zu besorgen ist“. Dies widerstreitet der Logik, da für die Teilaberkennung nicht mehr gefordert werden kann als für die Totalaberkennung. Außerdem enthält die Aufstellung dieser Voraussetzung eine unklare Vermischung polizeilicher Elemente mit den rechtlichen und sittlichen der „Ehrenstrafe“; den polizeilichen Bedürfnissen trägt der GE. gesondert in § 76 Rechnung. Der GE. § 73 Abs. 1 Satz 1 streicht also die angeführten Worte.

Dagegen fügt der GE. § 73 einmal in Abs. 1 Satz 2 den vom VE. § 47 fortgelassenen Abs. 2 des § 35 StGB. wieder hinzu; sodann verallgemeinert er in dem neuzugefügten Abs. 2 den Grundgedanken der §§ 103, 114 des VE.

5. Die Ergänzung des § 48 des VE. durch die in § 74 des GE. vorgesehene Berücksichtigung des Falles, daß neben der Freiheitsstrafe auf Unterbringung in eine Heil- oder Pflegeanstalt für vermindert Zurechnungsfähige, in ein Arbeitshaus, in eine Trinkerheilanstalt oder in eine Verwahrungsanstalt für Gewohnheitsverbrecher erkannt ist, wird der Rechtfertigung nicht bedürfen. Daß die Aberkennung neben einer Freiheitsentziehung ausgesprochen wurde, auf welche „an Stelle“ der Freiheitsstrafe erkannt ist, kann allerdings für die Fälle der §§ 71—73 nicht vorkommen. Denn in dem einzigen Fall, wo eine Freiheitsentziehung „an Stelle“ der Freiheitsstrafe treten kann, nämlich in § 68 GE., wird vorausgesetzt, daß die Freiheitsstrafe drei Monate nicht übersteigt; und die Aberkennung der Ehrenrechte nach den §§ 71—73 setzt stets eine weit höhere Freiheitsstrafe voraus. Der Fall kann aber praktisch werden in § 76 des GE., nach dessen Abs. 1 Satz 3 § 74 Anwendung findet. Mit Rücksicht hierauf sind die Worte „oder an Stelle“ in § 74 Satz 2 aufgenommen.

Im Zusammenhang mit der vorgenommenen Berücksichtigung der „Freiheitsentziehung“ steht die Ersetzung des auf sie nicht passenden „verbüßt“ (§ 48 VE.) durch „vollzogen“ (§ 74 GE.).

6. § 75 des GE. vereinfacht und klärt die Fassung des § 49 des VE. insbesondere in der Richtung, daß er außer Zweifel stellt, daß die Vorschrift sich auch auf die von Rechts wegen eintretenden Folgen des § 70 GE. (§ 44 VE.) bezieht.

## § 76. Unfähigkeit zur Ausübung eines Amtes, Berufes oder Gewerbes.

§ 76 GE. beruht auf einer Verallgemeinerung des § 211 VE. und auf vielfachen Bestimmungen des ausländischen Rechts (vgl. darüber Goldschmidt, Vgl. Strafrechtsdarst. Allg. Teil IV 421, 422; wiederum dem VE. gegenüber Aschrott, Reform I 159). Die Begr. zum VE. S. 169, 170 hat die Aufnahme einer entsprechenden Vorschrift abgelehnt, da die Gerichte auf Grund der Ermittelungen im Strafverfahren nicht immer in der Lage sein würden, die Frage, ob der Verurteilte aus dem Beruf oder Gewerbe entfernt werden müsse, klar zu übersehen, namentlich wenn technische Fragen in Betracht kämen. Indessen mit einer ganz ähnlichen Motivierung hat man früher auch die Festsetzung der Zeitdauer der Überweisung in das Arbeitshaus den Strafgerichten vorenthalten und den Verwaltungsbehörden vorbehalten zu müssen geglaubt. Und doch hat die Erfahrung ergeben, daß die Verwaltungsbehörden ihre Entscheidung regelmäßig auf Grund der Strafakten treffen. Keiner ist besser als das Strafgericht, welches in der Hauptverhandlung alles zur Verfügung stehende Material unmittelbar kennen gelernt hat, in der Lage, zu beurteilen, ob der Verurteilte aus dem Amt, Beruf oder Gewerbe zu entfernen ist. Wenn technische Fragen in Betracht kommen, werden sie auch für die Schuldfrage in Betracht kommen, und das Strafgericht wird sich durch Vernehmung von Sachverständigen auch hierüber ein maßgebendes Urteil gebildet haben. Gerade mit Rücksicht hierauf geht der GE. § 76 so weit, in Abs. 2 eine Zurücknahme der gewerblichen Genehmigung oder Bestallung im Verwaltungswege sogar zu verbieten, wenn das Strafgericht in einem Falle, wo es auf Unfähigkeit zur Ausübung eines Berufes oder Gewerbes erkennen konnte, nicht darauf erkannt hat. Die Möglichkeit eines Disziplinarverfahrens gegen Beamte soll unberührt bleiben.

Auf die freien Gewerbe bezieht sich die Vorschrift des § 76 GE. nicht.

### § 77. Entziehung der elterlichen Gewalt.

Auf einem ähnlichen Grundgedanken wie der § 76 beruht § 77 des GE. (vgl. auch Aschrott, Reform I 159). Die Begr. zum VE. S. 168 lehnt einen schon früher in derselben Richtung gemachten Vorschlag (Goldschmidt, Vgl. Strafrechtsdarst. Allg. Teil IV 423, 424) ab, weil § 1666 des BGB. eine ausreichende Handhabe biete. Es ist aber nicht abzusehen, warum auf dem Umweg des § 1666 des BGB. verwiesen werden soll, wenn der Fall spruchreif ist. Außerdem geht § 77 GE. in seinen Wirkungen viel weiter als § 1666 BGB.

Der Vorschlag des § 77 GE. steht in innigem Zusammenhang mit den übrigen auf Kinderschutz abzielenden Vorschlägen des GE. in den §§ 182, 233, 242 Abs. 2, 267.

### § 78. Friedensgebot.

Der VE. Begr. S. 48 hat die Einführung der Friedensbürgschaft als Sicherungsmaßregel abgelehnt. Als Gründe werden angeführt, daß der Unbemittelte Sicherheit nicht werde leisten können, und daß der zum Verbrechen Entschlossene sich auch durch den drohenden Verfall der geleisteten Sicherheit nicht werde von der Begehung abhalten lassen.

Der GE. ist der Ansicht, daß ein präventiver Rechtsschutz gegen drohende Gewalttat unentbehrlich ist (so auch Oetker, Strafen usw. S. 35, 36). In Würdigung der von der Begr. zum VE. geltend gemachten Bedenken will der GE. aber die Erfüllung der Verpflichtung zur Friedensbewahrung nur insoweit durch Sicherheitsleistung sicherstellen, als der Verpflichtete zur Sicherheitsleistung imstande ist und die Sicherheitsleistung zugleich eine genügende Garantie für das friedfertige Verhalten des Verpflichteten bietet. Insoweit das eine oder das andere nicht der Fall ist, soll die Sicherstellung durch Androhung einer Gefängnisstrafe von drei Monaten bis zu zwei Jahren erfolgen. Diese Gefängnisstrafe soll durch Verletzung der auferlegten Verpflichtung verwirkt werden, unbeschadet einer dadurch verwirkten sonstigen Strafe. Daß auch eine solche Strafdrohung ganz eindruckslos bleiben werde, ist um so weniger anzunehmen, als die Wirkung einer konkreten richterlichen Strafdrohung zweifellos höher zu veranschlagen ist als die Wirkung der daneben bestehenden abstrakten gesetzlichen Strafdrohungen.

Für die so gestaltete Maßregel ist der Name „Friedensbürgschaft“ nicht mehr recht geeignet. Der GE. schlägt daher den Namen „Friedensgebot“ vor.

Die Vorschrift des § 78 Abs. 2 Satz 2 Halbsatz 2 rechtfertigt sich durch die Erwägung, daß die Anwendbarkeit des § 103 GE. auf den gegebenen Fall in mehr als einer Beziehung zweifelhaft ist.

Über das Verfahren in dem Falle, daß von Haus aus eine Strafverfolgung wegen einer schon begangenen strafbaren Handlung nicht in Frage kommt, wird die Strafprozeßordnung das Nötige zu regeln haben. Zu denken wäre etwa an ein Verfahren nach dem Muster des „objektiven Verfahrens“; jedenfalls müßte stets der Strafrichter zuständig sein (vgl. darüber Goldschmidt, Vgl. Strafrechtsdarst. Allg. Teil IV 432).

Mag man über die Aussichten der vorgeschlagenen Maßnahme denken, wie man immer wolle, auf alle Fälle lohnt es sich, mit ihr einen Versuch zu machen (vgl. auch schweiz. VE. Art. 46; Aschrott, Reform I 174—176).

## § 79. **Ausweisung.**

Der VE. (Begr. S. 179ff.) hat die Polizeiaufsicht formell gestrichen, der Sache nach aber alles beim alten gelassen. Denn der Fortfall der unter Ziff. 3 des § 39 StGB. aufgeführten „Wirkung“ der Polizeiaufsicht (unbeschränkte Zulässigkeit von Haussuchungen) im künftigen Strafgesetz ist, wie die Begr. auch ausdrücklich erklärt, nur deshalb vorgesehen, weil sich entsprechende Vorschriften in der StPO. befinden. Und die beiden übrigen „Wirkungen“ der Polizeiaufsicht (§ 39 Ziff. 1 u. 2 des StGB.) behält der VE. § 53 unter dem Namen „Aufenthaltsbeschränkung“ bei.

Dieser Standpunkt des VE. ist in der Kritik fast allgemein gemißbilligt worden (Hoegel, SeuffBl. Bd. 75 S. 199, 200; v. Hippel, Ztschr. f. Strafr.-Wiss. XXX 898 Note 91; Aschrott, Reform I 166; Goldschmidt, Verhandl. des 30. Juristentages II 414). Insbesondere hat der 30. Juristentag die völlige Streichung des § 53 des VE. gefordert (Verhandl. II 529, 532).

Der GE. beseitigt die im VE. § 53 Abs. 1 und 2 aufgenommene „Aufenthaltsbeschränkung“ und behält nur in § 79 die im VE. § 53 Abs. 3 als mittelbare Folge der „Aufenthaltsbeschränkung“ zugelassene polizeiliche Ausweisungsbefugnis gegenüber Ausländern als selbständige, vom Richter anzuordnende Maßnahme bei.

Der GE. geht mit den genannten Kritikern des VE. davon aus, daß die anstößigste Wirkung der „Polizeiaufsicht" gerade die vom VE. übernommene „Aufenthaltsbeschränkung" ist. Die Begr. zum VE. S. 180 meint, das öffentliche Interesse erfordere, „schwer bestrafte Verbrecher sich nicht an einem Orte aufhalten zu lassen, der der Schauplatz ihrer Verbrechen gewesen ist, wo sie ihre Helfershelfer finden, wo sich die von ihnen Gehaßten oder Bedrohten aufhalten, oder wo sie Sammelplätze für Gleichgesinnte bilden können". Ein Interesse der Untersagung des Aufenthalts gerade an bestimmten Orten besteht aber nicht. „Helfershelfer" können Verbrecher überall finden. „Sammelplätze für Gleichgesinnte" können alle großen Städte werden. Das Interesse, den Verurteilten vom „Schauplatz seines Verbrechens" fernzuhalten, ist ein mehr ideelles und jedenfalls nicht groß genug, um die überwiegenden materiellen Nachteile der „Aufenthaltsbeschränkung" in Kauf zu nehmen. Den „Gehaßten oder Bedrohten" vor dem Verbrecher zu schützen, besteht allerdings ein materielles Interesse. Aber dieses Interesse wird durch die „Aufenthaltsbeschränkung" nicht oder nicht in dem Maße befriedigt, daß sie aus diesem Grunde unentbehrlich wäre. Im Gegenteil, es gibt für diesen Zweck weit wirksamere Mittel, die außerdem nicht an den Nachteilen der Aufenthaltsbeschränkung kranken. Dazu gehören die vom GE. vorgeschlagenen Maßnahmen des Friedensgebots (§ 78), der Schutzaufsicht (§ 60) und der Verwahrung gemeingefährlicher Verbrecher (§ 98) (vgl. auch Aschrott, Reform I 167, 175).

Im übrigen besteht allerdings ein Bedürfnis, die aus der Strafanstalt Entlassenen während der ersten Zeit nach ihrer Entlassung zu überwachen. Aber dieses Bedürfnis befriedigt der GE., in Befolgung der zutreffenden Ausführungen Aschrotts (Reform I 167), dadurch, daß er in § 55 Abs. 2 Satz 2 die „vorläufige Entlassung" als Regel und in § 56 die Unterstellung des vorläufig Entlassenen unter „Schutzaufsicht" durch zwingende Norm vorschreibt, sowie dadurch, daß er in § 60 auch sonst noch die Stellung der Strafentlassenen unter „Schutzaufsicht" im weitesten Umfange vorsieht. Und weiter besteht natürlich ein Bedürfnis, daß die Polizei über das Tun und Treiben bestrafter Personen auf dem Laufenden ist. Aber für diesen Zweck genügen die polizeilichen Meldepflichten.

Die Aufenthaltsbeschränkung ist dafür jedenfalls ein ganz untaugliches Mittel. Es ist bekannt, daß ein großer Teil der sog. Polizeiobservaten ständig latitiert (darüber Aschrott a. a. O. S. 167). Nicht von ungefähr hat denn auch nach der Statistik die Verhängung der Polizeiaufsicht ständig abgenommen.

Sollen aber die Unzuträglichkeiten, die mit der Aufenthaltsbeschränkung verbunden sind, wirklich beseitigt werden, so genügt die Streichung des § 53 Abs. 1 und 2 des VE. nicht. Es bedarf vielmehr dazu der Beseitigung der landesgesetzlichen Aufenthaltsverbote gegen bestrafte Personen. Daß die Begr. zum VE. S. 183 ihre Aufrechterhaltung für „selbstverständlich" hält, hat in der Kritik einhellige Mißbilligung erfahren (v. Lilienthal, Zeitschr. f. Strafr.-Wiss. XXX 238; Monatsschr. f. Kriminalpsychologie VI 534; Dtsch. Jur.-Ztg. XV 391; v. Hippel, Monatsschr. f. Kriminalpsychologie VII 466; Aschrott, Reform I 166; Nußbaum, Goltdammers Archiv Bd. 57 S. 169 ff.; Kahl, Verhandl. des 30. Juristentages II 397 ff.; und der Beschluß des 30. Juristentages, Verhandl. II 399, 529, 532). Der GE. setzt daher voraus, daß im Einführungsgesetz durch Streichung des § 3 Abs. 1 und Umgestaltung des § 3 Abs. 2 des Freizügigkeitsgesetzes vom 1. November 1867 die entsprechenden landesgesetzlichen Aufenthaltsverbote beseitigt werden. Auch daß sonst nach Landesrecht bestehende polizeiliche „Kontrollmaßregeln" gegenüber Bestraften vom Reichsrecht unbedingt zu respektieren seien, wie die Begr. zum VE. S. 179 meint, kann nicht zugegeben werden. Mindestens bedürfte es des reichsrechtlichen Einschreitens insoweit, als diese Kontrollmaßregeln (wie z. B. Nachfrage durch Polizeibeamte) dieselben Mißstände zeitigen wie die Aufenthaltsverbote.

Indem der GE. § 79 die „Ausweisung" zu einer selbständigen, richterlich zu verhängenden Maßnahme gestaltet, folgt er dem Vorbild sowohl des schweizerischen (Art. 44), als auch des österr. (§ 40) VE., sowie Anregungen aus dem Kreise der Kritiker des VE. (Aschrott, Reform I 169, 170).

## § 80. **Einziehung.**

Der VE. §§ 54—56 hat die §§ 40—42 StGB. im wesentlichen unverändert gelassen. Damit bleiben alle Unklarheiten des geltenden Rechts über Wesen, Voraussetzungen, Inhalt und Durchführung der Einziehung und Unbrauchbarmachung bestehen. Es bleiben damit ferner bestehen die zahlreichen, vielfach unklaren und einander widersprechenden Bestimmungen des Bes. Teils und der Nebengesetze über die Einziehung und Vernichtung in besonderen Fällen.

In Anlehnung an die ausländische Gesetzgebung und in Befolgung eines schon früher gemachten Vorschlages (Goldschmidt, Vgl. Strafrechtsdarst. Allg. Teil IV 446ff., 452ff.) unterscheidet der GE. in § 80 Abs. 1 und 2 zwei verschiedene Arten der Einziehung.

1. In Abs. 1 ist die Einziehung als „Rechtsverwirkung" behandelt. Diese entspricht in Wesen, Voraussetungen, Inhalt und Durchführung der Einziehung des § 54 VE. An einzelnen Änderungen nimmt der GE. hier folgende vor:

a) Er ersetzt „Gegenstände" durch „Sachen", um eine Übereinstimmung mit dem Sprachgebrauch des BGB. (vgl. insbesondere § 90 desselben) zu erzielen.

b) Er unterwirft der Einziehung auch diejenigen Sachen, die „zum Weiterbetrieb eines geschäfts-, gewerbs- oder gewohnheitsmäßigen Verbrechens oder vorsätzlichen Vergehens bestimmt sind". Damit befolgt er eine Anregung, die Ebermayer (Verhandlung. des 29. Juristentages I 299), unter Hinweis auf RG. Entsch. Bd. XXVII S. 243 und bei Goltdammer Bd. 52 S. 256, gegeben hat.

c) Der GE. streicht den vom VE. § 54 Abs. 1 neu hinzugefügten Satz 2, da er in Hinblick auf GE. §§ 80 Abs. 2, 352 eine Einziehung in „besonders vorgesehenen Fällen" nicht mehr zuläßt.

d) Der GE. § 80 Abs. 1 Satz 2 Halbsatz 1 entscheidet durch Einfügung der Worte „gegen den als Täter oder Teilnehmer verurteilten Eigentümer" die Streitfrage, ob die Einziehung „auch dann im Urteil ausgesprochen werden könne, wenn dieses gegen einen solchen Täter oder Teilnehmer ergeht, der nicht Eigentümer der einzuziehenden Gegenstände ist, während die Verfolgung gegen den Eigentümer, obgleich er Täter oder Teilnehmer ist, sich nicht richtet" (Olshausen, Note 13 zu § 40 StGB.). Die Entscheidung entspricht der herrschenden Meinung.

e) Durch die Hinzufügung von Halbsatz 2 zu § 80 Abs. 1 Satz 2 entscheidet der GE. einmal die Streitfrage, ob das Eigentum der eingezogenen Sachen ohne weiteres mit der Rechtskraft des Urteils auf den Fiskus übergehe. Die Entscheidung stimmt mit der Ansicht der Begr. zum VE. S. 186 überein. Es genügt aber schon im Hinblick auf die entgegenstehende Judikatur des RG. nicht, die Streitfrage in der Begründung zu entscheiden (so mit Recht Köhler, in Hirths Annalen Bd. 43 S. 210, 211). Gleichzeitig fordert der GE. ausdrücklich, daß das Urteil „zu Lebzeiten des Verurteilten" rechtskräftig geworden sein müsse (Olshausen, Note 15 zu § 40 StGB.). Damit erledigen sich die Zweifel, inwieweit die Einziehung gegenüber dem Nachlaß wirke (Aschrott, Reform I 170, 171). Stirbt der Verurteilte vor Rechtskraft des Urteils, so kann nur aus § 80 Abs. 2 GE. vorgegangen werden (Olshausen, Note 15 zu § 40 StGB.; Löwe, Note 2b zu § 477 StPO.).

2. In Abs. 2 des § 80 behandelt der GE. die Einziehung als „sichernde Maßnahme". Er verallgemeinert damit den Grundgedanken des VE. §§ 55, 163, 298, 310 Abs. 3, sowie zahlreicher Nebengesetze. Es sei hier nur erinnert an die Bestimmungen der §§ 15 des Nahrungsmittelges. von 1879, 11 des Sprengstoffges. von 1884, 3 der Reichskassenschein- und Reichsbanknotenpapierges. von 1885 und 1911, 3 des Sklavenraubges. von 1895, 19 des Margarineges. von 1897, 42 des Urheberrechtsges. von 1901, 37 des Kunstges. von 1907, 31 des Weinges. von 1909 u. a. m. Alle diese Bestimmungen werden durch Abs. 2 des § 80 GE. im wesentlichen überflüssig. Der GE. § 80 Abs. 2 nimmt aber gleichzeitig den § 56 des VE. und die ihn ergänzenden Bestimmungen des Bes. Teils und der Nebengesetze in sich auf; die Fälle decken sich im ganzen mit den oben genannten. Dabei schafft der GE. alle Unklarheiten des § 55 VE. (41 StGB.) und des Verhältnisses von § 56 VE. (§ 42 StGB.) zu den §§ 54, 55 VE. (40, 41 StGB.) mit einem Schlage aus der Welt. Diese Unklarheiten sucht der VE. vergeblich teils durch Ausführungen in der Begründung (S. 187), teils (Begr. S. 188, 189) durch Fassungsänderungen zu beseitigen. Sie haben ihre Wurzel darin, daß die §§ 55, 56 VE. (41, 42 StGB.) zusammengehören.

Als Voraussetzung der präventiven Einziehung fordert der GE. § 80 Abs. 2 Satz 1, daß das Verbleiben der sceleris instrumenta oder scelere producta „in der Gewalt des Inhabers oder im Verkehr" die Rechtssicherheit gefährdet. Gleichgültig ist hier, wie in den §§ 14, 98 GE., ob die Sicherheit des Publikums oder nur einzelner als gefährdet erscheint. Liegt jene Voraussetzung vor, so soll auf Einziehung erkannt werden „ohne Rücksicht auf die Person des Eigentümers“ und „ohne Rücksicht auf die Strafbarkeit einer Person“. Durch die letztere Formel wird, entsprechend dem Sprachgebrauch des GE. (vgl. die Begr. zu den §§ 31—35 GE., oben S. 47, 48, und die dort angeführten Parallelstellen, insbesondere § 34 Satz 2 GE. selbst), das bloße Vorliegen des objektiven Tatbestandes erfordert. Damit ist einerseits die von der Begr. zum VE. S. 187 so sehr für § 55 VE. gewünschte, aber in dessen Text nicht zum Ausdruck gekommene Feststellung getroffen, zugleich aber, auch soweit § 56 VE. in Verbindung mit § 54 VE. zur Anwendung kommt, das Vorliegen des objektiven Tatbestandes für ausreichend erklärt.

Die Einziehung des § 80 Abs. 2 GE. ist stets obligatorisch vorgeschrieben, gleichwie die Unbrauchbarmachung des § 55 VE. (41 StGB.) und die verwandten sicherheitspolizeilichen Einziehungs- oder Vernichtungsfälle des Bes. Teils und der Nebengesetze. Letztere werden damit überflüssig. Satz 3 des Abs. 2 des § 80 lehnt sich an die §§ 42 Abs. 4 Satz 2 des Urheberrechtsges. von 1901 und 37 Abs. 4 Satz 2 des Kunstges. von 1907 an. Mit seiner Aufnahme werden etwaige Härten vermieden, die sich aus der Verallgemeinerung der präventiven Einziehung in § 80 Abs. 2 GE. ergeben könnten.

## Sechster Abschnitt.

# Strafbemessung.

### Vorbemerkung: **Die Strafdrohungen des GE.**

Das System der Strafrahmen des VE. ist mit Recht scharf getadelt worden. v. Liszt hat in seinem im Sommer 1910 in der Berliner Juristischen Gesellschaft gehaltenen Vortrag, Kahl in seinem Aufsatz in der Deutschen Juristenzeitung XV 914 ff. darauf hingewiesen, daß die Verwendung der Strafarten in dem Besonderen Teil des VE. jeden einheitlichen Gesichtspunkt vermissen läßt; Kahl hat in seiner Zusammenstellung a. a. O. nachgewiesen, daß im VE. nicht weniger als 116 verschieden gestaltete Strafrahmen sich finden.

Demgegenüber haben die Verfasser des GE. das größte Gewicht darauf gelegt, hier Klarheit und Einfachheit zu schaffen. Wie die Zusammenstellung in Anlage III zum Text des GE. ergibt, ist es gelungen, die 116 Strafrahmen des VE. im GE. auf 16 zu reduzieren.

Zunächst wurde, wie bereits in der Begr. zu §§ 41 Abs. 1—3, 42, 43 GE. ausgeführt und daselbst näher begründet ist, die Gefängnisstrafe für die Vergehen, die Zuchthausstrafe für die Verbrechen als Normalstrafe festgehalten; bei einzelnen Vergehenstatbeständen aber, wenn bestimmte Erschwerungsumstände (nicht bloß „besonders schwere Fälle", worüber unten zu § 89 GE.) die Tat zu einem Verbrechen stempeln, Zuchthaus bis zu fünf, seltener bis zu zehn Jahren angedroht. Innerhalb der Vergehen sind, soweit die Gefängnisstrafe allein verwendet wird, nur zwei Abstufungen gemacht: Gefängnis bis zu sechs Monaten und Gefängnis bis zum gesetzlichen Höchstmaß von zwei Jahren; Mindestmaß ist stets das gesetzliche: eine Woche. Die etwas reichlicher ausgestalteten Strafdrohungen innerhalb der Verbrechen ergeben sich aus der Übersicht in Anlage III zum Text des GE. Bemerkt sei nur, daß es auch hier — von wenigen Ausnahmefällen abgesehen — mit Rücksicht auf § 89 Abs. 1 Satz 2 GE. bei Androhung eines Normalhöchstmaßes von zehn oder fünf Jahren Zuchthaus sein Bewenden haben konnte.

Die Art der Androhung der Haft im GE. ist in der Begr. zu §§ 41 Abs. 1—3, 42, 43 GE. (oben S. 65ff.), die Art der Androhung der Geldstrafe in der Begr. zu §§ 61—66 GE. (oben S. 86ff.) ausführlich dargelegt. Darauf muß hier verwiesen werden.

### §§ 81—86. Bemessung der Strafe innerhalb des ordentlichen Strafrahmens.

Hier konnte zunächst der § 81 des VE. in § 81 des GE. unverändert beibehalten werden. Die §§ 82 (Wahl zwischen Haft und anderen Freiheitsstrafen) und 83 (Ersetzung von Zuchthaus durch Gefängnis bei noch nicht mit Freiheitsstrafe Bestraften) sind bereits in der Begr. zu §§ 41 Abs. 1—3, 42, 43 GE. (oben S. 66, 64) die §§ 84 (Wahl zwischen Freiheitsstrafe und Geldstrafe) und 85 (Häufung von Freiheitsstrafe und Geldstrafe) in der Begr. zu §§ 61—66 GE. (oben S. 86, 87) gerechtfertigt worden. Hier sei noch ergänzend bemerkt:

a) § 82 Abs. 1 GE. weicht von § 85 VE. dadurch ab, daß

er sich wieder, gleich § 20 StGB., auf den Fall der Wahl zwischen Zuchthaus und custodia honesta (Haft) beschränkt. Nur dies entspricht dem Wesen der Vorschrift und findet seine Ergänzung darin, daß der GE. den einzigen Fall alternativer Androhung von Zuchthaus und Gefängnis im VE. (§ 217), als dem richtigen Verhältnis dieser beiden Strafarten zueinander widersprechend, gestrichen hat (ebenso v. Liszt, Reform I 377; Rosenfeld, Österr. Zeitschr. f. Strafr. I 317; Österr. Allg. GerichtsZtg. Bd. 61 S. 262; Goldschmidt, Verhandl. des 30. Juristentages II 496—498, 519). Abgelehnt hat der GE. den Vorschlag Aschrotts (Deutsche Richter-Zeitung II 456), gerade umgekehrt, als § 85 VE. (§ 82 Abs. 1 GE.) vorsieht, bei Feststellung ehrloser Gesinnung Verhängung von Zuchthaus zwingend vorzuschreiben, hingegen bei Feststellung nicht verwerflicher Gesinnung Haft nur fakultativ zuzulassen. Dieser Vorschlag hängt mit der vom GE. (vgl. Begr. zu §§ 41 Abs. 1—3, 42, 43; oben S. 63, 64) nicht geteilten Auffassung Aschrotts von der Zuchthausstrafe zusammen. Er zeigt besser als alles die Bedenklichkeit dieser Auffassung, denn er läuft auf eine erhebliche Ausdehnung der Zuchthausstrafe gerade bei politischen Delikten gegenüber dem geltenden Recht und damit auf eine schwere Verschärfung desselben hinaus.

§ 82 Abs. 2 GE. tritt an Stelle sämtlicher Fälle wahlweiser Androhung von Gefängnis und Haft im Besonderen Teil (für eine solche Vorschrift auch v. Liszt a. a. O. S. 378; Rosenfeld a. a. O.; Goldschmidt a. a. O. S. 495, 518). Sie beschränkt sich auf „Vergehen", gilt also nicht da, wo Gefängnis als Ersatzstrafe für Zuchthaus bei „Verbrechen" zugelassen ist (GE. §§ 16 Abs. 2, 83, 87 Ziff. 4—6), dagegen auch da, wo Gefängnis bei „Vergehen" bis auf fünf Jahre steigen kann (GE. §§ 89, 90, 96, 97). Die durchgängige Zulassung von „Haft" statt „Gefängnis" bei festgestellter nicht ehrloser Gesinnung ist es auch, welche die Differenzierung der Gefängnisgefangenen nach der Ehrenhaftigkeit ihrer Gesinnung (VE. § 17 Abs. 2 Satz 2) überflüssig macht (darüber Begr. zu §§ 41, Abs. 4, 44—53 GE.; oben S. 79).

b) § 83 GE. verfolgt die Tendenz, die zu Bestrafenden so lange wie möglich vor dem Zuchthaus zu bewahren. Er soll eingreifen, wenn nicht ohnehin wegen „mildernder Umstände" oder „besonders leichter Fälle" (§§ 87, 88 GE.) von Zuchthaus abgesehen wird. Der Grundgedanke ist der der „bedingten Verurteilung" (vgl. Goldschmidt, Verhandl. d. 30. Juristentages II 499, 520). Im einzelnen setzt § 83 GE. voraus, daß der zu Bestrafende bisher weder im In- noch im Ausland Freiheitsstrafe „erlitten" hat. Verurteilung zu Freiheitsstrafe, insbesondere sog. „bedingte", steht also der Anwendung des § 83 nicht im Wege. Dagegen soll — entsprechend wie in § 84 GE. — auch eine im Ausland erlittene Freiheitsstrafe die Vergünstigung ausschließen. Zwar hält die Begr. z. VE. S. 352 die obligatorische Berücksichtigung ausländischer Bestrafungen für praktisch undurchführbar. Aber diese Behauptung steht im Widerspruch mit § 89 Abs. 2 VE. selbst, sie steht im Widerspruch mit § 64 Abs. 2 österreich. und Art. 55 Ziff. 2 schweiz. VE., und sie hat denn auch in der Kritik lebhafte Anfechtung erfahren (v. Liszt, Reform I 390; Neumeyer, S. A. aus SeuffBl. für Rechtsanwend. v. 1. und 15. Febr. 1911 S. 17, 18). Läßt sich übrigens die ausländische Bestrafung nicht zuverlässig feststellen, so wird eben nach dem Grundsatz: In dubio pro reo die Vergünstigung des § 83 GE. dem Verurteilten zugebilligt werden müssen. Voraussetzung der Vergünstigung ist weiter, daß die — „verwirkte" — Zuchthausstrafe fünf Jahre nicht übersteigt, und auch sonst nicht Gefängnis außer allem Verhältnis zu der besonderen Schwere des Falles (GE. § 89) stehen würde. Damit ist dem vorgebeugt, daß der in § 83 GE. zum Ausdruck kommende Spezialpräventionsgedanke den Vergeltungs- oder Generalpräventionsgedanken über Gebühr zurückdränge.

c) § 84 GE. ist diktiert durch die Erwägung, daß auch für die Fälle wahlweiser Androhung von Freiheits- und Geldstrafe dem Richter eine Strafbemessungsvorschrift an die Hand gegeben werden muß (vgl. auch Goldschmidt, Vgl. Strafrechtsdarst. Allg. Teil IV 400). Ermöglicht wird eine soweit gehende Vorschrift durch die Einschränkung der Fälle wahlweiser Androhung von Freiheits- und Geldstrafe im GE., die ihrerseits wieder auf der durchgängigen Zulassung mildernder Umstände und der damit verbundenen durchgängigen Zulassung von Geld- statt Freiheitsstrafe bei Vergehen im GE. (§ 87 Ziff. 9) beruht. In § 84 GE. wird aber, im Gegensatz zu § 83 GE., erfordert, daß der der Vergünstigung Teilhaftige wegen eines Verbrechens oder Vergehens überhaupt noch nicht, also auch noch nicht bedingt „verurteilt" ist.

d) § 85 GE. entspricht dem § 36 VE. Die Umstellung im System und die Erhöhung der Geldstrafe sind bereits in der

Begr. zu den §§ 61—66 GE. (oben S. 87) gerechtfertigt. Die Weglassung der Worte „wegen eines Verbrechens oder Vergehens verwirkten“ erklärt sich daraus, daß nach dem GE. Freiheitsstrafe überhaupt nur bei Verbrechen oder Vergehen zulässig ist.

Der Rechtfertigung bedarf noch der § 86. Die Grundsätze, die für die Milderung der Strafe bei Versuch (§ 28) gelten, werden auch in anderen Fällen in Anwendung gebracht. So wird nach § 33 die Beihilfe nach den Vorschriften über den Versuch bestraft; so kann nach § 13 Abs. 2 dem vermindert Zurechnungsfähigen gegenüber die Strafe nach den Vorschriften über den Versuch gemildert werden. Auch bei Jugendlichen (§ 16 Abs. 2) ist von den Vorschriften über den Versuch auszugehen. Während nach geltendem Recht bei einem Zusammentreffen mehrerer solcher Milderungsgründe eine mehrfache Herabsetzung der Strafrahmen stattfindet, so beispielsweise bei Beihilfe zum Versuch, läßt § 86 GE. nur die einmalige Anwendung des § 28 zu. Diese Vorschrift rechtfertigt sich einmal durch entsprechende Erwägungen, wie die sind, welche zu einer Streichung des § 25 VE. (vgl. Begr. zu § 54 GE.; auch schon Begr. zum VE. S. 95) geführt haben, vor allem aber durch den Hinweis auf den weiten Spielraum, der durch § 28 dem freien richterlichen Ermessen gewährt wird.

### §§ 87—89. **Mildernde Umstände. Besonders leichte und besonders schwere Fälle.**

Der VE. hat die Zahl der strafbaren Handlungen, bei denen mildernde Umstände zugelassen sind, gegenüber dem geltenden Recht ganz wesentlich erweitert. Er hat es aber nicht gewagt, sie allgemein zuzulassen. Die Folge davon ist nicht nur eine unvermeidliche Willkür in der Auswahl der Delikte, welche der Zulassung mildernder Umstände teilhaftig geworden sind, sondern auch eine unbegreifliche Ungleichheit der bei gleichen Normalstrafrahmen für die mildernden Umstände aufgestellten Strafrahmen (näheres darüber bei Kahl, Dtsch. Jur.-Ztg. XV 922, 923). Den Verfassern des GE. war es keinen Augenblick zweifelhaft, daß dieser Standpunkt des VE. aufgegeben werden müsse. Zunächst war es unbedingt notwendig, nach dem Muster des schweiz. VE. Art. 51 im Allgemeinen Teil die Grundsätze für die Herabsetzung des Strafrahmens ein für allemal festzulegen (so schon Kahl a. a. O.). Der GE. hat das in § 87 getan. Die geringe Zahl von Strafrahmen, die der GE. im Besonderen Teil verwendet, hat die Aufstellung dieser Grundsätze wesentlich erleichtert, so daß neun herabgesetzte Strafrahmen ausreichten. Bemerkenswert ist, daß, wie beim Versuch (§ 28), niemals von Zuchthaus oder Gefängnis auf Haft gegangen werden kann. Es war aber auch weiter, mit dem schweiz. VE. und entsprechend dem Beschluß des 30. Juristentages (Verhandl. II 528, 530), das so allgemein abgestufte Strafmilderungsrecht bei Vorliegen mildernder Umstände dem Richter allgemein einzuräumen (ebenso v. Liszt, Reform I 379; Goldschmidt, Verhandl. des 30. Juristentages II 409, 410, 498, 499, 519, 520). Es gibt schlechterdings keinen einzigen Tatbestand, bei dem mildernde Umstände als unbedingt ausgeschlossen betrachtet werden müssen. Man könnte an den schwersten Fall des Hochverrats (GE. § 113) denken. Aber gerade für diesen Fall ist auf dem 30. Juristentag wegen der daselbst angedrohten Todesstrafe die Zulassung mildernder Umstände gefordert worden. Läßt man aber in diesem Fall mildernde Umstände zu, so ist es der Form wie der Sache nach weit unbedenklicher, die mildernden Umstände im Allgemeinen Teil und bei allen Delikten zuzulassen.

Die Begr. zum VE. S. 320 befürchtet von der allgemeinen Zulassung mildernder Umstände die Gefahr einer „schlaffen Strafrechtspflege". Sie denkt aber dabei nur an ein schrankenloses Milderungsrecht, wie es VE. und GE. in „besonders leichten Fällen" einräumen. Das System des GE. unterliegt also diesem Bedenken nicht.

Den Begriff der „besonders leichten Fälle" hat der GE. in § 88 Abs. 2 aus VE. § 83 Abs. 2 übernommen, nur das Wort „rechtswidrigen", als in der Sache selbstverständlich, in der Form bedenklich, gestrichen. Ebenso hat der GE. auch in § 88 Abs. 1 im wesentlichen den Grundsatz des richterlichen Ermessens in diesen Fällen übernommen (VE. § 83 Abs. 1). Es wurde nur ausdrücklich hervorgehoben, daß der Richter „an Stelle der angedrohten Strafart auf eine mildere, insbesondere auch auf Verweis (§ 67), erkennen" kann.

Es stehen also im GE. nebeneinander: Einmal das an feste Schranken gebundene richterliche Milderungsrecht, wenn mildernde Umstände angenommen werden; dann aber das unbegrenzte richterliche Milderungsrecht, wenn ein besonders leichter Fall vorliegt. Beide Befugnisse haben ihre besonderen Voraussetzungen, ihren besonderen Inhalt und daher ihre besondere Existenzberechtigung. Es ist daher nicht zu billigen, wenn Aschrott (Dtsch. Richterztg. II 456; Ztschr. f. Strafr.-Wiss. XXXI 340) das begrenzte Strafmilderungsrecht bei „mildernden Umständen" neben dem unbegrenzten in „besonders leichten Fällen" für entbehrlich gehalten hat. Die Beseitigung der „mildernden Umstände" wegen Einführung der „besonders leichten Fälle" würde eine erhebliche Verschärfung des geltenden Rechts bedeuten und damit den von den Verfassern des VE. mit Einführung der „besonders leichten Fälle" angestrebten Erfolg in sein Gegenteil verkehren.

Die Fälle, in denen der Richter „in besonders leichten Fällen" von einer Strafe überhaupt absehen kann, hat der GE. nicht unwesentlich erweitert. Es sind — außer den Fällen der Anwendbarkeit des § 28 — die §§ 135 (Beamtennötigung), 146 (Pfandbruch), 147 (Amtssiegelbruch), 148 (Verletzung amtlicher Bekanntmachungen), 149 (Ausweisungsbruch), 192 (Landstreicherei, Bettel, Arbeitsscheu), 201 (falsche uneidliche Aussage), 246 (Gewerbsunzucht), 265 (einfache Körperverletzung), 281 (Hausfriedensbruch), 282 (Beleidigung), 300 (eigenmächtige Zueignung), 301 (Entwendung), 305 (Sachbeschädigung), 306 (Verringerung von Grundstücken usw.), 310 (jagdbares Federwild), 311 (unbefugtes Fischen), 324 (Prellerei), 325 (Erschleichung von Leistungen), endlich 353 (Übertretungen). Daß in allen diesen Fällen schon die Anklageerhebung unterbleiben dürfe, wie die Begr. zum VE. S. 324 meint, ergibt sich aus dem GE. so wenig wie aus dem VE. (ebenso Olbricht, Reform II 175; Rosenberg, Dtsch. Jur.-Ztg. XV 1046—1049; Feisenberger, Ztschr. f. Strafr.-Wiss. XXXI 11).

Wesentlich abweichend vom VE. (§ 84) hat der GE. (§ 89) die „besonders schweren Fälle" behandelt.

Die Verwertung der besonders schweren Fälle als Schärfungsgrund im VE. befriedigt nicht. Sie geht einerseits zu weit, andererseits nicht weit genug.

Sie geht zu weit. Die Begr. zum VE. S. 325, 326 meint, daß der im VE. § 84 Abs. 2 definierte Begriff der besonders schweren Fällen ausreichen werde, um in einer ganzen Reihe von Fällen des Bes. Teils an Stelle der bestimmt umschriebenen, vielfach kasuistischen Schärfungsgründe des geltenden Rechts zu treten. Diese Ansicht ist irrig. Die vom VE. im Bes. Teil wiederholt (§§ 126, 175, 181, 190, 209, 239, 269, 271, 275, 276, 302) vorgesehene Knüpfung der Zuchthausstrafe an den bloßen Begriff der „besonders schweren Fälle" verstößt gegen den Satz des § 2 des GE. wie des VE. und des StGB.: Nulla poena sine lege. Denn die Knüpfung der Zuchthausstrafe statt der Gefängnisstrafe an einen konkreten Tatbestand bedeutet die Schaffung eines neuen, selbständigen Verbrechenstatbestandes. Jeder selbständige Tatbestand muß aber bestimmt formuliert sein. Daß auch dieses Erfordernis der Tatbestandsbestimmtheit in dem Satz „Nulla poena sine lege" steckt, hat Beling in seiner „Lehre vom Verbrechen" (1906) dargetan. Der von der Begr. zum VE. mit Recht beklagten kasuistischen Fassung vieler Qualifikationstatbestände im geltenden Recht ist durch Aufstellung elastischerer und vollkommenerer Tatbestände abzuhelfen (ebenso v. Liszt, Reform I 381; Goldschmidt, Verhandl. des 30. Juristentages II 498, 519).

Der VE. hat übrigens trotz seiner vielfachen Ersetzung der bestimmt formulierten Qualifikationstatbestände des geltenden Rechts durch die „besonders schweren Fälle" es doch nicht vermocht, den Bes. Teil von allen bestimmt formulierten Schärfungsgründen zu säubern. Es sei nur an § 270 des VE. erinnert. Durch dieses Nebeneinanderbestehen besonders hervorgehobener Qualifikationsmomente und des allgemeinen Qualifikationsmoments der besonders schweren Fälle wird aber eine Ungleichheit in die Schärfungsgründe des VE. hineingetragen, die Nagel (Dtsch. Jur.-Ztg. XV 1206) aufgewiesen und des näheren dargelegt hat.

Geht der VE. danach also zu weit, wenn er den Begriff der besonders schweren Fälle im Bes. Teil statt bestimmt formulierter Verbrechenstatbestände verwenden will, so versäumt er es auf anderen Seite, die besonders schweren Fälle als allgemeinen Strafschärfungsgrund in den dazu geeigneten Grenzen aufzustellen. Mit Recht führt natürlich die Begr. zum VE. S. 325 aus, daß dem allgemeinen außerordentlichen Milderungsrecht in „besonders leichten Fällen" kein allgemeines außerordentliches Schärfungsrecht in „besonders schweren Fällen" gegenübergestellt werden dürfe. Und die oben gemachten Ausführungen ergeben, daß der GE. es nicht einmal für richtig hält, wenn der VE. in besonders schweren Fällen Strafschärfungen vorsieht, welche etwa den Strafmilderungen bei Vorliegen „mildernder Umstände" an die Seite zu stellen sind. Das schließt aber nicht aus, daß die besonders schweren Fälle als allgemeiner Schärfungsgrund zur

Schärfung innerhalb des ordentlichen Strafrahmens und darüber hinaus innerhalb der Strafart des ordentlichen Strafrahmens benutzt werden (vgl. darüber v. Liszt, Reform I 380, 381). Daß auch diese Verwendungsart zu weit gehe, wird man nicht behaupten können. Im Gegenteil dürfte dadurch im Ergebnis eher eine Milderung erzielt werden. Denn die Aufstellung eines allgemeinen Schärfungsgrundes in den bezeichneten Grenzen ermöglicht es, das Höchstmaß der Strafdrohungen des Bes. Teils erheblich herabzusetzen. So konnte sich z. B. der GE. infolgedessen bei den Zuchthausdrohungen fast durchweg mit einem Höchstmaß von fünf oder zehn Jahren begnügen. Und speziell wird dadurch die Herabsetzung des regulären Gefängismaximums auf zwei Jahre im GE. von allen dagegen sprechenden Bedenken frei (vgl. dazu schon Begr. zu §§ 41 Abs. 1 bis 3, 42, 43 GE.; oben S. 70).

Von diesen Erwägungen ist § 89 des GE. diktiert. Soll der Begriff der „besonders schweren Fälle" nicht auf wenige Ausnahmefälle beschränkt und dadurch seiner praktischen Bedeutung entkleidet werden, so mußte der GE. in § 89 Abs. 2 an dem Begriff, den § 84 Abs. 2 des VE. aufstellt, einige Erweiterungen vornehmen. So ist das „ungewöhnlich" vor „bedeutend" gestrichen, und das eine Kumulation von objektiven und subjektiven Schärfungsmomenten erfordernde „und" ist in ein „oder" verwandelt. Die vom GE. gestrichene „Tötung im Zweikampf" (§ 221 VE.) fällt z. B. auf diese Weise ohne weiteres unter den Begriff eines „besonders schweren Zweikampffalles". Man darf eben bei diesen Erweiterungen nicht vergessen, daß die besonders schweren Fälle im GE. ihren Folgen nach nicht den „besonders leichten Fällen" an die Seite zu stellen sind, sondern „den mildernden Umständen", ja auch hinter diesen noch erheblich zurückbleiben.

Andererseits ist an Stelle des hier wie in § 88 GE. wegfallenden „rechtswidrigen" das Wort „verschuldeten" eingefügt und dadurch einer nackten Erfolgshaftung vorgebeugt.

Die Bestimmung der Schärfung in § 89 Abs. 1 GE. ergibt sich aus dem Gesagten.

Satz 1 lehnt sich an Abs. 4 letzter Halbsatz des § 88 des VE. an. Nur ist aus der Sollvorschrift eine Mußvorschrift geworden und außerdem ein Hinausgehen nicht, wie § 88 Abs. 4 VE. wohl irrtümlich sagt, über die „gesetzliche", sondern über die „angedrohte" Mindeststrafe verlangt.

Satz 2 gestattet ein Hinaufgehen bis zum gesetzlichen Höchstmaß der angedrohten zeitigen Freiheitsstrafe, selbst wenn im Normalstrafrahmen das Höchstmaß beschränkt ist. Es kann also, wo Gefängnis angedroht ist, immer bis auf zwei Jahre, und wo Zuchthaus angedroht ist, immer bis auf fünfzehn Jahre hinaufgegangen werden. Speziell für den Fall, daß Gefängnis ohne beschränktes Höchstmaß, also bis zu zwei Jahren angedroht ist, kann bis auf das im geltenden Recht und im VE. bestimmte Gefängnismaximum von fünf Jahren hinaufgegangen werden.

Satz 3 lehnt sich an VE. § 88 Abs. 3 Satz 2 an. Doch geht er nicht so weit wie dieser, der (vgl. auch Begr. zum VE. S. 355) auch die wahlweise angedrohte Haft (GE. § 82) ausschließt. Es kann in Hinblick auf die „verschuldeten bedeutenden Folgen der Tat" ein „besonders schwerer Fall" vorliegen und die Tat dennoch nicht „aus ehrloser Gesinnung hervorgegangen" sein. Man denke nicht nur an Verbrechen politischen Charakters (Fall des § 82 Abs. 1), sondern auch an das bereits erwähnte Beispiel der Tötung im Zweikampf (Fall des § 82 Abs. 2). In diesem Falle steht nach GE. § 89 Abs. 1, in Verbindung mit GE. § 82 Abs. 2, Haft bis zu fünf Jahren zur Verfügung (vgl. denn auch GE. § 43).

Das Verhältnis der §§ 83, 84 GE. zu § 89 GE. ergibt sich ohne weiteres aus dem Wortlaut jener Paragraphen.

## § 90. **Straferhöhung gegenüber Beamten.**

GE. § 90 wiederholt im wesentlichen § 210 des VE. Die Umstellung aus dem Besond. in den Allg. Teil fordert auch Wach (Reform I 31). In Verbindung damit schien es zweckmäßig, die Strafschärfung nicht nach den Grundsätzen des VE (hier wird die angedrohte Strafe im Höchstmaß um die Hälfte erhöht) eintreten zu lassen, sondern auf die Anwendung des § 89 (besonders schwere Fälle) zu verweisen. Zugleich mußte aber auch die Möglichkeit ins Auge gefaßt werden, daß bei dem Beamten mildernde Umstände vorliegen. Das ist in den Fällen des § 89 ausgeschlossen; denn wenn der Fall als ein „besonders schwerer" erscheint, können nicht gleichzeitig „mildernde Umstände" vorliegen. Bei der Strafschärfung des § 90 liegt die Sache anders; und es schien notwendig, das ausdrücklich auszusprechen, da der GE. hier so wenig wie in § 96 (vgl. Begr. dazu; anders Begr. z. VE. S. 355) auf dem Standpunkte steht, daß die Strafe erst ohne Rücksicht auf den Schärfungsgrund zu bemessen ist. Durch Abs. 3 des § 90 wird insbesondere die durch § 89 Abs. 1 Satz 3 ausgeschlossene Geldstrafe wenigstens in den Grenzen von § 87 Ziff. 9 zulässig. Im übrigen ist die Schärfung auf fahrlässige Begehung ausgedehnt; in den Fällen der §§ 219 Abs. 2, 232 Abs. 2 VE. ist es ohnehin schon so (vgl. denn auch Wach, Reform a. a. O.; Köhler, Studien z. VE. S. 20). Andererseits soll es im Falle der Verletzung ausländischer Staaten bei der Notwendigkeit eines Strafantrages verbleiben, damit hier nicht wider Willen des verletzten Staates eingeschritten werden muß (so auch eine Anregung von praktischer Seite).

## § 91. **Anrechnung der Untersuchungshaft.**

§ 91 GE. entspricht wörtlich dem § 86 des VE. Nur hielt es der GE. (anders Begr. z. VE. S. 330) für richtig, zum Ausdruck zu bringen, bei welchen Strafen überhaupt eine Anrechnung der Untersuchungshaft ausführbar erscheint.

## §§ 92—94. **Bedingte Strafvollstreckung.**

Die Umstellung der vom VE. sog. „bedingten Strafaussetzung" aus dem Abschnitt über die „Strafen" in den Abschnitt über „Strafbemessung" bedarf keiner Begründung.

Der vom VE. gewählte Name des Instituts: „bedingte Strafaussetzung" ist in der Kritik beanstandet worden (Mittermaier, Zeitschr. f. Rechtspfl. in Bayern VI 146 N. 2; Aschrott, Reform I 131, 132), weil er gar nicht das Wesentliche der Sache treffe. Man hat daher wiederum den Namen „bedingter Straferlaß" vorgeschlagen, obgleich die Begr. z. VE. S. 136 diesen Namen ablehnt, weil er den Glauben erwecke, als ob der Richter ein Gnadenrecht ausübe.

Tatsächlich ist der Name „bedingter Straferlaß", wenigstens dann, wenn man von dem ursprünglichen Namen „bedingte Verurteilung" ausgeht, nicht einmal sehr bezeichnend. Denn in dem Namen „bedingte Verurteilung" erscheint als — und zwar grundsätzlich aufschiebend — bedingt die dem Schuldigen ungünstige Rechtsfolge. Sucht man daher an der Hand des Namens „bedingte Verurteilung" einen für die entsprechende Einrichtung des VE. passenden Namen, so ergibt sich der Name „bedingte Strafvollstreckung". Diesen schlägt der GE. danach vor.

Im einzelnen weichen die §§ 92—94 des GE. von den §§ 38—41 des VE. in folgenden Beziehungen ab:

1. Der GE. § 92 dehnt die bedingte Strafvollstreckung auf die Geldstrafe aus (ebenso schon v. Lilienthal, Monatsschr. f. Kriminalpsych. VI 535; Landsberg, Die Jugendfürsorge XI 327; Kitzinger, Ztschr. f. Strafr.-Wiss. XXXI 213). Es ist schlechterdings nicht einzusehen, warum in leichteren Fällen, in denen Gesetz und Gericht eine Geldstrafe für angemessen erachten, der Verurteilte härter behandelt werden soll als in den Fällen, in denen Freiheitsstrafe eintritt. Besonders seltsam ist aber die Konsequenz, die sich daraus ergibt, daß der VE. § 41 die bedingte Strafvollstreckung bei der Ersatz-Freiheitsstrafe zuläßt. Denn danach erscheint der, welcher die Geldstrafe bezahlt, als bestraft; zahlt er sie nicht, so wird ihm die Strafe erlassen (hiergegen schon Oetker, Strafen usw. S. 25, 26).

2. Der GE. § 92 Abs. 2 Satz 2 und 3 schreibt, in Übereinstimmung mit Art. 61 Ziff. 2 des schweiz. VE., vor, daß der Verurteilte während der Probezeit unter „Schutzaufsicht" (GE. § 60) zu stellen ist, wenn nicht besondere Umstände eine Ausnahme begründen. Auch soll das Gericht dem Verurteilten für sein Verhalten während der Probezeit bestimmte Weisungen erteilen können. Soll das Institut der bedingten Strafvollstreckung nicht schwere Enttäuschungen bringen, so muß wenigstens regelmäßig die Stellung des Verurteilten unter Schutzaufsicht eintreten (vgl. denn auch Aschrott, Reform I 135, 136; Oetker, Strafen usw. S. 34; Landsberg, Jugendfürsorge XI 329; Schwandner, Monatsschr. f. Kriminalpsych. VII 205, 206).

3. Der GE. streicht die instruktionelle Vorschrift des § 39 Abs. 2 des VE. Die grundsätzliche Beschränkung der bedingten Strafvollstreckung auf Jugendliche ist ungerecht und unzweckmäßig (ebenso u. a. Kitzinger, a. a. O. S. 214; Cramer, in den Bemerkungen zum VE. herausgeg. v. Verein f. Psychiatr. 1910 S. 44).

4. Die Art, wie der GE. § 94 die Voraussetzungen und das Verfahren ordnet, die sich auf die Verwirkung der Rechtswohltat beziehen, steht im wesentlichen in Übereinstimmung mit der in § 57 des GE. vorgesehenen Regelung des Widerrufs der vorläufigen Entlassung. Dabei ist zu beachten, daß diese Vorschriften des § 94 des GE. weit weniger von den entsprechenden des § 40 des VE. abweichen, als die Vorschriften des § 57 des GE. von denen

der §§ 27 Abs. 1, 29 VE. Freilich, eine Verwirkung der Rechtswohltat wegen nicht näher präzisierter „schlechter Führung" (§ 40 Abs. 3 des VE.) kennt der GE. auch in § 94 nicht (gegen diesen Begriff auch v. Lilienthal, Ztschr. f. Strafr.-Wiss. XXX 239, 240; Monatsschrift f. Kriminalpsych. VI 535; Köhler, Hirths Annalen Bd. 43 S. 190; v. Overbeck, Schweiz. Ztschr. f. Strafrecht XXIII 14, 15). Ebensowenig kennt er (§ 94 Abs. 1) einen Wegfall der Rechtswohltat von Rechts wegen. Vielmehr schreibt der GE. § 94 Abs. 1 für alle Fälle der Verurteilung wegen eines Verbrechens oder Vergehens innerhalb der Probezeit vor, daß das neu erkennende Gericht über die Vollstreckung der ausgesetzten Strafe zu entscheiden habe. Mit dieser Regelung wird der GE. gleichzeitig den Bedenken gerecht, die (von Aschrott, Reform I 137) gegen die von § 40 Abs. 1 des VE. vorgesehene „automatische Wirkung" der Neuverurteilung erhoben worden sind. Mit Recht sind die Mißlichkeiten hervorgehoben worden, die sich ergeben, wenn das neu verurteilende Gericht von dem früheren Urteil gar nichts weiß. Dann würde nach dem VE. § 40 Abs. 1 die Strafaussetzung von Rechts wegen wegfallen, obgleich das Gericht, wenn es das frühere Urteil gekannt hätte, gemäß § 40 Abs. 2 VE. wegen „Geringfügigkeit" der neuen Tat die Fortdauer der Strafaussetzung angeordnet hätte.

Im übrigen kann wegen der Begründung des § 94 GE., insbes. auch seines Abs. 3, auf die Begr. zu den §§ 55—59 des GE. (oben S. 84, 85) Bezug genommen werden.

5. Der Wegfall der Worte „wegen eines Verbrechens oder Vergehens" aus § 38 VE. in § 92 GE. erklärt sich daraus, daß der GE. eine Verurteilung zu einer Freiheitsstrafe wegen einer Übertretung nicht kennt. Einer Berücksichtigung der Auslandsverurteilung bedarf es hier, anders als in den §§ 83, 84 GE., nicht, da ja hier (§ 93 GE.) die Vergünstigung nur eine fakultative ist, ausländische Verurteilungen mithin in Rechnung gezogen werden können (so auch Begr. z. VE. S. 137 Note 2). Umgekehrt im Falle ausländischer Verurteilung die bedingte Strafvollstreckung geradezu auszuschließen, dazu liegt kein ausreichender Grund vor (ebenso Aschrott, Reform I 133).

6. Der GE. §§ 92, 94 ersetzt, nach dem Vorschlag Aschrotts (Reform I 134) und entsprechend der bei der vorläufigen Entlassung beobachteten Terminologie (VE. § 28 Abs. 1; GE. §§ 56, 57),

den Ausdruck „Frist“ der §§ 38, 40 des VE. durch den Ausdruck „Probezeit“.

7. Die wenigen Sonderbestimmungen über die Anwendung der „bedingten Strafvollstreckung“ auf Übertretungen finden sich in § 354 GE. und sind in der Begr. zu diesem gerechtfertigt.

### §§ 95, 96. Rückfall.

1. Der vom GE. § 95 aufgestellte Begriff des Rückfalls weicht von dem in § 87 des VE. aufgestellten in mehrfacher Hinsicht ab:

a) Der Rückfallsbegriff wird auf den sogenannten gleichartigen Rückfall beschränkt. Wird der Rückfall als allgemeiner Schärfungsgrund aufgestellt, so bedarf es, soll man nicht zu schematischen Ergebnissen gelangen, eines inneren Bandes zwischen der rückfallsbegründenden und der Rückfalls-Tat. Wer vor mehreren Jahren wegen eines politischen Delikts verurteilt wurde und heute ein Sittlichkeitsdelikt begeht, kann nicht als rückfälliger Verbrecher angesehen werden. Es kann sich nur fragen, wie dieses innere Band gesetzestechnisch zu erfassen ist. Die Zusammenfassung gewisser Verbrechensgruppen, die erfahrungsmäßig aus der gleichen Triebfeder begangen zu werden pflegen (so Hoegel, SeuffBl. Bd. 75 S. 266, 267), ist allerdings, wie die Begr. zum VE. S. 345 ausführt, ungenügend, weil willkürlich, lückenhaft und oft unrichtig. Dagegen kann der Begr. zum VE. S. 345 nicht darin beigepflichtet werden, daß die Aufstellung des subjektiven Merkmals „Gleichheit der Triebfeder“ praktisch nicht brauchbar sei. Der Gesetzgeber stellt auch sonst noch ähnliche subjektive Merkmale auf, z. B. „Gewinnsucht“. So hat denn auch der österr. VE. § 64 den Rückfallsbegriff auf den gleichartigen Rückfall beschränkt und als Merkmal desselben aufgestellt, daß die neue Handlung „auf derselben Neigung beruht, wie die der vorausgegangenen Bestrafung zugrunde liegende Tat“. Der GE. § 95 schließt sich dem österr. VE. an (ebenso vor allen v. Liszt, Reform I 388, 389; vgl. aber auch Oetker, Strafen usw. S. 27).

b) Von demselben Streben geleitet, den Zusammenhang der rückfallsbegründenden und der Rückfalls-Tat möglichst eng zu gestalten, verkürzt der GE. die Rückfallsverjährungsfrist von fünf (VE. § 87) auf drei Jahre (übereinstimmend schweizer. VE. Art. 55

Ziff. 1; v. Liszt, Reform I 389; v. Lilienthal, Zeitschr. f. Strafr.-Wiss. XXX 231; Monatsschr. f. Kriminalpsych. VI 544).

c) Dagegen streicht der GE. das von § 87 VE. als Voraussetzung des Rückfalls aufgestellte Erfordernis, daß der Täter wegen des neuen Verbrechens oder vorsätzlichen Vergehens „Freiheitsstrafe verwirkt hat". Dieses Erfordernis ist schon für den VE. ein seltsames *ὕστερον πρότερον*, da der VE. § 88 Abs. 3 Satz 2 für den dritten und ferneren Rückfall vorschreibt, daß, wo Geld- und Freiheitsstrafe zur Wahl stehen, auf Freiheitsstrafe zu erkennen ist (vgl. auch Begr. zum VE. S. 355). Erst recht wäre es ein solches für den GE., der nach §§ 96 Abs. 1 Satz 1, 89 Abs. 1 Satz 3 bei Rückfall stets die Geldstrafe (die ja nach dem GE. bei Vergehen immer nur zur „Wahl" stehen kann) ausschließt.

d) Der GE. § 95 Abs. 1 Satz 2 stellt ferner, im Gegensatz zum VE. (vgl. Begr. desselben S. 347), einer erlittenen Freiheitsstrafe die Anhaltung in einem Arbeitshause (GE. § 68) gleich, und zwar gleichgültig, ob die Anhaltung an Stelle oder neben einer Gefängnisstrafe erfolgt ist. Wenn auch die Unterbringung in ein Arbeitshaus nach dem GE. wie nach dem VE. keine Strafe, sondern eine sichernde Maßnahme ist, so kann sie doch immer nur neben oder an Stelle einer Freiheitsstrafe eintreten. Sie steht also formell einer Freiheitsstrafe gleich. Sie steht ihr aber nicht minder materiell gleich, mag auch, wie die Begr. zum VE. ausführt, der Vollzug im Arbeitshause von anderen Grundsätzen beherrscht sein als der Vollzug einer Freiheitsstrafe. Denn dieser Unterschied im Vollzuge besteht doch gerade darin, daß im Arbeitshause das Schwergewicht auf die Besserung gelegt wird. Wenn dann aber trotzdem der Untergebrachte innerhalb dreier Jahre wieder delinquiert, so zeigt er höchstens eine noch intensivere verbrecherische Gesinnung, als wenn eine bloße Freiheitsstrafe an ihm vollzogen worden ist. So stellt denn auch der schweizer. VE. Art. 55 Ziff. 1 für den Rückfall die Einweisung in eine Arbeitserziehungsanstalt einer Freiheitsstrafe gleich.

e) Der GE. § 95 Abs. 2 stellt, analog wie in den §§ 83, 84, eine im Ausland erlittene Freiheitsstrafe oder eine im Ausland erstandene Freiheitsentziehung, die dem Arbeitshaus entspricht, den inländischen gleich. Die Begr. zum VE. S. 352 hält zwar die obligatorische Berücksichtigung ausländischer Strafen für praktisch undurchführbar. Es ist aber bereits in der Begr. zu § 83 GE.

(oben S. 115) darauf hingewiesen worden, daß diese Behauptung im Widerspruch zu § 89 Abs. 2 VE. und zu § 64 Abs. 2 des österr. und Art. 55 Ziff. 2 des schweizer. VE. steht. Übrigens ist auch hier wieder, wie schon in der Begr. zu § 83 des GE., darauf hinzuweisen, daß, wenn die ausländische Bestrafung sich nicht zuverlässig feststellen läßt, sie natürlich nach dem Satz: In dubio pro reo nicht rückfallsbegründend wirkt. Mit Recht hält Neumeyer (Sonderabdr. aus SeuffBl. vom 1. und 15. Febr. 1911 S. 17) der Begr. z. VE. entgegen: „Warum die Losung: alles oder gar nichts, da doch die Feststellung des Rückfalls, wo sie möglich ist, dem Täter verdiente Strafe bringt, wo sie undurchführbar, dem Verurteilten nicht wehe tut?"

2. Auch in der Bestrafung des Rückfalls weicht der GE. § 96 vom VE. § 88 ab.

a) Für die Bestrafung des ersten und zweiten Rückfalls soll die Strafe nach den Grundsätzen des § 89 Abs. 1 des GE. geschärft werden. Das geht insbesondere insofern weiter als der VE. § 88 Abs. 2, als über das angedrohte Höchstmaß der betreffenden Strafart bis zu deren gesetzlichem Höchstmaße hinaufgegangen werden darf.

b) Für die Bestrafung des dritten und ferneren Rückfalls schreibt der GE. § 96 Abs. 1 Satz 2 vor, statt Gefängnis auf Zuchthaus zu erkennen. Daß der VE. § 88 Abs. 3 Satz 1 die Steigerung von Gefängnis zu Zuchthaus auch im dritten und ferneren Fall nicht gestattet, ist ein schwerer Mangel und Rückschritt gegenüber dem geltenden Recht (vgl. Goldschmidt, Verhandl. des 30. Juristentages II 504, 520, 521). Allerdings nimmt der GE. von dieser Schärfungsvorschrift diejenigen Vergehen aus, die mit höchstens sechs Monaten Gefängnis, sei es allein, sei es in Verbindung mit Geldstrafe, bedroht sind. Diese Vergehen sind zu geringfügiger Natur, als daß selbst ihre wiederholte Begehung ins Zuchthaus führen dürfte. Sie sind zum Teil aus den Übertretungen des geltenden Rechts und des VE. hervorgegangen. Ihre besondere Behandlung in § 96 Abs. 1 Satz 2 steht in Übereinstimmung damit, daß sie in § 27 Abs. 2 des GE. auch von der allgemeinen Bedrohung des Vergehensversuchs ausgenommen sind.

Die Bestimmung in § 96 Abs. 1 Satz 3 des GE. ergänzt die Vorschrift des § 89 Abs. 1 Satz 3 des GE., schaltet den § 82 Abs. 1 GE. aus und stellt für den dritten und ferneren Rückfall insoweit Übereinstimmung mit § 88 Abs. 3 Satz 2 des VE. her. In der Tat, im dritten und ferneren Rückfall ist eine Berücksichtigung der „nicht ehrlosen Gesinnung" auch bei Verbrechen politischen Charakters nicht mehr angezeigt (so zutreffend Begr. z. VE. S. 355).

Damit ist natürlich erst recht die Anwendung des § 82 Abs. 2 GE. im dritten und ferneren Rückfall ausgeschaltet, soweit sich die Ausschaltung nicht schon aus der Natur der Sache ergeben sollte. Für die mit Gefängnis von mehr als sechs Monaten bedrohten Vergehen folgt übrigens die Unanwendbarkeit des § 82 Abs. 2 GE. im dritten und ferneren Rückfall auch zwingend aus § 96 Abs. 1 Satz 2 GE.

c) Der VE. (Begr. S. 354, 355) geht davon aus, daß der Richter die Strafe zunächst ohne Rücksicht auf den Rückfall festzustellen und erst dann die so gefundene in Gemäßheit der Rückfallsvorschriften zu erhöhen habe. Der Richter habe also da, wo das Gesetz mildernde Umstände vorsehe, zunächst zu prüfen, ob solche gegeben seien und je nachdem den Normalstrafrahmen oder den Strafrahmen der mildernden Umstände anzuwenden. Es soll dies daraus folgen, daß nach dem VE. § 87 die Rückfallsschärfung erst eintrete, wenn der Täter Freiheitsstrafe „verwirkt" habe, woraus erhelle, daß die Rückfallsfolge in Erhöhung der verwirkten Strafe bestehe.

Es mag dahingestellt bleiben, ob diese Folgerungen für den VE. zwingend sind. Dagegen spricht, daß die Rückfallsfolgen des § 88 VE. keineswegs in einer Erhöhung der verwirkten, sondern der angedrohten Strafe bestehen. Für den GE., der aus dem Rückfallsbegriff das Merkmal der „verwirkten Freiheitsstrafe" gestrichen hat, entfällt die Möglichkeit solcher Schlüsse in jedem Falle. Dazu kommt, daß der GE. die herabgesetzten Strafrahmen für die mildernden Umstände im Allgemeinen, nicht im Besonderen Teil aufstellt. Es bedurfte also hier, wie schon in § 90 Abs. 3 des GE., einer besonderen Vorschrift über die mildernden Umstände. Diese bringt § 96 Abs. 2, der auf § 87 mit der Maßgabe verweist, daß auf Geldstrafe nicht erkannt werden darf.

## §§ 97, 98. **Gewerbs- und gewohnheitsmäßige Verbrecher.**

Der VE. hat es abgelehnt, die Gewerbs- oder Gewohnheitsmäßigkeit der Begehung neben dem Rückfall als allgemeinen

Strafschärfungsgrund anzuerkennen. Begründet wird die Ablehnung (Begr. S. 342, 343) im wesentlichen damit, daß die Gewerbs- oder Gewohnheitsmäßigkeit der Begehung nur bei einzelnen Delikten praktische Bedeutung habe.

Ebenso hat der VE. es abgelehnt (Begr. S. 359ff.), gegenüber den sog. unverbesserlichen Gewerbs- oder Gewohnheitsverbrechern sichernde Maßnahmen in Vorschlag zu bringen.

Statt dessen bringt der VE. in § 89 eine Art von Kompromiß in Gestalt von schweren Zuchthausstrafen gegen vielfach rückfällige Gewerbs- oder Gewohnheitsverbrecher (dazu Begr. S. 343, 361ff.).

Diese Regelung hat in der Kritik keinen Beifall gefunden. Die Vertreter der Vergeltungsstrafe (v. Birkmeyer, I. Beitrag zur Kritik des VE. S. 59) haben in § 89 des VE., der den Zusammenhang der Schwere der Strafe mit der Schwere der Tat bis hart an die Zerreißung lockert, eine scharf zu mißbilligende „Konzession an das Gesinnungsstrafrecht" gesehen. Die Vertreter der Sicherungsstrafe (v. Liszt, Reform I 398) haben den § 89 VE. abgelehnt, weil er die Dauer der Festhaltung des Gewerbs- oder Gewohnheitsverbrechers ganz unabhängig stelle von dem Vorhandensein des Schutzbedürfnisses (vgl. darüber Goldschmidt, Verhandl. des 30. Juristentages II 502).

In der Tat ist der § 89 des VE. eine Halbheit. Er droht, trotz der gegenteiligen Versicherung der Begr. S. 366, Strafen an, welche ganz außer Verhältnis zu der Schwere der Tat stehen, weil sie vollständig von deren Grundstrafrahmen absehen und daher völlig in der Luft schweben (vgl. die Beispiele bei Goldschmidt a. a. O. S. 501). Wer aber überhaupt an dem Unterschied von Strafe und sichernder Maßnahme festhält, muß es verwerfen, daß eine „Strafe" allein oder auch nur überwiegend nach Gesichtspunkten der Sicherung bemessen wird. Und andererseits wird dem Sicherungsbedürfnis doch nur ganz unvollkommen Rechnung getragen, wenn der Ungebesserte nach Ablauf der Strafzeit wieder auf die Gesellschaft losgelassen werden muß.

Der einzige Ausweg ist reinliche Scheidung von Strafe und sichernder Maßnahme. Ihn hat der österr. VE. § 38 eingeschlagen, und er ist, wie schon früher vielfach, insbesondere vom 28. Juristentage, so auch wiederum dem VE. gegenüber empfohlen worden (von v. Liszt, Reform I 398; Goldschmidt, Verhandl. des 30. Juristentages II 502, 520).

Diesen Weg geht der GE., und zwar geht er ihn bis zu Ende. In § 97 wird die Gewerbs- oder Gewohnheitsmäßigkeit der Begehung als allgemeiner Strafschärfungsgrund dem Rückfall an die Seite gestellt. Die von der Begr. z. VE. S. 342, 343 für die Ablehnung der Gleichstellung von Rückfall und Gewerbs- oder Gewohnheitsmäßigkeit angeführten Gründe entbehren der überzeugenden Kraft. Es ist natürlich richtig, daß für die gewerbs- oder gewohnheitsmäßige Begehung bestimmte Delikte ganz besonders in Frage kommen. Das ist aber beim Rückfall nicht anders. Denkbar ist die gewerbs- oder gewohnheitsmäßige Begehung bei allen Delikten, insbesondere nicht nur bei den Delikten, bei denen sie der VE. als Schärfungsgrund berücksichtigt (VE. §§ 250, 270 Ziff. 7, 276, 281, 295, 296, 302). Man denke an den Rowdy, den Ehrabschneider, den Wüstling usw. In Verbindung mit Versicherungsbetrug haben sich neuerdings gewerbsmäßige Brandstifter herausgebildet. Es wäre auch ganz verkehrt, anzunehmen, daß Gewerbs- oder Gewohnheitsmäßigkeit immer nur bei Begehung eines und desselben Delikts vorliegen könne. Wer sich gewerbs- oder gewohnheitsmäßig an fremdem Eigentum vergreift, kann je nach Bedarf Diebstahl, Unterschlagung, Raub oder Hehlerei begehen. Der Wüstling kann alle möglichen Sittlichkeitsverbrechen verüben, die Rauflust die Gestalt aller denkbaren Gewalttätigkeitsdelikte annehmen. Daß der VE. an der Gewerbs- oder Gewohnheitsmäßigkeit als allgemeinem Strafschärfungsgrund vorübergeht, hängt damit zusammen, daß er sich auch bei Ausgestaltung des Rückfalls gegen Anerkennung eines inneren Bandes sträubt. In der Tat operiert die Begr. S. 343 wiederum mit angeblichen Beweisschwierigkeiten. Für den GE., der in § 95 auch den Rückfallbegriff auf den gleichartigen Rückfall gründet, gab es hier keinerlei Bedenken, insbesondere keine mit Rücksicht auf Beweisschwierigkeiten. Es ist übrigens nicht recht verständlich, wie die Begr. z. VE. gegen die Anerkennung der Gewerbs- oder Gewohnheitsmäßigkeit als allgemeinen Strafschärfungsgrund Schwierigkeiten der „Feststellung" ins Feld führen kann, wo doch der VE. einen solchen Strafschärfungsgrund im Bes. Teil vielfach verwendet.

Endlich kann auch ein praktisches Bedürfnis zur Anerkennung der Gewerbs- oder Gewohnheitsmäßigkeit als allgemeinen Strafschärfungsgrund neben dem Rückfall nicht bezweifelt werden (anders Begr. zum VE. S. 343). Der VE. mit seiner vielfachen Verwendung der Gewerbs- oder Gewohnheitsmäßigkeit als Schärfungsgrund im Bes. Teil trotz der allgemeinen Rückfallsschärfung bietet dafür den besten Beleg. § 97 des GE. macht alle jene Stellen des Bes. Teils im VE. überflüssig.

Bei Bestimmung der Strafe gegen gewerbs- oder gewohnheitsmäßige Verbrecher lehnt sich § 97 Abs. 1 Satz 1 an die Rückfallsvorschriften eng an. Besonders qualifiziert ist der „Rückfall in gewerbs- oder gewohnheitsmäßige Begehung". Er wird in der Strafbarkeit dem „dritten und ferneren Rückfall" gleichgestellt. Richtig ist ferner, die Verfolgung des gewerbs- oder gewohnheitsmäßigen Verbrechers stets ohne Antrag eintreten zu lassen (§ 97 Abs. 1 Satz 2).

In § 97 Abs. 2 ist des Falles gedacht, daß die Strafbarkeit eines Verbrechens oder Vergehens erst durch die Gewerbs- oder Gewohnheitsmäßigkeit begründet wird (GE. §§ 331, 334, 337). Hier bewendet es bei den Rückfallsvorschriften.

Völlig unabhängig von der Behandlung der Gewerbs- oder Gewohnheitsmäßigkeit als Strafschärfungsgrund normiert § 98 des GE. die gegen die sog. Unverbesserlichen vorzusehende sichernde Maßnahme. Da er sie in jedem Falle nur neben der Strafe vorsieht, werden alle Ausführungen der Begr. z. VE. S. 359ff. gegenstandslos, soweit sie sich gegen die sichernde Verwahrung Unverbesserlicher an Stelle der Strafe wenden. Aber auch was die Begr. a. a. O. gegen die Notwendigkeit sichernder Maßnahmen neben der Strafe ausführt, trifft nicht zu.

Einmal führt die Begr. S. 360 aus, es könne, weil ja doch der schweren Verschuldung die Anwendung schwerer, langdauernder Strafen entspreche, im Wege der Strafe zugleich dem Sicherungsbedürfnis genügt werden. Daß das unrichtig ist, wurde bereits ausgeführt. Die Schwere der Verschuldung steigt auch beim vielfach rückfälligen Gewohnheitsverbrecher keineswegs dem Sicherungsbedürfnis proportional. Die Strafen, die § 89 des VE. vorsieht, übersteigen weit die Schwere der Schuld. Für den GE. ist noch zu berücksichtigen, daß er eine Reihe von Übertretungen zu Vergehen erhoben hat. Die Anwendung langdauernder Zuchthausstrafen gegen Bettler und Dirnen würde die Rechtsbegriffe des Volkes in bedenklichster Weise verwirren. Und doch, trotz der die Schwere der Schuld völlig außer Augen lassenden Strafvorschriften des § 89 des VE. ist dem Sicherungsbedürfnis nur ganz unvollkommen genügt.

Weiter meint die Begr. S. 360, daß eine durchgreifende praktische Verschiedenheit zwischen Freiheitsstrafe und sichernder Verwahrung nicht bestehe. Diese Behauptung steht in offenem Widerspruch mit dem Standpunkt, den der VE. hinsichtlich des Arbeitshauses einnimmt. Kann der Vollzug der Anhaltung im Arbeitshaus von dem Vollzuge einer Freiheitsstrafe wesentlich verschieden gestaltet werden (vgl. z. B. Begr. z. VE. S. 347 bei Note 1), so ist nicht abzusehen, warum nicht das gleiche für den Vollzug der sichernden Verwahrung durchführbar sein sollte. Gerade die sichernde Verwahrung braucht den Zwang nicht weiter auszudehnen, als erforderlich ist, um die Ordnung aufrechtzuerhalten, einen regelmäßigen Arbeitsbetrieb zu sichern und Fluchtversuche zu verhindern (vgl. darüber schon Goldschmidt, Vgl. Strafrechtsdarst. Allg. Teil IV 465). Alle damit verträglichen Vergünstigungen in Beköstigung, Bewegung im Freien, Empfang von Besuchen, brieflichem Verkehr, Gewährung von Lektüre usw. wären zuzulassen. Die Detinierten müßten über ihre Arbeitsbelohnung freier verfügen können. Das Schweigegebot könnte gemildert werden. Ähnliche Vergünstigungen werden in England den Angehörigen der sog. Long-Sentence-Division gewährt (darüber Goldschmidt, Vgl. Strafrechtsdarst. Allg. Teil IV 106, 107; vgl. aber auch Wüst, Schweiz. Jur.-Ztg. VII 24). Alles in allem wäre an eine Einrichtung der sichernden Verwahrung in Anknüpfung an die Arbeiterkolonien zu denken. Die Verfasser des GE. sind der Überzeugung, daß, wenn man einmal erst den Versuch machen würde, es sich herausstellen wird, daß gar keine so übermäßigen Zwangsmittel angewendet zu werden brauchen. Die Mehrzahl der für eine Verwahrung in Frage kommenden Personen sind willensschwache Individuen, die nur, sich selbst überlassen, nicht imstande sind, regulär zu arbeiten und den an sie herantretenden Versuchungen zu widerstehen. Unter Aufsicht, werden sie keine allzu großen Schwierigkeiten bereiten.

Warum, wie die Begr. zum VE. S. 360 meint, mit dem Begriff der sichernden Verwahrung bessernde Einwirkung unverträglich sein soll, ist unverständlich. Wenn auch der GE., wie bereits in der Begr. zu § 68 (oben S. 93) ausgeführt, an der Unterscheidung von sog. Unverbesserlichen und Besserungsfähigen festhält, so ist das doch kein Grund, auch bei den in die erste Kategorie Verwiesenen irgend etwas unversucht zu lassen, was zu ihrer Besserung führen könnte.

Die Begr. zum VE. S. 361, 362 hält aber überhaupt eine Festhaltung der Gewohnheitsverbrecher in bloß polizeilichem Interesse für unzulässig und meint, daß die sonst vom VE. vorgesehenen „sichernden Maßnahmen“ (Arbeitshaus, Wirtshausverbot und Trinkerheilanstalt, Verwahrung Zurechnungsunfähiger oder vermindert Zurechnungsfähiger) in erster Linie dem eigenen Interesse des Betroffenen dienten. Ob letzteres richtig ist, kann bezweifelt werden. Geradeso gut kann man sagen, es liege in erster Linie im Interesse des Gewohnheitsverbrechers, vor Begehung neuer Straftaten bewahrt zu bleiben. Aber selbst wenn hier in erster Linie das Interesse der Gesellschaft maßgebend wäre, so ist es geradezu unbegreiflich, wie an der Verwahrung vielfach rückfälliger und gemeingefährlicher Gewohnheitsverbrecher Anstoß genommen werden kann. Wie vielen Einschränkungen muß sich nicht der einzelne im polizeilichen Interesse unterwerfen, und da soll es Anstoß erregen, daß die Gesellschaft „in erster Linie in ihrem Interesse“ sich vor denen sichern will, die sich ihr gegenüber nicht viel anders als wilde Tiere betragen haben?

Aus diesem Grunde trägt denn auch der GE. in vollster Übereinstimmung mit dem Beschlusse des 28. Juristentages (Verhandl. III 435, 436) nicht die geringsten Bedenken, in § 98 Abs. 4 eine Verwahrung a u f u n b e s t i m m t e D a u e r vorzuschlagen. Der GE. § 14 und der VE. § 65 sehen eine Verwahrung auf unbestimmte Dauer bei Zurechnungsunfähigen und vermindert Zurechnungsfähigen vor. Und wie zweifelhaft sind dabei diese Voraussetzungen der Zurechnungsunfähigkeit und verminderten Zurechnungsfähigkeit, von deren Feststellung die Unterbringung auf unbestimmte Zeit abhängt! Erst recht kann eine Verwahrung auf unbestimmte Zeit gegen den angeordnet werden, „der schon vielfach, mindestens aber fünfmal, wegen Verbrechen oder vorsätzlicher Vergehen Freiheitsstrafe, darunter mindestens einmal Zuchthausstrafe (oder zweijährige Anhaltung in einem Arbeitshaus), erlitten“ hat, und gegen den aufs neue die Begehung eines „Verbrechens oder vorsätzlichen Vergehens“ sowie seine Eigenschaft als „gewerbs- oder gewohnheitsmäßiger und für die Rechtssicherheit gefährlicher Verbrecher“ rechtskräftig festgestellt ist.

Im einzelnen ist zur Rechtfertigung des § 98 GE. noch zu bemerken:

Die Voraussetzungen sind dieselben wie die des § 89 VE. Nur ist nicht erfordert, daß sämtliche Freiheitsstrafen „erhebliche" (dazu Begr. zum VE. S. 364, 365) gewesen sein müssen. Es hängt dies vor allem damit zusammen, daß die sichernde Maßnahme des § 98 auch für die kleine Kriminalität (Bettler, Landstreicher, Dirnen) fruchtbar gemacht werden soll. Aus demselben Grunde ist nicht nur wie schon in § 95 des GE., der erlittenen Freiheitsstrafe die Anhaltung in einem Arbeitshause (§ 98 Abs. 1 Satz 2), sondern auch der erlittenen Zuchthausstrafe die mindestens zweijährige Anhaltung in einem Arbeitshause gleichgestellt (§ 98 Abs. 1 Satz 3). Andererseits ist noch zu den Voraussetzungen des § 89 VE. hinzu die Feststellung gefordert, daß der Verbrecher ein „für die Rechtssicherheit (über diesen Begriff s. Begr. zu § 14 GE.; oben S. 17) gefährlicher" sei.

Abs. 2 des § 98 des GE. entspricht dem Abs. 2 des § 89. Die Abweichungen ergeben sich aus der Berücksichtigung des Arbeitshauses und aus dem zweijährigen Zuchthausminimum des GE. Dabei ist der letzte Halbsatz des Abs. 2 durch seine Fassung dem Erfordernis angepaßt, daß die dem Zuchthaus gleichzustellende ausländische Strafe auf die Dauer von mindestens zwei Jahren erkannt worden sein muß (Begr. zum VE. S. 368). Der letzte Halbsatz des Abs. 2 des § 89 des VE. scheint für die Gleichstellung der ausländischen Strafe mit dem Zuchthaus zu fordern, daß das gesetzliche Minimum der ausländischen Strafe unserem Zuchthausminimum gleichkommen müsse. Dies wäre aber unsachgemäß und entspricht auch nicht dem Sinne, der nach der Begr. zum. VE. mit dem Halbsatz verbunden sein soll.

Abs. 3 des § 98 entspricht dem Abs. 2 des § 68 GE., auf dessen Begründung (oben S. 97) verwiesen werden kann. Ebenso entspricht Abs. 4 Satz 1 und 2 des § 98 dem Abs. 1 Satz 3 und 4 des § 14 des GE., auf dessen Begründung (oben S. 17) hiermit gleichfalls Bezug genommen wird.

Die Entlassung aus der Verwahrungsanstalt darf immer nur eine vorläufige sein. Die Probezeit ist, wie bei den zu lebenslanger Zuchthausstrafe Verurteilten (GE. § 58 Abs. 2), fünf Jahre (§ 98 Abs. 4 Satz 3—5).

Abs. 5 des § 98 rechtfertigt sich aus der Notwendigkeit, daß auf diesem wichtigen Gebiete im ganzen Reiche Rechtseinheit bestehe. Als Verwahrungsanstalten müßten, wie bereits in der Begr. zu § 68 GE. (oben S. 93) ausgeführt ist, Gebäude und Gelände bestimmter heutiger Arbeitshäuser zur Verfügung gestellt werden.

## Siebenter Abschnitt.

## Zusammentreffen mehrerer Strafgesetze und mehrerer strafbarer Handlungen.

Der GE. billigt, daß der VE. an der verschiedenen Behandlung der sog. ideellen Verbrechens- oder echten Gesetzes-Konkurrenz und der realen Verbrechens-Konkurrenz, trotz des entgegenstehenden Standpunktes des norweg. StGB. und des schweiz. und österr. VE., festgehalten hat. Denn der GE. steht mit dem VE. auf dem Standpunkt, daß für jeden, mag er zur Lehre von der Verbrechenskonkurrenz stehen, wie er immer wolle, eine Handlung leichter wiegen muß als mehrere (ebenso v. Liszt, Zeitschr. f. Strafr.-Wiss. XXX 276, 277; Graf zu Dohna, Reform I 425, 426). Der GE. gibt danach den dem VE. gegenüber gemachten, auf eine gleichartige Regelung beider Konkurrenzformen abzielenden Vorschlägen (Nagel, Dtsch. JurZtg. XV 556—558; Kantorowicz, Monatsschr. f. Kriminalpsych. VII 326—328) nicht statt.

### § 99. Zusammentreffen mehrerer Strafgesetze.

Der GE. behält die vom VE. § 90 angenommene Auffassung der sog. ideellen Verbrechenskonkurrenz als „echte Gesetzeskonkurrenz" bei. Die Begr. zum VE. S. 379, 380 erklärt, daß auch vom Standpunkt der vom VE. angenommenen Auffassung aus „Verurteilung" „auf Grund aller verletzten Gesetze" auszusprechen sei, und daß daher „rückfallsbegründend jede Gesetzesverletzung wirke, wegen deren Verurteilung" und daher mittelbar „Bestrafung" erfolgt sei. Die Begr. zum VE. S. 381 spricht danach dem Streit der Auffassungen, ob „ideelle Verbrechenskonkurrenz" oder bloße „echte Gesetzeskonkurrenz" vorliege, im wesentlichen jede praktische Bedeutung ab. Ist diese Auffassung der Begr. zum VE. richtig, so besteht auch für den, welcher der Auffassung der „ideellen Verbrechenskonkurrenz" huldigt, praktisch kein Anlaß, der Parteinahme des VE. entgegenzutreten. Aber auch wenn sie falsch ist, besteht ein solcher Anlaß für den Anhänger der ideellen Verbrechenskonkurrenz nicht. Denn der VE. § 87 verlangt für den Rückfall überhaupt nicht mehr Bestrafung wegen eines bestimmten Verbrechens oder vorsätzlichen Vergehens. Und auch der GE. § 95 verlangt für den Rückfall nur, daß „die der vorausgegangenen Bestrafung zugrunde liegende Tat“ „auf derselben Neigung beruht“ wie das neue Verbrechen oder vorsätzliche Vergehen. Also auch für den GE. kommt es auf den rechtlichen Gesichtspunkt der früheren Verurteilung nicht an. Damit wird aber der einzige Punkt, bei dem der Streit der Konkurrenzauffassungen praktische Bedeutung hat, gegenstandslos.

Dagegen ändert § 99 GE. den § 90 des VE. in zwei Punkten.

1. Der GE. sagt statt „Verletzt eine Handlung mehrere Strafgesetze“: „Fällt eine Handlung unter mehrere Strafgesetze“ (entsprechend Graf zu Dohna, Reform I 416, 417). Auch wer Bindings Normentheorie in ihrer spezifischen Ausprägung nicht billigt, zweifelt heute nicht mehr daran, daß die strafbare Handlung das Strafgesetz nicht „verletzt“, sondern „darunter fällt“, d. h. den Tatbestand des Strafgesetzes erfüllt. „Verletzt“ wird die dem StGB. zugrunde liegende außerstrafrechtliche Rechtsnorm (vgl. übrigens schon die vom Grafen zu Dohna, a. a. O. S. 417 Note 1, zitierten §§ 55, 337 des preuß. StGB.).

2. Der GE. § 99 streicht die Worte des § 90 Satz 1 des VE. „bei ungleichen Strafarten die schwerste Strafart“. Es ist schon nach geltendem Recht und nach dem VE. sehr zweifelhaft, ob nicht das Gesetz, das die „schwerste Strafart“ androht, ohne weiteres ein Gesetz ist, welches die „schwerste Strafe“ androht. Für den GE. ist der Zusatz jedenfalls überflüssig. Denn im GE. ist einmal der hier zu Zweifeln Anlaß gebende § 25 des VE. (21 des StGB.) gestrichen. Vor allem aber sind die Strafdrohungen des GE. derartig gegeneinander abgestuft, daß zwei Strafdrohungen, von denen die eine als schwerste Strafart eine gelindere Strafart mit höherem Höchstmaß androht, überhaupt nicht vorkommen. So ist bekanntlich die ein höheres Höchstmaß als „Gefängnis“ kennende „Haft“ niemals als schwerste Strafart angedroht. Und Geldstrafe ist im GE. bei Verbrechen oder Vergehen überhaupt nicht ausschließlich und bei Übertretungen jedenfalls nie mit einem Höchstmaß angedroht, welches sie als ein schwereres Übel er-

scheinen ließe als das niedrigste angedrohte Höchstmaß der Gefängnisstrafe (sechs Monate Gefängnis). Da der GE. (vgl. Vorwort) die Anpassung der Reichs- und Landes-Nebengesetze an sein System der Strafrahmen voraussetzt, so liegt für ihn auch kein Grund vor, etwa mit Rücksicht auf die Nebengesetze jene Worte des § 90 VE. (§ 73 des StGB.) beizubehalten.

Erst recht erledigt es sich angesichts der Strafdrohungen des GE., wenn man sogar Bedenken dagegen erhoben hat, daß der VE. für den Vergleich der Schwere der Strafdrohungen in erster Linie die Schwere der angedrohten Strafart entscheiden lassen will (Hoegel, SeuffBl. Bd. 75 S. 268; Köhler, Studien z. VE. S. 40; Graf zu Dohna, Reform I 415).

Die Abstufung der Strafdrohungen im GE. und die Forderung, die Strafdrohungen der Nebengesetze ihnen anzupassen, macht schließlich wenigstens zum Teil das Bedenken gegenstandslos, welches dagegen erhoben worden ist, daß nach der Begr. S. 385 der VE., wie das geltende Recht, das die schwerste Strafe androhende Gesetz auch dann anwenden läßt, wenn es eine mildere Mindeststrafe zuläßt als das konkurrierende (Köhler, Studien S. 39, 40; Graf zu Dohna, Reform I 415). Im GE. kommt nämlich kein Fall vor, daß von mehreren Gesetzen, deren jedes nur eine Hauptstrafe androht, das den höheren Höchstbetrag androhende einen niedrigeren Mindestbetrag zuläßt als das Gesetz mit dem niedrigeren Höchstbetrag. Dagegen ist allerdings auch nach dem GE. der Fall denkbar, daß von mehreren Gesetzen, deren eines oder mehrere verschiedene Hauptstrafarten androhen, das den höheren Höchstbetrag der schwereren Strafart androhende doch gleichzeitig eine mildere Strafart zuläßt, die dem konkurrierenden Gesetz mit dem niedrigeren Höchstbetrag der schwereren Strafart unbekannt ist. Die hierhergehörigen Fälle können zweifacher Natur sein. Entweder Konkurrenz eines nur Gefängnis bis zu sechs Monaten androhenden Gesetzes mit einem Gefängnis bis zu einem höheren Höchstbetrag, daneben aber auch Geldstrafe androhenden Gesetze. Oder Konkurrenz eines nur zeitiges Zuchthaus oder zeitiges Zuchthaus mit beschränktem Höchstmaß androhenden Gesetzes mit einem lebenslanges Zuchthaus oder zeitiges Zuchthaus ohne beschränktes Höchstmaß, daneben aber auch Haft androhenden Gesetze.

Wenn der GE. davon absieht, für diese übrigbleibenden Fälle in § 99 Vorsorge zu treffen, so geschieht es, weil er, insoweit in Übereinstimmung mit Olshausen (Note 35b zu § 73 StGB.), wenn auch vielleicht im Gegensatz zur Begr. des VE. S. 385, für diese Fälle die Unzulässigkeit der milderen Strafart als durch die Auslegung geboten ansieht. Hielte man nämlich in diesen Fällen die Anwendung der milderen Strafart nicht für ausgeschlossen, so müßte man sie zufolge Platzgreifens der §§ 84 GE., 82 Abs. 1 GE. (85 VE., 20 StGB.) sogar für geboten halten. Das wäre aber ein praktisch unmögliches Ergebnis, und man muß daraus folgern, daß in solchen Fällen dem Richter eine „Wahl" eben nicht zusteht.

Sollte man diesen Schluß nicht für zwingend halten, so bedürfte allerdings § 99 Satz 1 GE. eines Zusatzes dahin: „die Strafe darf jedoch nicht leichter sein als die Mindeststrafe irgendeines der mehreren Strafgesetze."

## §§ 100—103. **Zusammentreffen mehrerer strafbarer Handlungen.**

Der GE. sieht ebenso wie der VE. von einer Definition des fortgesetzten Verbrechens, dieses wichtigsten Falles unechter Realkonkurrenz ab. Der GE. ist nämlich mit dem VE. (Begr. S. 388—390) der Überzeugung, daß die Frage, ob mehrere Handlungen als eine Einheit betrachtet werden können, im wesentlichen tatsächlicher Natur ist (übereinstimmend Graf zu Dohna, Reform I 411, 412). Daß der GE. das fortgesetzte Verbrechen anerkennt, ergibt sich aus den §§ 267, 299 Abs. 2, 320 Abs. 2, 321 Abs. 2, 322 Abs. 2.

Was die Behandlung der echten Realkonkurrenz anbelangt, so billigt der GE., daß der VE. im wesentlichen an dem Umfang festhält, den das Prinzip der Gesamtstrafe im geltenden Recht beherrscht. Insbesondere kann sich der GE. die in der Kritik zum VE. mehrfach aufgestellte Forderung der Übertragung des Prinzips der Gesamtstrafe auf Geldstrafen nicht zu eigen machen. Grund ist einmal, daß das Motiv der Gesamtstrafe, die Intensität des Strafübels wachse in stärkerer Zunahme als seine Extensität, bei Geldstrafen jedenfalls nicht die Bedeutung hat wie bei Freiheitsstrafen (so auch Kantorowicz, Monatsschr. f. Kriminalpsych. VII 328). Vor allem aber erübrigt sich das Prinzip der Gesamtstrafe bei den Geldstrafen dadurch, daß der VE. und der GE. Bemessung der Geldstrafe unter Berücksichtigung der wirtschaftlichen Verhältnisse des Täters vorschreiben. Mit Recht weist die Begr. z. VE. S. 392, 393 darauf hin, daß der Richter hierbei auch die Wirkung realkonkurrierender Geldstrafen auf die wirtschaftliche Lage des Täters in Ansatz bringen müsse. In diesem Hinweis liegt nicht, wie Graf zu Dohna (Reform I 418, 419) gemeint hat, die Aufstellung der Realkonkurrenz als Milderungsgrund und damit ein „methodischer Fehler". Vielmehr ist die Rücksichtnahme auf realkonkurrierende Geldstrafen bei Bemessung einer Geldstrafe nichts als ein besonderer Fall der Rücksichtnahme auf die wirtschaftliche Lage des Verurteilten überhaupt. Ja, man kann geradezu sagen, daß die Anwendung des Prinzips der Gesamtstrafe auf Geldstrafen sich deshalb erübrigt, weil ein mit diesem Prinzip auf dasselbe hinauslaufendes, nur weniger formalistisches Prinzip der Strafbemessung bei Geldstrafen schon ohnehin gilt. Die Unzuträglichkeiten, die sich bei Bemessung der Geldstrafe in Fällen der Realkonkurrenz auf Grund von Nebengesetzen ergeben haben (Graf zu Dohna, Reform I 419 Note 3), finden ihre Wurzel nicht in dem Kumulationsprinzip, sondern darin, daß jene Gesetze z. T. absolut bestimmte Geldstrafen androhen, z. T. positiv die Annahme eines fortgesetzten Verbrechens ausschließen (vgl. z. B. preuß. Lotteriegesetz vom 29. Aug. 1904 § 2 Abs. 3). Hiergegen, insbesondere gegen diese letztere Durchbrechung aller strafrechtlichen Grundprinzipien vorzusorgen, wird allerdings Aufgabe des Einführungsgesetzes zum neuen StGB. sein müssen (vgl. darüber Vorwort).

Schließlich sei auch noch darauf hingewiesen, daß die Ausdehnung des Prinzips der Gesamtstrafe auf Geldstrafen die Festsetzung irgendeines absoluten Maximums erfordern würde. Ein solches ist aber für Geldstrafen im Allg. Teil nicht vorgesehen und vor einer Revision der Nebengesetze jedenfalls nicht vorsehbar.

Billigt danach der GE., daß der VE. das Prinzip der Gesamtstrafe grundsätzlich nicht über seinen Umfang im geltenden Recht ausdehnt, so sieht er sich sogar genötigt, eine vom VE. vorgenommene Erweiterung wieder preiszugeben.

Der VE. erstreckt das Prinzip der Gesamtstrafe auf die Haft. Dies ist zu billigen, soweit Haft mit Zuchthaus zusammentrifft. Gilt doch das Prinzip der Gesamtstrafe für das Zusammentreffen der der Haft des künftigen Rechts entsprechenden Festungshaft mit Zuchthaus schon im geltenden Recht. Dagegen steht die

Erstreckung des Prinzips der Gesamtstrafe auf den Fall des Zusammentreffens von Haft mit Gefängnis im Widerspruch mit dem vom GE. festgehaltenen Charakter der Haft als custodia honesta. Der GE. § 101 kehrt also insofern zum geltenden Recht (StGB. § 75) zurück.

Zur näheren Begründung sei noch bemerkt: Wenn schon die Motive zu § 75 unseres ReichsStGB. erklären, es widerspreche dem Charakter der custodia honesta, „sie in Gefängnis oder dieses in jene zu verwandeln", so sind sie völlig im Recht. Ja sogar für den VE., der den Charakter der Haft als custodia honesta so sehr verwischt hat, zeigt sich drastisch die Unmöglichkeit, Haft in Gefängnis oder Gefängnis in Haft zu verwandeln. Der Grund ist, daß auch die Haft des VE. eine parallel neben den beiden gemeinen Freiheitsstrafen, Gefängnis und Zuchthaus, herlaufende Freiheitsstrafe ist, die speziell im Verhältnis zu Gefängnis zwar intensiv immer die leichtere, extensiv aber sehr oft die schwerere ist. Treffen nun kürzere Gefängnisstrafen und längere Haftstrafen zusammen, so kann man nicht die Haftstrafe in Gefängnis verwandeln. Das würde den Verurteilten unerhört benachteiligen, und das gibt auch der VE. § 91 Abs. 2 Satz 2 (dazu Begr. S. 394) zu. Aber ebensowenig kann man in einem solchen Fall, wie der VE. vorsieht, Gefängnis in Haft verwandeln, denn damit würde der Schuldige eine durch nichts gerechtfertigte Vergünstigung erfahren. Die Bestimmung des § 91 Abs. 2 Satz 2 des VE. ist ein Ausfluß der Unklarheit, in welcher sich der VE. über das Wesen der Haft befindet (vgl. denn auch Kohler, in Goltdammers Arch. Bd. 56 S. 295; Köhler, Studien z. VE. S. 42.)

Noch aus einem anderen Grunde ist die Übertragung des Prinzips der Gesamtstrafe auf das Zusammentreffen von Gefängnis und Haft unmöglich. Sie bedeutet nämlich nicht nur eine Verkennung des Wesens der Haft, sondern auch eine Verkennung des Wesens des Gefängnisses. Denn sie führt zu einer Dauer der Gefängnisstrafe, die mit dem Wesen dieser Strafe schlechterdings unverträglich ist. In der Tat gelangt der VE. § 91 Abs. 3 im Falle der Realkonkurrenz zu einem Gefängnismaximum von fünfzehn Jahren. Wie diese fünfzehn Jahre noch in einer dem Wesen des Gefängnisses einigermaßen gerecht werdenden Art und Weise vollzogen werden sollen, bleibt unklar. Für den GE., der den Schwerpunkt des Vollzuges der Gefängnisstrafe in der Einzelhaft erblickt, und der auch im Falle der Realkonkurrenz das Gefängnismaximum auf fünf Jahre begrenzt, war also schon aus diesem Grunde die Ausdehnung des Prinzips der Gesamtstrafe auf das Zusammentreffen von Gefängnis und Haft unannehmbar.

Es sei schließlich noch hervorgehoben, daß der GE. den ein mathematisches Schwereverhältnis zwischen den verschiedenen Freiheitsstrafen aufstellenden § 25 des VE. gestrichen hat (vgl. Begr. zu § 54 des GE.). Also auch aus diesem Grunde konnte der GE. den § 91 Abs. 2 Satz 2 des VE., der auf jenem § 25 beruht, nicht beibehalten. Daß daraus etwas gegen die Streichung des § 25 hergeleitet werden könnte, glaubt der GE. nicht. Im Gegenteil, die oben nachgewiesene innere Unrichtigkeit der Bestimmung des § 91 Abs. 2 Satz 2 ist ein neuer Beweis gegen die kriminalpolitische Notwendigkeit des § 25, dessen Hauptbetätigungsgebiet sie bildet. Und andererseits ist eine Bestimmung, die, wie § 91 Abs. 2 Satz 2 des VE., ohne den § 25 des VE. nicht auskommen kann, von vornherein als formalistisch und lebensfremd gekennzeichnet.

Die vom VE. noch fernerhin vorgesehene Erweiterung des Prinzips der Gesamtstrafe auf Übertretungen ist für den GE. gegenstandslos, da er Freiheitsstrafe bei Übertretungen nicht kennt. Damit vermeidet der GE. auch die praktischen Schwierigkeiten, welche die Durchführung jenes Prinzips bei Übertretungen zur Folge haben muß (Begr. zum VE. S. 394; Note 1 zum Text des § 91 des VE.).

§ 100.

1. Die Wiederherstellung der Worte „Verbrechen oder Vergehen" (StGB. § 74) gegenüber den Worten „strafbare Handlungen" (VE. § 91) in § 100 GE. ergibt sich daraus, daß nach dem GE. Freiheitsstrafen durch Übertretungen nicht verwirkt werden können.

2. Der GE. hält mit dem VE. daran fest, daß Zuchthaus ohne Rücksicht auf die Dauer als die schwerste Strafe anzusehen ist. Graf zu Dohna (Reform I 421) hat verlangt, daß als Einsatzstrafe diejenige der konkurrierenden Gefängnis- oder Haftstrafen in Betracht komme, welche sich nach Umrechnung in Zuchthaus gemäß § 25 VE. als die schwerste herausstelle, widrigenfalls es nicht ausgeschlossen sei, daß die Gesamtstrafe niedriger ausfalle, als nach Ansicht des § 25 VE. die konkurrierende Zusatzstrafe

betrage. Aber dieses Bedenken besteht für den GE., der das mathematische Schwereverhältnis zwischen den verschiedenen Freiheitsstrafen fallen gelassen hat, nicht. Wie in der Begr. zu § 54 des GE. ausgeführt ist, liegt kein Grund vor, dem Richter für Bemessung der Gesamtstrafe ohne Not formalistische Schranken zu setzen. Es würde das der ganzen Tendenz des GE. wie des VE., das richterliche Ermessen zu erweitern, zuwider sein. Überdies hat ja der GE. das Zuchthausminimum erhöht, die Maxima der Gefängnis- und Haftstrafe aber herabgesetzt. Das vom Grafen zu Dohna geäußerte Bedenken hat danach überhaupt an praktischer Bedeutung verloren.

3. § 100 Abs. 2 des GE. kehrt gegenüber § 91 Abs. 3 VE. im wesentlichen zum geltenden Recht (§ 74 Abs. 3 StGB.) zurück. Der Grund ergibt sich daraus, daß der GE. das Prinzip der Gesamtstrafe nicht auf das Zusammentreffen von Gefängnis und Haft und das Zuchthausmaximum von fünfzehn Jahren nicht auf Gefängnis und Haft ausdehnt. Gerade umgekehrt ist, entsprechend der Herabsetzung des grundsätzlichen Gefängnismaximums auf zwei Jahre, das für die Realkonkurrenz einzuhaltende Gefängnismaximum auf fünf Jahre herabgesetzt. Daß auf diese Weise das absolute Maximum der Gesamtstrafe unter Umständen (§§ 83, 87 Ziff. 4 und 5, 89, 90, 96, 97) das zulässige Maximum einer Einzelstrafe nicht übersteigt, steht nicht im Wege. Gilt doch das gleiche für Zuchthaus und Haft (Festungshaft) schon nach dem VE. und geltenden Recht. Das Maximum von fünf Jahren Gefängnis darf nur dann überschritten werden, wenn eine Einzelstrafe fünf Jahre Gefängnis übersteigen sollte, was nur bei Jugendlichen, die ein mit Todes- oder lebenslanger Zuchthausstrafe bedrohtes Verbrechen begangen haben, denkbar ist. In diesem Falle kann das Gefängnismaximum der Gesamtstrafe, entsprechend dem Gefängnismaximum der Einzelstrafe, fünfzehn Jahre erreichen. Die Herabsetzung des Haftmaximums auch im Falle der Gesamtstrafe auf zehn Jahre folgt aus der Herabsetzung des gesetzlichen Haftmaximums überhaupt. Es muß aber ferner dem Umstand Rechnung getragen werden, daß die Haft zweierlei Stufen aufweist: eine, die im wesentlichen dem Gefängnis, und eine andere, welche dem Zuchthaus entspricht. Mit Rücksicht darauf bestimmt § 100 Abs. 2 des GE., daß die Gesamthaftstrafe fünf Jahre nicht übersteigen darf, wenn sich unter den Einzelhaftstrafen keine einzige befindet,

welche das Höchstmaß der im wesentlichen dem Gefängnis an die Seite zu stellenden Haftstufe, d. h. fünf Jahre überschreitet.

§ 101.

§ 101 GE. entspricht dem § 75 des StGB. Der Grund der Rückkehr zum geltenden Recht ist oben in der Begr. zu §§ 100 bis 103 GE. dargelegt. Die von § 75 Abs. 3 des StGB. abweichende Normierung der absoluten Höchstmasse in § 101 Abs. 3 des GE. rechtfertigt sich nach dem zu § 100 Ausgeführten von selbst.

§ 102.

§ 102 GE. entspricht dem § 92 des VE. Daß der GE. gleich dem VE. das Prinzip der Gesamtstrafe auf Geldstrafen nicht überträgt, ist oben in der Begr. zu den §§ 100—103 GE. gerechtfertigt. Die Abweichungen des § 102 Abs. 2 GE. von § 92 Abs. 2 VE. erklären sich aus den abweichenden Grundsätzen, die der GE. im Falle der Nichtbeitreibbarkeit von Geldstrafen befolgt.

Die Sonderbestimmungen für Übertretungen finden sich in § 349 Abs. 4 des GE.

§ 103.

§ 103 GE. entspricht dem § 93 VE. Graf zu Dohna (Reform I 418) hat gefordert einerseits eine Erweiterung des § 93 VE. dahin, daß er auch Anwendung finden müsse, wenn die später abgeurteilte Straftat nach der früheren Verurteilung begangen worden sei, andererseits eine Einschränkung des § 93 VE. dahin, daß er nur Anwendung finden dürfe, wenn es tatsächlich zur ununterbrochenen Vollstreckung der mehreren Strafen komme. Der GE. vermag beiden Vorschlägen nicht zu folgen. Wenn auch das Prinzip der Gesamtstrafe darauf beruht, daß die mit einer ununterbrochenen Verbüßung der Freiheitsstrafen verbundenen Leiden in stärkerer Progression wachsen als deren Dauer, so ist doch die Funktion des § 103 GE. (§§ 93 VE., 79 StGB.) keine das Prinzip der Gesamtstrafe selbständig fortentwickelnde, sondern nur eine die §§ 100—102 GE. (91, 92 VE., 74—78 StGB.) ergänzende. Der Paragraph soll den Verurteilten vor den Nachteilen bewahren, welche ihm daraus erwachsen könnten, daß wegen irgendwelcher Hindernisse eine gleichzeitige Aburteilung unterblieben ist (so auch mit Recht Begr. zum VE. S. 395). Aus diesem Grunde muß

Voraussetzung der Anwendung des § 103 GE. bleiben, daß die gleichzeitige Aburteilung überhaupt hätte erfolgen können, m. a. W. daß die später zur Aburteilung gelangende Straftat vor der früheren Verurteilung begangen ist. Andererseits wäre es außerordentlich unpraktisch, die Anwendung des § 103 GE. davon abhängig zu machen, daß es tatsächlich zu ununterbrochener Vollstreckung der mehreren Strafen kommen wird. Denn das läßt sich zur Zeit der zweiten Verurteilung noch gar nicht übersehen.

Dagegen bringt der GE. § 103 Satz 2 eine andere Einschränkung der Anwendung des § 103. Wenn der vorläufig Entlassene oder der bedingt Verurteilte während der Probezeit wegen einer vor der früheren Verurteilung begangenen Straftat verurteilt wird, ohne daß doch die vorläufige Entlassung widerrufen, bzw. die Vollstreckung der ausgesetzten Strafe angeordnet wird, so soll § 103 keine Anwendung finden. Wenn in einem solchen Falle die neue Strafe mit der wenigstens vorläufig gar nicht zur Vollstreckung gelangenden alten zu einer Gesamtstrafe vereinigt werden müßte, so würde das allerdings dem Prinzip der Getamtstrafe zuwider und überdies mit außerordentlichen Schwierigkeiten für die Strafberechnung verknüpft sein (vgl. darüber bereits in der Begr. zu § 58 GE.; oben S. 85).

## Achter Abschnitt.

# Verjährung. Wiedereinsetzung.

### §§ 104—109. Verjährung.

Die Begr. z. VE. S. 397 erklärt es mit Recht für die wichtigste Reformaufgabe bei Regelung der Verjährung, dem vorzubeugen, daß die Strafbehörden beliebig für Unterbrechung der Verjährung sorgen und diese damit praktisch nahezu beseitigen. Der VE. versucht das angestrebte Ziel dadurch zu erreichen, daß er in den §§ 95 Abs. 3, 98 Abs. 3 bestimmt, daß zwar mit jeder Unterbrechung eine neue Verjährung beginnt, daß aber die Verjährung spätestens mit Ablauf der doppelten ursprünglichen Verjährungsfrist endet.

Der GE. hält diesen Ausweg nicht für glücklich. Die von der Begr. mit Recht gerügten Mißstände werden dadurch nicht gehoben werden. Was soll es dem Schuldigen nützen, wenn die Verjährung bei schweren Straftaten oder Strafen wirklich mit Ab lauf von vierzig oder sechzig Jahren endet? Wollte man schon den Weg, den der VE. geht, beschreiten, dann hätte man mindestens mit dem schweiz. VE. Art. 59 Ziff. 3, Art. 60 Ziff. 3 die späteste Dauer des Verjährungsablaufs auf das Anderthalbfache der ursprünglichen Verjährungsfrist bestimmen müssen.

Der GE. meint, daß eine energische Abhilfe nur dadurch erzielt werden kann, daß die Unterbrechung der Kriminalverjährung überhaupt aufgegeben wird (so denn auch Kohler, Goltdammers Archiv Bd. 56 S. 295; Hoegel, SeuffBl. Bd. 75 S. 271).

In der Tat wird mit Aufstellung der Unterbrechung der Kriminalverjährung eine unzulässige Parallele zwischen bürgerlichem Recht und Strafrecht gezogen. Der Zweck der Verjährung im Zivilrecht ist, den Nachteilen entgegenzuwirken, welche eine verspätete Geltendmachung von Rechten, insbesondere für den Verpflichteten, aber auch für andere Beteiligte mit sich bringt. Dieser Zweck erklärt es, daß die Geltendmachung des Rechts durch den Berechtigten oder seine Anerkennung durch den Verpflichteten geeignet ist, die Verjährung zu unterbrechen. Zweck der Kriminalverjährung ist dagegen, überhaupt zu verhindern, daß zwischen Verbrechen und Strafe ein übermäßig langer Zeitraum liegt. Ist doch, worauf R. Loening (Vgl. Strafrechtsdarst. Allg. Teil I 379) treffend hingewiesen hat, diejenige Strafe die beste, die dem Verbrechen „auf dem Fuße folgt".

Wenn dies aber der Zweck der Kriminalverjährung ist, so leuchtet es ein, daß die bloße Geltendmachung des staatlichen Strafrechts zur Unterbrechung der Verjährung nicht geeignet sein kann. Jedesmal wenn im bürgerlichen Recht ein Anspruch geltend gemacht oder anerkannt wird, ist seiner Verjährung wiederum der Rechtsgrund entzogen. Wenn dagegen im Strafrecht der Richter eine auf Verfolgung, die Vollstreckungsbehörde eine auf Vollstreckung gerichtete Handlung vornehmen, so haben sie an dem zeitlichen Verhältnis zwischen dem Verbrechen und seiner Sühne nichts geändert. Nur die wirklich eingetretene rechtskräftige Strafverurteilung und Strafvollstreckung, mit anderen Worten die tatsächliche Realisierung des staatlichen Strafrechts schneidet der Kriminalverjährung den Lebensnerv durch. Man kann sagen: die Verjährung des bürgerlichen Rechts soll der verspäteten Geltendmachung, die Verjährung des Strafrechts der verspäteten Ausübung (über den Unterschied vgl. Hellwig,

Lehrbuch des ZPR. III 3, 280ff.) des der Verjährung unterliegenden Rechts entgegenwirken. Dort ist die schließliche Dauer der Verjährungsfrist relativ bestimmt, da sie von der Zahl und dem Zeitpunkt der Geltendmachungen des Rechts abhängt, die jedesmal zu ihrer Unterbrechung führen. Hier, im Strafrecht, muß dagegen die Verjährungsfrist eine absolut bestimmte sein. Sie muß bis zur Ausübung des staatlichen Strafrechts, d. h. also bis zu dem Zeitpunkt, wo die Verjährung gegenstandslos wird, ohne Unterbrechung fortlaufen.

Tatsächlich enthält ja auch die vom VE. getroffene Regelung, der Verjährungsfrist ein absolutes Maximum zu setzen, im Ergebnis die Festsetzung einer absolut, ohne Rücksicht auf Unterbrechungen bestimmten Verjährungsfrist. Die Regelung verschleiert und verwickelt nur den Grundgedanken und führt zu übermäßigen Verjährungsfristen.

Aus dem Gesagten folgt für den GE. also die Beseitigung der Unterbrechung sowohl der Verjährung strafbarer Handlungen, als auch der Verjährung rechtskräftig erkannter Strafen. Da der GE. hier prinzipiell vom geltenden Recht abweicht, so hält er es für nötig, sich nicht nur mit einer Streichung der §§ 95 Abs. 2 u. 3, 98 Abs. 2 u. 3 VE. zu begnügen, vielmehr den Ausschluß der Verjährungsunterbrechung in den §§ 106 Abs. 3, 109 Satz 2 GE. ausdrücklich auszusprechen.

Andererseits ist aus der Beseitigung der Unterbrechung der Verjährung eine doppelte Folgerung zu ziehen.

Einmal müssen die Verjährungsfristen von Haus aus so bemessen werden, daß sie einer wirksamen Strafrechtspflege kein Hindernis bereiten. Der GE. meint indessen, daß die Verjährungsfristen des VE. ausreichend bemessen sind. Sie stimmen mit denen des StGB. überein. Bedenkt man, daß heute die ungeheuere Verbesserung der Nachrichten- und Verkehrswege eine weit schnellere Verfolgung des Schuldigen ermöglicht als vor vierzig Jahren, so kommt die Beibehaltung der Verjährungsfristen des geltenden Rechts tatsächlich einer Verlängerung gleich. Für Übertretungen hat der VE. § 94 Abs. 3 die Verjährungsfrist des geltenden Rechts sogar verdoppelt. Die Begr. zum VE. S. 398, 399 rechtfertigt diese Verdoppelung insbesondere damit, daß der VE. die Übertretungen durch Androhung schwererer Strafen in ihrer kriminellen Bedeutung gesteigert habe, und daß sich auch unter den Übertretungen Delikte befänden, an deren Ahndung die Allgemeinheit ernstliches Interesse habe. Für den GE. entfällt dieser Grund, die Verjährungsfrist für Übertretungen zu verlängern. Denn der GE. setzt gerade umgekehrt die Übertretungen in ihrer Bedeutung herab und entfernt aus ihnen alle Delikte, die eine ernste soziale Gefahr darstellen. Dennoch hält der GE. § 355 Abs. 1 an der vom VE. vorgenommenen Verdoppelung der Verjährungsfrist für die Übertretungen fest, und zwar eben mit Rücksicht darauf, daß er die Unterbrechung der Verjährung beseitigt. Es sei übrigens ausdrücklich bemerkt, daß der VE. § 95 Abs. 3, in Verbindung mit § 116 Abs. 2 und § 22 Preßges., für Majestätsbeleidigungen und Preßdelikte schon selbst zu einer absoluten Verjährungsfrist von einem Jahre gelangt.

Sodann bringt die Beseitigung der Unterbrechung der Verjährung die Notwendigkeit mit sich, dem vorzubeugen, daß die Verjährung während schwebenden Strafverfahrens oder während stattfindender Vollstreckung ablaufe. Der VE. hat eine solche Notwendigkeit schon daraus gefolgert, daß er ein absolutes Höchstmaß der Verjährungsfristen festsetzt (Begr. S. 403—405, 410). Er wird ihr dadurch gerecht, daß er in § 96 die Verjährung strafbarer Handlungen während schwebenden Hauptverfahrens, jedoch nur bis zu einer Höchstgrenze, ruhen läßt, und daß er in § 99 die Verjährung rechtskräftig erkannter Strafen während Vollstreckung einer Freiheitsstrafe oder Freiheitsentziehung ruhen läßt.

Der GE. §§ 106 Abs. 1 (355 Abs. 2), 109 übernimmt diese Bestimmungen des VE.. Es kam allerdings in Frage, ob nicht für den GE., der grundsätzlich von einer Umwandlung nicht beitreibbarer Geldstrafe in Freiheitsstrafe absieht, und statt dessen in § 65 Abs. 1 Abverdienen der Geldstrafe in einer dazu geeigneten Anstalt vorsieht, auch ein Ruhen der Strafenverjährung während der Dauer der Anhaltung in dieser Anstalt anzuordnen ist. Der GE. hat davon abgesehen. Das Abverdienen in der Anstalt nach § 65 Abs. 1 GE. ist nur als eine bestimmte Art der Tilgung der Geldstrafe zu bewerten, nicht anders als die Tilgungsarten der §§ 32, 33 VE. (63, 64 GE.), für deren Dauer der VE. § 99 das Ruhen der Verjährung gleichfalls nicht anordnet. Den VE., der (Begr. S. 409, 410) die Erstreckung des Ruhens der Strafenverjährung auf alle in Frage kommenden Fälle bewußt ablehnt, dürfte dabei die Erwägung geleitet haben, daß diese Tilgungsarten, auch die gemäß § 32 VE., sich schwerlich über die Dauer der Verjährung hinaus hinziehen werden. Auch mag der VE. eine die Verjährung hinten anhaltende Bestimmung, wie die des § 99 Fall II, zwar angesichts der Schwere des Falles bei den Freiheitsstrafen und Freiheitsentziehungen für recht, aber noch nicht ohne weiteres bei der Geldstrafe für billig gehalten haben.

Sollte man doch für den GE., der die Unterbrechung der Verjährung überhaupt beseitigt, und in dem das Abverdienen der Geldstrafe mit Rücksicht auf § 65 Abs. 1, 2 GE. erhöhte praktische Bedeutung erlangt, eine Ausdehnung des Ruhens der Verjährung auf die Zeit der Tilgung einer Geldstrafe gemäß §§ 63, 64, 65 Abs. 1, 2 GE. für gerecht und zweckmäßig halten, so bedürfte § 109 Satz 1 GE. einer Ergänzung in der Richtung, daß hinter „§§ 62," eingeschoben würde: „65 Abs. 2", und daß das „wird" hinter „vollstreckt" durch die Worte ersetzt würde: „oder eine Geldstrafe gemäß §§ 63, 64, 65 Abs. 1 getilgt wird, im Falle der §§ 63, 64 jedoch nicht über ein Jahr".

Zur Erläuterung dieser eventuell in Aussicht zu nehmenden Ergänzung sei noch bemerkt: Dehnt man das Ruhen der Verjährung auf die Dauer der Tilgung der Geldstrafe gemäß §§ 63, 64, 65 Abs. 1 GE. aus, so wird man es wohl auch auf die Zeit ausdehnen müssen, während welcher der Verurteilte wegen Arbeitsunfähigkeit gemäß § 65 Abs. 2 für die von § 65 Abs. 1 vorgesehene Strafvollstreckungsart vollzugsunfähig ist. Zwar lehnt die Begr. z. VE. S. 410 die Ausdehnung des Ruhens des Verjährung auf Strafvollzugsunfähigkeit wegen G e i s t e s k r a n k h e i t ab, weil die im Inland befindlichen Geisteskranken nicht schlechter behandelt werden dürften, als die ins Ausland geflohenen Gesunden. Aber der Geisteskrankheit, die den Vollzug j e d e r Strafe ausschließt, wird man doch die Arbeitsunfähigkeit, die gerade nur die in § 65 Abs. 1 vorgesehene Strafvollstreckung ausschließt, nicht gleichstellen dürfen (vgl. auch GE. § 68 Abs. 4, VE. § 42 Abs. 3). Immerhin zeigt sich, daß, sobald man (Begr. z. VE. S. 409, 410) das Ruhen der Strafenverjährung nicht auf a l l e in Frage kommenden Fälle ausdehnt, man die Grenze beliebig ziehen und den Fall des § 65 Abs. 2 GE. trotz Einbeziehung des Falles des § 65 Abs. 1 GE. auch unberücksichtigt lassen kann. Dagegen wird man bei Übertragung des Ruhens der Verjährung auf die Tilgung von Geldstrafen gemäß §§ 63, 64 GE. (32, 33 VE.) unter allen Umständen genötigt sein, entsprechend wie in §§ 106 Abs. 1 (355 Abs. 2) GE., 96 Abs. 1 VE. eine Maximalbegrenzung des Ruhens der Verjährung vorzusehen.

Da die Beseitigung der Unterbrechung der Verjährung schon mildernd wirken wird, brauchte der GE. nicht auf den von der Begr. zum VE. S. 400 abgelehnten Vorschlag zurückzukommen, nach Ablauf eines größeren Teils der Verjährungsfrist eine obligatorische Milderung der gesetzlichen Strafe eintreten zu lassen. Zudem kann die von der Begr. zum VE. empfohlene Berücksichtigung des Zeitablaufs bei der Strafzumessung nach dem GE., der überall mildernde Umstände zuläßt, voll verwirklicht werden (womit das von Kantorowicz, Monatsschr. f. Kriminalpsych. VII 333 erhobene Bedenken hinfällig wird).

## § 104. **Verjährung strafbarer Handlungen.**

§ 104 GE. weicht von dem entsprechenden § 94 VE., außer durch Weglassung der nach § 355 Abs. 1 GE. versetzten Vorschrift über die Übertretungen, durch die Anpassung an das Strafensystem des GE. ab.

Es könnte eingewendet werden, daß, wenn auch nicht der GE., so doch das MilStGB. lebenslange oder zehn Jahre übersteigende Freiheitsstrafen außer dem Zuchthause kenne, und daß hierauf bei Formulierung des § 104 Bedacht genommen werden müsse. Dem ist entgegenzuhalten: Selbst wenn das Strafensystem des MilStGB. auch in den hier in Frage stehenden Beziehungen nicht mit dem des künftigen bürgerlichen StGB. in Einklang gebracht werden sollte, so würde sich doch nicht empfehlen, in § 104 auf Strafen Rücksicht zu nehmen, die eben nur dem MilStGB. bekannt sind. Vielmehr wäre im Einführungsgesetz die Einstellung einer Vorschrift in das MilStGB. vorzusehen, in der die Verjährungsbestimmungen des bürgerlichen StGB. so weit ergänzt werden, als eigentümliche militärgesetzliche Strafen es erfordern.

## § 105. **Beginn der Verjährung.**

Die Streichung der Abs. 2 und 3 des entsprechenden § 95 VE. ist oben in der Begr. zu §§ 104—109 GE. gerechtfertigt.

Satz 1 des § 105 GE. gibt den Abs. 1 des § 95 VE. wörtlich wieder. Der GE. hat sich den von der Begr. zum VE. S. 401 für die Streichung der Worte „ohne Rücksicht auf den Zeitpunkt des eingetretenen Erfolges" in § 67 StGB. angeführten Gründen nicht verschließen können. Allerdings wäre eine gesetzliche Festlegung des Zeitpunkts der „Begehung" im Sinne des Verjährungsbeginns wünschenswert. Der GE. hat aber aus denselben Gründen davon abgesehen, aus denen er darauf verzichtet hat, in § 3 den „Ort" der Begehung gesetzlich festzulegen (vgl. Begr. zu §§ 3—7 GE.). Eine solche gesetzliche Regelung könnte nur sehr kasuistisch verfahren, wenn sie wirklich alle Zweifel ausschließen wollte. Außerdem haben sich gerade hier praktische Schwierigkeiten eigentlich erst ergeben aus den nunmehr gestrichenen Schlußworten des § 67 StGB., welche eine gesetzliche Festlegung des Zeitpunkts der Begehung für den Verjährungsbeginn bezweckten.

Nur für einen besonderen Fall wird in § 105 Satz 2 GE. der Zeitpunkt der „Begehung" im Sinne des Verjährungsbeginns gesetzlich festgelegt, nämlich für Preßdelikte.

Die Streitfrage, von welchem Zeitpunkt an Preßdelikte zu verjähren beginnen, ist alt. Nach den Ausführungen Marquardsens, des Berichterstatters der Reichstagskommission für das Preßgesetz, in der Dtsch. Jur.-Ztg. I 457ff., ist die Reichstagskommission bei Beratung des Preßgesetzes davon ausgegangen, daß die Verjährungsfrist des § 22 des Preßgesetzes vom Erscheinen des Preßerzeugnisses ab zu laufen beginne. Dieselbe Ansicht ist im Reichstage bei Beratung des Reichsgesetzes über den Gerichtsstand der Presse vom 13. Juni 1902 geäußert worden (v. Schwarze-Appelius, Das Reichspreßgesetz 4. Aufl. S. 213). Ihr haben sich angeschlossen Thilo, Das Preßgesetz 1874 S. 93; Berner, Lehrbuch des Preßrechts 1876 S. 298, 299; v. Liszt, Reichspreßrecht 1880 S. 206; Kloeppel, Reichspreßrecht 1894 S. 330; Groschuff, Dtsch. Jur.-Ztg. I 235, und das Kammergericht (vgl. Groschuff a. a. O.).

Dagegen haben sich Appelius, Dtsch. Jur.-Ztg. I 214; v. Schwarze-Appelius, a. a. O. S. 151ff., 213; Stenglein, Dtsch. Jur.-Ztg. I 331ff.; Gerichtssaal Bd. 53 S. 384ff.; Rathenau, ebenda S. 376ff., und das Oberlandesgericht Dresden (vgl. Appelius, Dtsch. Jur.-Ztg. I 214) auf den Standpunkt gestellt, daß für die an der Veröffentlichung beteiligten Personen das Preßdelikt mit der Veröffentlichung zwar regelmäßig vollendet, aber erst mit dem letzten Verbreitungsakt beendigt sei, und daß daher die Verjährung erst mit dem letzten Verbreitungsakt beginne.

Es kann hier ganz dahingestellt bleiben, welche Ansicht nach geltendem Recht die zutreffende ist. Angesichts der Zwiespältigkeit der Ansichten bedarf es jedenfalls einer Entscheidung der Streitfrage im künftigen Recht. In welchem Sinne diese Entscheidung auszufallen hat, kann nicht zweifelhaft sein. Daß die Hinausschiebung des Beginnes der Verjährungsfrist bis zum letzten Verbreitungsakt den bei der Veröffentlichung beteiligten Personen gegenüber zu Konsequenzen führt, die dem Rechtsgefühl und den praktischen Bedürfnissen nicht entsprechen, geben überwiegend auch diejenigen zu, die de lege lata diese Konsequenzen ziehen zu müssen glauben (insbesondere Appelius, v. Schwarze-Appelius a. a. O. S. 151, 152, 213). Denn unter keinen Umständen wird man mit der Hinausschiebung des Beginnes der Verjährungsfrist vermeintliche Unzuträglichkeiten der kurzen Verjährungsfrist des § 22 Preßges. korrigieren dürfen. Hält man solche Unzuträglichkeiten für vorliegend, so muß man die Frist verlängern oder sie — was erwägenswert wäre — auf diejenige periodische Presse beschränken, für welche die Verpflichtung zur Ablieferung von Pflichtexemplaren gemäß § 9 Preßges. besteht. Es sei übrigens darauf hingewiesen, daß das sächsische Preßges. vom 24. März 1870 Art. 27 gleichfalls ausdrücklich den Beginn der Verjährung von Preßdelikten auf „den ersten Verbreitungsakt" festlegte und dabei sogar nur eine dreimonatige Verjährungsfrist kannte.

Die Hinausschiebung des Beginnes der Verjährung bis zum letzten Verbreitungsakt widerspricht aber auch dem Geiste der Reichspreßgesetzgebung. Mit Recht hat das Kammergericht (Dtsch. Jur.-Ztg. I 236, 459) ausgeführt, daß durch diese Ansicht § 22 Preßges. geradezu „illusorisch gemacht wird". Die Ansicht verträgt sich ebensowenig mit dem Gesetze von 1902. Wie dieses den Begehungsort auf den Erscheinungsort festlegt, so muß folgerichtig die Begehungszeit auf die Erscheinungszeit festgelegt werden. Man wende nicht ein, daß die Bedeutung des Ges. von 1902 nur eine prozessuale sei. Es handelt sich bei Festlegung des Begehungsorts und der Begehungszeit auf Erscheinungsort und Erscheinungszeit immer um ein Entgegenkommen gegenüber der inländischen Presse. Es kann daher eine Festlegung des Begehungsorts auf den Erscheinungsort in materiell rechtlicher Beziehung überhaupt nicht in Frage kommen, da diese Vergünstigung begrifflich nur im Ausland erschienenen Druckschriften zugute kommen würde. Man kann auch nicht einwenden, daß der GE. die Sonderbestimmungen des Preßgesetzes (§§ 20—22) über strafrechtliche Verantwortlichkeit für Preßdelikte nicht einarbeite und daher auch die gesetzliche Festlegung des Beginnes der Verjährung von Preßdelikten einer künftigen Revision des Preßgesetzes überlassen müsse. Denn auch die Beseitigung des sog. fliegenden Gerichtsstandes der Presse ist in Form eines Zusatzes zu § 7 der — die §§ 23 ff. Preßges. nicht einbeziehenden — StPO. erfolgt. In keinem Falle sollte man aus formalen Gründen die Gelegenheit, eine brennende Streitfrage zu entscheiden, vorübergehen lassen.

Im einzelnen lehnt sich § 105 Satz 2 GE. eng an § 7 Abs. 2 StPO. an. Wie dieser beschränkt er sich auf im „Inland" erschienene Druckschriften. Wie dieser bezieht er sich nur auf Straftaten, deren Tatbestand durch den „Inhalt" einer Druckschrift begründet wird, also nur auf die eigentlichen Preßdelikte, weder auf Preßpolizeidelikte, noch auf sonstige Delikte, deren Strafbarkeit nur durch das Äußere der Druckschrift begründet wird. Wie in § 7 Abs. 2 StPO. muß in § 105 Satz 2 GE. weiter der „Tatbestand" der Straftat durch den Inhalt der Druckschrift „begründet" sein. Beide Vorschriften beziehen sich also nicht auf Delikte, zu deren Begehung die Druckschrift zwar „Mittel", aber nicht das sog. „corpus delicti" im preßstrafrechtlichen Sinne ist, m. a. W. auch hier wieder Beschränkung auf reine Preßdelikte. Endlich, und das ist die Hauptsache, beschränkt sich § 105 Satz 2 GE., wie § 7 Abs. 2 StPO., nur auf das Preßdelikt derjenigen, für die es mit dem „Erscheinen" im wesentlichen vollendet wird, d. h. auf die Straftaten der an der Veröffentlichung Beteiligten. Die Straftaten der sog. „selbständigen Verbreiter" werden nicht berührt.

Bringt der GE. § 105 eine besondere Bestimmung über den Verjährungsbeginn bei Preßdelikten, obgleich er die spezifische preßstrafrechtliche Verantwortlichkeit sonst dem Preßgesetz überläßt, so hat er umgekehrt gemeint, für die von ihm eingearbeiteten Urheberrechtsdelikte besondere Bestimmungen nicht aufnehmen zu müssen. Zwar haben die Urheberrechtsgesetze von 1901 §§ 50 Abs. 2, 51 Abs. 2, 53, von 1907 §§ 47 Abs. 2, 48 Abs. 2, 49 solche

Bestimmungen. Der GE. hält sie aber für entbehrlich, weil er meint, daß sich ihr wesentlicher Inhalt schon aus den allgemeinen Grundsätzen ableiten läßt. Gerade aus § 105 Satz 2 GE. dürfte sich argumento a contrario ergeben, daß die das Urheberrecht verletzende „Verbreitung" erst mit dem letzten Verbreitungsakt zu verjähren beginnt. Das Plagiat dagegen (GE. § 294) dürfte sich nicht als fortgesetztes, sondern als Zustandsverbrechen darstellen, seine Verjährung also — auch schon zufolge allgemeiner Grundsätze — mit dem ersten Verbreitungsakt beginnen. In jedem Falle würden besondere Bestimmungen über die Verjährung von Urheberrechtsdelikten — gleich der beibehaltenen Bestimmung des § 231 Abs. 2 GE. (VE. § 179 Abs. 2, StGB. § 171 Abs. 3) — in den Besonderen Teil (21. Abschn.) gehören.

Die spezielle Verjährungsbestimmung des § 121 Abs. 2 der Seemannsordnung hat der GE., trotz Einarbeitung der §§ 100—106 der Seemannsordnung in § 141 GE., weder in § 105, noch in § 141 aufgenommen. Der GE. meint, daß die Verjährungsfrist für die nach § 141 GE. strafbaren Handlungen so lang bemessen ist, daß, zumal angesichts der Verhältnisse des modernen Schiffsverkehrs, ein Bedürfnis für Aufnahme dieser Sonderbestimmung in den GE. nicht vorhanden ist.

## § 106. **Ruhen der Verjährung.**

§ 106 Abs. 1 entspricht wörtlich dem § 96 Abs. 1 VE. Nur ist die auf die Übertretungen bezügliche Bestimmung in den § 355 Abs. 2 GE. versetzt.

Abs. 2 des § 106 entspricht dem Abs. 2 des § 96 VE. Die Abweichung erklärt sich dadurch, daß der GE. den einzigen im VE. (§ 264 Abs. 3) noch übrig gebliebenen Fall eines Ermächtigungsvergehens beseitigt hat.

Abs. 3 des § 106 GE. ist in der Begr. zu §§ 104—109 GE. gerechtfertigt.

## § 107. **Verjährung rechtskräftig erkannter Strafen.**

§ 107 GE. entspricht fast wörtlich dem § 97 VE. Die einzige Abweichung ist, daß in Ziff. 5 die untere Grenze für die unter diese Ziffer fallenden Geldstrafen auf fünfhundert Mark erhöht ist. Der Grund ist, daß der GE. bei Übertretungen zwar keine Freiheitsstrafe mehr kennt, dafür aber den bei Übertretungen zulässigen Geldstrafen keine absolute Höchstgrenze zieht und selbst (§§ 357, 358) bei Übertretungen Geldstrafen bis zu fünfhundert Mark vorsieht.

Die Begr. zum VE. S. 407 rechtfertigt mit gutem Grund, daß § 97 VE. die „Einziehung" nicht nenne, weil ja ihre Wirkung mit der Rechtskraft des Urteils ohne weiteres eintrete, von einer Verjährung der Vollstreckung also keine Rede sein könne. Dagegen vermag die Begr. S. 407 Note 4 die Übergehung der „Unbrauchbarmachung" (VE. §§ 55, 56) in § 97 VE. nicht zu rechtfertigen. Daß die Unbrauchbarmachung „unverjährbar" sein soll, ist eine unmögliche Konsequenz. Für den GE. bestehen solche Schwierigkeiten nicht. Denn der GE. § 80 Abs. 2 läßt die Unbrauchbarmachung in der mit der Rechtskraft des Urteils ipso jure eintretenden „Einziehung" aufgehen.

### § 108. **Beginn der Verjährung.**

§ 108 GE. entspricht wörtlich den Abs. 1 und 4 des § 98 VE. Die Streichung der Abs. 2 und 3 des § 98 VE. rechtfertigt sich aus dem in der Begr. zu §§ 104—109 GE. Ausgeführten.

### § 109. **Ruhen der Verjährung.**

§ 109 Satz 1 entspricht wörtlich dem § 99 VE. Zu erwägen wäre, ob nicht den Hinderungsgründen der §§ 62, 92—94 GE. (31, 38—41 VE.) der Hinderungsgrund des § 65 Abs. 2 GE. gleichzustellen wäre, und ob nicht der „Vollstreckung einer Freiheitsstrafe oder einer der in § 107 Abs. 2 GE. (97 Abs. 2 VE.) erwähnten Freiheitsentziehungen" die Tilgung der Geldstrafe gemäß GE. §§ 63, 64 (VE. 32, 33), 65 Abs. 1 gleichgestellt werden müßte, wobei für das Ruhen der Verjährung während Tilgung der Geldstrafe gemäß GE. §§ 63, 64 (VE. 32, 33) eine Maximalgrenze beizufügen wäre. Es muß dafür auf das in der Begr. zu §§ 104—109 GE. a. E. Ausgeführte Bezug genommen werden.

Satz 2 des § 109 rechtfertigt sich gleichfalls aus den Ausführungen der Begr. zu §§ 104—109 GE.

### §§ 110—112. **Wiedereinsetzung. Löschung der Bestrafung in dem Strafregister usw.**

Die Umstellung der §§ 50—52 VE. aus dem Abschnitt über die „Strafen" in den letzten Abschnitt des Allg. Teils hinter die

„Verjährung" lehnt sich an den schweizer. VE. Art. 62 an und entspricht Anregungen von seiten der Kritik zum VE. (Köhler, in Hirths Annalen Bd. 43 S. 207; Aschrott, Reform I 69).

Bemerkt sei, daß die §§ 110—112 GE. unter Mitwirkung des Herrn Privatdozenten Dr. Delaquis (Berlin) aufgestellt sind.

### § 110. **Wiedereinsetzung.**

§ 110 GE. weicht von § 50 VE. vor allem dadurch ab, daß er die Wiedereinsetzung abhängig macht nicht von der dehnbaren und schwer festzustellenden Voraussetzung, daß sich der Verurteilte „ehrenhaft geführt und einer besonderen Berücksichtigung würdig gezeigt" hat, sondern einfach davon, daß er seither „ein Verbrechen oder vorsätzliches Vergehen nicht begangen" hat (so auch Köhler, in Hirths Annalen Bd. 43 S. 207, 208). Die Änderung war schon mit Rücksicht auf die §§ 57, 94 GE. (im Gegensatz zu §§ 27 Abs. 1, 40 Abs. 3 VE.) geboten. Eine das allgemeine Rechtsbewußtsein schädigende Ausdehnung der Wiedereinsetzung dürfte von dieser Änderung um so weniger zu befürchten sein, als ja das Gericht, wenn jene Voraussetzung vorliegt, nur das Recht, nicht die Pflicht zur Wiedereinsetzung hat. Denn noch weiter zu gehen und dem Verurteilten, der sich straffrei führte, in § 110 GE. (50 VE.) sogar einen „Anspruch" auf Wiedereinsetzung (so Köhler S. 208) einzuräumen, schien bedenklich. Dafür sind die Fristen des § 110 GE. (§ 50 VE.) zu kurz, andererseits die zugrunde liegenden Fälle zu schwer. Und wie könnte schließlich auch die Aberkennung der Fähigkeiten oder Rechte der Reinhaltung der betreffenden Rechtskreise und der Prävention dienen — was sie doch soll —, wenn in verhältnismäßig kurzer Zeit der Verurteilte Anspruch auf Wiedereinsetzung hätte. Wollte man aber die Wiedereinsetzungsfristen verlängern (Köhler S. 208), so würde angesichts der regelmäßig ohnehin beschränkten Dauer des Rechtsverlusts (GE. §§ 71 Abs. 2, 73 Abs. 1, 76) die Wiedereinsetzung meist post festum kommen. Dasselbe würde auch im Falle des § 77 GE. gelten, wo die Dauer des entzogenen Rechts selbst eine befristete ist.

Die vorgenommene Änderung bedingte die Aufnahme des Abs. 2 § 110 GE. Er erfüllt hier dieselbe Aufgabe, wie an den betreffenden Stellen die §§ 57 Abs. 1 Satz 2, 94 Abs. 1 Satz 2 GE. Eine besondere Berücksichtigung von Auslandstaten schien hier so wenig erforderlich, wie in § 92 GE., da hier, wie dort, die Gewährung der Vergünstigung im gerichtlichen Ermessen steht, das Gericht Auslandstaten also in Rechnung ziehen kann. Umgekehrt erschien es hier, so wenig wie in § 92, notwendig, die Vergünstigung bei Vorliegen von Auslandstaten geradezu auszuschließen.

Im übrigen gedenkt § 110 Abs. 1 GE., im Gegensatz zu § 50 VE., noch des Falles, daß die Fähigkeiten oder Rechte neben „Haft" aberkannt waren. Dies erschien nötig mit Rücksicht auf den vom GE. neu eingestellten § 76. Der VE. (§§ 103, 114) kennt neben Haft nur Verlust der bekleideten öffentlichen Ämter, sowie der aus öffentlichen Wahlen hervorgegangenen Rechte. Diese können natürlich (Begr. zum VE. S. 175) durch Wiedereinsetzung nicht wieder verliehen werden (was Aschrott, Reform I 161, übersieht).

Endlich berücksichtigt der GE. § 110, wie schon in § 74, den Fall, daß neben oder an Stelle der Freiheitsstrafe auf eine „Freiheitsentziehung" (GE. §§ 14, 68, 69, 98) erkannt ist. Hier darf die Wiedereinsetzungsfrist — wie die Dauer der Unfähigkeit selbst — erst von Erledigung auch dieser Freiheitsentziehung an laufen. Die Berücksichtigung der Freiheitsentziehungen erfordert zugleich wiederum die Ersetzung des Wortes „Verbüßung" (§ 50 VE.) durch „Vollzug".

Schließlich ist die Fassung des § 110 Abs. 1 GE. den sachlichen Erweiterungen und terminologischen Veränderungen angepaßt, welche die §§ 70—73, 76, 77 GE. gegenüber den §§ 44—47 VE. aufweisen.

## §§ 111, 112. **Löschung der Bestrafung in dem Strafregister usw.**

Die Bestimmungen der §§ 51, 52 VE. sind von der Kritik allgemein als unzureichend bezeichnet worden. Es ist einmal gerügt worden, daß der VE. § 51 Abs. 3 bei Erwachsenen schwerere Strafen von der Rehabilitation überhaupt ausschließt (so insbesondere Aschrott, Reform I 162). Vor allem aber hat man sich dagegen erklärt, daß nach § 52 VE. die Wirkung der Rehabilitation sich darauf beschränkt, daß bei Erteilung eines Strafregisterauszugs „die Strafe als gelöscht zu bezeichnen" sei. Insbesondere hat man vermißt, daß der Rehabilitierte sich vor

Gericht nicht als unbestraft bezeichnen dürfe (vgl. u. a. Aschrott, Reform I 163, 164; Kahl, Vortrag Neue Preuß. Ztg. v. 12. Juni 10; Köhler, in Hirths Annalen Bd. 43 S. 209, 210; Kohler, in Goltdammers Arch. Bd. 56 S. 290; Landsberg, Jugendfürsorge XI 329; v. Lilienthal, Zeitschr. f. Strafrechtsw. XXX 240, 241; Monatsschr. f. Kriminalpsych. VI 535; Reichardt, Bl. f. Gefängnisk. Bd. 44 S. 27).

Der GE. hat geglaubt, sich den in der Kritik aufgestellten Forderungen nicht verschließen zu dürfen. Soll die vom VE. in dankenswerter Weise eingeführte „Löschung der Bestrafung" die Wirkungen äußern, die man sich von ihr verspricht, so muß sie vor allen Dingen bewirken, daß nach Ablauf einer, sei es auch noch so lang bemessenen Zeit die Strafe aus dem Strafregisterauszug völlig verschwindet und der Verurteilte sich auch den Behörden gegenüber als unbestraft bezeichnen darf. Die Schritte, die in letzterer Beziehung der Entw. der StPO. (Fassung der Reichstagskommission) §§ 55a, 231 Abs. 4 tut, genügen so wenig, wie die Bestimmungen des VE. In der Tat stellt der österr. VE. (der freilich die Rehabilitation nur bei Jugendlichen kennt) in § 56 Abs. 1 das Prinzip auf: „Die Rehabilitation tilgt die Verurteilung und befreit von der Pflicht, die Verurteilung auf Befragen des Gerichts oder einer anderen Behörde anzugeben".

Es erscheint aber richtig — ebenfalls mit dem österr. VE. § 55 — noch einen Schritt weiter über den VE. hinauszugehen und die Löschung der Bestrafung nach Ablauf eines bestimmten Zeitraums, während dessen der Verurteilte nicht aufs neue wegen Verbrechens oder Vergehens verurteilt worden ist, von Rechts wegen eintreten zu lassen. Bei der „Wiedereinsetzung" des § 110 GE. (50 VE.) wurde (vgl. oben Begr. zu diesem Paragraphen) es abgelehnt, dem Verurteilten, der sich eine Zeitlang straffrei führte, einen Anspruch auf Wiedereinsetzung zu gewähren. Maßgebend war, daß dort nicht nur der Verurteilung fast durchweg schwere Straftaten zugrunde liegen, sondern auch, daß die Bewährungsfristen dort nur kurz sind und kurz sein müssen, soll die Wiedereinsetzung noch einen Zweck haben. Anders hier. Hier braucht es sich einmal durchaus nicht immer um schwere Straftaten zu handeln. Sodann aber sind hier die Bewährungsfristen, unter Abstufung nach der Schwere der Verurteilung, so lang bemessen, daß es unbedenklich erscheint, dem Verurteilten, der sich während dieses ganzen Zeitraums straffrei führte, einen Anspruch auf Rehabilitation einzuräumen. Entschließt man sich aber dazu, dann ist es eine unnötige Belastung der Gerichte, für die Rehabilitation einen vorgängigen Gerichtsbeschluß zu verlangen (sog. réhabilitation judiciaire); man kann die Rehabilitation nach Ablauf der Bewährungsfrist von Rechts wegen eintreten lassen (sog. réhabilitation de droit). Für diese Regelung spricht ganz besonders noch die in der Sache selbst begründete Erwägung, daß es für den Verurteilten, dessen Strafe vielleicht längst vergessen ist, von zweifelhaftem Wert ist, ein gerichtliches Verfahren zwecks Anordnung der Löschung herbeizuführen.

Im einzelnen sei zur Erläuterung der §§ 111, 112 GE. noch bemerkt:

§ 111 behandelt die schon vom VE. § 52 vorgesehenen Wirkungen der Rehabilitation. Erst § 112 enthält die vom GE. vorgeschlagenen weitergehenden Wirkungen. Der Unterschied zwischen den Voraussetzungen der Wirkungen der §§ 111, 112 besteht lediglich in der Länge der Bewährungsfristen. Die Fristen des § 112 sind so hoch bemessen (bis zu zwanzig Jahren), daß die daselbst angeordneten weitgehenden Wirkungen mit der Sicherheit der Rechtspflege wohl vereinbar erscheinen. Deshalb hat sich auch der GE. nicht veranlaßt gesehen, mit dem § 56 Abs. 3 und 4 des österr. VE. diese Wirkungen doch wieder in einer Weise abzuschwächen, daß von ihnen im Ergebnis nicht mehr allzuviel übrigbleibt.

Die gemeinsamen Voraussetzungen der „Rehabilitation" der §§ 111, 112 sind: Ablauf einer längeren Bewährungszeit seit Erledigung der Strafe oder „Freiheitsentziehung" (GE. §§ 14, 68, 69, 98); letztere ist auch hier, wie schon in §§ 74, 110, mit in Rechnung gezogen, was wiederum die Ersetzung des Wortes „Verbüßung" (VE. § 51) durch „Vollzug" nötig macht. Bei freiwilliger Tilgung der Geldstrafe und bei Bewährung im Falle bedingter Strafvollstreckung soll (GE. § 111 Abs. 1 Satz 4) die Rehabilitationsfrist schon von der Rechtskraft des Urteils ab laufen (ähnlich österreich. VE. § 55 Abs. 3 Satz 2). Darin liegt eine Vergünstigung für besonders leicht liegende Fälle.

Während der Bewährungsfrist darf der Verurteilte wegen eines Verbrechens oder Vergehens überhaupt nicht verurteilt sein. Gegen die vom VE. § 51 aufgestellte Voraussetzung der „guten Führung" sind dieselben Bedenken zu erheben, wie gegen die „schlechte

Führung" in den §§ 27 Abs. 1, 40 Abs. 3 VE. und wie gegen die „ehrenhafte Führung" in § 50 VE. (daher denn auch schon GE. §§ 57, 94, 110). Der Unterschied der Ausdrucksweise in § 51 Abs. 1 VE. von der in § 50 VE. soll übrigens wohl darauf hinweisen, daß die Voraussetzungen in § 51 VE. mildere sein sollen, als in § 50 VE.

Andererseits sollen nach §§ 111, 112 GE., wie nach § 84 Abs. 2 GE., ausländische Verurteilungen in Betracht kommen, wenn die ihnen zugrunde liegenden Handlungen nach den Gesetzen des Reichs als Verbrechen oder Vergehen anzusehen sind. Bedenken gegen die Berücksichtigung ausländischer Verurteilungen sind bereits von der Begr. zu §§ 83, 95 GE. (oben S. 115, 126, 127) zurückgewiesen worden. Sie sind hier noch geringer einzuschätzen als dort; denn hier genügt jedenfalls zur Berücksichtigung der ausländischen Verurteilung eine Strafnachricht. Der Austausch von Strafnachrichten ist aber, wenigstens bezüglich der hier fast ausschließlich in Betracht kommenden deutschen Reichsangehörigen mit fast allen für Deutschland wichtigen Staaten vereinbart (Begr. zum VE. S. 352). Es kann sein, daß die Feststellung, ob die der ausländischen Verurteilung zugrunde liegende Handlung nach den Gesetzen des Reichs als Verbrechen oder Vergehen anzusehen ist, eine gerichtliche Entscheidung nötig macht. In diesem Falle wird die Strafregisterbehörde eine solche herbeizuführen haben. Das nähere gehört in die Prozeßordnung (vgl. auch Begr. zum VE. S. 176, 178).

Von einer Bestimmung gleich denen der §§ 57 Abs. 1 Satz 2, 94 Abs. 1 Satz 2 GE. sieht § 111 GE., in Anbetracht der Länge der Bewährungsfristen, und um nicht das Verfahren für die Strafregisterbehörde ohne Not zu komplizieren, ab.

Ist der Verurteilte während der Bewährungsfrist wegen Verbrechens oder Vergehens überhaupt nicht verurteilt, so soll die Löschung von Rechts wegen eintreten. Zur Ausgleichung etwaiger Härten zieht aber § 111 Abs. 1 Satz 3 in Erwägung, daß eine Verurteilung wegen fahrlässigen oder geringfügigen Vergehens der Rehabilitation nicht ganz unwürdig zu machen braucht (analog § 40 Abs. 2 VE.). Der GE. eröffnet daher die Möglichkeit, daß in solchen Fällen das Gericht die Löschung anordnet. Hier ist aber die réhabilitation de droit zu einer réhabilitation judiciaire abgeschwächt.

Den Ausschluß der Löschung der Bestrafung bei Zuchthausstrafen oder sonstigen ein Jahr übersteigenden Freiheitsstrafen Erwachsener (VE. § 51 Abs. 3) gibt der GE. auf. Nur bei Todesstrafe kennt er die Rehabilitation nicht. Dagegen befindet sich der GE. insoweit in Übereinstimmung mit dem VE. § 51 Abs. 2, als er die Rehabilitationsfristen nach der Schwere der Strafe abstuft und für Erwachsene und Jugendliche verschieden bemißt.

## Besonderer Teil.

# Vorbemerkungen.

In der Systematik des Besonderen Teils weicht der GE. vielfach von dem VE. ab. Zunächst ist die Einteilung der Verbrechen und Vergehen in vier Bücher aufgegeben; die einzelnen (24) Abschnitte sind ohne weitere Gliederung aneinander gereiht, die Übertretungen, wie bereits im Vorwort erwähnt, völlig selbständig behandelt. Die Vierteilung der Verbrechen und Vergehen konnte, wie auch Wach, Reform des RStGB. I 6, hervorgehoben, der VE. nicht durchführen, ohne dem innersten Wesen wichtiger Deliktsgruppen Gewalt anzutun. Am klarsten ist das wohl bezüglich der Urkundenfälschung, deren Bedeutung sich in der Vermögensbeschädigung gewiß nicht erschöpft; aber auch die Einreihung der Brandstiftung unter die Straftaten „gegen Einrichtungen des Staates" mußte die schwersten Bedenken hervorrufen. Und wenn auch eine reichgegliederte Systematik mit Ober- und Unterabschnitten für ein Lehrbuch des Strafrechts nicht entbehrt werden kann, so tritt für den Gesetzgeber die Bedeutung einer solchen Systematik hinter der übersichtlichen und klaren Reihenfolge der einzelnen Abschnitte zweifellos zurück.

Mit der Beseitigung jener Einteilung wurde der Ausdruck „Buch" frei; der GE. hat ihn verwendet, um die Verbrechen und Vergehen einerseits, die Übertretungen andererseits von einander zu trennen.

Der von Goldschmidt (Reform II 40) gegebenen Anregung folgend, hat der GE. die strafbaren Handlungen gegen befreundete Staaten, die der VE. im fünften Abschnitt behandelt, in den siebenten Abschnitt gestellt. Dadurch sollte jeder Zweifel darüber ausgeschlossen werden, daß in den sämtlichen vorangehenden Abschnitten, also auch bei den Angriffen gegen die Staatsgewalt wie bei Verletzung der Wehrpflicht und der Amtspflicht, nur das Inland und seine Einrichtungen unter Strafschutz gestellt sind, während in den folgenden Abschnitten zwischen inländischen und ausländischen Rechtsgütern ein Unterschied nicht besteht.

Die Übertragung einzelner Tatbestände aus einem Abschnitt in einen anderen und die Umstellung einzelner Tatbestände innerhalb desselben Abschnittes gegenüber dem VE. wird unten bei den verschiedenen Abschnitten gerechtfertigt werden.

Die Strafrahmen sind gegenüber dem VE. fast ausnahmslos wesentlich vereinfacht. Das hängt mit der oben S. 112ff. eingehend besprochenen grundsätzlichen Stellungnahme des GE. zusammen. Die Verwendung der Haft ist oben S. 65ff., die der Geldstrafe oben S. 86ff. gerechtfertigt worden. Die allgemeine Zulassung von mildernden Umständen sowie von besonders leichten und besonders schweren Fällen (vgl. oben S. 116) hat die Möglichkeit gewährt, den besonderen Teil noch weiter von Kasuistik zu entlasten. Über den Wegfall der Mindestmaße ist das oben S. 74 Gesagte zu vergleichen.

Bei den Vergehen konnte jede besondere Bestimmung über die Strafbarkeit des Versuchs entbehrt werden, da GE. § 27 darüber eine allgemeine Regel aufstellt. Daß die Worte „vorsätzlich" und „rechtswidrig" überall gestrichen werden konnten, ist bereits oben S. 24 nachgewiesen worden.

Da die Randbezeichnungen bereits den Namen der verschiedenen Straftaten angeben (Mord, Diebstahl usw.), ist auf die Wiederholung dieses Namens im Text selbst durchweg verzichtet worden.

Bezüglich der Einarbeitung der Nebengesetze sei auch hier auf die Kriegsmannsche Denkschrift verwiesen.

## Erster Abschnitt.

## Hoch- und Landesverrat.

Mit der Zusammenfassung der beiden ersten Abschnitte des VE. kehrt der GE. zu dem geltenden Recht zurück. Für die Trennung bestehen durchschlagende Gründe nicht.

### § 113. Hochverrat.

Der GE. hat die Fassung des geltenden Rechts wiederhergestellt. Allerdings muß der Begründung des VE. S. 416ff. zugegeben werden, daß jedenfalls die Unterscheidung innerhalb der deutschen Bundesfürsten unserer heutigen staatsrechtlichen Auffassung nicht entspricht. Maßgebend für den Standpunkt des GE. war aber die Erwägung, daß jede Ausdehnung des Anwendungsgebietes der Todesstrafe abgelehnt werden muß (oben S. 62; ebenso der 30. Deutsche Juristentag, Verhdl. II 529). Mit der Wiederherstellung des geltenden Rechts wird auch die nicht technische und daher unklare Fassung: „Angriff auf das Leben" wiederum durch den technischen Begriff: „Versuch" ersetzt, wie das in der Sache von Hamm (Reform II 3, 32) und von Galli (Recht 14 S. 23) vorgeschlagen worden ist. Der GE. befindet sich damit in voller Übereinstimmung auch mit dem österr. VE. § 109.

§ 114.

Abgesehen von der Beseitigung der lebenslangen Haft, die oben S. 73 gerechtfertigt ist, beschränken sich die Änderungen auf die Ziff. 1. Die Worte „der Herrschergewalt zu berauben" sind gestrichen, da sie in der weiteren Fassung „an der Ausübung der Herrschergewalt zu verhindern" bereits enthalten sind. Dagegen erschien es notwendig, hier wie an anderer Stelle der Hinderung die „Nötigung zur Vornahme einer Regierungshandlung" ausdrücklich gleichzustellen.

## § 115. **Vorbereitung des Hochverrats.**

Im Hinblick auf GE. § 12 Ziff. 4 konnten die Worte „oder durch Verteilung von Schriften, Abbildungen oder Darstellungen" in Ziff. 2 gestrichen werden. Im übrigen weicht GE. in zwei Punkten von VE. § 102 ab.

GE. hat die Gleichstellung des „Aufreizens" mit dem „Auffordern" hier wie in anderen Paragraphen abgelehnt. Der Begriff des „Aufreizens" ist in der Literatur sehr bestritten (vgl. Begr. des VE. S. 428 Anm. 4). Nach der Begr. des VE. soll darunter der Fall verstanden werden, daß „der Wille, in anderen den Entschluß zur Begehung hochverräterischer Unternehmungen hervorzurufen", „indirekt" betätigt wird, d. h. „durch eine Einwirkung auf die Leidenschaften des anderen, bei der die Absicht der Anstiftung möglichst verborgen und der Anschein freier Entschließung auf Seiten des Anzustiftenden gewahrt bleibt." Dieser Begriff erscheint aber als so unsicher und dehnbar, daß seine Handhabung in der Praxis zu einer höchst bedenklichen Unsicherheit der Rechtsprechung führen müßte. Es kann auch nicht zugegeben werden, daß ein Bedürfnis nach Erweiterung der Strafdrohungen durch die Erfahrungen der Rechtsprechung nachgewiesen sei. Anders liegt die Sache in GE. § 186, bei der „Aufreizung zum Klassenkampf" (StGB. § 130), sowie in § 264 bei der „Aufreizung zum Zweikampf" (StGB. § 210); hier sollten von jeher geradezu und ausschließlich jene Fälle einer indirekten Beeinflussung getroffen werden. Über den Begriff der „Aufforderung" vgl. Begr. des VE. S. 428, 484. Der GE. hatte keinen Anlaß, zu dem Streit über das Verhältnis dieses Begriffs zu dem der „(versuchten) Anstiftung" Stellung zu nehmen.

Ferner hat der GE. den dritten Absatz von VE. § 102 („andere vorbereitende Handlungen") fallen gelassen. Er entspricht damit einer von M. E. Mayer (Reform 1 354 Anm. 1) und von Hamm (Reform II 7, 32) übereinstimmend aufgestellten Forderung. Hamm hat insbesondere darauf hingewiesen, daß die Ausdehnung der Strafdrohung über das Gebiet des Versuches hinaus die abschreckende Wirkung der auf Versuch und Vollendung gesetzten Strafe hemmen würde und daher nur ausnahmsweise, ganz bestimmten einzelnen Vorbereitungshandlungen gegenüber, gerechtfertigt werden könne.

VE. § 103 ist durch die allgemeine Bestimmung in GE. § 73 Abs. 2 überflüssig gemacht.

## § 116. **Diplomatischer Landesverrat.**

Der Tatbestand deckt sich mit dem des § 104 des VE. Die nicht näher bezeichneten „besonders schweren Fälle" hat der GE., entsprechend seiner oben S. 118 dargelegten Grundauffassung, gestrichen, dagegen aus dem geltenden Recht den bestimmten erschwerenden Umstand übernommen: „Ist infolge der Unterhandlung der Krieg ausgebrochen, so ist die Strafe lebenslanges Zuchthaus oder Zuchthaus nicht unter zehn Jahren." Durch die Worte „infolge der Unterhandlung" soll die an § 87 StGB. anknüpfende Streitfrage abgeschnitten werden.

## § 117. **Landesverräterische Waffenhilfe.**

Der Tatbestand des § 105 VE. ist beibehalten; die Strafdrohung durch Wegfall der „besonders schweren Fälle" vereinfacht. Die Randbezeichnung „Kriegsverrat“, die auch Hamm (Reform II 10) für unangemessen erklärt, ist durch die von Frank vorgeschlagene Wendung „landesverräterische Waffenhilfe“ ersetzt; die Bezeichnung „Kriegsverrat“ bleibt dem folgenden Tatbestand vorbehalten.

### § 118. **Kriegsverrat.**

Die von Hamm (Reform II 11, 32) beanstandeten Worte „in bezug auf einen ausgebrochenen oder drohenden Krieg“ sind durch die klarere Wendung „bei einem . . . Krieg“ ersetzt. Die „besonders schweren Fälle“ sind gestrichen.

Der zweite Absatz ist dem österr. VE. § 117 entnommen und entspricht dem Art. 18 des 5. Haager Abkommens von 1907 (s. Erläuternde Bemerkungen zum österr. VE. S. 164).

### § 119. **Nichterfüllung von Verträgen über Kriegsbedürfnisse.**

Die Randbezeichnung des VE. § 107 („Lieferungsverträge“) müßte geändert werden, da sie dem Tatbestand gegenüber zu eng ist. Neben der „Nichterfüllung“ sind die Worte „oder nicht in der vorbedungenen Weise erfüllt“ überflüssig und daher gestrichen. Der erschwerende Umstand „erheblicher Nachteil“ ist gestrichen, weil der GE. (s. oben S. 74) keine Strafminima kennt und die Straferhöhung für besonders schwere Fälle (GE. § 89) ausreicht. Die Fassung des Abs. 2 ist vereinfacht.

### § 120. **Vorsätzlicher Geheimnisverrat.**

Der GE. hält im allgemeinen an den Tatbeständen fest, wie sie der VE. §§ 108ff. im Anschluß an das geltende Recht aufgestellt hat. Den Bedenken, die Hamm (Reform II 12, 33) geltend gemacht hat, konnte überzeugende Kraft nicht beigemessen werden.

Statt „Schriften, Zeichnungen oder andere Gegenstände“ ist der Ausdruck „Sachen“ (nicht „Gegenstände“ s. oben S. 110) gesetzt. Der dritte Absatz ist gestrichen; und zwar schon deshalb, weil die Bestimmung unklar ist und durch die Begr. zum VE. S. 441 nicht nachgewiesen werden konnte, daß ein tiefgreifender Unterschied zwischen beiden Fällen besteht; dafür ist die Strafdrohung allgemein auf Zuchthaus bis zu zehn Jahren oder auf Haft von gleicher Dauer erhöht, da das Gefängnis als regelmäßige Strafe auch für den einfachen Fall des vorsätzlichen Geheimnisverrats nicht ausreichend erschien. Die Strafbarkeit des Versuchs ergibt sich aus GE. § 27.

### § 121. **Fahrlässiger Geheimnisverrat.**

Die geringfügigen Änderungen gegenüber dem § 109 VE. rechtfertigen sich aus dem allgemeinen Standpunkt des GE.

### § 122. **Ausspähung.**

Auch hier gilt das zu § 121 Bemerkte. Die besondere Randbezeichnung „Ausspähung“ entspricht dem Inhalt des Tatbestandes.

VE. § 111 ist durch die allgemeinere Vorschrift in GE. § 181 gedeckt. VE. § 112, dessen Fassung Wach (Reform I 30 Anm. 1) für verfehlt erklärt, ist gestrichen, da die Notwendigkeit einer solchen neuen Strafdrohung nicht genügend nachgewiesen ist (so auch Kitzinger Z. 31, 601) und der Hinweis auf die ältere Gesetzgebung einzelner außerdeutscher Staaten diesen Nachweis nicht zu ersetzen vermag.

### § 123. **Nachrichten über Truppenbewegungen.**

Der Tatbestand ist mit kleinen Änderungen dem § 15 des Preßgesetzes von 1874 entnommen. Er entspricht dem § 129 des österr. VE.

### § 124. **Staatsverrat.**

Die Fassung stimmt mit der des § 113 VE. im wesentlichen überein. Statt „Schriften oder andere Gegenstände“ ist auch hier (vgl. oben zu § 120) das Wort „Sachen“ eingesetzt. Als Randbezeichnung ist statt der etwas schwerfälligen Wendung des VE.: „landesverräterische Beweisvernichtung und Untreue“, im Anschluss an den österr. VE. § 116, der Ausdruck „Staatsverrat“ gewählt.

VE. § 114 Abs. 1 ist durch GE. § 73 überflüssig gemacht; VE. § 114 Abs. 2 entfällt mit der dem GE. unbekannten Aufenthaltsbeschränkung (im übrigen GE. § 79).

### § 125. **Mitteilungen aus geheimen Gerichtsverhandlungen.**

Die Bestimmung entspricht in allem Wesentlichen den Artikeln II und III des Gesetzes vom 5. April 1888 und dem § 18 des EG. zur MilStGO. Sie reiht sich ohne jede Schwierigkeit hier ein, da auch bei ihr der Schutz der Staatssicherheit den Hauptzweck der Strafdrohung bildet.

## Zweiter Abschnitt.

## Verletzung des Staatsoberhauptes.

Durch die Überschrift werden die von Hamm (Reform II 16, 35) gegen den VE. erhobenen Bedenken beseitigt.

### § 126. Tätlichkeiten.

Der VE. faßt die beiden Absätze von GE. § 115 in einen einzigen zusammen, da bei der Weite der Strafrahmen und der allgemeinen Zulassung mildernder wie erschwerender Umstände eine Unterscheidung zwischen den Bundesfürsten und den Mitgliedern eines Bundesfürstlichen Hauses als überflüssig erschien.

### § 127. Majestätsbeleidigung.

Die Zusammenfassung der beiden Paragraphen 116, 117 des VE. ist aus den zu § 126 angeführten Gründen erfolgt. Eine wesentliche Abweichung vom VE. enthält der zweite Absatz des § 127 GE.: „Die Verfolgung findet nur auf Antrag des Reichskanzlers oder der Justizverwaltung des Landes statt, dem der Beleidigte angehört." Diese Änderung entspricht den Vorschlägen, die Hamm (Reform II 17) und Oetker (Reform I 297) gemacht haben; sie rechtfertigt sich durch das Bestreben, die Verfolgung von Majestätsbeleidigungen nicht von willkürlicher Denunziation einer Privatperson, sondern von dem wohlerwogenen Entschluß der obersten Instanz der Justizverwaltung abhängig zu machen.

Im übrigen ist die Fassung festgehalten, wie sie der VE. aus dem Gesetz vom 17. Februar 1908 übernommen hat. Trotz der juristischen Bedenken, die gegen diese Fassung mit Recht von verschiedenen Seiten geltend gemacht worden sind (vgl. auch die Erläuternden Bem. zum österr. VE. S. 170) schien es nicht angezeigt, durch Änderung in der Fassung den Streit der Meinungen über den Begriff der Majestätsbeleidigung aufs neue zu entfachen. Nur insoweit ist der GE. abgewichen, als er das

Erfordernis der „Überlegung“ durch das des „Vorbedachts“ ersetzt hat. Diesen Vorschlag hatte bereits die Regierungsvorlage zu dem Gesetz von 1908 gemacht (vgl. dazu Reichstag 12. Legislaturperiode 1. Session 1907/08, Drucksachen No. 564 S. 23, 5, 9, 10); er wurde damals abgelehnt und statt dessen der im „StGB. und in der Rechtsprechung“ schon eingebürgerte Begriff der „Überlegung“ gesetzt. Da der GE. in § 253 aber auch bei dem Mord das Merkmal der Überlegung durch das des Vorbedachts ersetzt hat, wird jener Grund hinfällig (vgl. das unten zu §§ 253, 254 Gesagte). Dazu kommt, daß nach einer Entscheidung des Reichsgerichts aus jüngster Zeit (Deutsche Jur.-Ztg. 15, 768) der Begriff der Überlegung enger sein soll als der des Vorbedachts (s. auch Drucksachen des Reichstags a. a. O. S. 9, 10).

### § 128. **Wappenmißbrauch.**

Der Paragraph ist aus den Übertretungen (VE. § 307 Ziff. 1) herübergenommen und zu den Vergehen gestellt worden, da er nicht bloß eine generelle Gefährdung, sondern die konkrete Verletzung eines ausschließlichen Rechts unter Strafe stellt.

## Dritter Abschnitt.

## Verletzung staatsbürgerlicher Rechte.

Die Überschrift dieses Abschnittes, der dem vierten Abschnitt des VE. entspricht, ist, dem Vorschlag von Wach (Reform I 30) gemäß, gekürzt.

### § 129. **Nötigung gesetzgebender Versammlungen oder ihrer Mitglieder.**

Der Tatbestand ist dem VE. § 118 gegenüber verdeutlicht; der Hinderung an der Ausübung der Befugnis ist die Nötigung zur Ausübung ausdrücklich gleichgestellt. Der Neufassung entspricht die Änderung der Randbezeichnung. Die Gestaltung als Versuchsdelikt, die von Binding (GS. 77 S. 14) wie von Wach (DJZ. 15 S. 112) gerügt worden ist, hat der GE. aufgegeben, der Tatbestand ist auf die Vollendung abgestellt. Der Versuch ist nach GE. § 27 strafbar.

## § 130. Nötigung Wahlberechtigter.

Auch hier ist, wie in § 129, nicht die „Hinderung an der freien Ausübung", sondern allgemein die „Nötigung zur Ausübung oder Nichtausübung des Wahlrechts" mit Strafe bedroht; auch hier ist, wie in § 129, der Tatbestand nach den Vorschlägen von Binding und Wach als Vollendungsdelikt gestaltet.

In zwei wichtigen Punkten geht der GE. ferner über den VE. hinaus. Neben der Nötigung durch Gewalt oder Drohung mit Gewalt straft er auch die Nötigung durch „Drohung mit Zufügung wirtschaftlicher Nachteile" (hierfür auch Gottschalk, Der Schutz des Wahlrechts im VE., Häringsche Festgabe für v. Liszt 1911, S. 87ff., insbes. S. 90); er will ferner den Wahlberechtigten gegen arglistige Täuschung schützen, die ihn an der seinem Willen entsprechenden Ausübung des Wahlrechts hindert oder zu einer seinem Willen nicht entsprechenden Ausübung veranlaßt. Die beiden neu vorgeschlagenen Strafdrohungen wenden sich gegen Mißbräuche, die in den Wahlkämpfen der letzten Jahre oft genug vorgekommen sind und die freie Ausübung des Wahlrechts vielfach gehemmt haben; sie sind darauf berechnet, das öffentliche Gewissen zu schärfen und durch ihre generalprävenierende Wirkung jenen Mißbräuchen zu steuern. Die von Hamm (Reform II 28) dagegen geltend gemachten Bedenken haben die Verfasser des GE. für überzeugend nicht ansehen können.

## § 131. Verletzung des Wahlgeheimnisses.

Der Tatbestand der Verletzung des Wahlgeheimnisses ist ebenfalls neu eingefügt. Wie die Erfahrung lehrt, wird in zahlreichen Fällen die geheime Stimmabgabe dadurch in ihr Gegenteil verkehrt, daß durch besondere Veranstaltungen (etwa durch die Verwendung von Kästchen, in denen die Wahlzettel der Reihe nach auf einander gelegt werden, unter gleichzeitiger Listenführung über die Abstimmenden) festgestellt wird, wie der Wahlberechtigte gestimmt hat. Auch hier erschien aus den zu § 130 entwickelten Gründen die Aufstellung einer neuen Strafdrohung gerechtfertigt (ebenso Sontag, Der VE. eines deutschen Strafgesetzbuchs 1911 S. 61; vgl. auch Gottschalk a. a. O. S. 99—101).

### § 132. Wahlfälschung.

Die Fassung des Tatbestandes schließt sich an den VE. § 120 an.

### § 133. Wahlbestechung.

Die Einfügung des Wortes „anbietet" vor den Worten „verspricht oder gewährt" entspricht dem Vorschlag von Hamm (Reform II 26, so auch Gottschalk a. a. O. S. 95). Folgerichtig mußte dann aber auch im zweiten Absatz das Wort „fordert" vor „annimmt oder sich versprechen läßt" eingeschoben (so auch Gottschalk a. a. O. (und damit volle Übereinstimmung mit der „Beamtenbestechung" geschaffen werden. Im übrigen ist die Fassung vereinfacht. Der weitere Vorschlag von Hamm, auch den zu bestrafen, der einen anderen zu derartigen Bestechungen dingt, oder der sich dazu dingen läßt, ist in den GE. nicht aufgenommen worden, da solche Fälle wohl nur ganz ausnahmsweise vorkommen dürften und ihre Feststellung mit besonderen Schwierigkeiten verbunden sein würde.

### § 134. Wahlstörung.

Der Tatbestand ist gegenüber dem VE. § 122 ganz wesentlich vereinfacht. Das Wort „böswillig" ist nach den Vorschlägen von v. Lilienthal (Z. 30 S. 244) und Binding (GS. 77 S. 53) gestrichen, da es eine bedenkliche Einschränkung der Strafbarkeit mit sich bringen würde. Neben dem „hindern" braucht das „vereiteln" nicht besonders hervorgehoben zu werden. Die Worte des VE. „durch Erregung von Lärm oder Unordnung" aber erschienen zumal neben der allgemeinen Wendung „oder auf ähnliche Weise" als überflüssig. Die teilweise Gestaltung als Versuchsdelikt im VE. ist um so mehr aufgegeben, als der Versuch nach § 27 GE. strafbar ist.

## Vierter Abschnitt.

## Angriffe gegen die Staatsgewalt.

In diesem Abschnitte faßt der GE. vor allem die Verbrechen und Vergehen zusammen, die der VE. im 6. Abschnitte mit „Widerstand gegen die Staatsgewalt" bezeichnet. Eine Änderung dieser Überschrift des VE. erschien wünschenswert, weil der Begriff des „Widerstandleistens" aus den Tatbeständen dieses Abschnittes völlig verschwunden ist, nachdem ihn schon der VE. allein im § 130 Abs. 1 beibehalten hatte (Goldschmidt, Reform II 43).

Gleichzeitig ermöglichte die vom GE. (ähnlich dem schweiz. VE. 15. Abschnitt und dem österr. VE. 13. Hauptstück) gewählte weitere Bezeichnung „Angriffe gegen die Staatsgewalt" die Aufnahme der in den §§ 131, 138—144 des VE. geregelten Delikte in den vorliegenden Abschnitt. Diese Delikte richten sich unzweifelhaft gegen den Staat als Angriffsobjekt, nicht wie die übrigen Delikte des 7. Abschnitts des VE. gegen das Gemeinwohl; als „Widerstand" kann man sie — insbesondere die Staatsverleumdung und die Verletzung von Hoheitszeichen — aber kaum mit Recht bezeichnen.

## § 135. Beamtennötigung.

Einem Vorschlage Bindings (Gerichtssaal Bd. 77 S. 14) folgend, hat der GE. dem bisherigen Versuchstatbestande des § 126 Abs. 1 u. 2 VE. die Form des Vollendungstatbestandes gegeben. Er sieht das Wesentliche des Delikts nicht in dem „Widerstand zum ungesetzlichen Zweck" (so Wach, Reform I 35), sondern in der tatsächlich erfolgten widerrechtlichen Nötigung (ebenso schweiz. VE. Art. 200 Ziff. 1). Übrigens bleibt ja der Versuch zu diesem Vergehen nach der allgemeinen Vorschrift des § 27 GE. strafbar.

Im ersten Absatze des § 135 wird im Gegensatze zum VE. nicht die Nötigung zu jeder Amtshandlung, sondern nach dem Vorgange des österr. VE. (§§ 156, 157) nur die Nötigung zu einer „rechtswidrigen" Amtshandlung mit Strafe bedroht. Wenngleich diese Neuerung nur von geringer praktischer Bedeutung ist (vgl. Goldschmidt, Reform II 53 Anm. 2), so ist es doch unbillig, in gleicher Weise den zu bestrafen, der sich sein gutes Recht erzwingt, und den, der den Beamten zu einer dem Rechte zuwiderlaufenden Handlung nötigt. Die Autorität des Staates, die doch durch diesen Paragraphen in erster Linie geschützt werden soll, ist jedenfalls in weit geringerem Maße gefährdet, wenn die abgenötigte Handlung selbst vom Staate gebilligt wird (vgl. Erläuternde Bemerkungen zum österr. VE. S. 182).

Durch den neu eingefügten dritten Absatz gibt der GE. dem Richter die Möglichkeit, in besonders leichten Fällen von Strafe überhaupt abzusehen. Gerade unter den hier geregelten Tatbestand fallen erfahrungsgemäß auch so geringfügige und entschuldbare Taten, „daß eine Bestrafung nicht nötig und Straflosigkeit vom

Standpunkte der Prävention nicht schädlich erscheint" (Begründung zum VE. Allgemeiner Teil S. 323—324).

Mit Zuchthaus bis zu fünf Jahren wird in § 135 Abs. 4 GE. die Beamtennötigung dann bedroht, wenn durch sie der Beamte usw. „in schwere persönliche Gefahr geraten ist." Der andere schwere Fall des VE.: — „ist der Beamte erheblich körperlich verletzt worden" — ist im GE. weggefallen. Wird durch die Handlung des Täters der Beamte erheblich körperlich verletzt, so wird für ihn die Handlung wohl immer gleichzeitig eine „schwere persönliche Gefahr bedeuten". Außerdem aber ist es nicht glücklich, den hier ergänzend eingreifenden Begriffen der „einfachen," „gefährlichen," „schweren" und durch Todesfolge qualifizierten Körperverletzung (§§ 227—230 VE; §§ 265, 266, 268, 269 GE.) nun noch einen besonderen Begriff der „erheblichen" Körperverletzung hinzuzufügen, wie es der VE. tut (vgl. Wach, Vergl. Darstellung Allgem. Teil Bd. VI S. 72). Es mag hier dahingestellt bleiben, ob nicht überhaupt die Praxis entgegen der Begründung zum VE. (Besonderer Teil S. 470 Anm. 2) den Begriff „erheblich" regelmäßig dem der „schweren" Körperverletzung gleichstellen würde. Dann aber würde die Aufnahme des ersteren Begriffs in § 135 Abs. 4 GE. wenigstens für den Fall der besonders strafwürdigen vorsätzlichen Verletzung nur eine Wiederholung der Strafdrohung des § 268 Abs. 1 GE. bedeuten.

Die „besonders schweren Fälle" des § 126 Abs. 3 VE. konnten im Hinblick auf § 89 GE. gestrichen werden. Andererseits konnte, da der GE. in § 87 in allen Fällen mildernde Umstände zuläßt, für den in Abs. 4 behandelten Fall allgemein Zuchthaus bis zu fünf Jahren angedroht werden.

Als Randbezeichnung für diesen Paragraphen hat der GE. den von Goldschmidt (Reform II 53 Anm. 3) vorgeschlagenen Ausdruck „Beamtennötigung" gewählt, der sich zwar nicht mit dem ganzen Tatbestande des § 135, aber doch mit dessen größtem Teile deckt, während die Randbezeichnung „Widerstand" des VE. in der Fassung des VE. und noch mehr in der des GE. nicht den geringsten Anhalt findet.

## § 136.

Das Begriffsmerkmal der „rechtmäßigen Ausübung des Amtes" auf Seiten des Vollstreckungsbeamten in § 113 des geltenden StGB.

hat in der Literatur die verschiedensten Auslegungen erfahren (Näheres hierüber bei Goldschmidt, Reform II 48 ff.) Die begründete Befürchtung, daß das Begriffsmerkmal der „rechtmäßigen Amtshandlung" des VE. und des GE. einer gleichen verschiedenartigen Auslegung unterliegen werde, ließ den Verfassern des GE. eine ausdrückliche gesetzliche Bestimmung darüber wünschenswert erscheinen, wann denn eigentlich eine Amtshandlung „rechtmäßig" im Sinne des vorhergehenden Paragraphen sei.

Der GE. schützt den Vollstreckungsbeamten immer schon dann, wenn dieser „innerhalb seiner Zuständigkeit und unter Beobachtung der wesentlichen Formen gehandelt hat". Erforderlich und genügend ist also, daß der Beamte das staatliche „ius executionis" in sich verkörpert; nicht erforderlich ist, daß die Amtsausübung in der Sache gerechtfertigt war, mit anderen Worten, daß ein staatliches „ius exequendi" vorlag (Goldschmidt, Reform II 51).

Die Streitfrage, ob in subjektiver Hinsicht ein Irrtum des Täters über die Rechtmäßigkeit eine Bestrafung ausschließt (Frank, Kommentar, 8.—10. Aufl., § 113 No. VII; v. Liszt, Lehrbuch, 18. Aufl., S. 565; Meyer-Allfeld, Lehrbuch S. 649; Olshausen, Kommentar, 8. Aufl., § 113 No. 28) oder nicht (Reichsgericht, zuletzt in E. XXII 300), wird durch den vorliegenden neueingefügten Paragraphen des GE. ebenfalls beseitigt. Die Fassung dieses Paragraphen in Verbindung mit § 20 GE. ergibt folgendes: dem Täter muß allerdings die Vorstellung nachgewiesen werden, daß der Beamte „innerhalb seiner Zuständigkeit und unter Beobachtung der wesentlichen Formen gehandelt hat"; dagegen kann sich der Täter nicht mehr darauf berufen, er habe die Amtshandlung des Beamten für sachlich ungerechtfertigt gehalten (Goldschmidt, Reform II 51—52 und 53).

## § 137. **Aufruhr.**

1. Der Tatbestand des Aufruhrs im Abs. 1 dieses Paragraphen ist der gleiche wie der Tatbestand des § 127 Abs. 1 VE.

2. Aus dem Abs. 2 ist der Begriff der „Rädelsführer" verschwunden; auch dem schweiz. VE. Art. 200 und dem österr. VE. §§ 161, 162 ist er unbekannt. Berechtigterweise wird von verschiedenen Seiten dieser Begriff — trotz annähernd überein-

stimmender Definitionen in der Literatur (vgl. Binding, Lehrbuch II, II 798; Frank, Kommentar § 115 IV 1; v. Liszt, Lehrbuch S. 229 Anm. 6; Olshausen, Kommentar § 115 No. 6a) — als zu wenig scharf umrissen getadelt (Goldschmidt, Reform II 55; M. E. Mayer, VD. Bes. T. I 473). Tatsächlich werden häufig von den am Aufruhre Beteiligten gerade solche Personen als Rädelsführer angegeben, die nur eine ganz geringe Rolle bei der Begehung des Deliktes gespielt haben; von Außenstehenden ist es aber schwer festzustellen, wer von den Teilnehmern die „geistige Leitung der Rotte" innehat (v. Liszt, Lehrbuch S. 229 Anm. 6). Der GE. unterstellt daher nicht die „Rädelsführer", sondern statt ihrer den der schwereren Strafdrohung des Abs. 2, der „zu der Zusammenrottung aufgefordert" hat (über den Begriff der „Aufforderung" und ihr Verhältnis zur Anstiftung ist das oben zu § 115 Gesagte zu vergleichen). Oft wird der Anstifter gleichzeitig „Rädelsführer" sein; aber auch dann, oder vielmehr gerade dann, wenn er andere zum Aufruhr aufhetzt und sich bei der Ausführung im Hintergrunde hält, trifft ihn in erhöhtem Maße die Verantwortlichkeit.

### § 138. **Auflauf.**

Der GE. behandelt den „Auflauf" grundsätzlich nicht wie der VE. § 128 (vgl. Begr. S. 472—473) und der österr. VE. § 235 als Gefährdungsdelikt, sondern als Verkehrspolizeidelikt; er folgt damit dem § 116 Abs. 1 des geltenden deutschen StGB. Die notwendige Folge dieser grundsätzlichen Behandlung ist die Wiederaufnahme der Ortsbezeichnung aus § 116 Abs. 1 durch den GE. Um aber allen irrigen Auslegungen des Begriffes „öffentliche Wege . . ." vorzubeugen, verlangt der GE. in seinem Tatbestande als Ort der Begehung ausdrücklich „dem öffentlichen Verkehr dienende Wege, Straßen oder Plätze" (vgl. RG. E. XXI 370). Er vermeidet dadurch gleichzeitig eine Kollision mit dem Reichsvereinsgesetze v. 19. April 1908, da dieses die Befugnisse der Verkehrspolizei in keiner Weise berührt (Goldschmidt, Reform II 58), während die Stellung des § 128 VE. gegenüber nach dem Reichsvereinsgesetz erlaubten oder genehmigten „öffentlichen" Versammlungen recht zweifelhaft ist (ausführlich hierüber Goldschmidt, Reform II 56—57).

Abgesehen von dieser Abweichung in der grundsätzlichen Stellungnahme, ist der § 128 VE. unverändert geblieben.

## § 139. Gefangenenbefreiung.

Die Hauptneuerung des GE. gegenüber dem § 129 VE. ist die Gleichstellung „anderer auf behördliche Anordnung verwahrter Personen" mit den Gefangenen (ebenso österr. VE. § 199 Ziff. 3; das norwegische StGB. § 346 Abs. 2). Auch nach geltendem Rechte wird oft die Strafbarkeit der Befreiung z. B. eines gemeingefährlichen Geisteskranken behauptet (RG. in einer Entscheidung, mitgeteilt in der Medizinalbeamtenzeitung vom 20. Dezember 1910, Monatsschrift für Kriminalpsychologie und Strafrechtsreform Bd. VIII S. 103; Frank, Kommentar § 120 Nr. II 2; Olshausen, Kommentar § 120 Nr. 2); die Mehrheit der Schriftsteller hält aber mit Recht daran fest, daß z. B. der in einer Irrenanstalt Internierte ein „Kranker", kein „Gefangener" sei (Binding, Lehrbuch II, II S. 584; v. Liszt, Lehrbuch S. 562; M. E. Mayer, Befreiung von Gefangenen S. 7; Meyer-Allfeld, Lehrbuch S. 664; Vocke, Bemerkungen zum Vorentwurf S. 90—91; Weber, Monatsschrift für Kriminalpsychologie und Strafrechtsreform Bd. VIII S. 104). Auch die Begründung zum VE. (Besonderer Teil S. 473) erklärt ausdrücklich letztere Auffassung für die richtige. Der GE. erfüllt die Forderung nach einer Strafdrohung für die Befreiung von Fürsorgezöglingen (Goldschmidt, Reform II 69; Kronecker, Reform II 300; Vocke S. 93—94), gemeingefährlichen Irren (Dreyer, Monatsschrift für Kriminalpsychologie VII S. 82; M. E. Mayer S. 7 ff.; Vocke S. 90 ff.), Trinkern (Vocke S. 93) usw. aus folgenden Gründen: Die Befreiung dieser Personen bedeutet für die Allgemeinheit — insbesondere in den Großstädten — eine schwere Gefahr (vgl. hierüber Dreyer S. 82; Vocke S. 90); gleichzeitig aber ist sie, wenn die Verwahrung auf behördliche Anordnung erfolgt ist, Verletzung einer staatlichen Schutzmaßregel und Mißachtung der Staatsautorität. Nachdem vollends der VE. (§§ 43, 65, 69) und der GE. (§§ 14, 17, 69) in weitem Umfange die gerichtliche Anordnung solcher „Verwahrungen" vorgeschrieben, kommt noch hinzu, daß durch die Befreiung der Urteilsvollzug verhindert oder unterbrochen wird. Daraus ergibt sich die Notwendigkeit, die unterschiedliche Behandlung von „Gefangenen" und anderen auf behördliche Anordnung verwahrten Personen aufzugeben.

Auch der GE. stellt dem, der einen Gefangenen befreit, den gleich, der das „Entweichen" — also die straflose Selbstbefreiung — des Gefangenen befördert. Dagegen erschien es überflüssig, auch die Beförderung der „Befreiung“ in den Tatbestand aufzunehmen. Diese ist bereits nach den allgemeinen Bestimmungen als Beihilfe zur Befreiung strafbar; es liegt aber kein Grund vor, gerade in diesem besonderen Falle die schärfere Strafdrohung für den Täter auch auf den Gehilfen auszudehnen.

Über die Teilnahme des Gefangenen an seiner durch einen Dritten bewirkten Befreiung usw. vgl. GE. § 35 (und dazu oben S. 55).

Die allgemeine Bestrafung des Versuches durch den GE. bedingt den Fortfall des § 130 Abs. 2 VE.

Der Tatbestand des Abs. 2 GE., der dem Abs. 3 VE. entspricht, bringt außer der oben besprochenen Neuerung („oder Verwahrten“) und unwesentlichen sprachlichen Änderungen (vgl. hierzu Hümmer, Dtsch. Jur.-Ztg. Bd. 15 Sp. 1443) die Streichung der Qualifizierung des Vorsatzdelikts. Grund ist, daß der GE. (s. oben S. 74) keine Strafminima kennt und die Straferhöhung für besonders schwere Fälle (GE. § 89) und gegenüber Beamten (GE. § 90) ausreicht.

## § 140. **Meuterei.**

Indem der GE. den Versuchstatbestand des § 130 VE. durch einen Vollendungstatbestand ersetzt, verfolgt er den bereits in §§ 129, 130, 134, 135 GE. beschrittenen Weg. Es sei an dieser Stelle daher auf die Begründung zu diesen Paragraphen verwiesen (vgl. dazu Binding, Gerichtssaal Bd. 77 S. 14 und Mayer, Reform I 353 Anm. 3).

Als Täter der Meuterei kommen neben den „Gefangenen“ im Gegensatze zum VE. auch „andere auf behördliche Anordnung verwahrte Personen“ in Betracht. Die Gleichstellung erfolgte auch hier aus denselben Gründen wie im vorhergehenden Paragraphen; sie ist hier praktisch besonders wichtig für Fürsorgezöglinge.

Wohl nur aus Versehen — wie Goldschmidt (Reform II 43 und 61) betont — hat der VE. in dem Tatbestande der Meuterei das „Widerstandleisten“ stehen gelassen. Dieser unklare Begriff ist hier ebenso überflüssig wie an den anderen Stellen, wo ihn auch der VE. tatsächlich gestrichen hat. Es ist daher selbstverständlich, daß ihn der GE. nicht übernimmt (vgl. oben die allgemeinen Bemerkungen zum 4. Abschnitt).

Ferner bedroht der Abs. 1 des GE., wie in den §§ 114, 135, die „Nötigung“ nur dann mit Strafe, wenn sie „durch Gewalt oder Drohung mit Gewalt" erfolgt; die übereinstimmende Fassung der Tatbestände erschien hier besonders wünschenswert, weil in demselben Absatze auch nur der „tätliche" Angriff als Meuterei bezeichnet wird (vgl. Goldschmidt, Reform II 61).

Im Satz 1 des zweiten Absatzes wählt der GE. das Wort „Täter" statt „Diejenigen Gefangenen." Die letzere Bezeichnung des VE. würde für die anderen Verwahrten des GE. nicht mehr zutreffen; ferner aber muß man sie als sehr unklar bezeichnen; gemeint sind natürlich nur solche Gefangene, die sich einer Meuterei im Sinne des Abs. 1 schuldig machen. — Satz 2 konnte im Hinblick auf die allgemeine Zulässigkeit der mildernden Umstände im GE. gestrichen werden.

## § 141. **Meuterei an Bord.**

Unter der Randbezeichnung „Meuterei an Bord" nimmt der GE. die §§ 100—106 der Seemannsordnung vom 2. Juni 1902 auf Die Bezeichnung „Meuterei" für Auflehnungen der Schiffsmannschaft gegen ihre Vorgesetzten ist allgemein üblich. Über die Einarbeitung dieser Delikte in das allgemeine StGB. vgl. man die Kriegsmannsche Denkschrift unter IV 13 das.

Die Behandlung dieser Delikte als „Staatsverbrechen" mag zunächst auffallend erscheinen. Sie ist dennoch gerechtfertigt, weil, wie Goldschmidt (Reform II 62) mit Recht betont, auf dem Seeschiffe „die Gewalt der Schiffsvorgesetzten gleichsam an Stelle der Staatsgewalt" steht. Dazu kommt als praktischer Vorteil die große Ähnlichkeit der aufzunehmenden Tatbestände mit den vorhergehenden „Angriffen gegen die Staatsgewalt" sowie der Umstand, daß auch die „Meuterei an Bord" — nur strafbar, wenn auf einem deutschen Schiffe begangen — sich als „Angriff auf nationale Interessen" darstellt. — Übrigens findet sich diese Systematik bereits in der strafrechtlichen Literatur (Binding, Lehrbuch II, II 795ff.).

Naturgemäß erfordert der Rahmen des allgemeinen StGB. für das neuaufgenommene Delikt eine andere, vor allem eine einfachere Fassung.

In Abs. 1 umfaßt der Tatbestand: „der . . . den schuldigen Gehorsam verweigert" die Tatbestände der §§ 100, 101, 103 („durch Verweigerung der Dienste nötigt") und 106 der Seemannsordnung. Das „tätliche Angreifen" ist aus § 104 entnommen.

Das „oder . . . nötigt“ des GE. endlich deckt sich mit § 103, soweit dieser nicht bereits in der Gehorsamsverweigerung enthalten ist, und umfaßt zugleich das „Widerstandleisten“ des § 104. Der Strafrahmen im GE. ist entsprechend weiter gewählt.

Die schärfere Strafdrohung für die Täter, die Gewalttätigkeiten gegen einen Vorgesetzten verüben, sofern die Handlung von mehreren auf Verabredung gemeinschaftlich begangen ist, (§ 105 der Seemannsordnung) wird in Abs. 2 des GE. beibehalten, nicht dagegen die gleiche Strafdrohung gegen die „Rädelsführer“ (vgl. oben zu § 137 GE.).

§ 102 der Seemansordnung erschien neben § 32 GE. entbehrlich.

Abs. 3 entspricht dem § 121 Abs. 1 der Seemannsordnung, bildet also für das Delikt des § 141 eine Ergänzung des allgemeingültigen § 4 GE. Dagegen ist § 121 Abs. 2 der Seemannsordnung nicht aufgenommen (vgl. darüber oben S. 153).

## § 142. **Aufwiegelung.**

Den § 131 VE. teilt der GE. in zwei gesonderte Vorschriften. Nur die „Aufwiegelung“ gegen Anordnungen der Obrigkeit stellt sich als „Angriff gegen die inländische Staatsgewalt“ dar und ist daher als Staatsverbrechen in den vorliegenden Abschnitt aufgenommen worden, während die „Aufforderung zu strafbaren Handlungen“ — als ein Delikt gegen die gesetzliche Ordnung überhaupt, auch gegen die der Auslandsstaaten — in den achten Abschnitt (§ 178) verwiesen ist. Mit der Aufstellung zweier gesonderter Tatbestände folgt der GE. dem geltenden Strafrechte, das dieselbe Trennung in den §§ 110, 111 StGB. vornimmt (ebenso auch österr. VE. §§ 163 Ziff. 1 und 239; Goldschmidt, Reform II 65 ff.).

Die Einengung des Tatbestandes durch das Erfordernis der „Gefährdung der gesetzlichen Ordnung“ ist nicht übernommen worden. Es liegt kein Grund für sie vor, sobald der Gesetzgeber darauf verzichtet, das bloße „Aufreizen“ oder gar die „Verherrlichung“ von Verbrechen unter Strafe zu stellen. Eine Aufforderung zur Verletzung der gesetzlichen Ordnung ohne Gefährdung der letzteren wird wohl nur sehr selten möglich sein. Auch hierin stimmt der GE. mit dem geltenden Rechte (StGB. §§ 110, 111) und dem österr. VE. (§ 163 Ziff. 1) überein.

Nur das „Auffordern“, nicht auch — im Gegensatze zu § 131 VE. — das „Aufreizen“ zur Auflehnung stellt der GE. unter

Strafe (ebenso das geltende Recht in §§ 110, 111 StGB). Die Gründe für diese Streichung sind bereits oben zu § 115 GE. entwickelt. Für die Aufwiegelung kommt noch die weitere Erwägung hinzu, daß Angriffsobjekt auch Gesetze, rechtsgültige Verordnungen und obrigkeitliche Anordnungen sind, deren Verletzung nur mit Übertretungs- oder aber mit gar keiner Strafe bedroht ist, daß es also hier einer so weit gehenden Schutzvorschrift nicht bedarf (Goldschmidt, Reform II 71 ff.). Über den Wegfall der „Verherrlichung begangener Verbrechen" vgl. das unten zu § 178 Gesagte.

Der Fortfall der „Verbreitung von Schriften, Abbildungen oder Darstellungen" als Ergänzung der „öffentlichen" Begehung rechtfertigt sich durch den Hinweis auf GE. § 12 Ziff. 4.

## § 143. **Staatsverleumdung.**

§ 143 GE. tritt an die Stelle des § 138 VE. Tatbestandshandlung der Staatsverleumdung ist nach ihm das „Behaupten oder Mitteilen von unwahren Tatsachen". Die Ersetzung des „Verbreitens" durch „Mitteilen" ist aus den unten zu § 283 angeführten Gründen erfolgt. Damit ist zugleich die „Staatsverleumdung" mit der „Verleumdung" (§ 285) in Übereinstimmung gebracht.

Einem Vorschlage Goldschmidts (Reform II 88) und v. Hippels (Vgl. Darst. Bes. T. II 83 ff.) folgend, erweitert der GE. den Tatbestand des § 138 VE., indem er eine Absicht des Täters, durch seine Handlung „Staatseinrichtungen oder Anordnungen der Obrigkeit verächtlich zu machen", nicht erfordert. Die Aufnahme eines solchen Merkmals erschwert die Anwendung der Strafvorschrift. Die Annahme, daß sie zum Schutze der freien Meinungsäußerung erforderlich sei (Begr. zum VE. S. 496), ist nicht richtig. Wer in Wahrnehmung berechtigter Interessen Kritik an Einrichtungen oder Anordnungen der Staatsgewalt üben will, ist eben von der Berechtigung seiner Behauptungen und Mitteilungen überzeugt, handelt also nicht „wider besseres Wissen"; mit Recht betont v. Hippel (Vgl. Darst. Bes. T. II 83 ff.), daß bewußte Unwahrheit und berechtigte Kritik „unversöhnliche Gegensätze" sind. Zum Schutze der letzteren genügt daher, wie bei der gemeinen Verleumdung, vollkommen die Aufnahme des Merkmals „wider besseres Wissen" in den Tatbestand des vorliegenden Paragraphen.

Andererseits stellt sich natürlich nicht die Behauptung jeder unwahren Tatsache als „Staatsverleumdung" dar. Der GE. verlangt daher, daß die behauptete oder mitgeteilte Tatsache objektiv geeignet ist, „Staatseinrichtungen oder Anordnungen der Obrigkeit verächtlich zu machen".

## § 144. Verletzung von Hoheitszeichen.

Der sich dem § 143 GE. sinngemäß anreihende § 144 GE. entspricht seinem Tatbestande nach wörtlich dem gleichen Paragraphen des VE.

## § 145. Bruch amtlicher Verwahrung.

Der Tatbestand des § 140 VE. ist in verschiedenen Richtungen vereinfacht. Statt von „Schriftstücken oder anderen Sachen" spricht der GE. von „beweglichen Sachen" schlechthin.

Die schwerfällige und überflüssige Aufzählung des § 140 VE.: „wer zerstört, beschädigt oder in anderer Weise der amtlichen Verfügung entzieht" ist vermieden. Das „Zerstören und Beschädigen" (letzteres als teilweises Zerstören) wird durch das „Entziehen" gedeckt.

Die wichtigste Neuerung — gleichzeitig für die §§ 146 und 147 GE. — ist, daß die Kriterien der staatlichen Verfügungsgewalt als Tatbestandsmerkmale aufgenommen worden sind. Das bisherige Fehlen dieser Merkmale hat zu der größten Uneinigkeit in der Rechtsprechung geführt (vgl. RG. Entscheidungen Bd. XXVIII 382; — VIII 35; XXII 5; XXXIV 398, 399; XXXVI 155ff.; — IX 403; XIV 151; — Übersicht bei Goldschmidt, Reform II 89, 90). Die Begründung, mit der der VE. (Begründung S. 499) die Aufnahme ablehnt, ist keineswegs überzeugend (vgl. Goldschmidt, Reform II 90). Wir finden den Begriff der staatlichen Verfügungsgewalt nirgends außerhalb des StGB. geregelt, und wenn dieses nun die Verletzung der staatlichen Verfügungsgewalt mit Strafe bedroht, so ist es sehr wohl seine Aufgabe zu erklären, was es unter ihr versteht. Diese Regelung widerstrebt keineswegs dem Charakter eines StGB. Der Vergleich mit der „fremden Sache" beim Diebstahl trifft nicht zu, weil ja die Frage der „eigenen" und damit der „fremden" Sache gerade im Zivilrecht vollkommen festgestellt wird. — Daß die Regelung erforderlich ist, zeigen die oben genannten verschiedenartigen Entscheidungen des Reichsgerichts.

Aus diesen Gründen verlangt § 145 GE., daß die betreffenden Sachen „von den — örtlich und sachlich — zuständigen Behörden oder Beamten unter Beobachtung der wesentlichen Formen" in Verwahrung genommen sind. Diese Fassung entspricht der Auslegung, die das Reichsgericht nach geltendem Rechte dem § 137 StGB. gegeben hat, und gleicht der Fassung des § 136 GE. Auf die Begründung zu dem letztgenannten Paragraphen sei daher an dieser Stelle kurz verwiesen (vgl. auch Goldschmidt, Reform II 91; Merkel, Vgl. Darst. Bes. T. II 356 ff.).

Nach dem Gesagten ist es nicht erforderlich, daß die Begründung der amtlichen Verwahrung materiell gerechtfertigt war. Es erschien daher als wünschenswert gerade im Hinblick auf die Fälle, in denen die Beschlagnahme materiell ungerechtfertigt war, Straflosigkeit „in besonders leichten Fällen" zuzulassen (vgl. Goldschmidt, Reform II 92, 93). Die Hervorhebung des erschwerenden Umstands der Gewinnsucht ist durch GE. § 89 überflüssig gemacht.

## § 146. **Pfandbruch.**

Im Gegensatze zum VE. stellt der GE. das Delikt des Pfandbruchs als das nach dem VE. schwerere, nach dem GE. speziellere vor das des Amtssiegelbruchs (§ 147 GE.; § 141 VE.).

Das zum vorhergehenden Paragraphen Gesagte gilt auch für § 146 GE. Außerdem ist auch in diesem die exemplifikatorische Aufzählung mehrerer Ausführungshandlungen vermieden worden (ebenso wie der GE. der schweiz. VE. Art. 207). Es ist nicht recht verständlich, aus welchem Grunde der VE. (siehe Begründung zu diesem S. 499) an dieser Stelle neben der Entziehung die Zerstörung und das Beiseiteschaffen „der größeren Anschaulichkeit wegen" in den Tatbestand aufnimmt, während er das Beiseiteschaffen des § 133 StGB. in seinem § 140 als irreführend (vgl. Goldschmidt Reform II 94) gestrichen hat.

Besonderer Regelung bedurfte noch die Streitfrage, ob schon ein gerichtlicher Beschlagnahmebeschluß eine Beschlagnahme im Sinne des Pfandbruchsparagraphen darstelle (vgl. RG. Entscheidungen Bd. XXIV 10; XLI 256; — Binding, Lehrbuch Bes. T. II, II S. 609 ff.; Merkel Vgl. Darst. Bes. T. Bd. II S. 361; Goldschmidt, Reform II 95). Da die Strafdrohung des § 146 dem Schutze der manifestierten staatlichen Verfügungsgewalt dient — (RG. Entscheidungen Bd. XXIV 52; — Goldschmidt, Reform II

95), mußte die Frage verneint werden. Nur dann kann vielmehr Pfandbruch im Sinne des § 146 GE. vorliegen, wenn die der Verstrickung entzogenen Sachen „in äußerlich erkennbarer Weise .... in Beschlag genommen sind" (Beispiele bei Goldschmidt a. a. O.). Der Vorteil der Gläubiger wird in dieser Fassung allerdings weniger berücksichtigt; aber das Delikt des „Pfandbruches" ist seinem ganzen Wesen nach eine Verletzung der Staatsgewalt, nicht eine Verletzung der Gläubigerinteressen. Nur die Staatsgewalt — nicht so sehr der Gläubiger — ist daher im vorliegenden Paragraphen zu schützen. Dem Gläubigerschutze soll vielmehr der § 313 GE. (§ 293 VE.) dienen (vgl. Goldschmidt, Reform II 95—96).

Da trotz Vorliegens des Tatbestandes die Strafwürdigkeit der Tat sehr gering sein kann, ist in Abs. 2 dem Richter die Befugnis eingeräumt, in besonders leichten Fällen von Strafe abzusehen.

### § 147. **Amtssiegelbruch.**

Die Neuerungen, die der GE. in diesem Paragraphen gegenüber § 141 VE. bringt, sind zum größten Teile bereits durch die Begründung zu § 145 GE. gerechtfertigt worden. Diese Neuerungen sind die gesetzliche Regelung, wann die amtliche Verfügungsgewalt vorliegt, und die Zulassung der Straflosigkeit in besonders leichten Fällen durch den neu angefügten Abs. 2.

Außerdem war hinsichtlich der Ausführungshandlung an der Fassung des § 141 VE. zweierlei zu ändern. Einmal wird das „Aufheben" durch das „Unwirksammachen" gedeckt und ist daher neben diesem überflüssig. Und dann ist das Verhältnis des „Ablösens" und „Beschädigens" zum „Unwirksammachen" durch Streichen der Worte „auf andere Weise" aus einem Verhältnisse der Subordination zu einem solchen der Koordination gemacht worden (das letztere herrscht auch im schweiz. VE. Art. 208 und im österr. VE. § 201 Ziff. 2). Es kann ein amtlich angelegtes Siegel auch in der Art beschädigt werden, daß der amtliche Verschluß weder aufgehoben noch unwirksam gemacht ist (vgl. Goldschmidt, Reform II 94).

### § 148. **Verletzung amtlicher Bekanntmachungen.**

Im Abs. 1 dieses Paragraphen übernimmt der GE. so gut wie wörtlich den § 143 des VE.

Da aber gerade auch dieses Delikt oft die harmlosesten Formen annehmen kann, so läßt Abs. 2 des GE. auch bei ihm die Möglichkeit zu, in besonders leichten Fällen von Strafe abzusehen.

## § 149. **Ausweisungsbruch.**

Der VE. hat mit Recht dieses Delikt einer Gefängnisstrafe für würdig gehalten und diese wahlweise neben Haft angedroht; trotzdem hat es im VE. die Stellung unter den Übertretungen (§ 305 Ziff. 5 VE.) behalten. Der GE., der die Freiheitsstrafen überhaupt den Verbrechen und Vergehen vorbehält (vgl. §§ 1 und 343 GE.), mußte jedenfalls die Tat, die durch Geldstrafe nicht genügend gesühnt sein würde, unter die Vergehen einreihen; er folgt damit auch einem von Rosenberg (Reform II 482) gemachten Vorschlage. Als Verletzung der Staatsautorität mußte sie ihren Platz naturgemäß im vierten Abschnitte des GE. finden.

In der Fassung ersetzt der GE. (wie auch an anderen Stellen) das „Reichsgebiet" durch „Inland". Die Gründe sind die bereits zu § 3 GE. (Begründung, Allgem. T. S. 7) angeführten; besonders wichtig ist die Änderung im § 149 GE. für die Schutzgebiete. Die Ausweisung „aus dem Gebiete eines Bundesstaates" berücksichtigt der GE. im Gegensatze zum VE. nicht. Er steht auf dem Standpunkt, daß die Strafdrohung des § 149 lediglich dazu bestimmt ist, die Ausweisung des § 79 GE. zu sichern.

Da die Fälle, in denen dieses Vergehen unter dem Drucke widriger Verhältnisse begangen wird, sich leicht recht häufig ereignen können, war es angebracht, in Übereinstimmung mit § 310 Abs. 1 VE., im Abs. 2 des § 149 GE. Straflosigkeit in „besonders leichten Fällen" zuzulassen.

## § 150. **Verbreitung von Druckschriften.**

Abs. 1 dieses Paragraphen entspricht dem § 28 des Preßgesetzes vom 7. Mai 1874.

Abs. 2 deckt sich sachlich genau mit der in den §§ 18 Abs. 1 Ziff. 1 und 14 Abs. 1 des Preßgesetzes enthaltenen Strafvorschrift.

## § 151. **Amtsanmaßung.**

Inhaltlich enthält dieser Paragraph gegenüber § 139 VE. keine Neuerung.

Was die Fassung anbetrifft, so wird das „unbefugt" des VE. gestrichen (so auch sonst im GE.). Der Sinn dieses Wortes „ohne Recht zur Amtsführung" bleibt — ganz abgesehen von § 19 Satz 1 GE. — dem Tatbestande dadurch erhalten, daß der § 151 GE. nicht schon den mit Strafe bedroht, der „sich mit Ausübung eines öffentlichen Amtes befaßt" (§ 139 VE.), sondern nur den, der „sich die Ausübung eines öffentlichen Amtes anmaßt" (ebenso schweiz. VE. Art. 203 und österr. VE. § 204). Diese Formulierung der Ausführungshandlung ist der größeren Kürze und Klarheit wegen der des VE. vorzuziehen; auch dieser hat übrigens den Begriff der „Anmaßung" in die Randbezeichnung seines § 139 aufgenommen.

Die andere Alternative des § 139 VE.: „wer eine Handlung vornimmt, die nur kraft eines öffentlichen Amtes vorgenommen werden darf", hat der GE. gestrichen. Diese Ausführungshandlung ist nur eine schwerere Form der „Anmaßung"; ihre besondere Hervorhebung neben dieser dürfte kaum der Deutlichkeit dienen (vgl. Begründung zum VE. S. 496; dagegen Goldschmidt, Reform II 88), sondern viel eher Anlaß geben, einen Unterschied zwischen den beiden Handlungen zu konstruieren, der in Wahrheit garnicht besteht.

## § 152. **Anmaßung von Abzeichen.**

Die Anmaßung von Abzeichen ist häufig — besonders wenn sie von Hochstaplern begangen wird — so gefährlich, daß die Verhängung einer Geldstrafe für sie nicht genügt. Da nun der GE. als Übertretungsstrafe Freiheitsstrafe nicht kennt (§ 343 GE.), mußte er dieses Delikt unter die Vergehen da einreihen, wo es sich seinem Wesen nach unmittelbar anschließt. — Die Nennung eines falschen Namens einem zuständigen Beamten gegenüber erschien dagegen nicht so strafwürdig und bleibt Gegenstand einer besonderen Strafvorschrift im Buch II des GE. („Übertretungen"; vgl. GE. § 359 Ziff. 1).

Die Fassung ist entsprechend der des § 151 GE. geändert. Das „unbefugt" ist gestrichen und dafür das „Anmaßen" zur Ausführungshandlung gemacht worden. Demgemäß ist auch die Randbezeichnung „Anmaßung von Abzeichen" gewählt worden.

Durch die Erhöhung des Strafrahmens für dieses allgemeine Delikt ist die Strafvorschrift des § 19 des Gesetzes betr. die Patentanwälte vom 21. Mai 1900 überflüssig geworden.

## Fünfter Abschnitt.

# Verletzung der Wehrpflicht.

Gegenüber der vom VE. verwendeten Überschrift „Vergehen gegen die Wehrpflicht, das Heer und die Marine" empfiehlt sich die vom GE. vorgeschlagene Fassung durch ihre Kürze.

### § 153. Aufforderung oder Beihilfe zur Verletzung der militärischen Dienstpflicht.

Der vom GE. in § 8 Abs. 2 eingenommene, oben S. 9 gerechtfertigte Standpunkt macht es notwendig, die Teilnahme an militärischen Delikten selbständig mit Strafe zu bedrohen. Dies geschieht in § 153 GE., in dem die §§ 148 und 150 des VE. (die durch VE. § 149 aus ihrem inneren Zusammenhang gerissen werden) restlos aufgehen. Um den Zusammenhang mit dem geltenden Recht zu wahren, stellt der GE. dabei die „Aufforderung", nicht die „Anstiftung" unter Strafe und hebt neben ihr die Beihilfe besonders hervor. Über das Verhältnis der Aufforderung zur Anstiftung vergleiche das oben zu § 115 Gesagte. Daß neben dem Auffordern nicht auch noch das „Aufreizen" hervorgehoben wurde, ist gleichfalls bereits oben zu § 115 gerechtfertigt worden.

Nach dieser grundsätzlichen Auffassung des GE. mußte dann auch der Tatbestand des Paragraphen selbst verallgemeinert werden. Der GE. spricht daher von einer Verletzung der Dienstpflicht, während der VE. in den §§ 148 und 150 nur einzelne Fälle behandelt.

Die Fassung des GE. lehnt sich an die von Goldschmidt (Reform II 103, 107; vergleiche auch M. E. Mayer VD. Bes. T. I 389ff.) gemachten Vorschläge an, ohne sie wörtlich wiederzugeben. Die an die Personen des Beurlaubtenstandes gerichtete Aufforderung, „der Einberufung zum Dienst nicht zu folgen", konnte wegfallen, da es sich auch hier um eine Aufforderung von Personen des Soldatenstandes zur Verletzung der Dienstpflicht handelt. Statt dessen ist mit Strafe bedroht die Aufforderung von Angehörigen des Landsturms, der Einberufung zum Dienste nicht zu folgen.

### § 154. Verletzung der Wehrpflicht.

VE. § 307 Ziff. 3 erster Teil ist in die drei Fälle des § 154 eingefügt worden, da die hier genannten Personen einer besonderen

Erlaubnis zur Auswanderung bedürfen; die Auswanderung eines Unteroffiziers oder Gemeinen der Land- oder Seewehr II. Aufgebots ist dagegen unter den Übertretungen belassen (GE. § 357 Ziff. 2), da diese Personen, ohne einer Erlaubnis zur Auswanderung zu bedürfen, lediglich verpflichtet sind, der Militärbehörde Anzeige zu machen.

Die drei Ziffern des § 154 sind in der Weise an einander gereiht, daß die mit der mildesten Strafe bedrohten Fälle vorangestellt werden, während die schwerer bestraften Fälle ihnen folgen.

So enthält die Ziff. 1 nach den Vorschlägen des GE. den § 149 Ziff. 2, sowie den aufgenommenen Teil des § 307 Ziff. 3 des VE.; Ziff. 2 enthält die Ziff. 1 des § 149 VE.; Ziff. 3 GE. die Ziff. 3 des § 149 VE.

Die Fassung der Tatbestände weicht von der des VE. nur in Einzelheiten ab. So ist Ziff. 2 mit den übrigen Ziffern in Einklang gebracht, indem statt „das Reichsgebiet verlassen" gesagt ist „auswandern" und statt „außerhalb des Reichsgebietes sich aufhalten" gesagt ist „im Ausland sich aufhalten" (vgl. oben S. 7 und jetzt auch RG. Entsch. 44 S. 403). Ferner sind in Ziff. 3 die Worte des VE. „für die Zeit eines Krieges oder einer Kriegsgefahr" durch die Wendung ersetzt: „bei einem ausgebrochenen oder drohenden Kriege"; damit ist die Übereinstimmung mit anderen Tatbeständen (vgl. das oben zu § 118 Gesagte) hergestellt. Zugleich aber ist hier eine Erweiterung des Tatbestandes vorgeschlagen, die einer besonderen Rechtfertigung wohl nicht bedarf; es soll die Strafdrohung auf denjenigen Wehrpflichtigen ausgedehnt werden, welcher der vom Kaiser erlassenen besonderen Anordnung zuwider im Ausland bleibt.

## § 155. **Verstümmelung.**

Die Einfügung der Worte „ganz oder teilweise, dauernd oder vorübergehend" ist durch die Erwägung (Goldschmidt, Reform II 109) veranlaßt, daß die Frage, ob auch die teilweise oder nur vorübergehende Untauglichkeit genüge, in der Rechtsprechung nicht vollständig geklärt ist (abweichend Begr. des VE. S. 507). Die Strafbarkeit desjenigen, der sich durch einen anderen „untauglich machen läßt", ist durch § 31 GE. außer Zweifel gesetzt, braucht daher an dieser Stelle nicht besonders hervorgehoben zu werden. Die Ersetzung von „Zustimmung" durch „Einwilligung" in Abs. 2 ist geschehen, um nicht ohne Not vom Sprachgebrauch des BGB. §§ 182ff. abzuweichen.

### § 156. **Wehrpflichtbetrug.**

Die Worte „dauernd oder vorübergehend" sind auch hier eingefügt (vgl. das zu § 155 Gesagte); dagegen finden sich die Worte „ganz oder teilweise" bereits im StGB. § 143, VE. § 152. Daß die Anwendung der auf Täuschung berechneten Mittel „den zuständigen Behörden oder Beamten gegenüber" erfolgen muß, ist, um jeden Zweifel auszuschließen, ausdrücklich hervorgehoben.

Der VE. hat im zweiten Absatz den Teilnehmer derselben Strafe unterworfen wie den Täter; darin liegt eine Abweichung von den allgemeinen Grundsätzen, sowohl des VE. wie des GE., die, als durch keine inneren Gründe gerechtfertigt, fallen gelassen werden mußte. Dafür hat der GE. in den ersten Absatz die Worte aufgenommen: „in der Absicht, sich oder einen anderen der Erfüllung der Wehrpflicht zu entziehen" (ebenso Heimberger, VD. Bes. T. II 471; Goldschmidt, Reform II 111, 112). Damit ist die Übereinstimmung mit der Vorschrift der Verstümmelung (§ 155 Abs. 2) hergestellt.

### § 157. **Falschwerbung.**

Der GE. deckt sich hier im wesentlichen mit VE. § 153.

VE. § 154 (Munitionsentwendung) ist gestrichen, da, wie Goldschmidt (Reform II 113ff.) ausgeführt hat, die allgemeinen Strafdrohungen gegen Diebstahl und Unterschlagung völlig ausreichen.

## Sechster Abschnitt.

# Verletzung der Amtspflicht.

Der Abschnitt, der im VE. die Überschrift führt „Verbrechen und Vergehen im Amte", ist als selbständiger Abschnitt im GE. beibehalten, aber an eine frühere Stelle gerückt worden. Da er dem siebenten Abschnitt „Verletzung ausländischer Staaten" vorangeht, ist damit nach den in den Vorbemerkungen zur Begr. des Bes. T. dargelegten Grundsätzen zum Ausdruck gebracht, daß die Bestimmungen des ganzen Abschnitts auf außerdeutsche Beamte keine Anwendung finden.

### § 158. Bestechung in bezug auf nicht pflichtwidrige Amtshandlungen.

Der VE. § 196 nennt „Geschenke oder andere ihm nicht gebührende Vorteile“; der GE. sagt statt dessen, ohne sachliche Änderung, im Hinblick auf § 19 Satz 1 GE. kürzer „einen Vorteil“. Im übrigen ist der Tatbestand unverändert geblieben.

### § 159. Bestechung in bezug auf pflichtwidrige Amtshandlungen.

Statt der Wendung des VE. § 197: „eine Amtshandlung, die eine Verletzung seiner Pflicht enthält“, sagt der GE. kürzer: „eine pflichtwidrige Amtshandlung“. Die besondere Erwähnung der „Geschenke“ konnte hier wie in § 158 gestrichen werden. Im übrigen stimmt der GE. mit dem VE. überein.

### § 160. Richterbestechung.

Die Erwähnung des Schiedsrichters in VE. § 198 entspricht nicht dem sonstigen Inhalt dieses Abschnittes, der von der Verletzung der Amtspflicht handelt (vgl. darüber auch unten zu § 328). Der Schiedsrichter ist weder Beamter noch Amtsträger. Seine Stellung ruht nicht auf staatlichem Auftrag, sondern auf dem Willen der Streitteile. Läßt er sich bestechen, so *verletzt er nicht die Pflicht seines Amtes*, sondern die Treupflicht gegenüber seinem Mandanten. Der GE. hat daher den „Mißbrauch des Schiedsrichteramtes“ zu den Delikten des 24. Abschnitts (Vermögensbeschädigung und Vermögensgefährdung) gestellt und dort in § 328 selbständig behandelt (vgl. Preiser Reform II 252).

Der Wortlaut des Paragraphen ist im GE. einfacher gestaltet, ohne daß damit eine inhaltliche Änderung beabsichtigt worden wäre. Die besondere Hervorhebung der „Geschenke“ neben „andere Vorteile“ ist auch hier gestrichen worden. Die Strafdrohungen für passive und aktive Bestechung sind, wie in § 159 GE., differenziert.

VE. § 199 ist durch die allgemeinen Vorschriften in §§ 80, 85 GE. entbehrlich gemacht.

### § 161. Rechtsbeugung.

Über die Streichung des Schiedsrichters vergleiche das oben zu § 160 und unten zu § 328 Gesagte. Im übrigen wiederholt der GE. die Vorschrift des VE. unter Erhöhung der Strafdrohung.

### § 162. Erpressung von Aussagen und falsche Verfolgung.

Der GE. weicht von VE. § 201 nur darin ab, daß er in Ziff. 2 die Worte „Verfolgung oder“ bei der zweiten Alternative gestrichen hat. Die Worte sind überflüssig, da jeder Versuch, den Schuldigen der Verfolgung zu entziehen, zugleich auch den Versuch in sich schließen muß, ihn der Bestrafung zu entziehen.

### § 163. Gesetzwidrige Vollstreckung oder Nichtvollstreckung einer Strafe.

Die Worte in VE. § 202 „wider besseres Wissen“ hat der GE. gestrichen; es muß auch dolus eventualis hier um so mehr genügen, als sonst zwischen der vorsätzlichen und der im zweiten Absatz bedrohten fahrlässigen Begehung eine Lücke entstände, die durch die Auslegung nicht ausgefüllt werden kann. Im übrigen ist der Tatbestand, ohne inhaltliche Änderung, vereinfacht; die Strafdrohungen sind erhöht.

### § 164. Falschbeurkundung. Urkundenfälschung.

Im ersten Absatz sind die in VE. § 203 fehlenden Worte „oder Aufnahme“ hinzugefügt, um jeden Zweifel über die Auslegung zu beseitigen (vgl. dazu Preiser Reform II 254, 255). Statt „befugt“ ist „zuständig“, statt „falsch“ ist (entsprechend GE. § 211, VE. § 285) „unrichtig“ gesagt; diese Änderungen bedürfen wohl keiner Rechtfertigung.

Im zweiten Absatz ist das „Vernichten“ gestrichen, da es durch das „Beschädigen“ gedeckt wird.

Im dritten Absatz ist die Absicht des Täters dahin bezeichnet „sich oder einem Dritten einen dem Recht zuwiderlaufenden Vermögensvorteil zu verschaffen oder usw.“; der leitende Gedanke ist derselbe, der den GE. in den §§ 320 ff. zu einer von dem VE. abweichenden Begriffsbestimmung der Bereicherungsabsicht bestimmte. Es ist daher das unten zu den §§ 320, 321 Gesagte zu vergleichen.

### § 165. Abgabenüberhebung.

Der Tatbestand stimmt mit dem des § 204 des VE. überein.

VE. § 205 (Geheimnisbruch usw. durch Beamte des Auswärtigen Amtes) ist vom GE. gestrichen worden. Der „Arnimparagraph“ des geltenden Rechts (§ 353 a StG) ist ein Gelegenheitsgesetz im eigentlichsten Sinne des Worts; er verdankt seine

Entstehung einem vereinzelt gebliebenen Ereignis. Die Disziplinargewalt des Reichskanzlers reicht völlig aus, um den Ungehorsam seiner Beamten oder die Verletzung der Verschwiegenheitspflicht zu verhindern oder zu strafen.

## § 166. **Verletzung des Postgeheimnisses.**

Die Ausdehnung des Strafschutzes auf alle „der Post anvertrauten Sendungen" führt auf einen von Preiser (Reform II 259) gemachten Vorschlag zurück. Die Worte in VE. § 206 „oder einem anderen wissentlich eine solche Handlung gestattet oder ihm dabei wissentlich Hilfe leistet" sind weggelassen worden, da beide Fälle unter den Begriff des „pflichtwidrigen Zulassens" fallen, mithin durch die allgemeinen Bestimmungen des GE. über Täterschaft, in § 31, gedeckt werden. Dagegen hat der GE. einer ebenfalls von Preiser (a. a. O.) gegebenen Anregung folgend, den Fällen des VE. den Fall gleichgestellt, daß der Postbeamte von dem Inhalt der Postsendung „einen Dritten benachrichtigt oder einem Dritten mitteilt, daß eine Person mit einem anderen durch die Post verkehrt hat". Das geltende Recht wie der VE. weisen hier eine empfindliche Lücke auf, da eine solche Mitteilung eine, unter Umständen wenigstens, viel gefährlichere Verletzung des Postgeheimnisses enthält, als das Öffnen oder die Unterdrückung eines Briefes, dessen Inhalt der Täter für sich behält.

## § 167. **Verletzung des Telegraphengeheimnisses.**

Die Verfälschung von Telegrammen, die der VE. in § 207 ausdrücklich erwähnt, hat mit der Verletzung des Telegraphengeheimnisses nichts zu tun. Soweit sie nicht als Urkundenfälschung strafbar ist, genügt disziplinarische Ahndung. Der GE. hat das Wort daher gestrichen. Im übrigen konnte auch hier die Erwähnung des Falles, daß der Beamte „einem anderen wissentlich eine solche Handlung gestattet oder ihm dabei wissentlich Hilfe leistet" aus dem zu § 166 angegebenen Grunde wegfallen. Und auch hier schien es notwendig, den Fall ausdrücklich unter Strafe zu stellen, daß der Beamte „einem Dritten mitteilt, daß eine Person mit einem anderen telegraphisch verkehrt hat" (vgl. auch hier Preiser Reform II 259).

Im zweiten Absatz hat der GE. das Wort „Fernsprechbeamte" gebraucht, um jedes Mißverständnis auszuschließen, obwohl zugegeben werden muß, daß die vom VE. gebrauchte Bezeichnung „Telegraphenbeamter" der amtlichen Terminologie entspricht. Die Beifügung des Falles „oder einem Dritten mitteilt, daß eine Person mit einem anderen ein solches Gespräch geführt hat", ist aus den bereits zu § 166 angeführten Gründen erfolgt.

Die §§ 208, 209, 211 des VE. sind gestrichen; § 210 findet sich verallgemeinert in GE. § 90 (siehe oben S. 121, 122).

VE. § 208 ist durch §§ 31, 32 GE. ausreichend gedeckt. VE. § 209 enthält eine unbillige Härte gegenüber dem Beamten (vgl. Unger Recht XIV 231). Die Behauptung der Begründung des VE. (S. 635), daß das fiskalische Eigentum eines höheren Schutzes bedürfe als das Privateigentum, ist zum mindesten außerordentlich zweifelhaft. Die allgemeinen Strafdrohungen gegen gemeine Unterschlagung (vgl. insbesondere § 299 Abs. 2 GE.), in Verbindung mit der in § 90 GE. allgemein vorgesehenen Straferhöhung gegenüber Beamten, reichen jedenfalls vollständig aus, um auch die schwersten Fälle der Unterschlagung im Amte zu treffen.

§ 211 wird durch die allgemeine Vorschrift in GE. § 76 überflüssig gemacht.

## Siebenter Abschnitt.

## Verletzung ausländischer Staaten.

Über die Bedeutung, welche der GE. der dem VE. gegenüber geänderten Stellung dieses Abschnitts beilegt, vgl. die Vorbemerkungen zur Begr. des Bes. T.

### § 168. **Hochverräterische Handlungen.**

Die Wortfassung des VE. § 123 läßt es, trotz der Erklärung der Begr. z. VE. S. 462, zweifelhaft, welche Fälle des Hochverrats unter die Strafdrohung fallen. Die Fassung deckt bei strenger Wortauslegung unzweifelhaft auch den gegen ein ausländisches Staatsoberhaupt begangenen Mord und Mordversuch, der also (soweit, was nicht unbestritten ist, nicht Idealkonkurrenz angenommen wird) milder bestraft werden müßte als der gemeine Mord und Mordversuch. Um solche Mißverständnisse auszuschließen, hat der GE., wie das ja schon das geltende Recht tut, die Fälle ausdrücklich in der Klammer genannt, die hierhergehören. Dabei ist aber infolge der bei der Revision des Druckes geänderten Zählung der Paragraphen das Redaktionsversehen unterlaufen, daß statt der §§ 114, 115 die §§ 113, 114 genannt wurden. Auf dieses Versehen sei hiermit ausdrücklich aufmerksam gemacht.

Bei der Beleidigung des Staatsoberhauptes mußte unzweideutig zum Ausdruck gebracht werden, daß sie nur unter denselben Voraussetzungen, anders als die gemeine Beleidigung, strafbar sei wie die Beleidigung eines inländischen Staatsoberhauptes. Daher hat der GE. den vom VE. übersehenen ausdrücklichen Hinweis auf § 127 hinzugefügt.

In Abs. 2 Satz 1 wird statt von „auswärtiger“ von „ausländischer“ Regierung gesprochen.

## § 169. **Beamtennötigung.**

Für das geltende Recht ist es bestritten, ob die Bestimmungen über Widerstand gegen die Staatsgewalt auch gegenüber den Beamten und Behörden eines ausländischen Staats Anwendung finden (vgl. darüber v. Liszt Lehrbuch § 171 Anm. 1). Aus der Stellung, die der von der Beamtennötigung handelnde § 135 in dem System des GE. gefunden hat, ergibt sich, daß in Ermanglung einer besonderen Bestimmung nur die Nötigung inländischer Beamten mit Strafe bedroht wird. Mit Goldschmidt (Reform II 44) — vgl. auch §§ 158, 161 Abs. 2 österr. VE., 127 Abs. 4 norweg. StGB. — sind aber die Verfasser des GE. davon ausgegangen, daß, sofern dem Reich die Gegenseitigkeit verbürgt ist, gerade auch die Nötigung gegenüber einer Behörde oder einem Beamten des Auslands unter Strafe gestellt werden muß. Daher wurde § 169 in den GE. aufgenommen. Zur Ausdehnung des Strafschutzes auf ausländische Waldeigentümer, Forst-, Jagd- oder Fischereiberechtigte oder einen von diesen bestellten Aufseher, wie sie GE. § 135 Abs. 2 in bezug auf inländische Berechtigte enthält, lag kein genügender Grund vor. Die Zulassung der Straffreiheit in besonders leichten Fällen war selbstverständlich auch in § 169 zu übernehmen. Die Legaldefinition der Rechtmäßigkeit in § 136 GE. mußte als auch für § 169 maßgebend ausdrücklich erwähnt werden.

## § 170. **Beleidigung von Gesandten.**

Die Heraushebung der Gesandtenbeleidigung aus den Fällen der gemeinen Beleidigung läßt sich nur dann rechtfertigen, wenn sie an dieselben einschränkenden Voraussetzungen geknüpft wird, die § 127 für die Majestätsbeleidigung aufstellt. Es ist zweifellos ein Versehen des VE. § 124, daß er den schon im Jahre 1908 von dem Gesetzgeber begangenen Fehler wiederholt und die Notwendigkeit, beide Bestimmungen in Einklang zu bringen, nicht berücksichtigt hat. Da der Hinweis auf § 127 selbst bei der Gesandtenbeleidigung ausgeschlossen war, mußte der GE. die Merkmale der Majestätsbeleidigung „Absicht der Ehrverletzung", „böswillig" und mit „Vorbedacht" in den Wortlaut des § 170 aufnehmen. Dagegen wurde auf die kürzere Verjährungsfrist und auf den Übergang in gemeine Beleidigung durch das Zitat des § 127 Abs. 3 und 4 verwiesen.

Die besondere Anführung des „Geschäftsträgers" in VE. § 124 ist überflüssig, da seit dem Wiener Reglement von 1815 der Geschäftsträger unter den allgemeinen Begriff des Gesandten fällt; der GE. hat dieses Wort daher gestrichen.

## § 171. **Verletzung von Hoheitszeichen.**

Der Tatbestand schließt sich eng an VE. § 125 an. Der GE. verlangt jedoch, wie das die Auslegung auch auf Grund des geltenden Rechts bereits annimmt, daß das Hoheitszeichen „im Inland öffentlich angebracht" sei. Der deutsche Gesetzgeber hat keine Veranlassung, im Ausland angebrachte Hoheitszeichen eines ausländischen Staates unter besonderen Strafschutz zu stellen.

## § 172. **Neutralitätsbruch.**

Das Vorbild für den GE. hat hier der österr. VE. § 145 abgegeben, mit dem sich Kohler (GA. 56 S. 305) ausdrücklich einverstanden erklärt hat. Es entspricht den völkerrechtlichen Verpflichtungen, die das Deutsche Reich auf der zweiten Haager Friedenskonferenz übernommen hat, wenn die neutralitätswidrige Unterstützung eines der Kriegführenden unter Strafdrohung gestellt wird (vgl. auch die Erläuternden Bemerkungen zum österr. VE. S. 175). Es kann Hamm (Reform II 30) nicht zugegeben werden, daß das Reich mit einer solchen Strafdrohung warten könne, bis ein Krieg ausgebrochen sei; denn es ist sehr fraglich, ob in einem solchen Augenblick der Reichstag versammelt und die Durchbringung einer Gesetzesvorlage möglich ist. Da es andererseits der Regierung des Deutschen Reiches vorbehalten bleiben muß, den Inhalt der zur Wahrung der Neutralität erlassenen Normen je nach Lage der Umstände zu gestalten, konnte der strafrechtliche Tatbestand nur in der Form eines Blankettgesetzes aufgenommen werden.

## Achter Abschnitt.

## Störung des Rechtsfriedens und der öffentlichen Ordnung.

An die Spitze dieses Abschnittes hat der GE. die vom VE. im neunten Abschnitt selbständig behandelten „Vergehen in Beziehung auf die Ausübung der Religion" gestellt. Durch diese systematische Stellung soll klargestellt werden, daß der GE., den Ausführungen von Kahl (Vgl. Darst. Bes. T. III 1) folgend, die sog. Religionsdelikte grundsätzlich als Störungen des Friedens zwischen den Religionsgesellschaften betrachtet.

### § 173. **Gotteslästerung.**

Dem Vorschlag Mittermaiers (Z. 30 S. 625) gemäß, hat der GE. zwischen den Worten „öffentlich und böswillig" das „und" gestrichen, da Öffentlichkeit und Schuld keine koordinierten Begriffe sind. Das Merkmal „böswillig" hat der GE. unmittelbar vor „lästert" gestellt, um jeden Zweifel darüber auszuschließen, daß es sich nur auf das „Lästern", nicht aber auf den ganzen Tatbestand zu beziehen braucht; daß also nur die Lust an diesem Erfolg (vgl. § 21 Abs. 2 GE.) Beweggrund des Handelnden gewesen sein muß. Im übrigen deckt sich § 173 GE. mit § 155 VE. Doch ist neben der Freiheitsstrafe Geldstrafe zugelassen.

### § 174. **Beschimpfung von Religionsgesellschaften.**

Der Paragraph wiederholt den VE. § 156. Über die Stellung des Merkmals „böswillig" ist auf das oben zu § 173 Gesagte zu verweisen.

### § 175. **Störung des Gottesdienstes.**

Abweichend vom VE. § 157 ist nach dem GE. die Vollendung erst mit dem Eintritt der Hinderung oder Störung des Gottesdienstes gegeben (vgl. Binding GS. 77 S. 14). Der Versuch ist nach GE. § 27 strafbar. Über die Stellung des Merkmals „böswillig" vgl. oben zu § 173. Im übrigen hat der GE. die Worte „in einer

Kirche, einem Friedhof oder einem anderen dazu (?) bestimmten Orte" durch die Wendung „an einem zu solchen Veranstaltungen bestimmten Orte" ersetzt und dadurch die Ortsbezeichnung nicht unwesentlich vereinfacht und zugleich logisch einwandfrei gestaltet. Die Störung des Gottesdienstes ist schlechthin unter Strafe gestellt, auch wenn sie nicht „durch Erregung von Lärm oder Unordnung oder auf ähnliche Weise" erfolgen sollte; es wird sich übrigens wohl kaum eine Störung denken lassen, die nicht unter einen dieser Begriffe fiele.

## § 176. **Mißbrauch des geistlichen Amtes.**

Abweichend vom VE. (vgl. dazu dessen Begr. S. 494) hat der GE. den sogenannten „Kanzelparagraphen" wieder aufgenommen und damit das geltende Recht wiederhergestellt. Goldschmidt (Reform II 84) hat ausgeführt, daß die von der Begründung für die Streichung angeführten Gründe nicht überzeugen; daß der Tatbestand des Kanzelparagraphen auch durch keine der im VE. sich findenden übrigen Strafdrohungen gedeckt wird, durch seinen Wegfall mithin eine Lücke im Gesetzbuch entsteht. Das gilt um so mehr gegenüber dem GE., der die Tatbestände der Aufwiegelung (GE. § 142) und strafbaren Aufforderung (GE. § 178) abweichend von § 131 VE. eingeschränkt hat. Bei der erforderlichen Neufassung hat der GE. sich an die v. Hippel und Goldschmidt gemachten Vorschläge angeschlossen. Während das geltende Recht jede Erörterung von Staatsangelegenheiten unter Strafe stellt, ist die Strafbarkeit auf die Aufreizung zu feindseligem Verhalten gegen die Staatsgewalt oder gegen Klassen der Bevölkerung beschränkt. Dagegen ist das Merkmal der Friedensgefährdung als zu unbestimmt gestrichen. Ferner ist Öffentlichkeit der Begehung nur dann gefordert, wenn der Geistliche nicht in Ausübung seines Berufes, sondern lediglich unter Bezugnahme auf seine Eigenschaft als Religionsdiener handelt; handelt er in Ausübung seines Berufes, so soll auch die nichtöffentliche Aufreizung strafbar sein. Außerdem hat der GE. die besondere Hervorhebung der „Geistlichen" weggelassen, da auch sie unter den Begriff des Religionsdieners fallen.

## § 177. **Leichenschändung.**

Der Tatbestand des VE. § 158 ist im wesentlichen unverändert übernommen.

### § 178. Aufforderung zu strafbaren Handlungen.

Über die Loslösung dieses Falles von dem Tatbestand der Aufwiegelung ist das oben zu § 142 Gesagte zu vergleichen; ebenso über die Streichung der Tatbestandsmerkmale der „Gefährdung der gesetzlichen Ordnung" einerseits, der „Aufreizung" andererseits. Der Fortfall der Worte: „oder durch Verbreitung von Schriften, Abbildungen oder Darstellungen" rechtfertigt sich durch den Hinweis auf GE. § 12 Ziff. 4. Die vom VE. § 131 vorgesehene Inkriminierung der „Verherrlichung begangener Verbrechen" hat der GE. aufgegeben. Es erscheint jedenfalls nicht opportun, den Entwurf eines neuen Deutschen StGB. mit Vorschlägen zu belasten, welche die politischen Gegensätze in so hohem Grade berühren, wie es bei den Vorlagen von 1875 und 1894 zu beobachten war. Entsteht doch damit die Gefahr, daß der ganze Entwurf, wie seinerzeit jene Vorlagen, an rein politischen Hindernissen scheitert.

Die Strafe ist Gefängnis. Unter bestimmten Voraussetzungen, wenn nämlich zur Begehung von Mord oder eines gemeingefährlichen Verbrechens (§§ 215, 218, 220) aufgefordert worden ist, tritt Zuchthaus bis zu fünf Jahren ein. Damit wird § 10 des Sprengstoffgesetzes von 1884 überflüssig, da der ihm zugrunde liegende berechtigte legislative Gedanke verallgemeinert ist.

### § 179. Aufforderung zur Aufbringung von Geldstrafen.

Der Tatbestand ist aus § 16 des Preßgesetzes von 1874 entnommen.

### § 180. Sicherbieten zum Verbrechen.

Dem gegenüber VE. § 132 geänderten Tatbestand entspricht die Änderung der Randbezeichnung. Die Aufforderung zu einem Verbrechen wird vom GE. hier nicht erwähnt, da sie in § 32 Abs. 2 GE. (versuchte Anstiftung zu einem Verbrechen) allgemein unter Strafe gestellt ist. Die „Annahme" der Aufforderung zu einem Verbrechen läßt der GE., mit dem schweiz. VE. Art. 185, straflos; sie kann in der Tat weder mit der „Aufforderung", noch mit dem „Sicherbieten" zu einem Verbrechen und dessen Annahme in Bezug auf Gefährlichkeit auf eine Stufe gestellt werden.

Der Zusatz „soweit nicht das Gesetz eine andere Strafe androht" konnte wegbleiben, da er entweder Selbstverständliches oder Unrichtiges enthält.

Im zweiten Absatz läßt der GE., hier wie in anderen Fällen, die Strafbarkeit eintreten „ohne Rücksicht auf die Strafbarkeit der Person des Sichbietenden". Dieser Zusatz schien notwendig, um die bekannte Streitfrage auszuschalten, ob auch die Annahme des Erbietens, das von einem nicht Zurechnungsfähigen ausgegangen ist, strafbar sei (vgl. dazu auch Binding GS. 76 S. 76).

Durch den Hinweis auf § 30 wird die straffreimachende Wirkung des Rücktritts und der tätigen Reue ausdrücklich anerkannt. Diese Bestimmung tritt zweckmäßig an Stelle der Vorschrift in Abs. 2 VE.: „Die Strafbarkeit fällt weg, wenn der Täter die Aufforderung, das Erbieten oder die Annahme freiwillig zurückgenommen hat." Auch der VE. will damit, wie die Begr. S. 488 hervorhebt, den gegen das geltende Recht erhobenen Bedenken (so Binding Lehrbuch II 865) Rechnung tragen. Der VE. übersieht aber dabei, daß es auf eine formelle „Zurücknahme" nicht ankommen kann, daß vielmehr das „Aufgeben der Ausführung" und die „Abwendung des Erfolges" entscheiden, mit anderen Worten: daß unter denselben Voraussetzungen wie beim Versuch so auch hier die Straffreiheit gewährt werden muß.

### § 181. **Verabredung von Verbrechen.**

Die Bandenbildung und das Komplott sind im geltenden Recht nur bei einzelnen Delikten unter selbständige Strafe gestellt; so nach § 83 StGB. beim Hochverrat, nach § 6 des Sprengstoffgesetzes von 1884, nach § 5 des Spionagegesetzes von 1893. Der VE. hat in § 102 Abs. 2 beim Hochverrat und in § 111 für gewisse Fälle des „Geheimnisverrats" entsprechende Vorschriften aufgenommen, ist also ebenfalls über eine kasuistische Regelung nicht hinausgekommen. Der GE. schlägt die Aufstellung einer allgemeinen Strafdrohung vor. Er entspricht damit einer von Goldschmidt (Reform II 83) gegebenen Anregung (vgl. auch österr. VE. § 238). Dabei sind die Verabredung der Begehung eines Verbrechens (das Komplott) und die Verbindung mit einem anderen zur fortgesetzten Begehung von, wenn auch im einzelnen noch nicht bestimmten, Verbrechen (die Bande) nebeneinander gestellt und mit derselben Strafe (Gefängnis) bedroht. Auch bei diesem Tatbestand soll § 30 (Rücktritt und tätige Reue) Anwendung finden.

## § 182. Anleitung von Kindern.

Die Vorschläge des VE. mußten nach verschiedenen Richtungen hin umgearbeitet werden. VE. § 305 Ziff. 2 hat mit dem Betteln selbst den davon wesentlich verschiedenen und ungleich schwerer wiegenden Fall zusammengestellt, daß jemand „Kinder unter vierzehn Jahren zum Betteln anleitet oder ausschickt". Er bedroht dann mit einer milderen Strafe in § 306 Ziff. 2 den, der „Kinder unter vierzehn Jahren von der Begehung von Diebstahl oder Entwendungen oder von strafbaren Verletzungen der Zoll- oder Steuergesetze oder der Gesetze zum Schutz der Forsten, der Feldfrüchte, der Jagd oder der Fischerei abzuhalten unterläßt." Er hat den Kindern unter vierzehn Jahren in beiden Paragraphen die Personen gleichgestellt, die „unter der Gewalt und (§ 305 Ziff. 2; in § 306 Ziff. 2: oder) Aufsicht des Täters stehen und zu seiner häuslichen Gemeinschaft gehören".

Diese letztere innerlich nicht gerechtfertigte Gleichstellung hat der GE. zunächst aufgegeben. Die erwachsenen Hausgenossen stehen zu dem Haushaltungsvorstand in einem ganz anderen und ungleich selbständigeren Verhältnis als Kinder unter vierzehn Jahren. Hier reichen die allgemeinen Vorschriften über Anstiftung und pflichtwidrige Zulassung (GE. § 31) vollständig aus. Nicht so allerdings den Kindern gegenüber. Denn hier kommt es gar nicht darauf an, daß das Kind zu einer einzelnen Handlung bestimmt wird, mag auch diese Bestimmung ohne Erfolg geblieben sein. Die Gefahr für die Kinder liegt vielmehr darin, daß sie allgemein zu einem rechts- und sittenwidrigen Verhalten angeleitet werden. Hält man aber an diesem Grundgedanken fest, so ist nicht einzusehen, warum die Strafbarkeit dieses „Anleitens" auf das Betteln und auf die in VE. § 306 Ziff. 2 aufgezählten Handlungen beschränkt werden soll. Die Anleitung zu Sittlichkeitsdelikten, Betrügereien u. a. ist für das Kind viel gefährlicher als etwa die Anleitung zu gewissen forstpolizeilichen Übertretungen. Der GE. schlägt daher vor, die Strafdrohungen zu verallgemeinern und sie auf alle strafbaren Handlungen (mit Einschluß der Übertretungen) auszudehnen.

Neben dem „Anleiten" ist die Unterlassung der Abhaltung besonders hervorgehoben, weil auch hier, anders als in GE. § 31, nicht notwendig eine dem Täter bewußte bestimmte Einzelhandlung, sondern das Gesamtverhalten des Kindes in Frage steht.

Die Höhe des Strafrahmens (Gefängnis schlechthin) rechtfertigt sich durch die Erwägung, daß durch das Verhalten des Täters das Kind der sittlichen Verwahrlosung unmittelbar entgegengeführt wird.

### § 183. **Landfriedensbruch.**

Der Tatbestand deckt sich mit dem in VE. § 133. Im zweiten Absatz sind auch hier (vgl. oben zu § 137) „die Rädelsführer" nicht mehr genannt; wohl aber an ihrer Stelle diejenigen, die zu der Zusammenrottung aufgefordert haben.

### § 184. **Landzwang.**

VE. § 134 verlangt „gemeingefährliche Drohung, insbesondere mit Mord, Raub oder Brand". Der GE. ersetzt diese Worte durch die Fassung „Androhung von Gewalttätigkeiten gegen Personen oder Sachen". Die Fassung lehnt sich an die von Goldschmidt (Reform II 80) gemachten Vorschläge an, mit Weglassung der dort beispielsweise hervorgehobenen und daher entbehrlichen Fälle: „insbesondere mit Mord, Raub oder Brand". Gegen die Bestimmung des VE. erhebt sich vor allem das Bedenken, daß der Ausdruck „gemeingefährliche Drohung" zu unbestimmt ist. Indem der GE. „Androhung von Gewalttätigkeiten gegen Personen oder Sachen" fordert, engt er den Tatbestand gegenüber dem VE. ein, ohne zu der unbefriedigenden Fassung des § 126 des StGB. zurückzukehren, nach dem die Drohung mit einem der leichtesten Fälle eines gemeingefährlichen Verbrechens genügt, die Drohung mit Mord, Raub und anderen schwersten Verbrechen dagegen zur Erfüllung des Tatbestandes nicht ausreicht. Zugleich wird dadurch die Übereinstimmung mit dem Begriff des Landfriedensbruchs (GE. § 183, VE. § 133) und der Bedrohung (GE. § 280) hergestellt.

VE. § 135 (Bildung eines bewaffneten Haufens) hat der GE. nicht übernommen. Daß im Deutschen Reich für eine solche Strafdrohung kein Bedürfnis vorhanden ist, ergibt sich schon aus der Tatsache, daß der Paragraph seit seinem Bestehen auch nicht ein einziges Mal zur Anwendung gelangt ist.

### § 185. **Unterlassene Verbrechensanzeige.**

Der VE. § 174 hat das Delikt zu den Straftaten gegen die Rechtspflege gestellt. Diese systematische Stellung ist von Binding (GS. 77 S. 9) wie von Goldschmidt (Reform II 62) mit Recht getadelt worden. Es wird nicht bestritten werden können, daß die Unterlassung der Anzeige eines bevorstehenden Verbrechens nicht die Rechtspflege, sondern die Rechtssicherheit berührt, das Delikt daher in den Abschnitt „Störung des Rechtsfriedens und der öffentlichen Ordnung" gehört.

Der GE. hat im allgemeinen die Fassung wiederhergestellt, die sich in § 139 StGB. findet. Der VE. sagt inhaltlich dasselbe wie das geltende Recht, aber in einem überaus schwerfällig gebauten Satz. Mit dem VE. sieht auch der GE. von der Aufzählung der Verbrechen ab, um die es sich handeln muß und spricht ganz allgemein von „Verbrechen". Auch hier kann (vgl. das oben zu § 180 Gesagte) Zweifel darüber entstehen, ob der Unterlassende auch dann sich strafbar macht, wenn das Verbrechen von einem nicht Zurechnungsfähigen geplant wird. Um jeden Zweifel auszuschließen, sagt der GE. daher ausdrücklich „ohne Rücksicht auf die Strafbarkeit der Person des Täters" (vgl. dazu auch Binding GS. 76 S. 85).

Im zweiten Absatz sind den „Angehörigen" die „dem Täter sonst nahestehenden Personen" aus den unten zu § 236 angegebenen Gründen gleichgestellt. Dagegen soll, abweichend vom VE., die Straflosigkeit nicht eintreten, „wenn der Täter ernstlich bemüht gewesen ist, das Verbrechen oder dessen Erfolg abzuwenden." Das Gesetz hat dem Schuldigen die Pflicht auferlegt, von dem ihm bekannt gewordenen Vorhaben Anzeige zu erstatten. Wenn er, statt diese Pflicht zu erfüllen, sich persönlich bemüht, das Verbrechen zu verhüten, so tut er das auf seine eigene Gefahr; das Mißlingen seiner Bemühungen kann ihn von der strafrechtlichen Verantwortlichkeit nicht befreien. Andererseits ist der GE. in Abweichung von dem VE., der die Anzeige bei einer Behörde vorschreibt, zum geltenden Recht zurückgekehrt, das auch die Mitteilung an den Bedrohten genügen läßt; wenn der Schuldige weder das eine noch das andere getan hat, kann ihm ein Anspruch auf Straffreiheit nicht mehr zugestanden werden.

Durch GE. § 185 wird § 13 des Sprengstoffgesetzes von 1884 überflüssig gemacht.

### § 186. **Aufreizung von Bevölkerungsklassen gegeneinander.**

Während VE. § 137 sich mit der Friedensgefährdung begnügt, verlangt der GE. die Friedensstörung. Es wird damit die von verschiedenen Seiten (auch von Goldschmidt, Reform II 84) gerügte Unbestimmtheit der Fassung vermieden und der Gefahr einer zu weitgehenden Anwendung des Paragraphen vorgebeugt.

### § 187. Vereinsvergehen.

Der GE. hat den zweiten Teilsatz des VE. § 136 „und wenn die Zwecke in der Begehung oder Förderung von Verbrechen bestehen usw." gestrichen, da hier die allgemeine Vorschrift über die besonders schweren Fälle (GE. § 89) ausreicht. Überdies wird in diesen Fällen wohl der § 181 GE. gegeben sein.

### § 188. Förderung der Auswanderung.

Der Tatbestand des VE. § 145 ist in den GE. als dritte Ziffer aufgenommen. Der GE. hat aber außerdem den § 45 des Auswanderungsgesetzes hier eingearbeitet (vgl. Goldschmidt, Reform II 97). Dabei ist § 45 Abs. 1 mit gewissen Änderungen zur Ziff. 1 von § 188 geworden. Statt „wer die Beförderung von Auswanderern betreibt oder bei einem solchen Betriebe gewerbsmäßig mitwirkt" ist gesagt „wer als Unternehmer oder Agent Auswanderer gewerbsmäßig befördert". Der GE. schließt sich damit einerseits an § 1, andererseits an § 11 des Auswanderungsgesetzes an.

Der zweite Absatz des § 45 ist in Ziff. 2 des § 188 aufgenommen. Statt „wer es sich zum Geschäfte macht, zur Auswanderung anzuwerben" ist gesagt „wer zur Auswanderung gewerbsmäßig anwirbt". Der Begriff der Geschäftsmäßigkeit ist vom GE., hier wie sonst, aus den in der Literatur übereinstimmend hervorgehobenen Gründen abgelehnt.

Über die Stellung des § 147 VE. im GE. vgl. zu § 207 GE.

### § 189. Tierquälerei.

Der Paragraph wiederholt VE. § 146, gegen den nichts einzuwenden war.

### § 190. Selbstverschuldete Trunkenheit.

Gerade weil der GE. den § 64 VE. aus den oben S. 14ff. entwickelten Gründen gestrichen hat, mußte nach dem Vorbild des österr. VE. § 242 unter die Vergehensfälle die selbstverschuldete Trunkenheit aufgenommen werden. Damit werden auch die wenig glücklichen Vorschriften in VE. § 306 Ziff. 3 und § 309 Ziff. 6 entbehrlich. Dieses Ergebnis ist um so erfreulicher, als die Unterscheidung der „gefährlichen“ und der „groben“ Trunkenheit, wie der VE. sie vorschlägt, und die damit gegebene Zerreißung des Tatbestandes der strafbaren Trunkenheit zu mannigfachen Bedenken Anlaß gibt. Im übrigen beschränkt VE. § 306 Ziff. 3 die Strafbarkeit auf den Fall, daß der Trunkene „eine grobe Störung der öffentlichen Ordnung oder eine persönliche Gefahr für andere verursacht“; es ist nicht einzusehen, warum nur diese Fälle und noch dazu in dieser durchaus unbestimmten Fassung angeführt sind. Gegen die Strafbarkeit dessen, der „in einem Zustand selbstverschuldeter Trunkenheit, der geeignet ist, Ärgernis zu erregen, an einem öffentlichen Orte betroffen wird“, (VE. § 309 Ziff. 6) ist aber mit Recht eingewendet worden, daß damit dem Wohlhabenden, den seine Freunde in der Droschke nach Hause geschafft haben, die Straffreiheit gewährt wird, während der Unbemittelte, der sich zu Fuß nach Hause begeben muß, der Strafe anheimfällt. Der GE. hat sich auf den Standpunkt gestellt, daß der Täter dafür verantwortlich gemacht werden muß, daß er sich schuldhaft in den Zustand einer die Zurechnung ausschließenden Trunkenheit versetzt hat; daß aber die Strafbarkeit nur dann eintreten soll, „wenn er in diesem Zustand eine Handlung begeht, die ihm sonst als Verbrechen oder Vergehen zuzurechnen wäre“. Damit ist eine „Bedingung der Strafbarkeit“ aufgestellt. Ist die begangene Handlung nur auf Antrag zu verfolgen, so tritt (nach Abs. 2) auch die Verfolgung wegen selbstverschuldeter Trunkenheit nur auf Antrag ein. Durch den Hinweis auf die §§ 14, 69 wird klargestellt, was nach der Wortfassung dieser Paragraphen sich nicht von selbst ergeben würde, daß die Bestimmungen über die Verwahrung in einer Heil- oder Pflegeanstalt, über das Wirtshausverbot und über die Unterbringung in einer Trinkerheilanstalt zur Anwendung kommen können.

### § 191. **Übertretung des Wirtshausverbots.**

Der Tatbestand enthält die Bestimmungen des VE. § 308 Ziff. 1 und 2. Die Vergehensstrafe schien notwendig, um dem Wirtshausverbot den nötigen Nachdruck zu verleihen. Statt „Räumlichkeiten“ (VE. § 308 Ziff. 2) ist (in Abs. 2) „Räumen“ gesagt.

### § 192. Landstreicherei. Bettelei. Arbeitsscheu.

Die Einreihung unter die Vergehen, die den fast einhellig in der Reformliteratur, darunter auch von Rosenberg (Reform II 473, 478, 482) und neuestens wieder auf der Dresdener Tagung des Deutsch. Vereins f. Armenpflege und Wohltätigkeit (Sept. 1911), gemachten Vorschlägen entspricht, rechtfertigt sich aus der Erwägung, daß diese an sich nicht schweren Verletzungen der Rechtsordnung im engsten Zusammenhang mit dem Berufsverbrechertum stehen und vielfach den Nährboden darstellen, auf dem dieses üppig ins Kraut schießt. Es empfiehlt sich daher, dem Richter eine nicht zu gering gemessene Freiheitsstrafe zur Verfügung zu stellen (vgl. auch Vorwort S. IV).

Ziff. 1 des § 192 gibt den § 305 Ziff. 1 VE. unverändert wieder.

Ziff. 2 entspricht, wenn auch mit sachlichen Änderungen, der Vorschrift in Ziff. 2 des VE. Zunächst ist die Anleitung von Kindern zum Betteln aus dem Zusammenhang mit dem Betteln selbst herausgenommen und unter Erweiterung des Tatbestandes in GE. § 182 zum selbständigen Vergehen gemacht worden (vgl. dazu oben zu § 182). Der Begriff des strafbaren Bettelns selbst ist wesentlich eingeengt. Einem von dem VE. in dem Schlußsatz dieser Ziffer angeregten Gedanken folgend, verlangt der GE. zur Strafbarkeit des Bettelns, daß der Täter sich nicht in einer Notlage befindet, die weder auf Arbeitsscheu noch auf Liederlichkeit zurückzuführen ist. Damit schließt sich der GE. dem von v. Hippel (Monatsschr. f. Kriminalpsych. VII 452) und Rosenberg (a. a. O. S. 474) gemachten Vorschlag an. Während also nach dem VE. Betteln in unverschuldeter Notlage straflos sein *kann*, ist nach dem GE. die Bestrafung unbedingt ausgeschlossen.

Ziff. 3 wiederholt die Bestimmung in VE. § 305 Ziff. 3.

Die Zulassung der Straffreiheit in Abs. 2 enthält gegenüber VE. § 310 Abs. 1 nichts Neues, mußte aber, da es sich nach dem GE. um ein Vergehen handelt, ausdrücklich ausgesprochen werden.

## Neunter Abschnitt.
## Gefährdung der Rechtspflege.

Die Überschrift weicht von der des 11. Abschnittes des VE. „Verbrechen und Vergehen in Beziehung auf die Rechtspflege“ nur durch die kürzere Bezeichnung ab. Die Eidesdelikte, die der VE. an der Spitze dieses Abschnittes behandelt, hat der GE. aus den unten zum zehnten Abschnitt angeführten Gründen aus diesem Zusammenhang gelöst. Auch Binding (GS. 77 S. 8) hat darauf hingewiesen, daß falsche Aussagen nicht nur in der Rechtspflege vorkommen. Im übrigen schließt sich der GE. mit Abweichungen im Einzelnen und verschiedenen Umstellungen, die bei dem betreffenden Paragraphen erwähnt werden, im ganzen an den VE. an. VE. § 174 (Unterlassene Verbrechensanzeige) ist vom GE. an andere Stelle (§ 185) gesetzt worden. Die Nichteinarbeitung des § 17 (18 Ziff. 1) des Preßges. in diesen Abschnitt ist gleichbedeutend mit seiner Streichung. Die Vorschrift erschien aus den von Damme (Ztschr. 23 S. 423 ff.) entwickelten Gründen entbehrlich.

### § 193. **Strafvereitelung.**

Die „Verfolgung“ neben der „Bestrafung“ ausdrücklich zu erwähnen, wie VE. § 172 das tut, ist überflüssig (vgl. das oben zu § 162 Ziff. 2 Gesagte). Das Wort ist daher gestrichen worden. Statt von strafbaren Handlungen überhaupt, spricht der GE. nur von Verbrechen und Vergehen; er kehrt damit zum geltenden Recht zurück, das gerade hier der vom GE. scharf betonten qualitativen Verschiedenheit der Übertretungen und des kriminellen Unrechts ungleich mehr gerecht wird als der VE. Zu einer Erweiterung der Strafbarkeit liegt auch kein praktisches Bedürfnis vor (vgl. noch das unten zu § 341 Gesagte).

Abweichend vom VE. hat der GE. im Abs. 2 bestimmt, daß die Verfolgung nur auf Antrag eintreten soll, wenn die von dem anderen begangene strafbare Handlung Antragsdelikt ist. Die Frage ist nach geltendem Recht bestritten. Da der GE. wie der VE., abweichend vom geltenden Recht, die Strafbarkeit der Strafvereitelung von der Strafbarkeit der Vortat völlig loslöst, war es unvermeidlich, den vom GE. gebilligten Rechtssatz ausdrücklich auszusprechen.

Die Straflosigkeit der Strafvereitelung, wenn die Handlung zugunsten eines Angehörigen begangen worden ist, dehnt der GE. aus den unten zu § 236 entwickelten Gründen auch auf die Fälle aus, in denen es sich um die Begünstigung einer dem Täter „sonst nahestehenden Person“ handelt (vgl. bereits oben zu § 185). Die Erweiterung, die auch von Olbricht (Reform II 184) vorgeschlagen wird, entspricht dem schweiz. VE. Art. 212 Abs. 2.

### § 194. Flucht des Führers eines Kraftfahrzeuges.

Die Bestimmung ist aus § 22 Abs. 1 des Gesetzes von 1909 herübergenommen. Es handelt sich hier um die Vereitelung sowohl der Strafverfolgung wie der Geltendmachung des privatrechtlichen Ersatzanspruches; nur daß hier der Täter die ihm selbst drohende Verfolgung abzuwenden sich bemüht, also ein Fall der Selbstbegünstigung vorliegt.

Es lag nahe, die Vorschrift zu verallgemeinern, wie das der GE. in § 272 getan hat. Es hätte etwa gesagt werden können: „Wer nach einem durch ihn verschuldeten Unfall sich der Feststellung seiner Person durch die Flucht entzieht usw.“. Die Verfasser des GE. haben aber geglaubt, es bei der Einarbeitung der besonderen Strafdrohung gegen den Führer eines Kraftfahrzeuges bewenden lassen und die Ausdehnung der weiteren Entwickelung um so eher anheimgeben zu können, als es sich um einen Fall der Selbstbegünstigung handelt, und diese nach dem geltenden Recht sonst straflos bleibt.

### § 195. Unwahre Entschuldigung.

Der GE. wiederholt lediglich die Bestimmung des § 173 VE.

### § 196. Parteiverrat.

Der VE. sagt in § 175: „Ein Rechtsanwalt oder anderer Rechtsbeistand.“ Der GE. bemüht sich, den Tatbestand mit dem geltenden Prozeßrecht in Einklang zu bringen, das zwischen den Parteivertretern und den Beiständen unterscheidet. Die Weglassung des Wortes „absichtlich“ entspricht einem einmütigen Vorschlag der Kritik (vgl. Binding GS. 77 S. 51, Kitzinger und v. Lilienthal Z. 31 S. 218 und 243). Statt der nicht näher bestimmten „besonders schweren Fälle“ des VE. hat der GE., hier wie sonst, versucht, die Verbrechensstrafe an bestimmte, im Gesetz selbst abgegrenzte erschwerende Umstände zu knüpfen. Als solche hebt er, im Anschluß an das geltende Recht, das Handeln im Einverständnis mit der Gegenpartei einerseits, das Handeln aus Gewinnsucht andererseits hervor. Über den Begriff „Gewinnsucht“ vgl. unten zu § 228.

### § 197. Gebührenüberhebung.

Der Tatbestand entspricht im allgemeinen dem § 176 VE. Indem der GE., dem VE. folgend, hier von Rechtsanwälten spricht, will er klarstellen, daß neben diesen nur solche Rechtsbeistände als Deliktssubjekte in Frage kommen, die staatlich bestellt sind (vgl. Begr. des VE. S. 577). Das Wort „anderer" vor „Rechtsbeistand" mußte gestrichen werden, da der Rechtsanwalt hier wie in VE. § 196 nicht nur als Beistand, sondern auch als Vertreter der Partei in Frage kommen kann.

### § 198. **Falsche Beschuldigung.**

Dieser Paragraph ist im GE. an den Schluß des Abschnitts gestellt worden, da er die Überleitung zu den Eidesdelikten darstellt, wie ihn ja auch der VE. § 171 im unmittelbaren Anschluß an diese behandelt.

Der falschen Beschuldigung ist es im GE. gleichgestellt, wenn der Täter „durch Unterschieben, Verändern oder Unterdrücken eines Beweismittels einen anderen fälschlich verdächtig macht". Die Fassung schließt sich an § 187 Ziff. 2 des österr. VE. an. Es kann keinen Unterschied in der Strafbarkeit machen, ob der Täter direkt durch die Anschuldigung einer strafbaren Handlung, oder ob er indirekt durch Einwirken auf das Beweismaterial die Verfolgung eines Unschuldigen wider besseres Wissen herbeiführt.

Abs. 2 enthält dieselbe Bestimmung über die Bekanntmachung des Strafurteils, die der VE. durch den Hinweis auf § 266 gibt, in ausdrücklicher Anführung; damit wird dem vom GE. festgehaltenen Grundsatz Rechnung getragen, daß Verweisungen auf Vorschriften, die erst ein späterer Abschnitt bringt, vermieden werden müssen.

Die Straflosigkeit des Widerrufs, die der dritte Absatz ausspricht, ist im Interesse des fälschlich Beschuldigten selbst vorgeschlagen; bei einem Widerruf des Täters wird seine Unschuld rascher festgestellt werden als durch das gegen den Beschuldigenden eingeleitete Verfahren. Übereinstimmend auch österr. VE. § 189

## Zehnter Abschnitt.

## Meineid und falsche Aussage.

Abweichend vom VE., der diese Delikte in dem Abschnitt „Verbrechen und Vergehen in Beziehung auf die Rechtspflege" hat aufgehen lassen, stellt der GE., zu dem geltenden Recht zurückkehrend, die Selbständigkeit dieser Deliktsgruppe wieder her. Nach der Auffassung des GE. sind Meineid und falsches Zeugnis mit Geldfälschung und Urkundenfälschung, die er im elften und zwölften Abschnitt behandelt, zusammenzustellen, da nach einer in der Wissenschaft vielfach vertretenen Auffassung bei allen drei Gruppen die Richtung gegen ein bestimmtes Rechtsgut in den Hintergrund tritt, alle drei vielmehr durch Irreführung menschlicher Überzeugung die Sicherheit des rechtlichen Verkehrs überhaupt gefährden.

Aber auch in der weiteren Behandlung dieser Deliktsgruppe mußten die Vorschläge des VE. vielfach abgelehnt oder abgeändert werden.

Zunächst ist die Bestrafung des fahrlässigen Falscheides, der fahrlässigen falschen Versicherung an Eidesstatt und der fahrlässigen uneidlichen Aussage (VE. §§ 165 Abs. 2, 166 Abs. 2, 168 Abs. 2) im GE. beseitigt. Gegen die Bestrafung haben sich Kohler (GA. 56 S. 301), Olbricht (Reform II 175, 177) und andere (namentlich auch Olshausen) ausgesprochen. Auch der österr. und der schweiz. VE. haben davon abgesehen, sie unter Strafe zu stellen. Für die Beseitigung der Strafdrohung spricht die Erwägung, daß der Nachweis der Fahrlässigkeit gerade bei diesen Delikten auf die größten Schwierigkeiten stößt. Dazu tritt die Erfahrung, daß im schwurgerichtlichen Verfahren vielfach die auf fahrlässige Verletzung der Eidespflicht gerichtete Hilfsfrage nur deshalb von den Geschworenen bejaht wird, weil sie den Angeklagten zwar für schuldig halten, aber die auf vorsätzlichen Falscheid gesetzte schwere Strafe vermeiden wollen. Dieser beliebte „Mittelweg" aber ist gleich bedauerlich, mag er zu einer Verdachtsstrafe gegen den nicht Überführten, mag er zu einer weitgehenden Strafmilderung gegenüber dem Schuldigen führen. Die Erweiterung der Strafdrohung auf die nichteidliche falsche Aussage (GE. § 201) ließ es doppelt bedenklich erscheinen, über die Strafbarkeit der vorsätzlichen Tat hinauszugehen.

VE. § 167, der die versuchte Verleitung zum Meineid unter selbständige Strafe stellt, hat gegenüber der allgemeinen Strafbarkeit der versuchten Anstiftung, wie sie in GE. § 32 Abs. 2 ausgesprochen ist, keine Berechtigung mehr. Jedenfalls zufolge § 34 Satz 2 GE. entfällt auch die Notwendigkeit von VE. § 170, über den bereits oben S. 48 ausführlich gesprochen worden ist. In demselben Sinn haben sich auch Binding (GS. 76, S. 34, 85) und Kohler (GA. 56 S. 294) ausgesprochen. Der GE. konnte daher die sechs Paragraphen des VE. in drei zusammenziehen.

### § 199. **Meineid.**

Abgesehen von den oben bereits hervorgehobenen Änderungen stimmt der GE. mit VE. § 165 überein.

### § 200. **Falsche Versicherung an Eidesstatt.**

Auch hier gilt gegenüber VE. § 166 das zu § 199 Gesagte.

### § 201. **Falsche Aussage.**

Auch hier stimmt der GE. mit VE. § 168, abgesehen von der Behandlung der Fahrlässigkeit, überein. VE. § 169 ist in GE. § 201 als dritter Absatz aufgenommen worden. Seine selbständige Stellung mußte entfallen, nachdem die Strafbarkeit der fahrlässigen Begehung, auf die im übrigen VE. § 169 sich bezieht, im GE. aufgegeben war.

## Elfter Abschnitt.

## Geldfälschung.

Die Überschrift des Abschnittes (der VE. 10. Abschnitt spricht von „Münzverbrechen und Münzvergehen") entspricht dem von Binding (GS. 77 S. 9) gemachten Vorschlag. Die von Wach (Reform I 5) empfohlene Wendung „Münzfälschung" hat der GE. als zu eng abgelehnt.

### § 202. **Geldfälschung. Abschieben falschen Geldes.**

Der GE. hat die beiden §§ 159, 160 des VE. zusammengefaßt, um so die Parallele mit der Münzverringerung (§ 203 GE.) folgerichtig durchführen zu können.

Die Worte des VE. in § 159 „inländisches oder ausländisches" Geld konnten gestrichen werden, da nach der Stellung des Abschnitts kein Zweifel über die Gleichstellung bestehen kann (vgl. dazu das oben in den Vorbemerkungen zur Begr. des Bes. T. Gesagte). Da der GE., wie der VE., das Anfertigen von falschem oder unechtem Geld und das Verfälschen von echtem Geld unterscheidet, mußte auch bezüglich der von dem Täter verfolgten Absicht entsprechend unterschieden werden; der GE.

verlangt daher, wie schon das geltende Recht, die Absicht, „das falsche Geld als echtes oder das verfälschte zu einem höheren Wert in Verkehr zu bringen.“ Damit wird der Fehler vermieden, den der VE. unzweifelhaft begeht, indem er beim Inverkehrbringen lediglich von falschem, nicht aber von verfälschtem Geld spricht, obwohl er im Vordersatz ausdrücklich die beiden Fälle unterschieden hat. Dagegen sind in dem Tatbestand die Worte gestrichen „oder wer in gleicher Absicht falsches Geld sich verschafft“; für die Gleichstellung dieser Vorbereitungshandlung mit der Vollendung fehlt jeder Grund, die Strafbarkeit selbst aber ist durch die Strafdrohung in GE. § 204 sichergestellt.

Der zweite Absatz entspricht dem § 160 Abs. 1 des VE. Auch hier ist der Fall ausdrücklich gleichgestellt, daß der Täter verfälschtes Geld zu einem höheren Wert in Verkehr bringt.

Der dritte Absatz gibt den § 160 Abs. 2 des VE. wieder. Auch hier ist neben dem falschen das verfälschte Geld ausdrücklich genannt. Übrigens kann man, wie ausdrücklich zugegeben werden soll, darüber verschiedener Ansicht sein, ob es nicht gesetzestechnisch richtiger wäre, diesen dritten Absatz als Satz 2 zu Abs. 2 zu stellen, da er sich nur auf diesen, nicht aber auch auf den ersten Absatz bezieht.

### § 203. Münzverringerung. Abschieben verringerter Münzen.

Die Worte „durch Beschneiden, Abfeilen oder auf andere Art“ sind als überflüssig gestrichen. Die zweite Alternative des VE. § 161 Abs. 1 „oder wer in gleicher Absicht verringerte Geldmünzen sich verschafft“ ist aus den zu § 202 angegebenen Gründen weggefallen.

Über die Stellung des Abs. 3 gilt das zu § 202 Gesagte.

### § 204. Vorbereitungshandlungen.

Neben den von VE. § 162 allein angeführten „Gerätschaften“ mußten auch die „Mittel“ genannt werden. Damit werden nicht nur die Stoffe umfaßt, die der Täter zur Fälschung verwenden will, wie Chemikalien und dergl. (vgl. Olbricht, Reform II 164), sondern auch das falsche, verfälschte oder verringerte Geld selbst, das sich der Täter in der Absicht verschafft, es in den Verkehr zu bringen (vgl. dazu das oben zu § 202 Gesagte). Statt „zum Zwecke eines Münzverbrechens oder Münzvergehens“ sagt der GE., hier wie in anderen Fällen: „Wer zur Vorbereitung eines Geldverbrechens oder Geldvergehens usw.“. Der VE. § 162 hat geglaubt, das geltende Recht (§ 151 StGB.) durch die Aufnahme der Worte ergänzen zu müssen: „oder einem anderen überläßt“. Der GE. hat diese Worte als überflüssig gestrichen; wer einem anderen solche Gerätschaften oder Mittel zum Zwecke eines Gelddeliktes überläßt, ist jedenfalls der Teilnahme an dem von dem anderen begangenen „Sichverschaffen“ schuldig.

Der Hinweis auf GE. § 30 soll die Anwendung der Grundsätze über freiwilligen Rücktritt und tätige Reue auf die Vorbereitungshandlung sichern.

VE. § 163 ist durch die allgemeine Vorschrift in GE. § 80 überflüssig gemacht.

### § 205. Banknoten oder andere Wertpapiere.

Die Bestimmung deckt sich durchweg mit der des VE. § 164.

### § 206. Fälschung und Mißbrauch von Wertzeichen.

Der vom VE. § 284 zur Urkundenfälschung gestellte Tatbestand ist hier bei der Geldfälschung eingereiht worden, da die genannten Wertzeichen, die vielfach auch als Zahlungsmittel verwendet werden, dem Gelde näher verwandt sind als den als Beweismittel dienenden Urkunden. Dem entspricht, daß schon die Tatbestände der §§ 275, 276, 364 StGB. mehr der Geldfälschung als der Urkundenfälschung nachgebildet sind.

Zu den aufgezählten Wertzeichen hat der GE. auch die Versicherungsmarken gestellt, die unzweifelhaft mit jenen ähnlichen rechtlichen Charakter haben. Damit werden die §§ 1496—1499 der Reichsversicherungsordnung überflüssig. In dem Tatbestand des ersten Absatzes ist das „Sichverschaffen“ der Wertzeichen gestrichen, da es als Vorbereitungshandlung durch die Fassung des GE. in Abs. 3 gedeckt wird. Neben den falschen Wertzeichen sind die verfälschten besonders genannt; auch hierzu ist das oben zu § 202 Gesagte zu vergleichen. Das „Feilhalten“ konnte neben dem „Inverkehrbringen“, im Hinblick auf § 27 GE., gestrichen werden. Die Änderungen in Abs. 3 sind bereits oben zu § 204 gerechtfertigt.

Abs. 4 des VE. war im Hinblick auf GE. § 80 entbehrlich. Abs. 5 des VE. enthält einen in Literatur und Rechtsprechung allgemein anerkannten und daher überflüssigen Satz. Der VE. hat es ja auch sonst vermieden, auf die gleichzeitige Anwendbarkeit anderer Strafdrohungen (Idealkonkurrenz) ausdrücklich aufmerksam zu machen; es liegt nicht der geringste Anlaß vor, gerade an dieser Stelle von diesem zweifellos berechtigten Prinzip abzugehen.

## § 207. Ausgabe von Inhaberpapieren.

Der VE. § 147 hat diesen Tatbestand zu den Straftaten gegen die öffentliche Ordnung gestellt. Diese Stellung ist zweifellos unrichtig. Die Anreihung an die Geldfälschung dürfte geringeren Bedenken unterliegen, wenn man berücksichtigt, daß bei den Gelddelikten doch auch der Gedanke eines Eingriffs in die staatliche Münzhoheit eine gewisse Rolle spielt.

Aus der Fassung des VE.: „Wer im Inland ausgestellte Schuldverschreibungen ... im Inland ... in Verkehr bringt" sind die Worte „Inland" gestrichen. Die im Ausland ausgestellten Schuldverschreibungen auf den Inhaber bedürfen, um in den Inlandsverkehr gebracht zu werden, überhaupt keiner staatlichen Genehmigung; und die Verbreitung im Ausland bleibt nach GE. § 4 ohnehin straflos.

Durch die Bestimmung des § 207 GE. wird § 55 des Bankgesetzes von 1875 überflüssig.

Der VE. hat die Bemessung der Geldstrafe beibehalten, die der § 145a des StGB. übernommen hat. Diese Art der Bemessung steht im schärfsten Gegensatz zu dem Aufbau der Strafdrohungen, wie er sonst ausnahmslos im StGB. wie im VE. sich findet. Der Gesetzgeber muß sich darüber klar werden, daß er nur einen von zwei Wegen gehen kann. Wenn er jene Berechnung festhält, so erklärt er damit, daß es sich um ein Finanzdelikt handelt, das der Sondergesetzgebung überlassen bleiben muß. Nimmt er den Tatbestand aber in das allgemeine StGB. auf, dann darf die Strafdrohung nicht aus dem Rahmen des allgemeinen Rechts herausfallen. Der GE. hat die letztere Folgerung gezogen: Er hat Freiheitsstrafe neben Geldstrafe angedroht und diese nicht nach der Höhe des Nennwerts der ausgegebenen Papiere, sondern nach den sonst festgehaltenen Höchst- und Mindestmaßen bestimmt. Die vorgeschlagene Strafdrohung reicht völlig aus, um auch den schwerer ins Gewicht fallenden Tatbestand des § 55 des Bankgesetzes genügend zu treffen.

### § 208. Nachahmung von Papieren zu Reichskassenscheinen und Reichsbanknoten.

Die Bestimmung ist dem VE. fremd. Der GE. hat sie den beiden Gesetzen vom 26. Mai 1885 und vom 2. Januar 1911 entnommen.

## Zwölfter Abschnitt.

## Urkundenfälschung.

Auf die verunglückte systematische Stellung, die der VE. der Urkundenfälschung gegeben hat, wurde bereits oben in den Vorbemerkungen zur Begr. des Bes. T. hingewiesen. Auch die Kritik ist in dieser Beziehung durchaus einmütig gewesen. So haben Binding (GS. 77 S. 8) und Wach (Reform I 5), Mittermaier (Z. 30 S. 626) und Olbricht (Reform II 189 und Z. 31 S. 357, 358), neuestens auch Weismann (Z. 31 S. 779) die Einreihung der Urkundenfälschung unter die Vermögensdelikte getadelt. Der GE. hat diesen Bedenken Rechnung getragen; er hat die Urkundenfälschung aus der Gruppe der Vermögensdelikte herausgenommen und sie unmittelbar an die Geldfälschung angereiht.

Über den Begriff der Urkunde ist das oben zu § 12 Ziff. 7 (S. 11) Gesagte zu vergleichen. Die gesetzliche Festlegung des Begriffs ist in der Literatur mehrfach gefordert worden, so von Köhler (Studien 6), von Lilienthal (Z. 30 S. 245), Olbricht (Reform II 189 und Zeitschr. a. a. O. 31, 360). Sie wird nicht alle Streitfragen beseitigen, immerhin aber der Rechtsprechung eine wertvolle Weisung geben.

### § 209. Urkundenfälschung.

Der VE. § 282 erblickt die Vollendung des Delikts in der fälschlichen Anfertigung oder Verfälschung der Urkunde, wenn diese Handlung in Täuschungsabsicht vorgenommen wird. Die Kritik des VE. hat sich fast einstimmig gegen diesen Vorschlag ausgesprochen; so Binding (GS. 77 S. 14), Wach (Reform I 6, 35), Olbricht (Reform II 194 und Zeitschr. a. a. O. 31, 370) und andere. Auch der GE. steht auf dem Standpunkt, daß eine solche Verschiebung des Vollendungsmoments sich nur ausnahmsweise rechtfertigen läßt und bei der gemeinen Urkundenfälschung eine solche Ausnahme nicht vorliegt (vgl. in gewisser Beziehung auch Weismann,

Z. 31 S. 818). Das Wesentliche ist, daß von der Urkunde zum Zweck der Täuschung im Verkehr Gebrauch gemacht wird; was vorangeht, ist Versuch oder Vorbereitung und nach den allgemeinen Grundsätzen zu beurteilen. Damit entfällt zugleich der zweite Absatz des VE., und der Begriff erhält eine einfache und einheitliche Fassung: „Wer eine fälschlich angefertigte oder verfälschte Urkunde zur Täuschung eines anderen über eine rechtlich erhebliche Tatsache gebraucht, wird mit Gefängnis bestraft.“ Statt der Worte des VE. „zur Täuschung über Rechte oder Rechtsverhältnisse“ sagt der GE. „zur Täuschung über eine rechtlich erhebliche Tatsache“. Die Fassung des GE. ist etwas weiter als die des VE.; sie soll auch gegen § 12 Ziff. 7 klarstellen, daß die Täuschung sich nicht gerade auf jene Tatsache zu beziehen braucht, zu deren Beweis die Urkunde bestimmt ist.

Der mit Zuchthaus bedrohte erschwerte Fall des zweiten Absatzes ist dem VE. § 282 Abs. 3 mit kleinen Änderungen nachgebildet. Statt: „Bezweckte der Täter“ sagt der GE., hier wie sonst: „Handelt der Täter in der Absicht“. Statt der Worte „sich oder einem anderen unrechtmäßigen Gewinn zu verschaffen“ hat der GE. die (unten zu § 320 gerechtfertigte) Wendung gebraucht: „sich oder einem Dritten einen dem Recht zuwiderlaufenden Vermögensvorteil zu verschaffen“; damit ist die Übereinstimmung mit der Bestimmung der Bereicherungsabsicht bei Erpressung, Betrug, Untreue hergestellt (vgl. auch oben § 164 Abs. 3 GE.).

## § 210. **Fälschung von Ausweispapieren.**

Auch hier tritt nach dem GE., abweichend von VE. § 283, die Vollendung erst mit dem Gebrauchen ein; auch hier ist mit dieser Auffassung die Vereinfachung des Tatbestandes gegeben.

Im zweiten Absatz sind die Worte des VE. „oder einem anderen solche nicht für diesen ausgestellte Schriften überläßt“ gestrichen. Hier handelt es sich um eine zweifellose Vorbereitungshandlung, und es ist nicht einzusehen, warum gerade in diesem Fall der Grundsatz der Straflosigkeit der Vorbereitungshandlung durchbrochen werden soll. In § 363 des geltenden Rechts, das die Fälschung von Ausweispapieren als Übertretung behandelt, ist diese Ausdehnung der Strafbarkeit weniger bedenklich als im VE., der den Tatbestand unter die Vergehen gestellt hat.

VE. § 284 ist, wie bereits oben zu § 206 erwähnt, zu der Geldfälschung gestellt.

### § 211. Urkundenerschleichung.

Die Randbezeichnung, die dem österr. VE. § 212 entnommen ist, weicht von der des VE. § 285: „Mittelbare Falschbeurkundung" ab; die Bezeichnung des GE. ist zweifellos kürzer und klarer, vor allem volkstümlicher als die des VE.

Die Abweichung des Tatbestandes von dem des VE. beschränkt sich auf zwei Punkte. Zunächst wird als Mittel der Urkundenerschleichung „arglistige Täuschung" verlangt. Damit befindet der GE. sich in Einklang mit dem schweiz. VE. Art. 178 wie mit dem österr. VE. § 212. Auch Olbricht (Reform II 201) hat diese Forderung gestellt. Im zweiten Unterfall verlangt die vom VE. abweichende Fassung des GE., daß die Täuschung gerade auf die beurkundete Tatsache selbst sich beziehen muß; denn nur in diesem Fall kann von einem Mißbrauch der öffentlichen Urkunde gesprochen werden.

### § 212. Unwahre Gesundheitszeugnisse.

Der Tatbestand deckt sich im wesentlichen mit dem des VE. § 286. Doch ist, einem Vorschlag von Olbricht (Reform II 204) gemäß, das Wort „unrichtig" durch das zutreffendere Wort „unwahr" ersetzt.

### § 213. Urkundenunterdrückung.

Statt der Worte in VE. § 287: „eine Urkunde, die ihm nicht oder nicht ausschließlich gehört" verlangt der GE. nur „eine Urkunde, deren Herausgabe oder Vorlegung ein anderer verlangen kann". Damit ergreift der GE., im Anschluß an ZPO. § 422, auch Fälle, in denen nicht das Eigentum eines anderen, sondern dessen Anspruch auf Herausgabe oder Vorlegung der Urkunde verletzt wird. Es dürfte ohne weiteres klar sein, daß durch diese Fassung das Wesen der Urkunde als eines Beweismittels richtiger gewürdigt wird, als wenn man lediglich das Eigentum entscheiden läßt.

Die Worte des VE. „in der Absicht, einem anderen Nachteil zuzufügen" hat der GE., auch hier die Eigenart der Urkunde als eines Beweismittels ins Auge fassend, durch die Worte ersetzt: „in der Absicht, dem anderen ihre Benutzung als Beweismittel für eine rechtlich erhebliche Tatsache zu entziehen" (vgl. auch die Fassung des Editionseides in der ZPO. § 426 und österr. VE. § 215).

Das „vernichtet" ist, als in dem „beschädigt" enthalten, gestrichen.

### § 214. Grenzverrückung.

Die Worte des VE. § 288 „um einem anderen Nachteil zuzufügen" sind aus den oben zu § 213 angegebenen Gründen durch die Worte ersetzt: „in der Absicht, auf seine Benutzung als Beweismittel für eine rechtlich erhebliche Tatsache einzuwirken" (vgl. auch österr. VE. § 218). Während der VE. von einem zur Bezeichnung einer Grenze usw. bestimmten Merkmal spricht, begnügt der GE. sich mit einem diesem Zweck dienenden Merkmal. Damit ist dem Vorschlag von Olbricht (Reform II 206) Rechnung getragen und jeder Zweifel darüber ausgeschlossen, daß es auf die ursprüngliche Bestimmung des Merkmals nicht ankommt.

## Dreizehnter Abschnitt.

## Gemeingefährliche Handlungen.

Der VE. bringt die den gemeingefährlichen Handlungen des geltenden Rechts entsprechenden Tatbestände in zwei Abschnitten unter: im dreizehnten Abschnitt behandelt er die „Verbrechen und Vergehen gegen die Sicherheit des öffentlichen Verkehrs", im folgenden Abschnitte die von ihm sogenannten „gemeingefährlichen Verbrechen und Vergehen". An dieser Teilung konnte nicht festgehalten werden, obwohl sie auch im schweizer. VE. durchgeführt ist und die Billigung der Kritik erfahren hat (vgl. Preiser Reform II 209).

Die vom VE. in den dreizehnten Abschnitt gestellten Handlungen richten sich fast sämtlich gegen Menschenleben und Eigentum (vgl. auch Wach Reform I 4); es ist daher weder notwendig noch zweckmäßig, als ihr Angriffsobjekt ein besonderes Rechtsgut „Sicherheit des öffentlichen Verkehrs" aufzustellen. Dazu tritt eine weitere Erwägung. Bei der vom VE. gewählten Formulierung der Tatbestände, welche der GE. im allgemeinen übernimmt, ist auch bei den meisten Delikten des dreizehnten Abschnittes des VE. der Erfolg die Herbeiführung einer Gemeingefahr (so bei den §§ 181, 182, 183, 186 VE.). Nur die §§ 184, 185 und 188 erwähnen dies nicht. Die von ihnen unter Strafe gestellten Taten sind jedoch ihrem Charakter nach abstrakte Gefährdungsverbrechen und gehören deshalb auch unter die „gemeingefährlichen Handlungen". Durch diese Zusammenlegung der beiden Abschnitte ergibt sich im GE. eine bedeutende Vereinfachung der Tatbestände. Der GE. hat die schweren Fälle (§§ 215, 218, 220) herausgehoben und schon im Regelfall mit Zuchthaus bis zu zehn Jahren bedroht. Ihnen stellt er die im Regelfalle mit Vergehensstrafe bedrohten leichteren Fälle (§§ 216, 217, 219, 221—226) an die Seite. Endlich wird allgemein die Vorbereitung eines der drei „Verbrechen" unter Strafe gestellt (§ 227).

Statt „wer Gefahr für Menschenleben herbeiführt" sagt der GE. „wer das Leben eines anderen gefährdet"; die Gefährdung des Lebens des Täters genügt nicht; Gefährdung mehrerer ist nicht erforderlich. Die Wendung „fremdes Eigentum" ist durch die korrektere „fremde Sachen" ersetzt.

Ausgeschieden ist der § 187 VE. Er ist seinem Wesen nach wie im geltenden Rechte (§ 297 StGB.) als Vermögensdelikt aufzufassen und daher an entsprechender Stelle des GE. als § 340 eingeordnet worden (vgl. dazu unten zu § 340).

Andererseits waren gerade in diesem Abschnitt eine ganze Anzahl Nebengesetze einzuarbeiten, welche gemeingefährliche Handlungen bedrohen. Es sind dies das Sprengstoffgesetz, das Nahrungsmittelgesetz und die Seuchengesetze. Durch Zusammenfassung verwandter Tatbestände und Vermeidung unnötiger Aufzählungen ist es gelungen, die 14 Paragraphen des VE. und 21 der Nebengesetze in 13 Paragraphen des GE. zu verarbeiten.

### § 215. **Brandstiftung und Überschwemmung.**

Der Abs. 1 gibt den Inhalt des Abs. 1 § 189 VE. und des § 5 des Sprengstoffgesetzes wieder. Gestrichen ist jedoch die Verursachung eines Einsturzes, welche § 189 VE. als selbständigen Deliktstatbestand aufstellt. Einmal ist der Begriff „Einsturz" geeignet, Schwierigkeiten bei der Tatbestandsfeststellung zu machen. Der VE. selbst läßt sich auf eine Begriffsbestimmung des Einsturzes nicht ein und die Definition der Begründung zum VE. (Bes. T. S. 609) führt zu den bedenklichsten Konsequenzen; danach wäre bereits das Loslösen eines Ziegelsteines als „Verursachen eines Einsturzes" zu bestrafen. Dann aber ist die Aufstellung dieses besonderen Tatbestandes auch vollkommen überflüssig da er durch die Fassung des § 216 GE. („Gemeingefährliche Sachbeschädigung“) völlig gedeckt ist. Aus diesen Gründen hat der GE. — ebenso wie der schweizer. VE. und der österr. VE. — die Verursachung des Einsturzes nicht als besonders geartetes Delikt aufgenommen (vgl. dazu Preiser 227, 231).

Nicht geraten war es, dem Vorschlage Kohlers (Goltdammer Archiv Bd. 56 S. 301) folgend, den Fall der Beförderung und Unterstützung eines Brandes besonders zu erwähnen. Es mag dahingestellt bleiben, ob für das geltende Recht Kohler beizustimmen ist, der hier Straflosigkeit annimmt. § 306 StGB. verlangt allerdings, daß der Brandstifter die aufgeführten Gegenstände „in Brand setzt“, d. h. verursacht, daß sie zu brennen beginnen. Anders verhält es sich aber bei der Fassung, welche VE. und GE. vorschlagen; hier wird die „Verursachung (Herbeiführung) eines Brandes“ verlangt; wer aber einen vorhandenen Brand befördert, verursacht eben den Brand in seiner konkreten größeren Ausdehnung.

Bei der Formulierung des § 215 Abs. 1 GE. war zunächst der unschöne Satzbau des VE. zu beseitigen, in dem die Tat zweiaktig gefaßt ist („wer . . . einen Brand . . . und dadurch Gefahr . . . . herbeiführt“), obwohl es sich um eine fortlaufende Kausalkette handelt.

An sich enthält bereits der VE. § 189 Abs. 1 trotz der gegenteiligen Versicherung seiner Begründung (Bes. T. S. 608) den § 5 Abs. 1 des Sprengstoffgesetzes, indem er von der Gefährdung durch „eine Explosion“ spricht. Um jedoch die Absicht des GE., den § 5 Abs. 1 des Sprengstoffges. einzubeziehen, deutlich erkennen zu lassen, erschien die Einschiebung der Worte „insbesondere durch Anwendung von Sprengstoffen“ wünschenswert.

Als Grundstrafrahmen reicht Zuchthaus bis zu zehn Jahren aus; denn in besonders schweren Fällen — und nur solche rechtfertigen eine höhere Strafe — kann ja ohne weiteres auf Zuchthaus bis zu fünfzehn Jahren gemäß § 89 GE. erkannt werden. — Wegen des § 89 GE. konnte auch der Abs. 3 des § 189 VE. gestrichen werden. Die Androhung lebenslänglichen Zuchthauses mußte wegfallen; eine solche Strafe kann nicht an die ganz allgemein gehaltene Voraussetzung geknüpft werden, daß „ein besonders schwerer Fall“ vorliegt (vgl. oben S. 119).

Aber auch die Abs. 2 und 3 des § 5 des Sprengstoffges. sind gestrichen, da die nach §§ 215 Abs. 1, 89 GE. vorgesehene Strafdrohung von Zuchthaus bis zu fünfzehn Jahren ausreicht und insbesondere die Androhung der Todesstrafe gegen ein Erfolgs- oder Fahrlässigkeitsdelikt unmöglich beibehalten werden kann.

Zu streichen war endlich auch der Abs. 2 des § 189 VE. Soweit es sich um besonders leichte Fälle handelt oder mildernde Umstände gegeben sind, erledigt sich der Vorschlag durch die §§ 87, 88 GE.

Der Abs. 2 des § 215 GE. entspricht dem Abs. 4 des § 189 VE., nur ist die Fassung etwas vereinfacht.

Als Randbezeichnung hat der GE. anstatt des wenig schönen „Brandstiftung usw." die Aufzählung „Brandstiftung und Überschwemmung" gewählt.

## § 216. **Gemeingefährliche Sachbeschädigung.**

Der § 216 GE. gestaltet den § 181 VE. allgemein als gemeingefährliche Sachbeschädigung aus. Die Notwendigkeit eines derartigen sich an Brandstiftung und Überschwemmung anschließenden Tatbestandes ist bereits mehrfach betont worden (vgl. Preiser, Reform II 229; Löwenstein, Reform II 428 und die dort zitierte Literatur). Der GE. vermeidet dadurch auch die vom VE. aus dem geltenden Rechte übernommene unerfreuliche und naturgemäß lückenhafte Kasuistik; andererseits geht er nicht so weit wie die §§ 425, 426 österr. VE. Inhaltlich folgt der § 216 GE. dem von Preiser (Reform II 231) gemachten Vorschlage.

Für die Formulierung des Tatbestandes gilt das bereits oben zu § 215 Gesagte.

Abs. 1 bedroht die vorsätzliche Begehung. Statt der allgemeinen „besonders schweren Fälle" hat der GE., seinem Prinzip folgend, einen besonderen Fall im Anschluß an das geltende Recht hervorgehoben. Er bedroht mit Verbrechensstrafe den Täter, wenn durch die vorsätzliche Begehung einer gemeingefährlichen Sachbeschädigung der Tod oder eine schwere Körperverletzung eines anderen verursacht worden ist.

Der Abs. 3 bedroht wie VE. § 181 Abs. 2 die fahrlässige Begehung, wobei er die inkorrekte Wendung des VE.: „Ist die Handlung aus Fahrlässigkeit begangen" vermeidet.

Die neue Randbezeichnung „Gemeingefährliche Sachbeschädigung" ergibt sich notwendig aus der neuen Fassung des Tatbestandes.

## § 217. Beseitigung von Sicherheitsvorrichtungen.

Der § 217 GE. tritt an die Stelle des § 190 VE. Eine Beseitigung dieser Satzung, wie sie von Preiser (Reform II 231) vorgeschlagen wird, erscheint nicht geraten. Allerdings wird das „Unbrauchbarmachen" der Sicherheitsvorrichtungen meist durch die gemeingefährliche Sachbeschädigung gedeckt werden, aber notwendig ist dies nicht. Und ein „Außerbetriebsetzen" wird nur in Ausnahmefällen unter den § 216 GE. fallen. Daher ist die Beibehaltung eines Sonderdeliktes erforderlich.

In der vorgeschlagenen Bestimmung des GE. ist zunächst die schleppende Fassung des VE. beseitigt. Es genügt, wenn neben Bergwerken und Fabriken kurz „ähnliche Betriebe" genannt sind. Der Zusatz des VE. „in denen Arbeiter in einer Art beschäftigt werden, daß dadurch ihr Leben gefährdet werden kann" (vgl. dazu noch unten zu § 266) ist nicht erforderlich, da dies Betriebe mit Sicherungsvorrichtungen stets mit sich bringen.

Ferner war es unnötig, neben den „Vorrichtungen, die zur Sicherung des Betriebes dienen" insbesondere solche „zum Schutze des Lebens der Arbeiter" zu erwähnen.

Weiterhin reicht es aus, als Tatbestandsverwirklichung das „Unbrauchbarmachen" und „Außer-Tätigkeit-Setzen" zu nennen. Im ersten Worte ist bereits das Zerstören enthalten.

Das „pflichtwidrige Nicht-in-Tätigkeit-Setzen" der Sicherheitsvorrichtungen hat der GE. nicht besonders erwähnt, freilich nicht aus den von Preiser (Reform II 231) angeführten Gründen, sondern deshalb, weil die Begehung durch pflichtwidrige Unterlassung nach allgemeinen Grundsätzen strafbar ist und daher ihre Hervorhebung in diesem Einzellfall zu irrtümlichen Schlußfolgerungen hätte Anlaß geben können.

Die Strafdrohungen des Abs. 1 sowie des Abs. 2 und 3 rechtfertigen sich aus den bereits bei Begründung des § 216 GE. angegebenen Gründen.

Die Randbezeichnung des GE. beseitigt den angesichts der neuen Fassung besonders entbehrlichen Zusatz „in lebensgefährlichen Betrieben".

## § 218. Brunnenvergiftung.

Abs. 1 stimmt wörtlich mit dem Abs. 1 des § 192 VE. überein.

Der Abs. 2 entspricht dem Abs. 3 des § 192 VE., dessen Fassung jedoch vereinfacht ist.

Die Erwähnung der besonders schweren Fälle — § 192 Abs. 2 VE. — erübrigt sich wegen § 89 GE.

## § 219. **Warenfälschung.**

Der Abs. 1 enthält den § 12 Abs. 1 des Nahrungsmittelgesetzes von 1879. Dieser stellt neben die Nahrungs- und Genußmittel (Ziff. 1) gewisse andere bestimmt genannte Gebrauchsgegenstände (Ziff. 2). Der GE. hat an Stelle dieser haltlosen und lückenhaften Kasuistik, im Anschluß an Art. 157 schweiz. VE., den zusammenfassenden Ausdruck „Waren" gesetzt. Die Nebeneinanderstellung des „bestimmungsgemäßen" und des „vorauszusehenden" Gebrauchs (§ 12 Ziff. 2) hat der GE. aufgegeben; die allgemeinen Grundsätze über Vorsatz und Fahrlässigkeit müssen auch hier zur Anwendung kommen.

Der Abs. 2 des § 219 GE. entspricht dem § 12 Abs. 3 des Nahrungsmittelgesetzes. Er macht zugleich, insbesondere in Verbindung mit § 89 GE., den § 13 des Nahrungsmittelgesetzes zum Teil überflüssig. Aber auch soweit dies nicht der Fall ist, konnte § 13 aus denselben Gründen entfallen, die den VE. zur Streichung des § 229 StGB. bestimmt haben (vgl. Begr. des VE. S. 665).

Der Abs. 3 des § 219 GE. entspricht dem § 14 des genannten Gesetzes. Die hier aufgeführten Qualifizierungsgründe sind wegen § 89 GE. gestrichen worden.

Die vorgeschlagenen Strafrahmen sind denen des § 216 GE. gleich.

## § 220. **Gefährdung des Eisenbahn- oder Schiffsverkehrs.**

Der § 220 GE. vereinigt in sich die §§ 183, 186 und 191 VE. — Es ist von der Kritik mit Recht gerügt worden, daß der § 186 VE. lediglich die durch Störung der Sicherheit des Verkehrs herbeigeführte „absichtliche" Gefährdung bedroht, während in den §§ 183 und 191 Vorsatz genügt. Dadurch wird die Anwendbarkeit der Vorschrift überhaupt in Frage gestellt. Die Absicht zu gefährden wird „kaum jemals anzunehmen, so gut wie niemals nachzuweisen sein" (Preiser, Reform II 217, 218). Es muß vielmehr bereits die vorsätzliche wie auch die fahrlässige

Tat entsprechend dem § 183 VE. bestraft werden. Denn die Störung des Schiffsverkehrs kann mindestens ebenso gefährlich und folgenschwer sein wie die des Eisenbahnbetriebes. Das gibt ja auch der VE. dadurch zu, daß er den besonderen Fall der Schiffahrtsgefährdung, die Bewirkung des Strandens oder Sinkens eines Schiffes, eigens im § 191 erwähnt und bei Vorsatz wie bei Fahrlässigkeit schwer bestraft. Mit dem Streichen des „absichtlich“ wird aber § 191 VE. überflüssig, da er nun restlos in § 186 VE. aufgeht. Im geltenden Recht liegt das allerdings anders; hier hat § 323 gegenüber den kasuistisch gehaltenen §§ 321, 322 selbständige Existenzberechtigung.

Das Ergebnis ist die Möglichkeit, zu einer kurzen und allgemeinen Fassung zu gelangen.

Diese schlägt der § 220 GE. vor, indem er die §§ 183 und 186 VE. vereinigt und nach dem Vorgange des schweiz. VE. Art. 160 — den neuesten Kulturfortschritten entsprechend — auch die Gefährdung des Luftverkehrs einbezieht.

Die Formulierung entspricht der des § 215 GE.; die Strafen sind ebenfalls dieselben wie dort.

### § 221. **Gefährdung des Straßenverkehrs.**

Nachdem der § 181 VE. zu der gemeingefährlichen Sachbeschädigung (GE. § 216) ausgestaltet war, galt es den § 182 VE. von ihm unabhängig zu formulieren.

Zunächst mußte auch hier, wie im vorigen Paragraphen, die Beschränkung der Strafbarkeit auf die absichtliche Gefährdung fallen. Der § 221 GE. bedroht daher die vorsätzliche und die fahrlässige Tat mit Strafe. Im übrigen entspricht die Fassung insbesondere der Abs. 2 und 3 der des § 216 GE.

### § 222. **Betriebsstörung.**

Gemäß der allgemeinen Tendenz des GE., möglichst einfache Tatbestände unter Vermeidung unnötiger Aufzählungen zu schaffen, sind die §§ 184 und 185 Abs. 1 VE. in eine Satzung zusammengezogen worden. Eisenbahn, Post (§ 184), Telegraphen-, Fernsprech- und Rohrpostanlagen (§ 185) sind gleicherweise dem öffentlichen Verkehre dienende Anstalten. Da aber auch die Beschränkung des Strafschutzes auf die aufgezählten Anstalten durch nichts gerechtfertigt erscheint (anders Begr. z. VE. S. 591), so steht nichts im Wege, statt der Aufzählung den Oberbegriff „dem öffentlichen Verkehr dienenden Anstalt" zu setzen, wie dies der § 222 GE. tut.

Weshalb der § 184 VE. nur die Wasserversorgung und Beleuchtung, nicht auch die Lieferung von Heiz- und Herdwärme schützt, ist nicht erfindlich (vgl. Preiser 234). Der GE. schlägt daher die Fassung vor: „zur öffentlichen Versorgung mit Wasser, Leucht- oder Heizgas oder elektrischem Strom dienenden Anstalt".

§ 184 VE. stellt nur die Hinderung, d. h. die dauernde oder zeitweise Unterbrechung des Betriebes unter Strafe. Das ist jedoch zu eng. Andererseits ist es zu weit, wenn § 185 VE. auch die Gefährdung bedroht. Der GE. schlägt deshalb vor, die „Störung" des Betriebes, d. h. jeden tatsächlichen Eingriff in den Betrieb, als Grunddelikt zu bestrafen. Die bloße Gefährdung wird in den meisten Fällen als Versuch strafbar sein.

Keiner Ausführung bedarf es, daß nach allgemeinen Grundsätzen die Einstellung der Arbeit unter Einhaltung der Kündigungsfrist nicht rechtswidrig und daher weder nach diesem, noch nach einem anderen Paragraphen strafbar ist (GE. § 19 Satz 1).

Nicht erforderlich ist es, auch die fahrlässige Begehung mit Strafe zu bedrohen. § 184 VE. hat bereits davon abgesehen, während § 185 VE. mit dem geltenden Rechte daran festhält, obwohl er den Freiheitsstrafrahmen um die Hälfte herabsetzt. Gegen Beamte besteht ohnehin die Disziplinargewalt.

Die neue Randbezeichnung „Betriebsstörung" ergibt sich mit Notwendigkeit aus der veränderten Fassung und dem Inhalte des Paragraphen.

## § 223. **Verletzung der Seestraßenordnung.**

Der Tatbestand ist dem des § 188 VE. wörtlich gleich formuliert. Nur bedurfte es im Hinblick auf § 19 Satz 2 GE. der besonderen Hervorhebung, daß die Tat „vorsätzlich oder fahrlässig" begangen werden kann. Im geltenden Rechte ist es streitig, ob der § 145 StGB. auch die fahrlässige Zuwiderhandlung straft; der VE. macht dieser Kontroverse auch kein Ende. Auf Grund des § 58 Abs. 2 VE. könnte man annehmen, daß nur die vorsätzliche Begehung bestraft werden solle, während die Begründung zum VE. (S. 599) sagt, am geltenden Recht solle nichts geändert werden. Jedenfalls aber muß auch die fahrlässige Übertretung der genannten Vorschriften bestraft werden, soll nicht eine empfindliche Lücke im Gesetz entstehen.

Die alternative Androhung der Freiheitsstrafe, die der GE. vorschlägt, rechtfertigt sich durch die Schwere der möglicherweise herbeigeführten Gefahr.

Die Randbezeichnung des GE. ist genauer als die des VE.

### § 224. Verbreitung menschlicher Krankheiten.

Der Tatbestand des Abs. 1 entspricht wörtlich dem des § 193 VE. Unter ihn und unter Abs. 3 fallen auch die in den §§ 44, 45, 46 des Reichsseuchengesetzes kasuistisch aufgeführten Handlungen, so daß jene Paragraphen überflüssig werden (vgl. dazu Kriegsmannsche Denkschrift unter V das.). Die Strafdrohungen sind, im Hinblick auf die Gefährlichkeit der Handlung, den Grundsätzen des GE. angepaßt; daß die §§ 82 Abs. 2, 87, 88, 89 des GE. auch hier eingreifen, sei nebenher erwähnt.

Einer besonderen Hervorhebung bedurfte der Fall, daß der Täter die Erkrankung eines Menschen herbeiführt. Es leiteten hier entsprechende Erwägungen wie bei der Einfügung des Abs. 2 in §§ 216, 217, 219, 221 GE.

Die Randbezeichnung ist im GE. gekürzt, ohne daß sie inhaltlich etwas anderes besagt als die des VE.

### § 225. Verbreitung von Vieh- oder Pflanzenseuchen.

§ 225 Abs. 1 GE. hat den § 194 VE. aufgenommen und außerdem die Verbreitung von Pflanzenseuchen unter Strafe gestellt (vgl. dazu Preiser, Reform II 236, und österr. VE. §§ 440, 441, schweiz. VE. Art. 155). Durch § 225 Abs. 1, 3 GE. werden die §§ 1, 3 des Rinderpestgesetzes, die §§ 74—76 des Viehseuchengesetzes und die §§ 10—12 des Reblausgesetzes überflüssig. Der § 2 des Rinderpestgesetzes erledigt sich durch die §§ 85, 89 GE., während § 77 des Viehseuchengesetzes sich mit § 80 GE. deckt. Ferner ist der § 9 des Reblausgesetzes entbehrlich (vgl. zu alledem Kriegsmannsche Denkschrift unter V das.).

Abs. 2 knüpft an § 4 des Rinderpestgesetzes an.

### § 226. Verletzung von Regeln der Baukunde.

Der § 226 GE. gibt den § 195 VE. wieder. Die Formulierung ist unter denselben Gesichtspunkten umgestaltet wie im § 215 GE.

Besonders hervorgehoben ist außerdem — wie im schweiz. VE. Art. 152 — der „Abbruch" eines Baues. Wenn auch die Rechtsprechung den Abbruch unter den Begriff des Baues subsumiert hat, so bedeutet doch tatsächlich „Abbruch" begrifflich wie sprachlich gerade das Gegenteil von „Bau" (vgl. Preiser, Reform II 232).

Wegen des § 19 Satz 2 GE. (§ 58 Abs. 2 VE.) bedurfte es der Hervorhebung, daß die Tat „vorsätzlich oder fahrlässig" begangen werden kann.

### § 227. **Vorbereitungshandlungen.**

Wegen der großen Gefährlichkeit der in den §§ 215, 218, 220 GE. unter Strafe gestellten „Verbrechen" erscheint es geboten, auch Vorbereitungshandlungen dazu zu bedrohen. Das geltende Recht wie der VE. tun dies nicht; nur das Sprengstoffgesetz erwähnt im § 7 das Herstellen, Anschaffen und Bestellen von Sprengstoffen. Hieran war anzuknüpfen und dann war die Vorschrift auf die sämtlichen oben genannten Delikte auszudehnen. Deshalb schlägt der § 227 GE. (analog dem § 204) vor, denjenigen mit Gefängnis zu bestrafen, der „zur Vorbereitung eines gemeingefährlichen Verbrechens zu dessen Ausführung dienliche Mittel oder Gerätschaften anfertigt oder sich verschafft".

Zu fordern ist, daß das Gericht im Urteil feststellt, der Täter habe die genannten Sachen zur Vorbereitung des Verbrechens angefertigt oder sich verschafft. Deshalb ist der § 8 des Sprengstoffgesetzes zu streichen, da er eine Schuldvermutung aufstellt und die Höhe der Strafe außer allem Verhältnis zu der Schwere der Tat steht.

Wegen des § 227 Abs. 2 vgl. oben zu § 204 GE., sowie auch S. 44.

## Vierzehnter Abschnitt.

## Verletzung des Personenstandes, der Ehe und der Familie.

Die Überschrift des Abschnittes weicht von der des 12. Abschnittes des VE. nicht nur sprachlich ab („Verbrechen und Vergehen gegen die Ordnung der Ehe und des Personenstandes"); sie bringt zugleich zum Ausdruck, daß auch strafbare Handlungen gegen die Familie in diesen Abschnitt aufgenommen worden sind. Es sind dies der § 233 „Verletzung der Erziehungs- und Unterhaltungspflicht“, der aus den Übertretungen des VE. (§ 306 Ziff. 1) hierhergestellt ist; der neu aufgenommene § 234 „Pflichtverletzung gegen Schwangere“; und der § 235 „Entziehung Minderjähriger“, der durch die Auflösung der Tatbestände der Entführung dem VE. gegenüber entstanden ist.

### § 228. **Personenstandsfälschung.**

Die „Kindesunterschiebung“, die der VE. § 177 im Anschluß an das geltende Recht beispielsweise besonders hervorhebt, ist, da sie unter den allgemeinen Tatbestand der Personenstandsfälschung fällt, gestrichen worden.

Statt der nicht näher bezeichneten „besonders schweren Fälle“ des VE. hat der GE. im Anschluß an das geltende Recht einen bestimmten erschwerten und daher mit Verbrechensstrafe belegten Fall herausgehoben: „Handelt der Täter aus Gewinnsucht, so“ usw. „Gewinnsucht“, in GE. auch sonst noch vielfach verwandt, weist, enger als „gewinnsüchtige Absicht“ in § 169 StGB., auf eine dauernde Willensrichtung“ des Täters hin.

### § 229. **Vorzeitige Einsegnung der Ehe.**

Der Tatbestand entspricht dem § 67 Abs. 1 des Personenstandsgesetzes von 1875. Statt „Geistlicher oder anderer Religionsdiener“ ist, wie in § 176 GE., nur „Religionsdiener“ gesagt. Der im Reichstag durch Art. 46 III EG. z. BGB. beigefügte Abs. 2 des § 67 ist gestrichen, da er geeignet erscheint, in den Beteiligten den Glauben an eine in Wahrheit doch nicht vorhandene auch bürgerlich giltige Eheschließung zu erwecken.

### § 230. **Ehebetrug.**

§ 178 VE. bedurfte einer Änderung, um mit den Bestimmungen des BGB. in Einklang gebracht zu werden. Der VE. spricht nur von dem Fall, daß „die Ehe aus diesem Grunde für nichtig erklärt worden ist“. Es ist aber möglich, daß die Ehe aus irgendeinem Grund (z. B. wegen des Todes des anderen Ehegatten) aufgelöst worden ist, ehe es zur Erklärung ihrer Nichtigkeit kommt (BGB. § 1343). Auch in diesem Fall kann die Nichtigkeit der Ehe geltend gemacht werden; und es ist nicht einzusehen, warum hier die Bestrafung des Täters ausgeschlossen werden soll. Der GE. schlägt daher vor zu sagen „wenn aus diesem Grunde die Ehe für nichtig erklärt worden ist oder ihre Nichtigkeit ohne Nichtigkeitserklärung geltend gemacht werden kann".

Nach dem Erscheinen des GE. hat M. Wolff darauf aufmerksam gemacht, daß auch diese Fassung nicht einwandsfrei sei. Er schlägt im Einverständnis mit den Verfassern des GE. folgende Fassung vor:

„Wer einen anderen durch arglistige Täuschung zur Eingehung einer nichtigen Ehe bestimmt, wird, sobald die Nichtigkeit allgemein geltend gemacht werden kann, mit Gefängnis bestraft.

Dieselbe Strafe trifft den, der einen anderen durch arglistige Täuschung zur Eingehung einer wegen dieser Täuschung oder aus einem anderen Grunde anfechtbaren Ehe bestimmt, wenn aus einem dieser Gründe die Ehe angefochten worden ist und ihre Nichtigkeit allgemein geltend gemacht werden kann.

Die Verfolgung tritt nur auf Antrag ein."

Zur Begründung dieses Vorschlags sei folgendes bemerkt:

Soll vollkommene Klarheit geschaffen werden, so ist es notwendig, die beiden Fälle, die das geltende Recht in § 170 unterscheidet, der VE. aber zusammengeworfen hat, wieder voneinander zu lösen.

Im ersten Absatz handelt es sich um den Fall, daß jemand durch arglistige Täuschung zur Eingehung einer nichtigen Ehe bestimmt worden ist. Hier kann es keinem Zweifel unterliegen, daß es in allen Fällen zur Bestrafung kommen muß, wenn nicht die Ehe gerade wegen des Todes des Täters aufgelöst worden ist. Beruht die Nichtigkeit auf einem Formmangel, so kann sie sofort geltend gemacht werden. In allen anderen Fällen kann sie allgemein geltend gemacht werden, sobald die Nichtigkeitserklärung oder die Auflösung erfolgt ist. Die vorgeschlagene Fassung gebraucht hier die Wendung: „wenn die Nichtigkeit allgemein geltend gemacht werden kann"; eine Wendung, die dem BGB. noch fremd ist. Es soll mit dieser Wendung der Gegensatz zu den Fällen ausgedrückt werden, in denen (BGB. § 1329) die Nichtigkeit der Ehe nur im Wege der Nichtigkeitsklage geltend gemacht werden kann.

Hat dagegen der Täter den anderen durch arglistige Täuschung zur Eingehung einer anfechtbaren Ehe bestimmt, so kann die Anfechtbarkeit auf einem doppelten Grunde beruhen. Sie kann einmal auf der Tatsache der arglistigen Täuschung selbst beruhen; wobei hervorzuheben ist, daß nicht jede Täuschung (etwa über die Vermögensverhältnisse des Täuschenden) die Anfechtbarkeit begründet. Sie kann aber auch, was § 170 des geltenden Rechts richtig hervorgehoben hat, auf einem anderen Grunde als dem der arglistigen Täuschung beruhen. Ist dies letztere der Fall, so ist es selbstverständlich, daß die Strafbarkeit des Täters nur dann gegeben ist, wenn er diese anderen Gründe gekannt hat. Die Worte des GE.: „aus diesem Grunde" können zu Mißverständnissen Anlaß geben, da sie nicht klarstellen, ob damit die arglistige Täuschung oder der daneben bestehende andere Grund, oder ob beide gemeint sind. Die neue Fassung schließt das Mißverständnis aus, indem sie sagt: „aus einem dieser Gründe". Aus denselben Erwägungen aber, aus denen im ersten Absatz die Strafbarkeit des Täters davon abhängig gemacht wird, daß die von vornherein bestehende Nichtigkeit allgemein geltend gemacht werden kann, ist im zweiten Absatz Voraussetzung der Strafbarkeit, daß die durch die Anfechtung begründete Nichtigkeit allgemein (im Gegensatz zu § 1343 Abs. 2 BGB.) geltend gemacht werden kann.

## § 231. **Doppelehe.**

Der Tatbestand ist aus VE. § 179 herübergenommen. Dagegen ist die Regelstrafe des VE., Zuchthaus bis zu fünf Jahren, durch Gefängnis ersetzt. Diese Änderung haben auch Kohler (GA. 56 S. 298) und Wulffen (Reform II 124) vorgeschlagen. Mit Recht ist darauf hingewiesen worden, daß die meisten Fälle der Doppelehe, die sich in Deutschland seit 1895 sehr bedeutend vermindert haben, weniger aus verbrecherischer Neigung als aus Leichtfertigkeit und Torheit begangen werden. Es mag auch daran erinnert werden, daß in einer Reihe von Fällen die böswillige Verlassung durch den ersten Ehegatten, über dessen weiteres Schicksal der Zurückgebliebene nichts mehr erfährt, die Veranlassung zur Eingehung der neuen Ehe gegeben hat. Für „besonders schwere Fälle" greift § 89 GE. ein. Das gerade hier besonders auffallende „wissentlich" ist aus allgemeinen Gründen auch hier gestrichen worden.

## § 232. **Ehebruch.**

Wie VE. § 180 hält auch GE. an der Strafbarkeit des Ehebruchs fest. Er war dagegen nicht in der Lage, dem VE. in der Gestaltung des Strafrahmens zu folgen, ist vielmehr hier zu dem geltenden Recht zurückgekehrt. Die von der Begründung des VE. (S. 583) für die Verschärfung des geltenden Rechts vorgebrachten Gründe entbehren der beweisenden Kraft. Durch die im VE. wie im GE. veränderte systematische Stellung des Delikts konnte dessen inneres Wesen doch in keiner Weise geändert werden. Besonders schwere Fälle können gewiß auch beim Ehebruch vorkommen; dann genügt die Vorschrift in GE. § 89. Wer aber Ehrenhändel durch den Zweikampf auszutragen pflegt, wird sich durch eine Erhöhung der Strafdrohung gegen den Ehebruch in dieser seiner Auffassung nicht irremachen lassen, da die generalprävenierende Kraft einer Strafdrohung erfahrungsgemäß in ihrem Vorhandensein, nicht aber in der Schwere der angedrohten Strafe besteht.

Der zweite Absatz des GE. schließt das Antragsrecht aus, wenn der verletzte Ehegatte vor dem Ehebruch die eheliche Gemeinschaft unberechtigt aufgehoben hat. In diesem Fall kann von einer Verletzung des „Rechtsguts der ehelichen Treue" (Begr. des VE. S. 582) kaum gesprochen werden; ebensowenig aber von einer „Gefährdung der Familienordnung", die durch das unberechtigte Vorgehen des anderen Ehegatten bereits verletzt worden ist.

## § 233. **Verletzung der Erziehungs- und Unterhaltungspflicht.**

Der Tatbestand ist aus den Übertretungen (VE. § 306 Ziff. 1) herausgenommen und zu den Vergehen gestellt, daher auch mit Gefängnis bis zu sechs Monaten bedroht. Die Rechtfertigung dieser Änderung liegt darin, daß nach Auffassung des GE. im Gegensatz zu der des VE. (Begr. des VE. S. 854) Gegenstand des Strafschutzes hier in erster Linie nicht die Armenpolizei, sondern die Familie ist. Ebenso Dresdener Tagung des Deutsch. Vereins f. Armenpflege und Wohltätigkeit (Sept. 1911); vgl. auch österr. VE. § 256.

Damit hängt zusammen, daß der GE. den strafbaren Tatbestand selbst erweitert hat. Der Pflicht zur Unterhaltung ist die zur Erziehung gleichgestellt, um die Fälle zu treffen, in denen die Eltern die Erziehung ihrer Kinder derart vernachlässigen, daß der zu Erziehende der Gefahr der Verwahrlosung ausgesetzt wird.

Bei der Verletzung der Unterhaltungspflicht konnte die Strafbarkeit nicht darauf abgestellt werden, daß der Berechtigte durch Vermittelung der Behörde aus fremden Mitteln unterstützt werden muß; es mußte vielmehr nach zwei Richtungen hin eine Erweiterung des Tatbestandes eintreten. Einmal kann es geschehen, daß der zu Unterhaltende in eine Notlage gerät, ohne daß er eine Unterstützung aus fremden Mitteln erhält, so daß er noch schlimmer gefährdet wird als in dem vom VE. allein ins Auge gefaßten Fall. Dann aber kann es nicht darauf ankommen, daß die Unterstützung aus fremden Mitteln gerade durch die Behörde vermittelt worden ist; die Pflichtverletzung ist dieselbe, wenn die Unterstützung ohne Anrufen der Behörde aus fremden Mitteln gewährt werden mußte (ebenso Dresdener Tagung usw.).

Da eine Unterhaltungspflicht nur so weit besteht wie die Fähigkeit zu ihrer Erfüllung (§ 1603 BGB.), konnten die Worte: „zu deren Erfüllung er imstande ist" gestrichen werden.

### § 234. **Pflichtverletzung gegen Schwangere.**

Die hier aufgestellte, dem VE. gegenüber neue Strafdrohung knüpft an das norwegische Recht an (vgl. darüber v. Liszt, Vgl. Darst. Bes. T. V 125). Aber auch der österr. VE. hat in § 257, der schweiz. VE. in Art. 141 den Fall selbständig unter Strafe gestellt. Die Fassung des GE. schließt sich an die des schweiz. VE. mit geringfügigen Änderungen an. Nach diesem ist strafbar, „wer eine Frau, die von ihm schwanger ist, in bedrängter Lage im Stich läßt". Der GE. sagt statt dessen: „die von ihm geschwängerte weibliche Person". Er will damit zum Ausdruck bringen, daß alle die Pflichten, die BGB. in den §§ 1715, 1716 dem Schwängerer auferlegt, unter Strafschutz stehen, nicht nur die Pflicht, für die Kosten aufzukommen, die während der Schwangerschaft und durch sie entstanden sind.

### § 235. **Entziehung Minderjähriger.**

Der VE. hat im Anschluß an das geltende Recht Kinderraub und Entführung in den §§ 235 bis 238 unter den Verbrechen und Vergehen gegen die persönliche Freiheit behandelt. Diese systematische Stellung ist wiederholt in der Literatur als unrichtig bemängelt worden (vgl. Merkel, Lehrbuch S. 313; Olshausen, Kommentar § 235 Note 3a). Die Entführung wider den Willen der Entführten ist ihrer geschichtlichen Entwickelung nach, wie in ihrem innersten Wesen eine Verletzung der geschlechtlichen Freiheit und daher zu den Sittlichkeitsdelikten zu stellen (vgl. darüber unten das zu § 238 Gesagte). Der sogenannte „Kinderraub" aber, ebenso wie die Entführung mit dem Willen der Entführten, ist nicht Verletzung des Rechtsgutes der Freiheit in der Person des Entzogenen, sondern Eingriff in die elterliche Gewalt, gehört daher zu den Familiendelikten (vgl. auch Sturm in Aschaffenburgs Monatsschrift VII 500). Dieselbe Stellung hat denn auch sowohl der schweiz. VE. Art. 142 als auch der österr. VE. § 255 diesem Delikt gegeben.

Der GE. hat sich dieser Auffassung angeschlossen. Er hält es für das Entscheidende, daß der Minderjährige „dem zur Sorge für seine Person Berechtigten entzogen" wird. Von diesem Standpunkt aus konnte er die dem geltenden Recht entstammenden §§ 235 und 237 des VE. (Kinderraub und Entführung einer minderjährigen unverheirateten Frauensperson mit ihrem Willen, jedoch ohne Einwilligung ihrer Eltern usw.) in einen einzigen Tatbestand zusammenfassen.

Da aber bei der Entziehung Minderjähriger die ausschließlich eigene Tätigkeit des Entziehenden und die Unterstützung der Tätigkeit des Entzogenen sehr schwer voneinander zu scheiden sind, hat der GE., einem in der Rechtsprechung oft hervorgetretenem Bedürfnis entsprechend (vgl. Kronecker Reform II 300), die „Beförderung der Selbstentziehung" der Entziehung ausdrücklich gleichgestellt.

Der erschwerte Fall in GE. Abs. 2 wiederholt in der Sache die Vorschläge in VE. § 235, sucht aber diese schärfer auszudrücken, indem er einerseits das Handeln aus Gewinnsucht (s. oben zu § 228), andererseits die Absicht hervorhebt, den Minderjährigen zu unsittlichen „Beschäftigungen" (statt „Zwecken") zu gebrauchen. Darunter fällt auch der in VE. § 237 erwähnte und mit bloßer Gefängnisstrafe bedrohte Fall, daß der Täter eine Frauensperson entführt hat, um sie zur Unzucht zu bringen.

Der dritte Absatz wiederholt die Bestimmung des VE. § 238, indem er statt „Verfolgung" das Wort „Bestrafung" einsetzt, das den legislativen Gedanken unzweideutig wiedergibt. Daß es sich nicht um eine Bedingung der Verfolgbarkeit, sondern um eine Bedingung der Strafbarkeit handelt, hat VE. § 248 Abs. 3

(Verführung unbescholtener Mädchen) ausdrücklich anerkannt (vgl. auch Begr. z. VE. S. 581 bei Anm. 3 und diese Anm. 3 selbst, wo freilich Bedingungen der Strafbarkeit und Verfolgbarkeit scheinbar identifiziert werden).

Nach dem Erscheinen des GE. hat M. Wolff mündlich darauf aufmerksam gemacht, daß die Fassung des GE. nicht vollkommen genau ist. Im Einvernehmen mit ihm schlagen die Verfasser des GE. mithin vor, den letzten Absatz so zu fassen:

„Hat der Täter mit der minderjährigen Person die Ehe geschlossen, so findet die Bestrafung nur statt, wenn die Ehe nichtig oder anfechtbar ist und ihre Nichtigkeit allgemein geltend gemacht werden kann."

Zur Begründung dieser Änderung kann auf das oben zu § 230 Gesagte verwiesen werden.

## Fünfzehnter Abschnitt.
## Verletzung der Sittlichkeit.

Die Überschrift ist nach dem Vorschlag Wachs (Reform I S. 31) an die Stelle der vom 20. Abschnitt des VE. gebrauchten „Verbrechen und Vergehen gegen die Sittlichkeit" gesetzt worden. Nach dem Vorschlag von Wulffen (Gesetz und Recht 11 S. 224; ebenso Glaser Z. 31, 384) und dem Vorbild des österr. VE. ist das Wort „Frauensperson" überall durch den Ausdruck „weibliche Person" ersetzt worden.

In dem Inhalt des Abschnittes ergeben sich verschiedene wesentliche Abweichungen vom VE., die an der betreffenden Stelle gerechtfertigt werden sollen. Hier sei nur hervorgehoben, daß VE. § 255 über die Zulässigkeit sichernder Maßnahmen im Hinblick auf die §§ 68, 79 des GE. gestrichen wurde.

### § 236. **Nötigung zur Unzucht. Notzucht.**

Wie schon die Randbezeichnung erkennen läßt, hat der GE. die Notzucht als erschwerten Fall der Nötigung zur Unzucht behandelt und daher mit dieser zusammengestellt. War so aus dem § 244 VE. die Ziff. 1 herauszunehmen, so mußten auch die beiden noch übrigbleibenden Tatbestände des § 244 von einander gelöst werden: Die Schändung wurde in einen besonderen Paragraphen

§ 237) gestellt; ebenso die Unzucht mit Kindern, die an eine spätere Stelle des Abschnittes (242) versetzt worden ist.

Die Mittel der Nötigung sind gegenüber VE. §§ 243, 244 erweitert worden: Es genügt nach dem GE., daß die angedrohte „gegenwärtige persönliche Gefahr" nicht die Genötigte selbst, sondern „einen Angehörigen oder eine ihr sonst nahestehende Person" betrifft (ebenso österr. VE. §§ 259—262). Die Beschränkung dieser Erweiterung auf die Angehörigen (GE. § 12 Ziff. 1), wie sie von Wulffen (Reform II 130) verlangt worden ist, hätte die Gefahr einer schablonenhaften Abgrenzung der Fälle mit sich gebracht; daher sind hier wie in anderen Fällen die „sonst nahestehenden" Personen, mit denen die Genötigte vielleicht durch viel engere Beziehungen verknüpft ist, den Angehörigen gleichgestellt. An die Stelle der Mehrzahl „unzüchtige Handlungen" ist die Einzahl gesetzt, um damit festzulegen, daß zur Strafbarkeit nicht mehrere Handlungen erforderlich sind, daß vielmehr die allgemeinen Grundsätze über Einheit und Mehrheit des Verbrechens auch hier zur Anwendung zu kommen haben.

Aus den Fällen der Nötigung zur Unzucht hebt der zweite Absatz die Notzucht als erschwerten Fall hervor. Das angedrohte Maximum ist in beiden Absätzen mit Rücksicht auf GE. § 89 geringer als in VE. §§ 243, 244 Ziff. 1 (oben S. 113, 120).

Die Erschwerung in VE. § 245 (Todesfolge) ist hier, wie für die übrigen Fälle von VE. § 244, gestrichen worden, da nach § 89 GE. jedenfalls auf das Höchstmaß der zeitigen Zuchthausstrafe hinauf gegangen werden kann. Die Schärfung ist auch von Exner (Österr. Zeitschr. f. Strafr. 1 S. 424), Galli (Recht 14 S. 26), Kantorowicz (Monatsschr. f. Kriminalpsych. 7 S. 284), Nagel (DJZ. 15 Sp. 1206) und Wulffen (Reform II S. 135) als zu streng beanstandet worden.

## § 237. **Schändung.**

Dem Mißbrauch einer zum Widerstand unfähigen weiblichen Person hat der GE. nicht einfach den Mißbrauch einer Geisteskranken (VE. § 244 Ziff. 2), sondern den Fall gleichgestellt, daß die mißbrauchte Person „wegen Geisteskrankheit oder Geistesschwäche die Bedeutung des Vorganges nicht zu verstehen vermag" (hierfür auch Mittermaier, Österr. Zeitschr. f. Strafr. 2, 262). Diese Fassung, die sich auch im österr. VE. § 263 findet (vgl. dazu

Erläuternde Bem. S. 234), bedarf wohl keiner besonderen Rechtfertigung.

Von dem VE. weicht der GE. aber noch in einer anderen Beziehung wesentlich ab. Der VE. hat in § 244 Ziff. 2 nur den Mißbrauch zum außerehelichen Beischlaf unter Strafe gestellt. Der GE. betrachtet dagegen (wie der österr. VE. § 263 Ziff. 2) hier, wie bei der Nötigung zur Unzucht, als das Grunddelikt die Vornahme einer unzüchtigen Handlung und macht die Vollziehung des außerehelichen Beischlafs zum erschwerten Fall. Während aber schon die Nötigung zur Unzucht überhaupt mit Verbrechensstrafe bedroht ist, wird bei der Schändung das Grunddelikt nur mit Gefängnis bestraft; und erst in dem erschwerten Fall tritt die Verbrechensstrafe ein.

Über die Ermäßigung des Zuchthausmaximums in Abs. 2 im Verhältnis zum VE. § 244 Ziff. 2 und den Wegfall von VE. § 245 vergleiche das zu § 236 Gesagte.

## § 238. **Entführung.**

Wie bereits oben zu § 235 erwähnt, hat der GE. die Entführung wider Willen aus den Freiheitsdelikten herausgenommen und zu den Sittlichkeitsdelikten gestellt. Dies entspricht, wie wiederholt in der Literatur (vgl. v. Liszt, Lehrbuch S. 370, 371) betont worden ist, nicht nur der geschichtlich überlieferten volkstümlichen Auffassung, sondern auch dem Wesen des Delikts (s. Meyer-Allfeld Lehrb. S. 641), dem nur in Ausnahmefällen, die für seine systematische Auffassung nicht ausschlaggebend sein können, die geschlechtliche Absicht gänzlich fehlen wird.

Der Tatbestand ist gegenüber VE. § 236 erweitert. Diese spricht nur davon, daß der Täter die weibliche Person „wide ihren Willen" entführt; der GE. hat, ähnlich wie in § 237, die beiden anderen Fälle hinzugefügt, daß die Entführte „wegen Bewußtseinsstörung oder aus anderen Gründen zum Widerstand unfähig", oder daß sie „geisteskrank oder geistesschwach" ist. Dieselben Gründe, die dazu führen, die Vornahme unzüchtiger Handlungen mit solchen Personen unter Strafe zu stellen, verlangen die Ausdehnung des Strafschutzes auch für den Fall der Entführung.

Der besseren Übersicht wegen ist der eine Absatz des § 236 VE. in zwei Absätze zerlegt. Der erste Absatz droht Vergehensstrafe, wenn die Absicht des Täters darauf gerichtet war, die Entführte zur Ehe zu bringen; der zweite läßt Verbrechensstrafe eintreten, wenn die Absicht des Täters dahin ging, sie zur Unzucht zu bringen.

Das Antragserfordernis (VE. § 236 Abs. 2) ist gestrichen (vgl. oben S. 61).

Die Verweisung auf § 235 Abs. 3 ersetzt den § 238 VE.; es ist dazu das oben zu § 235 Gesagte zu vergleichen.

## § 239. **Erschleichung des Beischlafs.**

Der GE. hat, anknüpfend an § 237 (Schändung), die Vorschrift in § 246 VE. dahin ergänzt, daß die Strafbarkeit auch dann eintritt, wenn die Getäuschte „die Bedeutung des Vorganges nicht zu verstehen vermag", also etwa meinen sollte, es handle sich um ein Heilverfahren. Es ist damit eine in der Literatur mehrfach hervorgehobene Lücke ausgefüllt. Übereinstimmend der österr. VE. § 267 (und dazu Erläuternde Bem. S. 236).

Das Antragserfordernis (VE. § 246 Abs. 2) ist gestrichen (vgl. oben S. 61).

## § 240. **Unzucht unter Mißbrauch eines Autoritätsverhältnisses.**

Indem der GE. durch Zerlegung der Ziff. 1 des § 247 VE. an Stelle der drei Unterfälle des geltenden Rechts und des VE. deren vier setzt, hat er die Übersicht über den Inhalt des Paragraphen zu erleichtern gesucht. Über die Anwendung des Singulars „eine unzüchtige Handlung" vergleiche das oben zu § 236 Gesagte.

In Ziff. 1 sind nach den Eltern auch die Stiefeltern genannt. Die Gründe für ihre Bestrafung sind dieselben, die im geltenden Recht wie im VE. zur Bestrafung der Adoptiv- und Pflegeeltern usw. geführt haben.

Ziff. 3 ist wesentlich erweitert. Alle „Beamten, die mit Personen, denen gegenüber sie sich in der Ausübung ihres Amtes befinden, eine unzüchtige Handlung vornehmen", werden mit Strafe bedroht. Diese Erweiterung entspricht dem von Wulffen (Reform II 137; vgl. auch Kitzinger, Z. 31, 610) gemachten Vorschlag. Es ist kein Grund vorhanden, den Strafschutz nur dem Beschuldigten zu gewähren, dem Zeugen oder den Parteien im Zivilprozeß oder anderen vor einem Richter oder einem Verwaltungsbeamten (insbesondere Polizeibeamten) erscheinenden Personen dagegen zu versagen.

Ziff. 4 hat den dem geltenden Recht wie dem VE. in Ziff. 3 zugrunde liegenden Gedanken schärfer zu fassen und einheitlich zum Ausdruck zu bringen versucht. Es handelt sich darum, alle Personen zu treffen, die an bestimmten Anstalten angestellt oder auch nur beschäftigt sind (Handwerksmeister in Strafanstalten, im Nebenamt tätige Ärzte usw.). Ist andererseits der „Inhaber" einer solchen Anstalt an ihr nicht gleichzeitig beschäftigt, so liegt kein Grund vor, die Strafdrohung auf ihn auszudehnen.

### § 241. **Mißbrauch eines Abhängigkeitsverhältnisses.**

Der GE. hat die vom VE. abgelehnte Bestimmung (Begr. des VE. S. 687), die bei der Beratung der sogenannten lex Heinze im Reichstag vorgeschlagen worden war (vgl. Mittermaier VD. Bes. T. 4 S. 134), wieder aufgenommen. Zwar ist der Vorschlag wegen des entschiedenen Widerspruches der Regierungen damals abgelehnt worden. Indessen die für die Ablehnung geltend gemachten Gründe können bei genauerer Betrachtung nicht standhalten. Man hat auf §§ 825 und 847 BGB. verwiesen. Aber diese Bestimmungen reichen nicht aus. Denn auch hier handelt es sich, wie bei der Strafdrohung gegen Ansteckung mit Geschlechtskrankheiten (unten § 274), in erster Linie darum, das Pflichtbewußtsein des Volkes zu schärfen und zu leiten; die privatrechtliche Ersatzpflicht vermag diese generalprävenierende Wirkung nicht in demselben Maße auszuüben wie die Strafdrohung. In der Literatur ist die Aufnahme einer Vorschrift gegen die Verleitung zur Unzucht unter Ausnutzung der wirtschaftlichen Abhängigkeit vielfach verlangt worden; so von Kohler (GA. 56 S. 308), Mittermaier (a. a. O. 2 S. 264), in gewissem Umfang, nämlich bei Mißbrauch weiblicher Dienstboten, auch von Wulffen (Reform II 138). Der schweiz. VE. Art. 128 bestimmt daher auch: „Wer die Not oder Abhängigkeit einer Frau arglistig benützt, um den Beischlaf von ihr zu verlangen, wird mit Gefängnis bestraft." Und ebenso bedroht der österr. VE. § 274 Ziff. 3 den, der „eine Person weiblichen Geschlechts durch Ausnutzung ihrer wirtschaftlichen Abhängigkeit von ihm zum außerehelichen Beischlaf bestimmt". Die Gefahr der Erpressung ist, wie schon Wulffen betont hat, nicht größer als bei anderen Sittlichkeitsdelikten; ganz zweifellos nicht größer als bei der einfachen widernatürlichen Unzucht, die der VE. ohne Bedenken unter Strafe gestellt hat (ganz ebenso die Erläuternden Bem. zum österr. VE. S. 242).

Die technische Schwierigkeit besteht darin, daß durch eine zu allgemein gehaltene Fassung des Tatbestandes die Gefahr ungleichmäßiger Anwendung des Gesetzes durch die Rechtsprechung notwendig herbeigeführt werden würde. Der GE. hat daher davon abgesehen, die Ausbeutung der wirtschaftlichen Abhängigkeit, wie das die beiden anderen Entwürfe tun, allgemein unter Strafe zu stellen. Er verlangt vielmehr, der vom VE. in § 250 Abs. 2 vorgeschlagenen Fassung folgend, daß die Abhängigkeit, die der Täter ausbeutet, „durch Amts- oder Dienstverhältnis oder in ähnlicher Weise begründet" sei. Damit wird den weiblichen Dienstboten der von Wulffen verlangte Schutz gewährt; der Schutz wird aber auch auf die weiblichen Angestellten überhaupt ausgedehnt und für diese nicht nur dem Dienstgeber (etwa dem Chef eines großen Warenhauses), sondern auch dem vorgesetzten Angestellten (etwa dem Rayonchef) gegenüber sichergestellt, dessen Einfluß auf das Schicksal der weiblichen Angestellten unter Umständen ungleich größer ist als das des Arbeitgebers selbst.

Der Strafrahmen ist Gefängnis bis zu sechs Monaten. Da es sich um eine dem bisherigen Recht fremde Bestimmung handelt, konnte diese an sich geringe Strafe genügen. Eine Folge dieser geringen Strafdrohung ist, daß der Versuch nach der in GE. § 27 Abs. 2 aufgestellten Regel straflos bleibt. Die Verfolgung tritt nur auf Antrag ein. Außerdem soll § 235 Abs. 3 Anwendung finden: Hat der Täter mit der mißbrauchten Person die Ehe geschlossen, so findet die Bestrafung nur statt, wenn die Ehe nichtig oder anfechtbar ist und ihre Nichtigkeit allgemein geltend gemacht werden kann.

### § 242. **Unzucht mit Kindern.**

Wie bereits oben zu § 236 erwähnt, hat der GE. die Ziff. 3 des § 244 VE. aus dem Zusammenhang mit der Nötigung zur Unzucht wie mit der Schändung losgelöst und die Unzucht mit Kindern zu einem selbständigen Delikt gemacht. In der Fassung des Tatbestandes schließt sich GE. § 242 Abs. 1 an § 244 Ziff. 3 VE. an.

Der zweite Absatz bedroht die Vornahme einer unzüchtigen Handlung vor einem Kind unter vierzehn Jahren, wenn sie in wollüstiger Absicht geschieht, mit einer Vergehensstrafe. Er folgt dem Vorschlag, den Wulffen (Reform II 135), im Anschluß an den österr. VE. § 266 und den schweiz. VE. Art. 122 Ziff. 1 Abs. 3, gemacht hat. Die Wirkung einer solchen Handlung ist unter Umständen ganz dieselbe, wie wenn sie an dem Kinde vorgenommen worden wäre. Wie Wulffen mit Recht hervorgehoben hat, sind die Gegengründe, die die Verfasser des VE. (S. 681) beigebracht haben, nicht überzeugend. Die Strafdrohungen gegen die öffentliche Vornahme unzüchtiger Handlungen reichen gerade hier nicht aus. Und wenn der Begründung ohne weiteres zugegeben werden kann, daß insbesondere „die Enge der Wohnungen der niederen Klassen der Bevölkerung" den Nährboden bildet, auf dem die vom GE. mit Strafe bedrohten Handlungen sich entwickeln, so ist demgegenüber zu betonen, daß diese Fälle (also z. B. die Vollziehung des Beischlafs zwischen den Eltern im Beisein der Kinder) auch nicht unter die Strafdrohung des GE. fallen. Dieser verlangt vielmehr, daß die Absicht des Täters gerade darauf gerichtet ist, durch die Vornahme der Handlung vor dem Kinde seinen Geschlechtstrieb zu erregen oder zu befriedigen, bei dessen Unzucht also das Kind als Zuschauer eine ganz bestimmte Rolle spielt. Dieselbe Einschränkung findet sich auch in den beiden anderen Entwürfen (vgl. Erläuternde Bem. zum österr. VE. S. 235, 236).

VE. § 245 (Todesfolge) wurde auch hier gestrichen (vergleiche darüber das oben zu § 236 Gesagte).

## § 243. **Verführung.**

Der GE. hat keinen Anlaß gehabt, von den Vorschlägen des VE. § 248 wesentlich abzuweichen. Die ausdrückliche Erwähnung, daß der Beischlaf ein außerehelicher sein muß, ist lediglich erfolgt, um jedes Mißverständnis auszuschließen. Und der Hinweis auf § 235 Abs. 3 soll die gleichmäßige Behandlung mit den §§ 235, 238 und 241 sicherstellen.

## § 244. **Blutschande.**

Auch hier schließt sich der GE. eng an den VE. § 249 an. Er hat aber aus dem ersten Absatz dieses Paragraphen zwei Absätze gemacht, um die Verschiedenheit der Bestrafung schärfer hervortreten zu lassen, je nachdem es sich entweder um die Verwandten aufsteigender Linie (Verbrechen) oder aber um die

Verwandten absteigender Linie, die Verschwägerten und die Geschwister (Vergehen) handelt.

Während aber der VE. bei den Verwandten und Verschwägerten absteigender Linie die Straflosigkeit nicht vorschreibt, sondern nur zuläßt, hat der GE. das geltende Recht wiederhergestellt und die Straffreiheit bindend angeordnet, wenn die Betreffenden das achtzehnte Lebensjahr nicht vollendet haben. Er befindet sich damit im Einklang mit Wulffen (Reform II 142), der mit Recht auf das Abhängigkeitsverhältnis hinweist, in dem diese Personen den Verwandten und Verschwägerten aufsteigender Linie gegenüber sich befinden. Es kommt die Erwägung hinzu, daß in zahlreichen Fällen der Mißbrauch der jugendlichen Personen schon so früh eingesetzt hat, daß sie zunächst die sittliche und rechtliche Verwerflichkeit der Tat voll einzusehen nicht in der Lage sind und später nicht die Kraft finden, sich dem Verkehr zu entziehen. Ähnlich auch der österr. VE. § 271.

## § 245. **Widernatürliche Unzucht.**

In der Behandlung dieses Tatbestandes weicht der GE. vielfach von dem VE. ab.

Er hat zunächst die Sodomiterie oder Bestialität gestrichen. Der Hinweis auf die Verhältnisse „in ländlichen Kreisen" (Begr. z. VE. S. 692) reicht nicht hin, diese Strafvorschrift zu rechtfertigen, die der österr. wie der schweiz. VE. trotz der starken ländlichen Bevölkerung ihres Staatsgebietes aus guten Gründen gestrichen haben (vgl. auch Wulffen, Reform II 145; Mittermaier, VD. Bes. T. IV 152; Erläuternde Bem. zum österr. VE. S. 238). Soweit aber das Delikt in militärischen Kreisen vorkommt, genügt die disziplinarische Ahndung.[1])

Noch stärker aber sind die Bedenken, die gegen die vom GE. vorgeschlagene Ausdehnung der Strafdrohung, weit über das geltende Recht hinaus, auf die Unzucht zwischen zwei Personen des weiblichen Geschlechts geltend gemacht werden müssen. Noch vor wenigen Jahren hat, von vereinzelten Ausnahmen abgesehen, niemand daran gedacht, daß die Strafbarkeit der widernatürlichen Unzucht, deren Beseitigung von weiten Kreisen verlangt wurde,

[1]) Es wird erzählt, daß Friedrich der Große ein ihm zur Bestätigung vorgelegtes Todesurteil gegen einen Kavalleristen wegen Sodomie kassiert und verfügt hat: „Das Schwein soll zur Infanterie."

eine Erweiterung erfahren könne. Mit seltener Einmütigkeit hat sich denn auch die Kritik, haben Mediziner wie Juristen gegen diese Ausdehnung sich ausgesprochen. Es sei besonders verwiesen auf Kohler (GA. 56 S. 297) und Wulffen (Reform II 144). Vereinzelt gebliebene Erscheinungen können das Einschreiten der Strafgesetzgebung nicht rechtfertigen. Zwar behauptet die Begründung des VE. S. 691: „Daß solche Fälle in der Neuzeit sich mehren, ist glaubwürdig bezeugt;“ aber von einem Nachweis findet sich in der Begründung nichts. Treffend sagt Wulffen a. a. O.: „Ich halte es nicht für kriminalpolitisch, die Beunruhigung, welche die Strafbestimmung und ihre öffentliche Diskussion dem männlichen Geschlecht gebracht haben, ohne Not in die Frauenwelt hineinzutragen“. Der GE. hat daher in dieser Frage das gegenwärtige Recht wieder hergestellt und die Strafbarkeit auf die widernatürliche Unzucht zwischen männlichen Personen beschränkt.

In der Behandlung der Unzucht zwischen Personen des männlichen Geschlechts hat der GE. sich weder an das geltende Recht noch auch an den VE. anschließen können. Es ist hier nicht der Ort, die alte Streitfrage wieder aufzurollen; es mag vielmehr genügen, auf die Kritiken von Kohler und Wulffen (a. a. O.), sowie auf die von Naecke (in der Zukunft vom 29. Oktober 1910), von Eulenburg (Deutsche Montagszeitung vom 19. Dezember 1910), von Reichardt und Hoppe (Blätter für Gefängniskunde 44 S. 46, 280), Hirschfeld (Großsches Archiv 38 S. 89), Straßmann (Bericht des preußischen Medizinalbeamtenvereins 1910 S. 10), Anderssen (Z. 31 S. 490), Hiller (Monatsschr. f. Kriminalpsychologie 8 S. 29) zu verweisen, die sich sämtlich gegen die Vorschläge des VE. aussprechen.

Der GE. hat sich auf den grundsätzlichen Standpunkt gestellt, daß die Strafgesetzgebung nur soweit einzuschreiten habe, als eine wirkliche Gefahr für die Gesellschaft gegeben ist, daß sie aber dann auch schärfer als bisher vorgehen müsse. Eine solche Gefahr liegt aber nicht vor, wenn der Verkehr zwischen Erwachsenen in voller gegenseitiger Freiheit der Entschließung stattfindet, ohne den Charakter der Gewerbsunzucht anzunehmen. Damit ist der Umkreis der strafbaren Fälle gegeben. Diese sind:

1. Widernatürliche Unzucht einer männlichen Person mit einer minderjährigen Person desselben Geschlechts. Hier handelt es sich um den Schutz gegen Verführung. Die Grenze ist im GE.

sehr weit gesteckt; da gerade die Altersklassen vom 18. bis 21. Lebensjahr besonders gefährdet sind, darf das „Schutzalter" erst mit der Volljährigkeit enden.

2. Die widernatürliche Unzucht einer männlichen Person mit einer volljährigen Person desselben Geschlechts unter Ausbeutung ihrer durch Amts- oder Dienstverhältnis oder in ähnlicher Weise begründeten Abhängigkeit. Diese Vorschrift wiederholt den § 250 Abs. 2 des VE. und bedarf keiner weiteren Rechtfertigung.

3. Die aus Gewinnsucht begangene widernatürliche Unzucht einer männlichen Person mit einer volljährigen Person des männlichen Geschlechts. Die Bestimmung geht weiter als Abs. 3 des VE. Dieser verlangt, daß der Täter aus dem Betrieb der Unzucht „ein Gewerbe" macht; der GE. begnügt sich damit, daß eine vereinzelte Handlung vorliegt, vorausgesetzt, daß sie aus einer dauernden Charaktereigenschaft des Täters hervorgegangen ist, mag diese Charaktereigenschaft sich auch bisher auf anderen Gebieten betätigt haben (vgl. oben zu § 228).

Die sämtlichen drei Fälle sind mit Verbrechensstrafe belegt. Sie heben sich dadurch schärfer von den straflos bleibenden Fällen ab. Die Bestimmungen des GE. werden daher zuverlässiger als das geltende Recht und der ihm folgende VE. die wirklich gefährlichen Individuen treffen, die zugleich Anlaß und Mittel der Unzucht sind. Vereinzelt Verirrungen sollen straflos bleiben; der Gefahr für die Gesellschaft ist wirksam entgegenzutreten. Für leichtere Fälle gewähren §§ 87 Ziff. 6, 88 GE. Aushilfe. Zugleich sind die Tatbestände so gefaßt, daß die Gefahr von Erpressungen wesentlich vermindert wird, da es sich um objektiv unschwer feststellbare Tatsachen handelt.

## § 246. **Gewerbsunzucht.**

Der Tatbestand ist dem VE. § 305 Ziff. 4 gegenüber aus den Übertretungen herausgenommen und zu den Vergehen gestellt. Das entspricht einer wiederholt und von den verschiedensten Seiten ausgesprochenen Forderung wie dem inneren Wesen des Delikts. Schon im Vorwort S. IV ist auf diese grundsätzliche Auffassung des GE. hingewiesen worden. Die Fassung des Tatbestandes schließt sich mit einigen sprachlichen Änderungen an die des VE. an. Während dieser aber die männliche Prostitution einbezieht, kehrt der GE. hier zum geltenden Recht zurück. Es ist unklar, welche Fälle der männlichen Prostitution nicht unter § 245 GE. (§ 250 Abs. 3 VE.) fallen sollen; sie strafrechtlich zu erfassen, liegt jedenfalls kein Anlaß vor (ebenso Hoppe, Blätter für Gefängniskunde 44 S. 281, 282).

Die Aufstellung der Grundsätze; nach denen die Vorschriften zur Sicherung der Gesundheit usw. zu erlassen sind, überläßt der VE. dem Bundesrat. Der GE. verlangt dagegen im zweiten Absatz die einheitliche Regelung durch Reichsgesetz. Da durch die Vorschrift des § 246 die strafbare von der straflosen Gewerbsunzucht abgegrenzt wird, ist die Mitwirkung des Parlaments wenigstens insoweit unentbehrlich, als es sich um die Festlegung der Grundzüge handelt, durch welche Richtung und Inhalt dieser Vorschriften bestimmt werden (ebenso u. a. Rosenberg, Reform II 479). Daß nach Abs. 3 in besonders leichten Fällen Straflosigkeit eintreten kann, ist gegenüber VE. § 310 Abs. 1 keine Neuerung, mußte aber, nach der Aufnahme des Delikts unter die Vergehen, ausdrücklich ausgesprochen werden. Die Ausnahmebestimmung des § 310 Abs. 2 Satz 2 VE. ist, schon mit Rücksicht auf die veränderte Gestalt des Arbeitshauses, aufgegeben.

## § 247. **Zuhälterei.**

Da die Zuhälterei eine Begleiterscheinung der gewerbsmäßigen Unzucht ist, war sie auch im System des Gesetzbuches unmittelbar nach dieser zu behandeln. Die unrichtige, aus dem geltenden Recht in den VE. herübergenommene Stellung hinter der Kuppelei hat zudem den Gesetzgeber veranlaßt, einen Unterfall der Kuppelei in den Tatbestand der Zuhälterei aufzunehmen, wohin er nicht gehört. Der GE. hat daher diesen Unterfall aus VE. § 254 gestrichen. Wer einer Dirne gewohnheitsmäßig oder aus Eigennutz in bezug auf die Ausübung des unzüchtigen Gewerbes Schutz gewährt oder sonst förderlich ist, ist Kuppler, aber nicht Zuhälter. Daß das geltende Recht dies übersehen hat, ist der Anlaß zu der bekannten Streitfrage über das Verhältnis der §§ 180, 181, 181a StGB. geworden (vgl. darüber v. Liszt, Lehrbuch § 108 Anm. 13). Die Streichung dieses Falles ist um so unbedenklicher, als der GE. den Begriff der Kuppelei ebenso wie der VE. dem geltenden Recht gegenüber nicht unwesentlich erweitert hat. Mit Rücksicht auf die hohe Gemeingefährlichkeit des größeren Teils der Zuhälter hat der GE. als Regelstrafe Zuchthaus angedroht, während der VE. sich mit Gefängnis begnügt. Damit werden auch die Zuhälter, wie zu wünschen (vgl. darüber oben S. 95, 96), dem Arbeitshaus regelmäßig ferngehalten. §§ 87, 88 GE. bleiben natürlich anwendbar.

### § 248. **Kuppelei.**

Der VE. hat die Fälle der Kuppelei auf drei Paragraphen verteilt. Er unterscheidet einfache Kuppelei § 251, schwere Kuppelei § 252 und Kuppelei mit hinterlistigen Kunstgriffen § 253 Ziff. 2. Der GE. hat, indem er den einheitlichen Begriff der Kuppelei, abweichend von dem geltenden Recht wie vom VE., betont, diese drei Fälle in einen Paragraphen zusammengezogen. Während ferner der VE. in § 253 den schwersten Fall der Kuppelei mit dem Frauenhandel zusammenstellt, hat der GE. die beiden Fälle getrennt.

Auch in der Begriffsbestimmung der Kuppelei weicht der GE. vom VE. ab. Dieser verlangt, daß der Unzucht „gewohnheitsmäßig oder aus Eigennutz" Vorschub geleistet sei. Der GE. bestimmt: „Wer aus Gewinnsucht der Unzucht Vorschub leistet". Die „Gewohnheitsmäßigkeit" mußte gestrichen werden, da sie unabhängig von der Gewinnsucht auch bei der Kuppelei keine besondere praktische Bedeutung haben dürfte. Daß an Stelle des „Eigennutzes" das Handeln „aus Gewinnsucht" gesetzt wurde, entspricht der auch sonst vom GE. festgehaltenen grundsätzlichen Auffassung; über den Begriff der Gewinnsucht vgl. das oben zu § 228 Gesagte.

GE. Abs. 2 stimmt wörtlich mit VE. § 251 Abs. 2 überein.

Der VE. hat in § 252 die Kuppelei in bezug auf die Ehefrau des Täters und die in § 247 Ziff. 1, GE. § 240 Ziff. 1 und 2 genannten Personen als selbständigen Fall neben die einfache Kuppelei gestellt. Der GE. betrachtet dagegen diesen Fall als einen erschwerten Unterfall der Kuppelei, verlangt also auch hier Handeln aus Gewinnsucht. Es bleiben daher, abweichend vom VE., z. B. die Eltern straflos, die den Verkehr ihrer Tochter mit dem Bräutigam dulden (hierfür auch u. a. Kitzinger, Z. 31 S. 613; Erläuternde Bem. zum österr. VE. S. 243). Mit diesem erschwerten Fall hat der GE. die Kuppelei unter Anwendung hinterlistiger Kunstgriffe verbunden, die im VE. in § 253 Ziff. 2 sich findet.

Durch den Begriff der Kuppelei wird auch der Fall gedeckt, den das Auswanderungsgesetz von 1897 in § 48 Abs. 2 behandelt. Wer die Auswanderung (nicht nur die „Verleitung" dazu) einer weiblichen Person, die unter arglistiger Verschweigung dieser Absicht der Unzucht zugeführt werden soll, befördert, hat damit der Unzucht Vorschub geleistet oder mindestens zu leisten versucht (GE. § 27; Olshausen, Note 3, 4 zu § 180 StGB.); die besondere Hervorhebung dieses Falles ist mithin überflüssig.

## § 249. **Frauenhandel.**

Der GE. hat, abweichend vom VE. § 253, den Frauenhandel von der Kuppelei gelöst und zu einem selbständigen Delikt gemacht. Der Kuppelei gegenüber erscheint der sog. Frauenhandel, richtig verstanden, nicht als ein gleichgeordnetes Delikt, sondern als eine Vorbereitungshandlung, die mangels besonderer Strafdrohung straflos wäre. Die sogar erhöhte Strafbarkeit entspricht der Gemeingefährlichkeit der Tat. Wird aber der Frauenhandel einmal in das StGB. aufgenommen, so ist es unrichtig, ihn auch außerhalb des StGB. in einem Nebengesetz zu behandeln (Begr. z. VE. S. 696, 697).

Bei der näheren Ausgestaltung mußte der im VE. nur ungenau bestimmte Tatbestand („der Unzucht zuführen“) schärfer gefaßt werden. Dabei konnte der GE. an § 48 Abs. 1 des Auswanderungsgesetzes von 1897 anknüpfen, indem er mit diesem die Bestimmung (statt „Verleitung“) einer weiblichen Person zur Auswanderung unter gewissen Voraussetzungen als das Wesen des Frauenhandels bezeichnet. Diesem Fall mußte aber der andere gleichgestellt werden, daß eine weibliche Person unter ähnlichen Voraussetzungen zum Eintritt in ein Dienst- oder Arbeitsverhältnis bestimmt wird. Wenn eine weibliche Person arglistig dazu bestimmt wird, etwa aus München nach Hamburg zu gehen, um dort ein Dienst- oder Arbeitsverhältnis einzugehen, in dem sie der Unzucht zugeführt wird, so ist dieser Fall nur quantitativ von dem anderen verschieden, daß sie aus München nach Budapest oder Wien verschleppt wird; es mußte also das geltende Recht nach dieser Richtung hin erweitert werden.

Der subjektive Tatbestand setzt sich nach dem GE., außer aus der Vorstellung der zum gesetzlichen Tatbestand gehörigen Tatumstände, aus zwei Elementen zusammen. Der Täter muß zunächst „aus Gewinnsucht“ gehandelt haben. Über die Tragweite dieses Begriffes vergleiche das oben zu § 228 Gesagte. Der VE. verlangt, daß der Täter „ein Gewerbe daraus macht, Frauenspersonen der Unzucht zuzuführen". Der GE. will auch diejenigen Fälle treffen, in denen der Täter seine Gewinnsucht bisher auf andere Weise betätigt hat und sich nunmehr, vielleicht nur in einem einzelnen Falle, dem Frauenhandel zuwendet. Es ist ferner nach GE. erforderlich, aber auch genügend, daß der Täter die Absicht hat, die weibliche Person „der Unzucht zuzuführen". Damit weicht der GE. von § 48 Abs. 1 des Auswanderungsgesetzes ab, der Zuführung zur gewerbsmäßigen Unzucht verlangt, stimmt aber mit dem VE. überein. Es soll auch dann die Strafe des Frauenhandels eintreten, wenn die weibliche Person einem bestimmten einzelnen Erwerber für dessen unzüchtige Zwecke zugeführt wird.

Objektiv wird noch im Anschluß an das Gesetz von 1897 verlangt, daß die Bestimmung „unter arglistiger Verschweigung dieser Absicht" (statt „Zweck") erfolgt. Nur wenn die weibliche Person getäuscht wird, kann von Frauenhandel im überlieferten Sinn gesprochen werden; im übrigen müssen die Vorschriften über Verführung ausreichen.

## § 250. **Ärgernis durch unzüchtige Handlungen.**

Der GE. hat hier, abweichend von VE. § 256, das geltende Recht wiederhergestellt; er verlangt, daß durch die Handlung tatsächlich ein Ärgernis erregt worden sei. Die Gründe, die für die Streichung dieses Erfordernisses bei der Gotteslästerung maßgebend sind (vgl. Begr. des VE. S. 511, 512), treffen hier nicht zu. Der Begriff der Gotteslästerung ist unabhängig von den Anschauungen derjenigen Kreise, in denen sie begangen wird; die öffentlich vorgenommene unzüchtige Handlung aber wird gerade dadurch zu einer strafwürdigen Handlung, daß sie das Sittlichkeitsgefühl derjenigen verletzt, die sie wahrgenommen haben. Auch die Begründung des VE. S. 699 hebt das hervor, indem sie verlangt, daß für die Beurteilung, ob die unzüchtige Handlung geeignet war, Ärgernis zu erregen, auch „die Personen der bei der Handlung Gegenwärtigen in Betracht gezogen werden"; haben diese aber kein Ärgernis genommen, dann wird die Handlung wohl auch nicht „geeignet" gewesen sein, bei ihnen Ärgernis zu erregen. Daß durch die Fassung des geltenden Rechts der Praxis besondere Schwierigkeiten erwachsen sind, ist durch die Begründung des VE. nicht nachgewiesen. Der „verletzte" Zeuge ist allerdings, wie die Begründung des VE. betont, für die Verurteilung nicht zu entbehren; es ist aber nicht einzusehen, weshalb die Bestrafung auch dann einzutreten hat, wenn ein solcher Zeuge nicht aufzutreiben, mithin niemand in seinem sittlichen Empfinden verletzt ist.

### § 251. **Unzüchtige Schriften.**

Die Vorschläge des VE. § 257, der sich bedingungslos an das Gesetz vom 25. Juni 1900 anschließt, mußten nach verschiedenen Richtungen hin eingeschränkt werden.

Zunächst konnte die Ziff. 1 gegenüber dem geltenden Recht und dem VE. vereinfacht werden. Das „Verkaufen" und „Verteilen" sind Unterfälle des „Verbreitens"; unter dieses fällt aber nach GE. § 12 Ziff. 5 ferner nicht nur das „Feilhalten" (dazu noch Olshausen, Note 5 zu § 184 StGB.), sondern auch das „öffentliche Ausstellen oder Anschlagen". Der GE. sagt daher kurz, aber erschöpfend: „Wer unzüchtige Schriften usw. verbreitet."

Das „Herstellen", „Vorrätighalten, Ankündigen oder Anpreisen" „zum Zwecke der Verbreitung" hat der GE. gestrichen. Soweit diese Handlungen nicht als Versuch oder Teilnahme in Beziehung auf das „Verbreiten" erscheinen und als solche strafbar sind (GE. §§ 27 ff.), enthält die Inkriminierung von Vorbereitungshandlungen gerade der „Verbreitung unzüchtiger Schriften usw." eine durch nichts gerechtfertigte Anomalie insbesondere gegenüber anderen Preßdelikten. Sie führt überdies vermöge des § 22 des Preßgesetzes zu der widersinnigen Konsequenz, daß die Vorbereitungshandlung später verjährt als die vollendete Tat (Olshausen, Note 18 zu § 184 StGB.).

Sodann sind in Ziff. 2 die Worte: „oder das Schamgefühl gröblich verletzende" gestrichen worden. Eine Untersuchung führt mit Notwendigkeit zu dem Ergebnis, daß das „Schamgefühl" mit der Wahrnehmung des entblößten Körpers geschlechtliche Vorstellungen verknüpft, auch wenn objektiv in der Darbietung oder Darstellung des Körpers diese Verknüpfung vollständig fehlt (Beispiel: die Abbildungen eines anatomischen Atlasses). Diese Verknüpfung hat also ihre Wurzel in der Person des Wahrnehmenden, in einer sexuellen Hyperaesthesie, in einer gewissen Perversion des Empfindungslebens. Diese unter Strafschutz zu stellen, hat der Staat nicht die geringste Veranlassung; in seinem Interesse wäre es vielmehr gelegen, ihr mit allen in seinen Kräften stehenden Mitteln entgegen zu wirken. Es genügt vollständig, die Verletzung des Sittlichkeitsgefühls unter Strafe zu stellen, um die Pornographie wirksam zu bekämpfen.

Die Ziff. 3 des VE. § 257 (entsprechend der Ziff. 3 des § 184 StGB.) ist im GE. ganz fallen gelassen. Der praktisch wichtigste Fall ist die Ankündigung von antikonzeptionellen Gegenständen. Es kann zugegeben werden, daß dieser Fall nicht notwendig durch die Ziff. 3 getroffen wird, und in der Literatur ist diese Ansicht ja auch von Schriftstellern der verschiedensten Richtungen, so von Binding, Frank, v. Liszt (Lehrbuch § 109 Anm. 6) vertreten worden. Da aber die konstante Rechtsprechung des Reichsgerichts auf dem entgegengesetzen Standpunkt steht und damit indirekt die Ansteckungsgefahr befördert, war es notwendig, die ganze Ziffer zu streichen (vgl. die Ausführungen von Hillenberg, Leppmann und Kirchner in dem Bericht des preußischen Medizinalbeamtenvereins 1910; vgl. auch Kitzinger, Z. 31 S. 614). Auch dem österr. VE. ist die Strafdrohung fremd.

Mit der Streichung der bisherigen Ziff. 3 ist Ziff. 4 zu Ziff. 3 geworden; der GE. hat sie unverändert beibehalten.

### § 252. **Anstößige Berichte aus Gerichtsverhandlungen.**

Der GE. stimmt hier mit dem VE. § 258 überein. Nur hat er, wie in anderen Fällen, die Mehrzahl „Gerichtsverhandlungen“ durch die Einzahl „aus einer Gerichtsverhandlung“ ersetzt; vgl. dazu das oben zu § 236 Gesagte.

## Sechzehnter Abschnitt.

## Tötung.

Die Überschrift des Abschnittes (VE. 16. Abschnitt spricht von „Verbrechen und Vergehen gegen das Leben“) entspricht dem von Wach (Reform I 31) gemachten Vorschlag.

### §§ 253 und 254. **Mord und Totschlag.**

Die Unterscheidung von Mord und Totschlag ist beibehalten, das Merkmal der „Überlegung“ aber durch das des „Vorbedachts“ ersetzt. Die in der Literatur gegen das Merkmal der Überlegung schon früher geltend gemachten Bedenken (vgl. v. Liszt, VD. Besonderer Teil 5 S. 43) sind auch nach Erscheinen des VE. vielfach wiederholt worden, so namentlich von v. Lilienthal (Reform II S. 267; Sontag, Der VE. 1911 S. 84ff.; Ebermayer, DJZ. XVI 1041; s. auch Kitzinger, Z. 31 S. 604; Rittler, Allgem. österr. Ger.-Ztg. 1911 No. 10 S. 5; Erl. Bem. zum österr. VE. S. 252). Diese Bedenken, die sich in letzter Linie auf die Unklarheit und Unbestimmtheit des Begriffs der Überlegung stützen, treffen den Begriff des „Vorbedachts" nicht oder doch nicht in demselben Maße. „Vorbedacht" (der dolus praemeditatus des gemeinen Rechts) ist jedenfalls der vor der Ausführung der Tat gefaßte Entschluß zur Tat. „Vorbedacht" ist weiter jedenfalls, wie nach herrschender Ansicht bereits die Überlegung, die „Reflexion auf die kontrastierenden Motive" (Frank, 8.—10. Aufl., I 2 zu § 211; vgl. auch v. Liszt, Lehrb. § 83 I). Die wesentlich weitergehenden Vorschläge, die auf die Zweiteilung der vorsätzlichen Tötung überhaupt verzichten wollen, konnten Aufnahme im GE. schon deshalb nicht finden, weil die Aussicht auf Billigung durch die gesetzgebenden Faktoren des Reiches als ausgeschlossen erscheint, solange an der Todesstrafe für die schwersten Fälle der vorsätzlichen Tötung festgehalten wird.

Durch die Aufnahme des Merkmals des Vorbedachts wird also, in Rückkehr zum preußischen Recht, das Schwergewicht von dem Zeitpunkt der Ausführung auf den vorangehenden Zeitpunkt der Entschlußfassung verlegt. Damit wird nicht nur eine Vereinfachung, sondern eine wesentliche inhaltliche Verbesserung des Tatbestandes beider Delikte bewirkt. Denn gerade während der Ausführung der Tötung pflegt dem Täter die Überlegung völlig abhanden zu kommen; und die Annahme eines Mordes in solchen Fällen bedeutet eine willkürliche, wenn auch der herrschenden Ansicht entsprechende Korrektur des Gesetzes, indem dem Merkmal der Überlegung das des Vorbedachts bewußt oder unbewußt substituiert wird.

Daß die Worte: „Wer einen Menschen tötet" durch die Wendung ersetzt sind: „Wer einen anderen tötet", entspricht dem allgemeinen Sprachgebrauch des GE.

Innerhalb des Totschlags unterscheidet der GE., von VE. §§ 213, 214 abweichend, von dem normalen Fall nicht nur einen erschwerten, sondern auch einen milderen Fall.

Der erschwerte Fall des zweiten Absatzes enthält in etwas geänderter Fassung die drei Fälle, die auch in VE. § 214 als qualifizierend behandelt werden. Der GE. hat sich bemüht, diese drei Fälle schärfer herauszuarbeiten und die Förderung oder Begünstigung der eigenen wie der fremden Tat einander gleichzustellen. Doch ist dabei, wie v. Lilienthal (Reform II 271), Heimberger (DJZ. 15 Sp. 70), Wachenfeld (Arch. f. Rechts- u. Wirtsch. Philos. 3 S. 427), Ebermayer (DJZ. XVI 1044) und andere gefordert haben, die Beschränkung auf die Begehung eines Verbrechens fallen gelassen, und dieses Wort durch „strafbare Handlung" ersetzt, da ja der Totschlag um so verwerflicher erscheint, je geringer die Strafe ist, der der Täter entrinnen wollte (so auch Sontag a. a. O. S. 87).

In dem dritten Absatz des § 254 hat der GE. den Totschlag auf Provokation als milder zu bestrafenden Unterfall ausdrücklich hervorgehoben. Der GE. stimmt darin überein mit den Vorschlägen, die Wachenfeld (a. a. O. S. 426) und Ebermayer (DJZ. XVI 1043) gemacht haben. Bei der Abgrenzung dieses Falles konnte aber „die heftige Gemütsbewegung" an sich nicht als genügend angesehen, es mußte vielmehr gefordert werden, daß diese Gemütsbewegung, durch die der Täter auf der Stelle zur Tötung hingerissen worden ist, auch objektiv als eine durch die Provokation „gerechtfertigte" (als justus dolor) erscheint (ebenso Ebermayer).

Die Abweichungen in den Strafdrohungen rechtfertigen sich aus dem allgemeinen Standpunkt des GE.

## § 255. **Tötung des Verlangenden.**

Der Tatbestand wiederholt den § 215 VE.

## § 256. **Kindestötung.**

Der GE. weicht hier in einem wichtigen Punkt von VE. § 216 ab. Während sich dieser damit begnügt, zu sagen: „in oder gleich nach der Geburt", verlangt der GE., daß die nach Beendigung des Geburtsaktes erfolgende Tötung „unter Einwirkung der durch den Geburtsvorgang hervorgerufenen Störungen geschehen" sei. Diese Änderung soll den legislativen Grundgedanken für die mildere Bestrafung der Kindestötung durch die Betonung des physiologischen Moments scharf zum Ausdruck bringen. Sie entspricht dem Vorschlag von Lilienthals (Reform II 275) und schließt sich an § 291 Ziff. 1 des österr. VE. an; die Fassung deckt sich inhaltlich auch mit der in Art. 67 des schweiz. VE.: „Eine Mutter, die noch unter dem Einfluß des Geburtsvorganges steht". Vgl. auch v. Liszt, Vgl. Darst. Bes. T. 5 S. 117.

## § 257. Anstiftung zum Selbstmord.

Nach der in den §§ 31—33 festgelegten grundsätzlichen Auffassung würde die Teilnahme am Selbstmord je nach Lage der Umstände als Täterschaft, Anstiftung oder Beihilfe nach den für Mord und Totschlag geltenden Bestimmungen strafbar sein. Sollte diese dem geltenden Recht gegenüber sehr weitgehende Auffassung ausgeschlossen werden, so bedurfte es einer besonderen Bestimmung. Diese bringt § 257, der mithin im Sinne des GE. keine Erweiterung, sondern gerade umgekehrt eine Einschränkung der Strafbarkeit bedeutet.

In der Literatur ist die Frage vielfach erörtert worden; vergleiche im allgemeinen über die Strafbarkeit der Teilnahme am Selbstmord v. Liszt (VD. Bes. T. 5 S. 133). Heimberger (Deutsche Medizinische Wochenschrift 36 S. 79), Wachenfeld (a. a. O. 3 S. 430) und Kohler (GA. 56 S. 296, 309) halten die Bestrafung der beiden Formen der Teilnahme, der Anstiftung wie der Beihilfe, für wünschenswert. Auch von medizinischer Seite (Straßmann, Bericht des Preußischen Medizinalbeamtenvereins 1910 S. 9 und 61) ist die Bestrafung angeregt worden. Der österr. VE. § 290 (vgl. dazu Erl. Bem. S. 257) wie der schweiz. VE. Art. 66 bedrohen Anstiftung wie Beihilfe. Die Verfasser des GE. konnten sich nicht dazu entschließen, diese Vorschläge ohne Einschränkung aufzunehmen. Sie haben es für ausreichend gehalten, die Anstiftung zum Selbstmord unter der Voraussetzung mit Strafe zu bedrohen, daß der Selbstmord selbst vollendet oder versucht worden ist. Um jeden Zweifel auszuschließen, fügt der zweite Absatz die ausdrückliche Erklärung hinzu, daß jede andere Beteiligung am Selbstmord straflos bleibt.

## § 258. Fahrlässige Tötung.

VE. § 219 hat die fahrlässige Tötung erst hinter Abtreibung und Aussetzung behandelt. Diese systematische Stellung ist unrichtig, da ein Tötungsdelikt in Frage steht. Der GE. reiht daher die fahrlässige Tötung an die übrigen Fälle der Tötung unmittelbar an.

Statt der Worte: „Wer fahrlässig den Tod eines Menschen verursacht", wie der VE. in teilweiser Anlehnung an das geltende Recht sagt, hat der GE. die kürzere und richtigere Fassung gewählt: „Wer fahrlässig einen anderen tötet". Der erschwerende Umstand im zweiten Absatz des § 219 VE. konnte mit Rücksicht auf die

Anlage des GE., der in § 89 die Annahme „besonders schwerer Fälle" bei allen Straftaten zuläßt, ohne weiteres gestrichen werden.

### § 259. Abtreibung.

Der GE. weicht in mehreren nicht unwichtigen Punkten von § 217 VE. ab.

Zunächst ist die Gegenüberstellung: „Eine Schwangere, welche... ihre Frucht abtreibt oder im Mutterleibe tötet", aufgegeben und einfach gesagt: „Eine Schwangere, die ihre Leibesfrucht tötet". Gerade wenn man mit der Begründung zum VE. (S. 645) daran festhält, daß auch zur ersten Alternative die Tötung der Frucht erforderlich sei, ist die Hervorhebung dieses Falles und seine Unterscheidung von der Tötung im Mutterleibe nicht nur überflüssig, sondern geradezu irreführend.

Der GE. begnügt sich der Schwangeren selbst gegenüber mit einer Gefängnisstrafe, während VE. § 217 wahlweise Zuchthaus androht. Daß diese wahlweise Androhung — der einzige Fall in VE. — nicht beibehalten werden konnte, ist bereits oben S. 63 hervorgehoben worden. Es konnte sich also nur darum handeln, Zuchthaus oder Gefängnis allein anzudrohen. Die Ausschaltung der Zuchthausstrafe ist in der Literatur vielfach gefordert worden. Von juristischer Seite sind Kohler (GA. 56 S. 296) und v. Lilienthal (Reform II 278), von medizinischer Seite Straßmann (Bericht des preußischen Medizinalbeamtenvereins 1910), v. Franqué und Horch (Juristisch-psychiatrische Grenzfragen 7) dafür eingetreten. Auch der österr. VE. § 293 begnügt sich hier mit Gefängnis. Für die Verfasser des GE. war außerdem die Erwägung ausschlaggebend, daß der Kampf in erster Linie gegen die gewinnsüchtige Abtreibung durch Dritte sich wenden muß, daß der Schwangeren selbst aber in der großen Mehrzahl der Fälle jene antisoziale Gesinnung fehlt, die allein die Anwendung der Zuchthausstrafe zu rechtfertigen vermag.

Im zweiten Absatz ist der Dritte, der die Leibesfrucht mit Einwilligung der Schwangeren abtreibt, mit derselben Strafe bedroht wie die Schwangere selbst. Die Beihilfe des Dritten, namentlich auch die Verschaffung der Mittel, ist dagegen, abweichend von VE. § 217 Abs. 2, an sich der Täterschaft nicht gleichgestellt (vgl. v. Lilienthal, Reform II 277). Ganz anders ist die Tat des Dritten zu werten, wenn er aus Gewinnsucht die Abtreibung vorgenommen hat: Hier ist nach dem Vorschlag des GE. die Tat als Verbrechen mit Zuchthaus bis zu fünf Jahren bedroht. Gleichgestellt ist hier der Fall, daß der Dritte aus Gewinnsucht der Schwangeren zu der Abtreibung Beihilfe geleistet (nicht bloß, wie VE. sagt, ihr die Mittel dazu verschafft) hat; die Anwendung der allgemeinen Grundsätze über die Bestrafung der Beihilfe würde hier zu einer viel zu milden Behandlung führen. Daß der GE. ein Handeln „aus Gewinnsucht" (vgl. oben zu § 228) verlangt, während VE. sich mit einem Handeln „gegen Entgelt" begnügt, rechtfertigt sich dadurch, daß nur im ersten Fall die größere Gemeingefährlichkeit des Täters einwandsfrei nachgewiesen ist. Die Anwendung des Perfektums in Abs. 2 Satz 2 soll, wie das „verschafft hat" in VE. § 217 Abs. 2 Satz 1 (Begr. z. VE. S. 646), nur ergeben, daß es insbesondere im Falle der Beihilfe zu einem Abtreibungsversuch gekommen sein muß.

Der dritte Absatz ist im GE. wesentlich vereinfacht. Die Streichung des erschwerten Falles: „wenn durch die Handlung der Tod der Schwangeren verursacht ist", entspricht der allgemeinen Anlage des GE.; nach § 89 kann in besonders schweren Fällen bis auf das Höchstmaß der zeitigen Zuchthausstrafe hinaufgegangen werden.

Neu aufgenommen hat der GE., im Anschluß an § 295 des österr. VE. (dazu Erl. Bem. S. 259), im vierten Absatz die Straflosigkeit des Arztes, der zur Rettung der Mutter die Abtreibung vornimmt. Dieser Fall wird durch die Vorschrift über Notstand, auch nach der Fassung von GE. § 26, nicht vollständig gedeckt; denn hier ist die Gegenwärtigkeit der Gefahr verlangt; diese kann aber der Schwangeren gegenüber nicht abgewartet werden, weil die Vornahme der Abtreibung sonst in zahlreichen Fällen zu spät käme. Die Abtreibung muß, um straflos zu sein, in der Absicht vorgenommen werden, „eine auf andere Weise nicht zu beseitigende Gefahr des Todes oder dauernder schwerer Gesundheitsbeschädigung von der Schwangeren abzuwenden"; damit bleiben alle anderen Fälle, in denen weniger schwerwiegende Gründe den Täter bestimmt haben, der Strafbarkeit unterworfen. Und nicht jeder Dritte bleibt straflos, der in dieser Absicht handelt, sondern nur der Arzt; denn nur dieser bietet die Gewähr, daß die Sachlage richtig erkannt und die Abtreibung ohne Gefährdung der Mutter vorgenommen wird.

VE. § 218 „Aussetzung Hilfloser" ist aus dem Abschnitt „Tötung" in den Abschnitt „Körperverletzung" hinübergenommen (GE. § 272).

## Siebzehnter Abschnitt.

# Zweikampf.

Die Verfasser des GE. haben sich nach längerer Überlegung gezwungen gesehen, in der Behandlung des Zweikampfes von dem VE. §§ 220—226 vielfach abzuweichen. Von diesen Abweichungen betreffen zwei den ganzen Abschnitt.

Mit dem geltenden Recht hält der VE. daran fest, daß Haft die regelmäßige Strafe des Zweikampfes ist. In der Literatur hat dieser Standpunkt vielfache Gegnerschaft gefunden. So haben insbesondere Kohler (GA. 56 S. 301) und v. Lilienthal (Reform II S. 283) die sachwidrige Milde des VE. getadelt und die wahlweise Zulassung von Gefängnis verlangt. Der GE. hat sich der Berechtigung dieses Vorschlages nicht verschließen können. Er hat die Haft durch Gefängnis ersetzt. Dabei waren für die Verfasser des GE. auch die bereits oben S. 65 u. 66 besprochenen allgemeinen Erwägungen maßgebend. GE. § 82 Abs. 2 bestimmt, daß bei Vergehen statt auf Gefängnis stets auf Haft von gleicher Dauer erkannt werden kann, „wenn die Tat nicht aus ehrloser Gesinnung hervorgegangen ist". Nach dieser Vorschrift ist in der weitaus überwiegenden Mehrzahl der Fälle die Anwendung der Haft bei Verurteilung wegen Zweikampfes gesichert. Über diese Fälle hinauszugehen und Haft auch dort zu verhängen, wo die ehrlose Gesinnung des Täters festgestellt oder wenigstens ihr Gegenteil nicht nachgewiesen ist, würde dem legislativen Zweck der Haft direkt widersprechen (ebenso auch die Erl. Bem. zum öster. VE. S. 268).

Die zweite den ganzen Abschnitt betreffende Abweichung von dem VE. besteht in der Vereinfachung der Tatbestände, in der Beseitigung der nur durch die geschichtliche Überlieferung erklärlichen Kasuistik, an der der VE., entgegen seinem sonstigen Bestreben, gerade bei der Behandlung des Zweikampfes festgehalten hat. Der GE. folgt hier im allgemeinen den Anregungen, die von Wach und Nagel (DJZ. 15 Sp. 111, 1205), wie von v. Liszt (Berliner Lokalanzeiger vom 20. November 1909) gegeben worden sind.

### § 260. **Zweikampf mit tödlichen Waffen.**

Die qualifizierenden Umstände, die VE. §§ 220 Abs. 2, 221 Abs. 1 aufführt, konnten im Hinblick auf die Weite des Strafrahmens und die allgemeine Zulassung besonders schwerer Fälle (GE. § 89 und oben S. 120) gestrichen werden.

Dagegen folgt der GE. dem VE., indem er den Umstand, daß der Zweikampf „frevantlich verschuldet" worden ist, besonders berücksichtigt. Er weicht aber in der Behandlung dieses Falles von VE. §§ 220 Abs. 3, 221 Abs. 2 ganz wesentlich ab. Nach der Auffassung des GE. hat derjenige der beiden Teile, der den Zweikampf freventlich verschuldet hat, den Anspruch auf mildere Behandlung für seine Person vollständig verwirkt. Die mildere Behandlung des Zweikampfes läßt sich nur durch den Druck rechtfertigen, den die Standessitte auf den Beteiligten ausübt; von einem solchen Druck ist aber gerade in diesem Fall keine Rede. Die Verfasser haben es daher für folgerichtig gehalten, hier gegen den, den das Verschulden trifft, die Vorschriften über Tötung und Körperverletzung zur Anwendung zu bringen, während die übrigen Beteiligten, bei denen dieser Umstand nicht vorliegt, nach den milderen Bestimmungen über Zweikampf behandelt werden.

Überflüssig ist VE. § 222; denn da Zweikampf begrifflich nur der Kampf nach vereinbarten oder hergebrachten Regeln ist, liegt bei vorsätzlicher Übertretung dieser Regeln ein Zweikampf im Sinne des Gesetzes wie des gewöhnlichen Sprachgebrauches nicht mehr vor.

### § 261. **Herausforderung zum Zweikampf.**

Der Tatbestand entspricht dem in VE. § 223. Doch ist die Qualifikation des zweiten Absatzes im Hinblick auf die allgemeine Zulassung besonders schwerer Fälle (GE. § 89) gestrichen. Der dritte Absatz des VE. ist inhaltlich aus dem VE. übernommen, aber durch die Wendung ersetzt worden: „§ 30 findet Anwendung". Diese Ausdehnung der Vorschrift über den Rücktritt und die tätige Reue beim Versuch auf die Fälle der selbständigen Strafbarkeit von Vorbereitungshandlungen ist bereits oben S. 44 allgemein gerechtfertigt worden.

### § 262. **Zweikampf unter Vorkehrungen gegen Lebensgefahr.**

Der VE. § 224 läßt hier mildere Strafe zu; der GE. schlägt Straflosigkeit vor. Maßgebend war die Erwägung, daß die studentische Schlägermensur lediglich eine Art Sport, ein „Waffenspiel“, darstellt und daher gar nicht unter den Begriff des Zweikampfes gebracht werden kann. Gegenüber der Rechtsprechung des Reichsgerichts erschien aber eine ausdrückliche Erklärung des Gesetzgebers als unerläßlich. Derselbe Standpunkt ist in der Literatur mehrfach eingenommen worden; so namentlich von v. Lilienthal (Reform II 284) und neuerdings von Beling (Z. 32 S. 541). GE. § 262 stimmt inhaltlich auch mit dem § 310 des österr. VE. überein (vgl. Erl. Bem. S. 268).

### § 263. **Straflose Teilnehmer.**

Die Bestimmung entspricht der in VE. § 225. Doch ist der Ausdruck „Kartellträger“ durch den allgemeineren „Gehilfen“ ersetzt worden; dieser Begriff umfaßt auch die Überbringung der Annahmeerklärung, das Herleihen der Waffen, die Beschaffung des Ortes usw. (vgl. RG. 13, 265; Frank zu § 205 Note III; Olshausen zu § 205 Note 4). Es ist nicht einzusehen, warum die dem Kartellträger gewährte Straffreiheit nicht auch diesen Personen zugute kommen soll.

### § 264. **Aufreizung zum Zweikampf.**

Der Tatbestand ist gegenüber VE. § 226 erweitert. Es wird nicht nur die Aufreizung zum Zweikampf allgemein mit Strafe bedroht, sondern ihr der Fall gleichgestellt, daß jemand „einem anderen Verachtung bezeigt, weil er einen Dritten nicht herausgefordert oder die Herausforderung nicht angenommen hat“. Der GE. geht dabei von der Auffassung aus, daß bei einem Widerstreit zwischen Standessitte und Rechtssatzung es jedem Staatsbürger freistehen muß, sich zugunsten des Rechtssatzes zu entscheiden, und daß er in der Freiheit seiner Willensentschließung gegen die abweichende Meinung anderer geschützt werden muß, soweit diese die Grenzen objektiver und sachlicher Kritik übersteigt. Denselben Standpunkt vertritt der österr. VE. in § 307. Daß die Haft (VE. § 226) gerade für diese Fälle eine völlig ungeeignete Strafart wäre, bedarf wohl keiner weiteren Ausführung (vgl. schon Kahl, DJZ. 15 Sp. 924).

# Achtzehnter Abschnitt.

# Körperverletzung.

## § 265. Körperverletzung.

Die Begriffsbestimmung der Körperverletzung, die der VE. aus dem geltenden Recht herübergenommen hat, ist im GE. beibehalten. Daß gegen sie schwerwiegende Bedenken sprechen, soll nicht verkannt werden; es ist aber bisher weder der Literatur noch der Gesetzgebung gelungen, eine befriedigende Begriffsbestimmung an ihre Stelle zu setzen. Auch der österr. wie der schweiz. VE. kommen über eine unbefriedigende Kasuistik nicht hinaus.

Der GE. hat die Fälle der fakultativen Straffreiheit um einen erweitert: „Wenn der Täter durch gerechtfertigte Entrüstung über eine besonders rohe oder gemeine Handlung des Verletzten auf der Stelle zu der Tat hingerissen worden ist.“ Wenn also der Täter z. B. den Jungen, der ein Tier böswillig quält und trotz Abmahnung nicht davon abläßt, in der augenblicklichen Erregung gezüchtigt hat, soll dem Richter die Möglichkeit gegeben werden, die Umstände des Einzelfalles zu prüfen und den Täter, den sein Rechtsgefühl oder sein sittliches Empfinden zu der Tat getrieben hat, straffrei zu lassen. Schon H. Seuffert (vgl. Goldschmidt VD. Allg. T. 4 S. 426) hat darauf hingewiesen, daß derartige Fälle es sind, in denen die Forderung der Prügelstrafe für Roheits- und Sittlichkeitsdelikte einen berechtigten Kern, einen kriminalpolitischen Fortschritt enthält. Durch die Straffreiheit des die Prügelstrafe anwendenden Täters wird diesem Gesichtspunkt ausreichende Berücksichtigung gesichert.

## § 266. Gefährliche Körperverletzung.

Hier bedurften die Vorschläge des VE. § 228 einer wesentlichen Umgestaltung. Die Wendung: „Hat der Täter die Körperverletzung in einer Weise begangen, daß dadurch das Leben des Verletzten oder in erheblichem Maße seine Gesundheit gefährdet werden konnte“, enthält zunächst den logischen Widerspruch, daß die Beschädigung der Gesundheit durch die eingetretene Gefährdung der Gesundheit erschwert werden soll. Es ist aber auch die Voraussetzung, daß die „Möglichkeit“ der Gefährdung, also die Gefahr einer Gefahr gegeben sein müsse, unlogisch und daher schon aus diesem Grunde unannehmbar (ebenso Köhler, Studien 18; Wach, Reform I 32; v. Lilienthal, Reform II 289). Die Hervorhebung bestimmter Mittel, die der VE. in den Worten enthält: „mittels gefährlichen Gebrauchs einer Waffe oder eines Messers oder sonst in einer Weise usw.“ hält an der vielfach und mit Recht getadelten Kasuistik des geltenden Rechts (§ 223 a) fest; sie mußte als überflüssig und irreführend gestrichen werden. Bei der näheren Bezeichnung der für den Begriff der gefährlichen Körperverletzung geforderten Gefahr müssen möglichst scharfe Grenzen gezogen werden; der GE. hat dieses Ziel dadurch zu erreichen versucht, daß er neben der Gefahr des Todes die einer schweren Körperverletzung im technischen Sinn des § 268 GE. verlangt.

## § 267. **Mißhandlung von Wehrlosen.**

Der Tatbestand dieses Paragraphen schließt sich an den in § 223 a Abs. 2 des Entw. einer Novelle zum StGB. nach den Beschlüssen der Reichstagskommission in zweiter Lesung an. Die kasuistische Beschränkung auf Personen, die „wegen Gebrechlichkeit oder Krankheit“ wehrlos sind, wurde als überflüssig fallen gelassen. Praktisch ist die Änderung kaum von Bedeutung. Doch könnte an Wehrlosigkeit etwa infolge von Betäubung (Narkotisierung, Hypnotisierung usw.) gedacht werden.

Ebenso konnte der ganze zweite Untersatz jenes Absatzes gestrichen werden: „wenn derjenige, der zur Fürsorge oder Obhut einer solchen Person verpflichtet ist, duldet, daß ein anderer gegen diese Person eine Körperverletzung der bezeichneten Art begeht“; denn nach § 31 GE. kann es keinem Zweifel unterliegen, daß in einem solchen Falle der Begriff der Täterschaft erfüllt ist.

Als Regelstrafe hat der GE. hier Zuchthaus bis zu fünf Jahren angedroht. In dem Tatbestand treffen mehrere Umstände zusammen, welche die Tat als besonders strafwürdig erscheinen lassen: die Wehrlosigkeit und Abhängigkeit des Opfers, ferner die Verletzung einer besonderen Pflicht der Obhut, endlich die fortgesetzte rohe oder boshafte Behandlung. Die Gefängnisstrafe erschien daher zu milde; die Charakterisierung der Tat als eines Verbrechens war vom Standpunkt der vergeltenden Gerechtigkeit wie von dem der Generalprävention aus geboten. Bei mildernden Umständen greift § 87 GE. ein.

## § 268. **Schwere Körperverletzung.**

Die Fassung des § 229 VE. ist schwerfällig und widerspruchsvoll. Der zweite Absatz mit seiner näheren Erklärung des Begriffs „schwere Schädigung des Körpers oder des Geistes" erscheint überflüssig, wenn dieser Oberbegriff selbst klar gefaßt wird. Und daß „Todesgefahr" durchaus nicht immer als eine schwere Schädigung des Körpers oder des Geistes angesehen werden kann, bedarf keines Nachweises. Dem von v. Lilienthal (Reform II 290) gemachten Vorschlag gemäß sagt der GE.: „Hat die Körperverletzung eine schwere Schädigung des Körpers oder der körperlichen oder geistigen Gesundheit des Verletzten verursacht."

§ 268 Abs. 2 GE. gibt § 229 Abs. 3 VE. wieder. Doch soll zur Strafschärfung „Vorsatz" genügen. Daß der VE., unter Überspringung des Vorsatzes, „Absicht" verlangt, erklärt sich nur durch das Festhalten an § 225 StGB. und entbehrt der inneren Berechtigung.

## § 269. **Körperverletzung mit Todesfolge.**

Mit einer geringfügigen sprachlichen Änderung schließt sich der Tatbestand an VE. § 230 an.

## § 270. **Fahrlässige Körperverletzung.**

Daß dieser Tatbestand an die vorsätzliche Körperverletzung angeschlossen und vor die Fälle des Raufhandels, der Aussetzung usw. gestellt worden ist, bedarf wohl keiner besonderen Rechtfertigung; ebensowenig die Wendung: „Wer fahrlässig eine Körperverletzung begeht" statt der Fassung des VE. in § 232: „Wer usw. verursacht". Die Hervorhebung des erschwerten Falles („War der Täter wegen seines Amtes, Berufs oder Gewerbes zu besonderer Aufmerksamkeit verpflichtet") ist im Hinblick auf §§ 89, 90 GE. gestrichen worden. Der unklare § 17 des Impfgesetzes v. 8. April 1874 muß fortfallen.

## § 271. **Strafantrag.**

Der GE. weicht hier vom VE. § 233 zum Teil nur scheinbar ab, während er in der Sache mit ihm übereinstimmt. So haben die Verfasser des GE. es für richtiger gehalten, die Bestimmungen, die für verschiedene Abschnitte des Gesetzbuchs gelten sollen, demjenigen Abschnitt einzuverleiben, der in der Reihenfolge der Abschnitte vorangeht; auf diesem Wege werden die störenden Verweisungen auf später folgende Vorschriften vermieden (vgl. schon oben zu § 198). Daher ist das Antragsrecht der Vorgesetzten und die Verschiebung der Antragsfrist bei wechselseitigen Körperverletzungen usw. schon an dieser Stelle geregelt, während in dem Abschnitt „Beleidigung" (§ 287) auf die hier gegebenen Vorschriften zurückverwiesen wird, soweit sie auch bei Beleidigung Anwendung finden.

Ein Vergleich mit den §§ 264, 265 VE. ergibt aber auch gewisse sachliche Änderungen, die schon hier zu besprechen sind.

Das selbständige Antragsrecht des Ehemannes einer körperlich verletzten oder beleidigten Ehefrau hat der GE. gestrichen, da die Bevormundung der Ehefrau durch den Mann weder unseren heutigen Anschauungen, noch auch den Bestimmungen des BGB. entspricht. Dazu treten die strafprozessualischen Bedenken, auf die Kronecker (Reform II 326) aufmerksam gemacht hat; insbesondere der Umstand, daß durch das selbständige Privatklagerecht des Ehemannes der Ehefrau ungerechtfertigterweise die Stellung einer Zeugin in dem anhängigen Privatklageverfahren verschafft und damit unter Umständen der Ausgang des Prozesses entscheidend beeinflußt wird.

Die verschiedene Natur der Körperverletzung gegenüber der Beleidigung machte aber auch einzelne Abweichungen von § 287 GE. notwendig. So mußte das Wort „Behörde" gestrichen werden; ebenso aber waren auch die weiteren Worte zu streichen: „in Beziehung auf die Ausübung ihres Berufes". Denn die Körperverletzung einer Behörde ist ausgeschlossen; und nur jene Körperverletzung verdient besondere Auszeichnung, die gegen den Beamten, gerade während er in Ausübung seines Berufes begriffen ist, begangen wurde.

§ 271 Abs. 3 GE. weicht von § 265 VE. auch noch insofern ab, als er den Gedanken, der zu einer Verschiebung der Antragsfrist führt, in einer anderen und korrekteren Fassung wiedergibt: von einer Verpflichtung, den Antrag vor Schluß der Hauptverhandlung zu stellen, kann nicht gesprochen werden; wohl aber davon, daß das Antragsrecht mit dem Schluß der Hauptverhandlung erlischt.

Von größerer Wichtigkeit ist die Bestimmung in GE. § 271 Abs. 1 Satz 2, nach welcher das Antragsrecht ausgeschlossen ist, wenn der Verletzte in die Verletzung eingewilligt hat. Damit wird die bekannte Streitfrage über den Einfluß der Einwilligung des Verletzten auf die Strafbarkeit der Körperverletzung in einem Sinne entschieden, der den Bedürfnissen des Rechtslebens am besten gerecht werden dürfte. Mildere Bestrafung in den schwereren Fällen der Körperverletzung eines Einwilligenden, wo die Verfolgung von Amtswegen eintritt (GE. §§ 266—269), wie sie der österr. VE. in § 301 vorsieht, brauchte im Hinblick auf GE. § 87 nicht besonders angeordnet zu werden.

### § 272. **Aussetzung.**

Die Aussetzung ist im VE. (§ 218) unter den Verbrechen und Vergehen gegen das Leben behandelt; der GE. stellt sie in den Abschnitt „Körperverletzung". Es soll damit zum Ausdruck gebracht werden, daß Todesgefahr nicht zum Wesen der Aussetzung gehört. Die Randbezeichnung entspricht dem Vorschlag von Wach (Reform I 26). Die Ersetzung der Worte „in hilfloser Lage vorsätzlich verläßt" durch die Wendung „hilflos läßt", soll im Anschluß an v. Lilienthal (Reform II 279) klarstellen, daß nicht das räumliche Sich-Entfernen (RG. 38 S. 377), sondern das Nichtgewähren von Hilfe das Entscheidende ist.

Im übrigen ist der Tatbestand gegenüber VE. § 218 durch die Aufnahme der Worte „oder eine Person, die er schuldhaft verletzt hat" erweitert worden. Damit wird eine Vorschrift verallgemeinert, die zuerst im Kraftfahrzeuggesetz von 1909 (§ 22 Abs. 2) sich findet. Der hier verwertete legislative Gedanke, daß durch schuldhafte Verletzung eines Menschen die Verpflichtung des Täters begründet wird, ihm Beistand zu leisten, reicht weit über den Verkehr mit Kraftfahrzeugen hinaus; es ist nicht abzusehen, warum nicht der Radfahrer, der Reiter oder der Lenker eines Wagens unter der gleichen Voraussetzung haftbar gemacht werden soll. Der GE. hat daher die allgemeine Fassung in Vorschlag gebracht.

Der zweite Absatz faßt unter einer und derselben erhöhten Strafdrohung die beiden in VE. § 218 voneinander getrennten Fälle zusammen; es wird nicht unterschieden, ob durch die Handlung der Tod oder ob eine schwere Körperverletzung der ausgesetzten oder hilflos gelassenen Person verursacht worden ist. Die Unterscheidung der beiden Fälle ist auch jedenfalls insofern überflüssig, als nach GE. § 89 ohnehin bis auf fünfzehn Jahre Zuchthaus hinaufgegangen werden kann.

### § 273. **Raufhandel.**

Der GE. hat sich dem VE. § 231 mit geringfügigen sprachlichen Änderungen angeschlossen.

### § 274. **Ansteckung mit Geschlechtskrankheiten.**

Die Ausgestaltung dieser dem VE. gegenüber neuen Vorschrift beruht im wesentlichen auf dem von v. Lilienthal (Reform II 239) gemachten Vorschlag (vgl. dazu v. Liszt, Aufsätze 2 S. 498; Kohler, GA. 36 S. 310; Wulffen, Reform II 136). Die von den Verfassern der Begründung des VE. (S. 665) gegen den Vorschlag erhobenen Einwände können als überzeugend nicht angesehen werden. Am wenigsten schlägt als Einwand durch die Behauptung, daß die Strafdrohung weniger durch ihre Anwendung als durch ihr Dasein wirken würde. Denn gerade darauf kommt es an, das Volksbewußtsein zu klären und zu leiten; in ihrer generalprävenierenden Wirkung liegt vor allem die Rechtfertigung dieser Strafdrohung. Die Gefahr von Erpressungsversuchen kann dagegen ebensowenig ins Gewicht fallen wie die von unerweislichen oder gar wissentlich falschen Anzeigen; das allgemeine Interesse des Volkes an der wirksamen Bekämpfung der Geschlechtskrankheiten muß höher stehen als die Unbequemlichkeiten, die sich für den einzelnen aus ihr ergeben. Auch der österr. VE. hat in § 304, der schweiz. VE. in Art. 79 den Tatbestand unter Strafe gestellt.

Die Handlung, durch die der andere der Gefahr der Ansteckung ausgesetzt wird (Geschlechtsverkehr, Antritt des Dienstes als Amme usw.), hat der GE., abweichend vom österr. VE., nicht näher bezeichnet. Einer zu weitgehenden Anwendung der Strafdrohung soll durch das Erfordernis einer „unmittelbaren" Gefahr der Ansteckung vorgebeugt werden. Für eine Ausdehnung der Strafdrohung über die Geschlechtskrankheiten hinaus besteht zur Zeit kein Bedürfnis. Das Antragserfordernis hat der GE., gleich dem österr. VE., auf den Fall beschränkt, daß die Handlung von einem Ehegatten gegen den anderen begangen wird; in allen übrigen Fällen soll die Verfolgung von Amts wegen eintreten.

## Neunzehnter Abschnitt.

# Freiheitsverletzung.

Die Überschrift entspricht einem Vorschlage Wachs (Reform I S. 31). Gegenüber dem VE. hat der GE. die Entführung aus dem Zusammenhang der Freiheitsdelikte ausgeschieden und die Entziehung Minderjähriger in § 235 zu den Familiendelikten, die eigentliche Entführung in § 238 zu den Verletzungen der Sittlichkeit gestellt. Über die Gründe dieser Umstellung vergleiche das oben zu § 235 und § 238 Gesagte.

### § 275. Sklavenraub und Sklavenhandel.

Der erste Absatz des Paragraphen entspricht dem § 234 VE.

Der zweite Absatz gibt den § 1 des Gesetzes, betreffend die Bestrafung des Sklavenraubes und des Sklavenhandels vom 28. Juli 1895 inhaltlich, aber in veränderter Fassung, wieder. Es handelt sich darum, die zur Vorbereitung eines Sklavenraubes veranstalteten Unternehmungen in ihrer wichtigsten und gefährlichsten Gestalt, der eines Streifzuges, zu treffen. Wer einen solchen Streifzug ausrüstet oder sich ihm anschließt, wird mit Zuchthaus bis zu fünf Jahren bestraft. Der zweite Abs. des § 1 wurde gestrichen, soweit er die Todesstrafe gegen den Veranstalter und Anführer eines Streifzuges für den Fall androht, daß durch den Streifzug der Tod einer der Personen, gegen die er gerichtet war, verursacht worden ist. Kann doch nach der heute wohl feststehenden Ansicht diese Bestimmung, die bei dem Schuldigen weder Vorsatz noch — nach geltendem Recht — auch Fahrlässigkeit in bezug auf den eingetretenen Erfolg voraussetzt, mit den sonst festgehaltenen Grundsätzen weder des geltenden Rechts, noch des VE., noch des GE. in Einklang gebracht werden. Im übrigen werden die Schärfungen des § 1 des Gesetzes durch § 89 des GE. gedeckt.

Abs. 3 des GE. entspricht dem § 2 des Gesetzes von 1895. Die Gleichstellung des Gehilfen mit dem Täter in einem engumschriebenen Unterfall der Beihilfe („wer bei der zum Sklavenhandel dienenden Beförderung von Sklaven vorsätzlich mitwirkt"), für die keinerlei innerer Grund spricht, ist beseitigt; die allgemeinen Vorschriften über die Behandlung des Gehilfen finden auch hier Anwendung.

§ 3 des Gesetzes von 1895 hat gegenüber § 85 GE. keine Existenzberechtigung mehr; § 5 ist durch § 4 Ziff. 1 GE. überflüssig gemacht. Es würde also nur noch § 4 übrigbleiben, der lediglich einen Übertretungstatbestand darstellt und deshalb durch § 15 des Schutzgebietsgesetzes von 1900 völlig ausreichend gedeckt ist. Die bisherige Androhung von Gefängnis bis zu fünf Jahren steht im Widerspruch mit der sonst festgehaltenen Höhe der Strafdrohungen. Das Gesetz von 1895 kann mithin restlos aufgehoben werden, ohne daß eine Lücke dem geltenden Recht gegenüber entsteht.

## § 276. **Freiheitsberaubung.**

Die Fassung ist gegenüber § 239 VE. dadurch vereinfacht, daß die lediglich beispielshalber hervorgehobenen Worte „wer einen anderen einsperrt" gestrichen wurden. Dafür ist statt „Freiheit" „Freiheit der Bewegung" gesagt, um die auf Grund des geltenden Rechts vertretene Ansicht (vgl. hierzu Olshausen § 239 Note 3), daß unter Freiheit hier auch die Freiheit der Willensentschließung verstanden werde, auszuschließen und die Eigenart dieses Delikts gegenüber dem der Nötigung schärfer hervortreten zu lassen.

Für den Übergang von Gefängnis auf Zuchthaus hat der GE., an seinem sonst eingenommenen Standpunkt festhaltend (vgl. oben S. 119), sich mit den nicht näher bezeichneten „besonders schweren Fällen" nicht begnügt, sondern, gleich dem geltenden Recht, bestimmte erschwerende Umstände aufgestellt. Es sind deren drei in den zweiten Absatz aufgenommen worden: 1. die längere Dauer der Freiheitsberaubung; 2. die Absicht, den Verletzten zur Unzucht zu bringen, und 3. das falsche Vorgeben, der Verletzte sei geisteskrank oder geistesschwach. Damit dürften die praktisch wichtigsten Fälle erschöpfend getroffen sein.

## § 277. **Nötigung.**

Statt der unbestimmten Fassung des § 240 VE. „in rechtswidriger Absicht" ist im GE. die Wendung gebraucht: „in der Absicht, einen dem Recht zuwiderlaufenden Erfolg herbeizuführen". Durch diese Fassung, die sich der bei Erpressung, Betrug und Untreue gebrauchten (siehe darüber unten zu §§ 320 ff.), mit der hier nötigen Ersetzung des „Vermögensvorteils" durch das Wort „Erfolg", anschließt, soll zweierlei erreicht werden. Einmal wird die Wendung

„in rechtswidriger Absicht" genauer bestimmt; denn nur darum kann es sich handeln, daß ein rechtswidriger Erfolg herbeigeführt wird. Dann aber wird einer zu weiten und daher irrtümlichen Auslegung der Vorschrift vorgebeugt, indem der Erfolg als ein dem Recht zuwiderlaufender, also nicht nur als ein rechtlich nicht begründeter bezeichnet wird. Die Bestrafung soll eben nicht schon dann eintreten, wenn der Täter auf die Herbeiführung dieses Erfolges kein Recht gehabt hat. Zwang zu einem dem Recht entsprechenden Verhalten ist daher niemals als Nötigung strafbar (ebenso ja auch VE., Begr. dazu S. 673).

## § 278. **Koalitionszwang.**

Die Angliederung des § 153 der Gewerbeordnung an die Nötigung, die auch Kriegsmann empfiehlt, rechtfertigt sich durch die innere Verwandtschaft der beiden Tatbestände. Dabei durfte aber nicht übersehen werden, daß hier der angestrebte Erfolg kein dem Recht zuwiderlaufender ist, daß vielmehr das Wesen der Verletzung der Koalitionsfreiheit gerade in der Anwendung „unrichtiger" Mittel zur Erreichung eines „richtigen" Zweckes besteht. Daher die ausdrückliche Hervorhebung: „Wer auch ohne die in § 277 bezeichnete Absicht usw."

Als Ziel wird „die Herbeiführung einer Änderung des Arbeitsvertrages" bezeichnet. Damit soll, ohne daß eine inhaltliche Änderung bezweckt wäre, an Stelle der „günstigen Lohn- und Arbeitsbedingungen" die erschöpfende und juristisch zutreffendere Fassung gesetzt werden. Die Mittel der Nötigung sind aus § 153 der Gewerbeordnung herübergenommen; nur die Worte „Anwendung körperlichen Zwanges" sind durch das sonst überall im GE. gebrauchte Wort „Gewalt" ersetzt worden. Die entscheidende Tätigkeit hat der GE. mit den Worten bezeichnet: „Wer einen anderen . . . nötigt oder hindert, an Vereinbarungen teilzunehmen oder ihnen Folge zu leisten, deren Ziel . . . ist". Die Hinderung eines anderen, von solchen Vereinbarungen zurückzutreten, bedurfte keiner besonderen Erwähnung, da in der Hinderung zurückzutreten stets eine Nötigung enthalten ist, den Vereinbarungen Folge zu leisten. Die entsprechenden Worte des § 153 konnten daher gestrichen werden.

Daß die Hinderung neben der Nötigung ausdrücklich hervorgehoben wurde, bewirkt, daß auch der von den Angehörigen der einen Gruppe (etwa der Arbeitgeber) gegen Mitglieder der anderen

Gruppe (etwa der Arbeitnehmer) ausgeübte Zwang unter Strafe gestellt wird; mit dieser Ausdehnung gegenüber dem geltenden Recht soll, einem vielfach empfundenen Bedürfnis gemäß, die Freiheit der Koalition gegen rechtswidrige Einwirkung derjenigen gesichert werden, gegen welche die Vereinbarungen gerichtet sind.

Zu der viel erörterten Streitfrage, ob die strafbare Nötigung, an den Vereinbarungen teilzunehmen oder ihnen Folge zu leisten, auch von Mitgliedern einer Gruppe gegen Angehörige der anderen Gruppe vorgenommen werden kann (vgl. dazu v. Liszt, Lehrbuch § 100 Anm. 6), hat der GE. nicht Stellung genommen. Die Entscheidung dieser Frage bleibt also nach wie vor der Rechtsprechung überlassen. Einen Fingerzeig für die Entscheidung mag der Hinweis auf das jedem verbrecherischen Tatbestand notwendige Merkmal der Rechtswidrigkeit bieten. Will man im Gesetz selbst die Frage im verneinenden Sinn entscheiden, wie es überwiegend in der Literatur, teilweise auch in der Rechtsprechung des Reichsgerichts geschieht, so bleibt nichts anderes übrig, als die Trennung des Tatbestandes in zwei Fälle. Etwa so: 1. „Wer einen anderen hindert usw.". 2. „Dieselbe Strafe trifft den Arbeitgeber, der einen anderen Arbeitgeber, und den Arbeitnehmer, der einen anderen Arbeitnehmer nötigt usw."

## § 279. Eigenmächtige ärztliche Behandlung.

Die Bestimmung ist dem VE. gegenüber neu. Ihre Aufnahme rechtfertigt sich durch das Bedürfnis, die vielumstrittene Frage nach der strafrechtlichen Bedeutung eines ärztlichen Eingriffes gesetzlich zu regeln. Als Vorbild hat dem GE. dabei der § 325 des österreichischen VE. gedient (Erl. Bem. dazu S. 282; vgl. auch Heimberger, in der Monatsschrift f. Kriminalpsych. 7 S. 65; Kantorowicz, daselbst S. 298; Straßmann, Bericht des preußischen Medizinalbeamtenvereins 1910 S. 13, 62). Indem die eigenmächtige ärztliche Behandlung als Delikt gegen die Freiheit der Willensentschließung unter Strafe gestellt wird, will der GE. zugleich zum Ausdruck bringen, daß ein ärztlicher Eingriff, der zu Zwecken der Heilbehandlung oder zu anderen gleichwertigen Zwecken unter Beachtung der Regeln der ärztlichen Kunst und Wissenschaft (also von Kunstfehlern abgesehen) gemacht wird, auch bei fehlender Zustimmung des Behandelten niemals als Körperverletzung bestraft werden kann.

Die „Eigenmacht" des Behandelnden liegt darin, daß er einen anderen „gegen den ausdrücklichen oder nach den Umständen zu vermutenden Willen" ärztlich behandelt. Wiederbelebungsversuche an einem Selbstmörder werden freilich auch bei der Fassung des GE. (anders der österr. VE. § 325 Abs. 4) Schwierigkeiten bieten; hier greift aber subjektiv der § 23 GE. („Hält der Täter sich zur Vornahme der Handlung für berechtigt"), objektiv die Erwägung ein, daß nach einer weitverbreiteten Ansicht in diesem Falle die Rechtswidrigkeit des Eingriffs ausgeschlossen ist. Die Vornahme wissenschaftlicher Versuche fällt nicht unter § 279, da sie „ärztliche Behandlung" nicht ist.

### § 280. **Bedrohung.**

Die Abweichung von VE. § 241 liegt in der Bezeichnung der Mittel, durch welche die Störung des Rechtsfriedens bewirkt werden muß. Der VE. spricht von „gefährlicher Drohung"; die für die Rechtssicherheit überaus bedenkliche Unbestimmtheit dieser Fassung ist in der Literatur vielfach, insbesondere auch von Goldschmidt und Kronecker (Reform II 81, 306), getadelt worden. Der GE. glaubt, diese Bedenken durch die von ihm gewählte Fassung „durch Androhung von Gewalttätigkeiten gegen Personen oder Sachen" beseitigt zu haben. Die Androhung anderer Nachteile genügt mithin nicht, auch wenn der Drohende kein Recht haben sollte, diese Nachteile zuzufügen. Der Tatbestand ist somit sowohl dem geltenden Recht wie dem VE. gegenüber (trotz der entgegenstehenden Behauptungen der sozialdemokratischen Presse) verengert worden. Zugleich ist damit der volle Einklang mit § 184 GE. (Landzwang) hergestellt.

### § 281. **Hausfriedensbruch.**

Der GE. stimmt in der Fassung dieses Tatbestandes mit VE. § 242 durchaus überein. Auch die Betonung, daß der Täter dem erklärten Willen des Berechtigten zuwidergehandelt haben muß, bringt inhaltlich wohl nichts Neues. Sie soll aber jeden Zweifel darüber ausschließen, daß der Wille des Berechtigten in einer auch dem Täter erkennbaren Weise in die Außenwelt getreten sein müsse.

Aber auch bei dieser Festlegung des Tatbestandes kann es leicht vorkommen, daß der Hausfriedensbruch eine besonders milde

Beurteilung verdient; der § 281 GE. hat daher in seinem dritten Absatz bestimmt, daß in besonders leichten Fällen von Strafe abgesehen werden kann.

## Zwanzigster Abschnitt.

## Ehrverletzung und Verletzung fremder Geheimnisse.

Der GE. folgt im Aufbau dieses Abschnittes grundsätzlich dem VE. Er läßt jedoch die Bestimmungen über Wahrheitsbeweis und über Wahrung berechtigter Interessen unmittelbar aufeinander folgen und beide den Vorschriften über Verleumdung vorangehen. Nach der Fassung, welche die beiden Paragraphen, insbesondere auch § 284, im GE. gefunden haben, kann es ohnehin keinem Zweifel unterliegen, daß sie auf den Fall der Verleumdung keine Anwendung finden können.

### § 282. **Beleidigung.**

Der GE. schließt sich hier an den VE. § 259 an. Die Änderung in Beziehung auf die Strafdrohungen ergibt sich aus den allgemeinen Grundsätzen des GE. Der Hinweis auf § 265 Abs. 2 (vgl. das zu diesem Gesagte) besagt, daß Straffreiheit nicht nur in besonders leichten Fällen, sondern auch dann eintreten kann, wenn der Täter durch gerechtfertigte Entrüstung über eine besonders rohe oder gemeine Handlung des Verletzten auf der Stelle zu der Tat hingerissen worden ist (vgl. auch österr. VE. § 326 Abs. 2 und schweiz. VE. Art. 108 Abs. 2).

### § 283. **Wahrheitsbeweis.**

Statt „Behauptung oder Verbreitung einer ehrenrührigen Tatsache" (VE. § 260) spricht der GE. von „Behauptung oder Mitteilung". Da schon nach dem geltenden Recht allgemein angenommen wird, daß der Ausdruck „verbreitet" in den §§ 186, 187 StGB. nicht im technischen Sinne zu nehmen ist, sondern jede „Mitteilung" an einen Dritten umfaßt (s. Frank § 186 Note II 3, v. Liszt Lehrb. S. 348 Nr. 4, Olshausen § 186 Note 2b), hat der GE. es für richtiger gehalten, den Ausdruck „Verbreitung" hier fallen zu lassen und durch den jeden Zweifel ausschließenden Ausdruck „Mitteilung" zu ersetzen. Macht es doch einen geradezu störenden

Eindruck, wenn in § 260 VE. (wie in (§§ 186, 187 StGB.) der Ausdruck „Verbreiten" zweimal in verschiedenem Sinne gebraucht wird.

An dem Grundgedanken des VE. hat der GE. festgehalten. Der Wahrheitsbeweis schließt die Strafbarkeit der Behauptung oder Mitteilung aus. Die Verfasser des GE. haben es aber als irreführend und folgewidrig angesehen, daß der VE. trotz des gelungenen Wahrheitsbeweises strafen will, wenn sich „aus der Form oder den Umständen, unter denen die Äußerung geschah, ergibt, daß der Täter in der Absicht der Beleidigung gehandelt hat". Denn wenn der Täter sich nicht darauf beschränkt hat, die Tatsache anzuführen, sondern mit der Anführung durch ihre Form oder die sie begleitenden Umstände sein eigenes Unwerturteil verknüpft hat, dann ist die Voraussetzung für die straflosmachende Wirkung des Wahrheitsbeweises überhaupt nicht mehr gegeben. Und da VE. und GE. ganz so wie das geltende Recht zum Tatbestand der Beleidigung einen besonderen animus injuriandi nicht fordern, ist es folgewidrig, diesen Begriff auf dem Umweg über den Wahrheitsbeweis wieder einführen zu wollen. Es kommt vielmehr lediglich darauf an, ob der Täter in den Schranken der tatsächlichen Behauptung geblieben ist oder diese überschritten hat; die dabei von ihm verfolgte Absicht muß hier wie sonst außer Betracht bleiben. Inwieweit eine allgemeine Bezeichnung, wie Lügner, Schwindler usw., nur die Abstraktion aus einer Reihe von Tatsachen darstellt, auf die der Äußernde sich damit beziehen wollte, und ob und inwieweit in einem solchen Falle die Vorschriften, die für die Behauptung oder Mitteilung einer Tatsache gegeben sind, Anwendung zu finden haben, wollte der GE. nicht ausdrücklich entscheiden; die Rechtsprechung wird hier im einzelnen Fall den richtigen Weg wohl finden.

Die Bestimmungen des VE. über den Ausschluß des Wahrheitsbeweises hat der GE. unverändert übernommen; die Streichung der Worte „durch Verbreitung von Schriften usw." rechtfertigt sich aus GE. § 12 Ziff. 4. Die gegen die Beschränkung des Wahrheitsbeweises in der Literatur von den verschiedensten Seiten geltend gemachten Bedenken (vgl. z. B. Liepmann in der deutschen Rundschau 1908 S. 353ff., Delaquis in der Festschrift für Gierke 1910) glaubt der GE. in der Hauptsache dadurch beseitigt zu haben, daß er in § 284 die Straflosigkeit auch dann unabhängig von jedem Wahrheitsbeweis eintreten läßt, „wenn der Täter in gutem Glauben war und durch die Behauptung oder Mitteilung eine Pflicht zu erfüllen oder ein öffentliches oder sein oder eines Dritten berechtigtes Interesse zu wahren beabsichtigt hat". Im übrigen haben die Verfasser des GE. die Bedenken gegen die Einschränkung des Wahrheitsbeweises nicht für durchschlagend und das Strafgesetzbuch auch nicht für den richtigen Ort zur Einführung eines objektiven Feststellungsverfahrens zugunsten des Beleidigten gehalten. Sie befinden sich damit im wesentlichen im Einklang mit dem österr. VE. § 329 (dazu Erl. Bem. S. 287).

§ 283 Abs. 2 schließt sich eng an VE. § 260 Abs. 3 an. Doch verlangt der GE., daß das Strafverfahren, durch welches formelle Wahrheit geschaffen wird, „vor einem deutschen Gericht" stattgefunden hat; und die Wahrheit der behaupteten oder mitgeteilten Tatsache wird durch die rechtskräftige Freisprechung nur dann widerlegt, „wenn nicht der Freispruch aus anderen Gründen als wegen Mangels an Beweis erfolgt ist". Es ist damit derselbe Gedanke zum Ausdruck gebracht, der in den Prozeßordnungen (vgl. StPO. § 404, ZPO. § 581) bereits Anerkennung gefunden hat.

## § 284. **Wahrung berechtigter Interessen.**

VE. § 263 hat die unklare und kasuistische Fassung des § 193 StGB. im wesentlichen wiederholt. Der GE. hat sich bemüht, den legislativen Grundgedanken dieser praktisch überaus wichtigen Bestimmung schärfer herauszuarbeiten.

Zunächst ist daran festzuhalten, daß die Straffreiheit sich auf die Fälle beschränken muß, in denen eine ehrenrührige Tatsache behauptet oder mitgeteilt worden ist, daß sie dagegen dort nicht berechtigt ist, wo der Täter mit der Behauptung oder Mitteilung sein eigenes Unwerturteil verbunden hat. Der VE. steht mit dem geltenden Recht auf demselben Standpunkt; er hat diesen Gedanken aber nur verschleiert und unklar in den Schlußworten ausgedrückt: sofern nicht „die Absicht der Beleidigung aus der Form der Äußerung oder aus den Umständen, unter denen sie geschah, hervorgeht". Der GE. kennt die straffrei machende „Wahrung" (statt „Wahrnehmung") berechtigter Interessen ausdrücklich nur bei Behauptung oder Mitteilung einer ehrenrührigen Tatsache und stellt sie mithin in eine klare Parallele zum Wahrheitsbeweis. Über den Gebrauch allgemeiner Bezeichnungen, wie Lügner, Schwindler usw., vergleiche das oben zu § 283 Gesagte.

Die kasuistische Aufzählung der Fälle ersetzt der GE. durch die allgemeine Wendung, daß der Täter beabsichtigt habe, entweder eine Pflicht zu erfüllen oder ein öffentliches oder sein oder eines Dritten berechtigtes Interesse zu wahren. Ähnlich auch der österreichische VE. § 328. Damit werden nicht nur die sämtlichen Fälle gedeckt, die VE. § 263, sei es ausdrücklich aufzählt, sei es mit der allgemeinen Wendung „oder ähnliche Fälle" umfaßt; es wird vielmehr durch die ausdrückliche Hervorhebung, daß auch die Wahrung eines öffentlichen Interesses, sowie die Wahrung des berechtigten Interesses eines Dritten die Straffreiheit begründet, eine zu enge Auslegung des Befreiungsgrundes, wie sie in der heutigen Rechtsprechung, insbesondere gegenüber der Presse, die Regel bildet, ausgeschlossen. Nach dem GE. genügt es aber zur Straflosigkeit nicht, daß der Täter eine nicht erweislich wahre oder eine unwahre Tatsache in der angegebenen Absicht mitgeteilt hat; es ist vielmehr außerdem noch erforderlich, daß er in gutem Glauben war. Durch diese Einschränkung, die einer besonderen Rechtfertigung nicht bedarf, wird nach der anderen Richtung hin einer zu weit gehenden Anwendung des Befreiungsgrundes vorgebeugt.

## § 285. **Verleumdung.**

Die Fassung des Tatbestandes wiederholt im wesentlichen den § 261 VE. Auf die Häufung von Freiheitsstrafe und Geldstrafe hat der GE. hier verzichtet, da sie eine Abweichung von dem allgemeinen Grundsatz des GE. § 85, wie des VE. § 36 in sich schließen würde und nicht ersichtlich ist, weshalb gerade bei diesem einen Delikt jener Grundsatz aufgegeben werden soll (vgl. oben S. 87). Die Aberkennung der bürgerlichen Ehrenrechte regelt sich nach der allgemeinen Vorschrift im GE. § 71, brauchte daher hier nicht besonders erwähnt zu werden.

## § 286. **Beschimpfung des Andenkens Verstorbener.**

Der GE. hat, abweichend vom VE. § 262, diesen Tatbestand unter selbständige Strafe gestellt und für den Regelfall die bei der Beleidigung wahlweise zugelassene Geldstrafe ausgeschlossen. Strafbarkeit soll aber nur dann eintreten, wenn unwahre ehrenrührige Tatsachen wider besseres Wissen behauptet oder mitgeteilt sind; die erste Alternative in VE. § 262: „wenn die Beschimpfung eine gröbliche und böswillige war" ist gestrichen, da zu einer Erweiterung der Strafbarkeit über das geltende Recht hinaus ein hinreichender Anlaß nicht vorliegt (vgl. Kohler GA. 56 S. 298).

### § 287. **Strafantrag.**

Über die Beseitigung des selbständigen Antragsrechtes des Ehemanns der beleidigten Frau vergleiche das oben zu § 271 Gesagte. Im dritten Absatz ist an Stelle der Ermächtigung das Antragserfordernis gesetzt. Der GE. hat keinen Grund gesehen, den Zwitterbegriff der „Ermächtigung" in diesem einzigen Fall beizubehalten; kann doch auch der Strafantrag eingeholt werden. Wenn trotzdem der Abs. 3 beibehalten ist, so soll damit lediglich klargestellt werden, daß auch nach dem GE. die Beleidigung von politischen Versammlungen für möglich erachtet wird. Statt „Körperschaften" ist „Versammlungen" gesagt, da der Ausdruck „Körperschaft" nach der modernen Rechtsterminologie nicht mehr paßt. Im übrigen schließt sich der GE. an VE. § 264 an. Der vierte Absatz ersetzt durch den Hinweis auf § 271 Abs. 3 GE. den § 265 VE.

### § 288. **Urteilsbekanntmachung.**

Der Hinweis auf § 198 Abs. 2 GE. macht den ersten Absatz des § 266 VE. überflüssig. Der zweite Absatz wiederholt die Bestimmung des VE.

### § 289. **Verbreitung eines Bildnisses.**

Der Tatbestand ist aus dem Kunstgesetz (§ 33 Ziff. 2) entnommen und nach dem Vorschlage Kriegsmanns von den Urheberrechtsdelikten getrennt. Statt Einwilligung „des Abgebildeten" sagt der GE. richtiger „des Berechtigten". Die Worte oder „öffentlich zur Schau stellt" sind im Hinblick auf § 12 Ziff. 5 GE. gestrichen.

### § 290. **Verletzung des Briefgeheimnisses.**

Die „Eröffnung eines verschlossenen Schriftstückes" umfaßt auch die Eröffnung eines verschlossenen Briefes, so daß dieser Unterfall nicht besonders erwähnt zu werden brauchte. Das Wort „unbefugt" in VE. § 267 ist hier wie sonst gestrichen; die Wendung „ein nicht zu seiner Kenntnis bestimmtes Schriftstück" soll den berechtigten legislativen Gedanken, der jenem „unbefugt" zugrunde liegt, zum zutreffenden Ausdruck bringen.

## § 291. Verletzung von Privatgeheimnissen.

Die kasuistische Aufzählung der möglichen Subjekte dieses Delikts, die VE. § 268 aus dem geltenden Recht übernommen hat, ist in der Literatur vielfach und wohl mit Recht getadelt worden (vgl. Hillenberg, Bericht des preußischen Medizinalbeamtenvereins 1910 S. 52; Kronecker, Reform II 338). Es ist in der Tat nicht einzusehen, weshalb nur die in § 268 VE. aufgezählten Personen des ärztlichen wie des juristischen Berufsstandes, nicht aber die Beamten und Organe der Krankenkassen, der Armenverwaltung, der Landesversicherungsanstalten usw. zur Geheimhaltung verpflichtet sein sollen (vgl. denn auch § 141 der Reichsversicherungsordnung). Die Verfolgung dieses Gedankens führt aber dazu, die Verletzung von Privatgeheimnissen allgemein unter Strafe zu stellen, wenn sie durch Personen erfolgt, die zur Ausübung eines Berufs oder eines Gewerbes öffentlich bestellt oder ermächtigt sind, und solche Privatgeheimnisse betrifft, die ihnen in oder bei Ausübung ihres Berufs oder Gewerbes anvertraut oder zugänglich geworden sind. Diese allgemeine Fassung des Tatbestandes schlägt der GE. daher vor; in ihm geht § 141 RVO. auf. Dabei wurde das Wort „unbefugt" hier wie sonst gestrichen (vgl. auch Wach, Reform I S. 29).

Die gleiche Erwägung trifft aber auch dann zu, wenn Aufzeichnungen, die der Arzt oder eine andere unter den Tatbestand fallende Person gemacht hat, nach deren Tod durch einen Dritten veröffentlicht werden. Diese Fälle, die nach dem geltenden Recht wie nach dem VE. straflos bleiben müssen, hat der GE. im zweiten Absatz ausdrücklich unter Strafe gestellt, um einem vielfach hervorgetretenen Bedürfnis zu genügen.

Bekanntlich hat § 300 des StGB. vielfach zu wirklichen oder vermeintlichen Pflichtenkollisionen geführt. Mit der Verallgemeinerung des Tatbestandes würde eine Vermehrung dieser Fälle unausweichlich eintreten. Der GE. hat es daher für notwendig gehalten, ausdrücklich zu erklären, daß in gewissen Fällen die Offenbarung von Privatgeheimnissen straflos bleibt (vgl. Hillenberg a. a. O. 78, Kronecker a. a. O. 343). Bei der Abgrenzung dieser Fälle hat die Straflosigkeit der Beleidigung bei Wahrung berechtigter Interessen als Vorbild gedient; ist ja doch derselbe legislative Grundgedanke hier wie dort entscheidend. Der vierte Absatz des § 291 GE. schließt sich daher wörtlich an § 284 GE. an: „Hat der Täter eine Pflicht zu erfüllen oder ein öffentliches oder sein oder eines Dritten berechtigtes Interesse zu wahren beabsichtigt, so bleibt die Handlung straflos".

## Einundzwanzigster Abschnitt.

## Verletzung von Urheber- und Erfinderrechten.

In diesem Abschnitt ist der Versuch gemacht, die Bestimmungen der einschlagenden außerstrafrechtlichen Gesetze in das StGB. selbst aufzunehmen. Die Bestimmungen des GE. lehnen sich im allgemeinen an die von Kriegsmann gemachten Vorschläge und damit, soweit als irgend möglich, an das geltende Recht an. Die Aufnahme dieser Tatbestände in das StGB. bringt eine ganze Reihe von wertvollen Vereinfachungen mit sich: Die Sonderbestimmungen über Buße und über Beginn wie Dauer der Verjährungsfrist fallen weg und werden durch die allgemeinen Vorschriften des StGB. ersetzt (vgl. oben S. 152, 153); die Strafdrohungen werden dem allgemeinen Strafrahmen des StGB. angepaßt und durch ihre weite Fassung verschiedene besonders hervorgehobene und milder bestrafte Fälle überflüssig gemacht (siehe § 38 Abs. 2 Ges. von 1901 und § 32 Abs. 2 Ges. von 1907; § 41 Ges. von 1901 und § 36 Ges. von 1907 usw.).

### § 292. Verletzung des literarischen und tonkünstlerischen Urheberrechts.

Die §§ 38 und 39 des Gesetzes vom 19. Juni 1901 sind hier zusammengefaßt. Über die Streichung der Worte „in anderen als den gesetzlich zugelassenen Fällen" vgl. Kriegsmann (Denkschrift unter VI das.). Ziff. 1 entspricht dem § 38 Ziff. 1 des Gesetzes. Durch die Präzisierung des Werkes als Werk der Literatur oder der Tonkunst werden die in § 1 des Gesetzes authentisch als Werke im Sinne der Überschrift des Gesetzes bezeichneten Werke umfaßt.

Ziff. 2 gibt den § 38 Ziff. 2 in der Fassung der Novelle von 1910 wieder. Ziff. 3 entspricht dem § 39 des Gesetzes.

Die Aufstellung des Antragserfordernisses ist dem geltenden Recht (§ 45) entnommen.

## § 293. Verletzung des künstlerischen und photographischen Urheberrechts.

Die Tatbestände sind dem Gesetz vom 9. Januar 1907 entnommen. Ziff. 1 wiederholt den § 32 des Gesetzes; Ziff. 2 den § 33 Ziff. 1 (vgl. mit § 18 Abs. 3); Ziff. 3 den § 34 (vgl. mit § 13). Das Antragserfordernis entspricht dem geltenden Recht (§ 41 des Gesetzes).

Die Strafdrohungen sind dieselben wie bei der Verletzung des literarischen und tonkünstlerischen Urheberrechts.

## § 294. Plagiat.

Der Tatbestand faßt nach dem Vorschlag von Kriegsmann den § 44 des Urheberrechtsgesetzes von 1901 und den § 40 des Kunstgesetzes von 1907 zusammen. Da es sich um die Verletzung eines Privatrechts handelt, mußte an Stelle der Übertretungsstrafe eine Vergehensstrafe (Gefängnis bis zu sechs Monaten oder Geldstrafe bis zu eintausend Mk.) gesetzt werden.

## § 295. Patentverletzung.

Die §§ 4 und 36 des Gesetzes vom 7. April 1891 bilden die Grundlage für die Fassung des Tatbestandes. Das „Feilhalten" ist nicht besonders erwähnt, weil es einen Versuch des in Verkehrbringens darstellt, daher durch § 27 GE. getroffen wird. Der Strafrahmen des Ges. von 1891 entspricht den vom GE. festgehaltenen Grundsätzen, konnte daher beibehalten werden. Das Antragserfordernis findet sich bereits im geltenden Recht, ebenso die Bekanntmachung des Strafurteils; durch die Verweisung auf § 198 Abs. 2 GE. wird die Übereinstimmung mit den bei falscher Anschuldigung und Verleumdung gegebenen Vorschriften hergestellt.

## § 296. Verletzung des Musterschutzes.

§ 14 des Gesetzes vom 11. Januar 1876, betreffend das Urheberrecht an Mustern und Modellen (der auf das Gesetz vom 11. Juni 1870, betreffend das Urheberrecht an Schriftwerken verweist) und § 10 des Gesetzes vom 1. Juni 1891, betreffend den Schutz von Gebrauchsmustern, sind hier zusammengefaßt. Die Wendung in dem zuletzt genannten Paragraphen: „Wer ein Gebrauchsmuster in Benutzung nimmt" ist gemäß der näheren Bestimmung in § 4 desselben Gesetzes aufgelöst. Das „Feilhalten" konnte auch hier wegfallen. Über Antrag, Bekanntmachung des Strafurteils und Strafrahmen ist das oben zu § 295 Gesagte zu vergleichen.

## Zweiundzwanzigster Abschnitt.

## Angriffe gegen das Eigentum.

Der GE. teilt, wie v. Liszt (Lehrbuch S. 425 ff.), in Anlehnung an die Einteilung der Vermögensrechte nach dem System des Privatrechts, die Delikte gegen fremde Vermögensrechte in solche gegen das Eigentum (22. Abschnitt), gegen Forderungsrechte (23. Abschnitt) und in solche, die sich gegen das Vermögen überhaupt richten (24. Abschnitt). Die Einteilung der Vermögensdelikte im VE., die wohl im wesentlichen nach den Angriffsmitteln erfolgt ist, verkennt die im übrigen von ihm anerkannte Bedeutung des angegriffenen Rechtsguts als Klassifikationsmittel und führt zu Willkürlichkeiten (vgl. z. B. die Stellung der Vermögensbeschädigung § 291 VE., des Betruges § 276 VE.).

### § 297. **Diebstahl.**

Im Gegensatz zum VE. hat der GE. in Übereinstimmung mit den meisten neueren Strafgesetzbüchern und Entwürfen (vgl. Harburger, Vergl. Strafrechtsdarst. Bes. T. 6, 246 ff.), insbesondere mit dem österr. VE. § 335 und schweiz. VE. Art. 83, die Bereicherungsabsicht zum Begriffsmerkmal des Diebstahls erhoben (hierfür auch v. Lilienthal, Festgabe für v. Liszt in der Zeitschr. f. Strafrechtsw. 32 S. 23; Mittermaier, Reform II 348; Unger, im Recht 14 S. 299—301; Mumm, Berliner Tagebl. vom 2. 6. 10). Dies entspricht dem Volksbewußtsein, das nur den als Dieb ansieht, der in gewinnsüchtiger Absicht handelt, (so auch Mittermaier, a. a. O. II 348; Unger, a. a. O. S. 299—301; Erläuternde Bem. z. österr. VE. S. 291) und ermöglicht allein eine feste Abgrenzung zwischen Diebstahl und Sachbeschädigung (vgl. v. Lilienthal, a. a. O. S. 16). Die Bedenken des Begr. des VE. S. 732, 733, daß, wenn man Bereicherungsabsicht zum Diebstahl verlange, eine Reihe strafwürdiger Fälle straflos bleibe, sind durch das vom GE. neu geschaffene Delikt der eigenmächtigen Zueignung (§ 300) gegenstandslos geworden (vgl. auch Höpfner, Diebstahl und

Unterschlagung im VE. 1910 S. 26 Anm. 45; außerdem die Ergänzung in § 305 GE.). Über den Begriff des dem Rechte zuwiderlaufenden Vorteils vgl. unten Begr. zu § 320. Die Androhung von Zuchthausstrafe für besonders schwere Fälle schlechthin hat der GE. aus den oben S. 118ff. angeführten Gründen gestrichen. Die allgemeine Bestimmung des § 89 bietet — insbesondere neben § 298 GE. — hinreichenden Schutz gegen schwere Fälle.

### § 298. **Schwerer Diebstahl.**

Der GE. hält im allgemeinen an der Regelung des VE. (§ 270) fest. An Stelle der etwas unhandlichen und mißverständlichen Randbezeichnung des VE. „Diebstahl unter erschwerenden Umständen" wählt er nach dem Vorschlage Mittermaiers (a. a. O. II 356) die kürzere „schwerer Diebstahl". Im einzelnen ist folgendes zu bemerken:

Ziff. 1 des § 298 GE. entspricht vollständig der Ziff. 1 des § 270 VE.

Ziff. 2 des § 298 GE. ist gegenüber dem VE. neu (ähnlich §§ 336 Ziff. 4, 338 Ziff. 4 österr. VE.). Die auch von Mittermaier (a. a. O. II 357 Anm. 1) hervorgehobene Schwere des Falles liegt hier objektiv in der Größe der Rechtsverletzung, subjektiv in dem Wollen einer solchen (vgl. Erläuternde Bem. z. österr. VE. S. 292) und in der regelmäßig besonders starken Bereicherungsabsicht des Diebes. Sachlich dürfte allerdings § 298 Ziff. 2 GE. keine wesentliche Neuerung gegenüber dem VE. bringen. Denn die meisten Fälle des § 298 Ziff. 2 GE. werden nach § 84 VE. unter die besonders schweren Fälle des § 269 VE. fallen.

Ziff. 3 des § 298 GE. entspricht vollständig § 270 Ziff. 2 VE.

Ziff. 4 des § 298 GE. ist aus § 270 Ziff. 3 VE. gebildet. Für „eine dem öffentlichen Verkehr dienende Eisenbahn oder Post" setzt der GE. „eine dem öffentlichen Verkehr durch Beförderung von Personen oder Sachen dienende Anstalt". Es ist nicht einzusehen, warum einmal nur der Verkehr auf dem Lande, nicht auch der zu Wasser (vgl. Mittermaier, a. a. O. II 357 Note 4; Unger, Recht 14 S. 301), sodann nur der durch Eisenbahn und Post, nicht auch der durch andere Anstalten vermittelte öffentliche Verkehr besonders geschützt werden soll. Das der Post und Eisenbahn in vieler Hinsicht eingeräumte Verkehrsmonopol kann die unterschiedliche Behandlung von anderen Anstalten nicht rechtfertigen (s. hierzu insbesondere Höpfner, a. a. O. S. 59, 60). Denn der öffentliche Verkehr, nicht die Post und Eisenbahn sollen geschützt werden (vgl. schon oben zu § 222). Andere Gründe für die Regelung des VE. führt die Begr. z. VE. (S. 739, 740) nicht an. — Statt „Räumlichkeiten" sagt der GE. kürzer „Räume" (vgl. schon oben zu § 191). Da „Beisichtragen" nur eine Art des „Mitsichführens" ist, hat der GE. das erste Merkmal als neben dem zweiten überflüssig gestrichen.

Ziff. 5 des § 298 GE. stimmt vollständig mit Ziff. 4 des § 270 VE. überein, ebenso Ziff. 6 des § 298 GE. mit Ziff. 5 des § 270 VE., Ziff. 7 des § 298 GE. mit Ziff. 6 des § 270 VE.

§ 270 Ziff. 7 VE. ist vom GE. mit Rücksicht auf die allgemeine Regelung der Gewerbs- und Gewohnheitsmäßigkeit durch § 97 GE. gestrichen worden. Ebenso hat der GE. die Bestimmungen über die Strafe bei mildernden Umständen und in besonders schweren Fällen im Hinblick auf §§ 87, 89 GE. nicht aufgenommen.

### § 299. **Unterschlagung.**

Aus denselben Gründen wie beim Diebstahl (s. oben zu § 297) ist auch bei der Unterschlagung die Bereicherungsabsicht zum Begriffsmerkmal erhoben worden.

Wie der VE. bedroht auch der GE. erschwerte Fälle der Unterschlagung mit Zuchthaus bis zu fünf Jahren; er führt aber im Gegensatz zum VE. aus den oben S. 118 dargelegten Gründen die mit Zuchthaus bedrohten Fälle einzeln auf, nämlich: 1. „die Unterschlagung an Sachen von besonders hohem Wert" (vgl. das oben zu § 298 Ziff. 2 Gesagte) und 2. „die Anwendung besonderer Kunstgriffe, um die Tat durch längere Zeit fortsetzen zu können."

Dagegen ist die Unterschlagung anvertrauter Sachen anders als im VE. vom GE. nicht als erschwerter Fall hervorgehoben worden. Hier reicht GE. § 89 vollkommen aus, soweit nicht GE. § 322 (Untreue) eingreift.

§ 299 Abs. 3 GE. ist aus § 11 des Depotges. v. 5. Juli 1896 übernommen worden. GE. § 314 Abs. 4 findet auch hier Anwendung. Vgl. dazu das unten zu § 314 Gesagte.

### § 300. **Eigenmächtige Zueignung.**

§ 300 GE., der dem § 345 österr. VE. entspricht, ist gegenüber dem VE. neu und mußte infolge der Ausgestaltung des Diebstahls und der Unterschlagung zu Bereicherungsdelikten geschaffen werden, wollte man nicht eine Reihe strafwürdiger Fälle straflos lassen (vgl. das oben zu § 297 Gesagte).

## § 301. **Entwendung.**

§ 272 VE. läßt die mildere Bestrafung nur bei geringwertigen Nahrungs- oder Genußmitteln oder Gegenständen des wirtschaftlichen Gebrauchs oder Verbrauchs eintreten, der GE. dagegen, in Übereinstimmung mit dem Entw. der Strafgesetznovelle v. 1909 nach den Beschlüssen der Reichstagskommission in zweiter Lesung (§ 248a StGB.), dem österr. VE. § 347 und schweiz. VE. Artt. 246, 247, sowie mit Mittermaier (a. a. O. II 360), allgemein bei geringwertigen fremden beweglichen Sachen. Denn ist, wie unstreitig, das Motiv und die geringe objektive Bedeutung der Entwendung Strafmilderungsgrund, so ist die Beschränkung der Entwendung auf bestimmte Arten von Sachen unbegründet. Die Seltenheit der Fälle, bei denen aus Not andere als die im VE. aufgeführten Sachen gestohlen werden, auf die sich die Begr. z. VE. (S. 748) beruft, rechtfertigt nicht ihre härtere Behandlung. Andererseits engt der GE. nach dem Vorbild des § 347 österr. VE. den vorliegenden Tatbestand durch das Erfordernis der Entwendung zum alsbaldigen Gebrauch oder Verbrauch ein. Nur wer ein starkes augenblickliches Bedürfnis befriedigen will, nicht aber, wer sich für die fernere Zukunft durch widerrechtliche Zueignung fremden Guts zu sichern beabsichtigt, verdient Milde. — Die Entwendung umfaßt im GE. wie im VE. jegliche strafbare Zueignung fremder Sachen. Da diese aber im GE., anders als im VE., nicht nur Diebstahl und Unterschlagung, sondern auch die eigenmächtige Zueignung (§ 300 GE.) in sich begreift, sagt der GE. für „Diebstahl und Unterschlagung" „Zueignung".

## § 302. **Verfügung über fremde Wertpapiere.**

§ 302 GE. ist mit geringen Änderungen aus §§ 9, 8 des Depotges. übernommen worden (vgl. dazu Kriegsmanns Denkschrift). Die Worte, daß der Täter „zum eigenen Nutzen oder zum Nutzen eines Dritten" gehandelt haben müsse, sind gestrichen. Das in ihnen zum Ausdruck gelangende Erfordernis ist in dem allgemeinen Tatbestandsmerkmal der Rechtswidrigkeit (GE. § 19) ohne weiteres enthalten. — Das Wort „Auftrag" in dem zweiten Tatbestandsfall des § 9 Abs. 2 (§ 8 Abs. 1 Satz 2) Depotges. ist in GE. § 302 Abs. 2 durch das der bürgerlichrechtlichen Terminologie besser entsprechende Wort „Kommission“ ersetzt. — Endlich erschien es angemessen, § 302 GE. schlechthin, nicht nur, wenn der Verletzte ein Angehöriger ist, zum Antragsdelikt zu gestalten.

## § 303. **Haus- und Familiendiebstahl.**

§ 303 GE. entspricht inhaltlich vollständig dem § 273 VE. Im Abs. 2 brauchte die eigenmächtige Zueignung, die Entwendung und die Verfügung über fremde Wertpapiere nicht erwähnt zu werden, da bei diesen Delikten schlechthin die Verfolgung nur auf Antrag eintritt. Die Anführung der „Entwendung“ in § 273 Abs. 2 VE. beruht auf einem offenbaren Versehen (so auch Oetker, Reform I 294).

## § 304. **Raub.**

Über die von dem GE. vorgenommene Trennung von Raub und Erpressung ist das unten zu § 320 Gesagte zu vergleichen. Demgemäß ist auch die Randbezeichnung des VE. „Raub und räuberische Erpressung“ in „Raub“ geändert worden.

Aus denselben Gründen wie beim Diebstahl (s. oben zu § 297) ist zum Raube die Bereicherungsabsicht gefordert worden (ebenso schweiz. VE. Art. 84 und österr. VE. § 356; s. auch Mittermaier S. 364). Die „besonders schweren Fälle“ sind im Hinblick auf § 89 GE. gestrichen worden. Die Androhung von Zuchthaus nicht unter zehn Jahren oder lebenslänglichem Zuchthaus bei Raub mit Todeserfolg (nach der Fassung von § 274 Abs. 1 Satz 2 VE. unklar, ob nur in „besonders schweren Fällen“; dagegen Begr. z. VE. S. 755), obgleich der Tod nicht gewollt zu sein braucht (vgl. § 62 VE.), widerspricht den Grundsätzen des GE. Sie ist aber auch mit den sonstigen Strafbestimmungen des VE. unvereinbar (ebenso Nagel, Dtsch. Jur.-Ztg. 15 Sp. 1206), da nach §§ 213, 214 VE. die vorsätzliche Tötung ohne Überlegung und sogar der Totschlag bei Unternehmung eines anderen Verbrechens mit bedeutend milderen Strafen bedroht sind. Es lag für den GE. kein Grund vor, in diesem besonderen Falle über die Schärfungen des § 89 GE. hinauszugehen.

Im Abs. 2 kehrt der GE. nach dem Vorschlage Mittermaiers (a. a. O. II 368, 369) insofern zu dem geltenden Recht zurück, als er die Worte „auf frischer Tat“ einfügt. Dadurch wird klargestellt, daß der Täter nicht unbedingt mehr am Orte des Diebstahls betroffen zu werden braucht (vgl. Harburger, Vgl. Darst. Bes. T. 6 S. 261). Motiv des Täters braucht lediglich zu sein, sich die gestohlenen Sachen zu erhalten. Daher sagt der GE. nach dem Vorschlage Mittermaiers (a. a. O. II 369) statt „um sich im Besitze des gestohlenen Gutes zu erhalten“ kürzer und genauer „um sich die gestohlene Sache zu erhalten“. Die Ersetzung des Wortes „Gut“ durch das Wort „Sache“ entspricht der sonstigen Terminologie der Reichsgesetzgebung.

## § 305. **Sachbeschädigung.**

Da das Merkmal „zerstören“ in „beschädigen“ enthalten ist (s. Löwenstein, Reform II 425), hat es der GE. als überflüssig gestrichen. Weiter hat der GE. die Sachbeschädigung, im Anschluß an die Vorschläge Löwensteins (a. a. O. II 425—427) und an den schweiz. VE. Art. 88 und österr. VE. § 408, auf die Sachentziehung ausgedehnt. Diese kann mindestens ebenso erhebliche Nachteile für das Vermögen des Verletzten zur Folge haben wie die Sachbeschädigung und die Gesinnung des Täters braucht dort nicht weniger verwerflich zu sein als hier. Wollte man jedoch der Befürchtung der Begr. z. VE. (S. 808) begegnen, daß die Bestrafung der Sachentziehung eine überaus bedenkliche Ausdehnung des Paragraphen auf nicht strafwürdige Fälle zur Folge haben könnte, so mußte man die Absicht, dem Eigentümer einen dauernden rechtswidrigen Nachteil zuzufügen, erfordern (so auch Löwenstein a. a. O. II 426, 427). Vollends werden die Bedenken der Begr. z. VE. durch die Neueinfügung des auch von Löwenstein (a. a. O. II 430) und Lehmann (Sachbeschädigung, Strafrechtl. Abhdl. Heft 119, S. 68, 91) empfohlenen Absatzes 3 des § 305 GE. beseitigt, nach dem in besonders leichten Fällen von Strafe abgesehen werden kann. Andererseits durfte dauernde Entziehung (so schweiz. u. österr. VE.) nicht verlangt werden, da sonst, wie Löwenstein (a. a. O. II 427) mit Recht hervorhebt, der Nachweis der Vollendung sich nur äußerst selten erbringen lassen würde.

Abs. 2 des § 305 GE. gibt den § 292 VE. wieder, soweit er sich auf Sachbeschädigung bezieht und nicht durch § 39 GE. überflüssig gemacht wird.

In § 305 GE. geht der engere Tatbestand der Seemannsordnung vom 2. Juni 1902 § 109, der schon nach geltendem Recht keine Existenzberechtigung hat, auf.

VE. § 290, schon im VE. unnötig (vgl. auch Löwenstein a. a. O. S. 427, 430), ist jedenfalls durch § 89 GE. entbehrlich gemacht worden.

## § 306. Verringerung von Grundstücken, Wegnahme von Erde.

Die wesensverwandten Tatbestände der Ziff. 10, 11 des § 308 VE. hat der GE. zu Vergehen gestaltet, da es sich bei ihnen um Verletzung eines konkreten subjektiven Privatrechts handelt; der GE. hat sie aber gleichzeitig wegen ihrer verhältnismäßig geringfügigen Bedeutung mit der leichtesten Vergehensstrafe belegt.

Für die Worte des § 308 Ziff. 10 VE. „auf andere Weise" setzt der GE. enger „auf ähnliche Weise". Die beispielsweise Aufzählung „Abgraben" und „Abpflügen" hat neben dem ganz allgemein gefaßten „auf andere Weise" keine juristische Bedeutung. — Das Merkmal „unbefugt" ist aus den oben S. 22, 23 angegebenen Gründen gestrichen worden. Im übrigen erschien es angemessen, § 306 GE. zum Antragsdelikt zu gestalten. Die Bestimmung, daß der Richter in besonders leichten Fällen von Strafe absehen könne, bedeutet inhaltlich keine Neuerung (vgl. § 310 VE.), mußte aber infolge der Erhebung des Delikts zum Vergehen besonders ausgesprochen werden.

VE. § 308 Ziff. 12 (Wegnahme von Viehfutter) ist wegen der geringen praktischen Bedeutung dieses Tatbestandes gestrichen worden; vgl. nach unten Vorbemerkungen zur Begr. des Bes. T. der Übertretungen.

## § 307. Rechtsvereitelung.

Der GE. kehrt nach dem Vorschlage Löwensteins (a. a. O. II 439) insofern zum geltenden Rechte (§ 289 StGB.) zurück, als nach ihm nicht wie im VE. jeder, sondern nur der Eigentümer oder der zugunsten des Eigentümers Handelnde Deliktssubjekt sein kann (ebenso schweiz. VE. Art. 89, s. auch österr. VE. § 374). Dies entspricht, wie Löwenstein (a. a. O. II 440) ausführt, dem Wesen des Delikts, das in der eigenmächtigen Aufhebung einer Eigentumsbeschränkung liegt und daher nach seiner Natur im allgemeinen nur von dem Eigentümer oder einem, der zu dessen Gunsten handelt, begangen werden wird. Die strafwürdigen Fälle, in welchen ein Dritter nicht im Interesse des Eigentümers handelt, werden, wenn sie mangels des Zueignungswillens nicht als Diebstahl oder eigenmächtige Zueignung strafbar sind, regelmäßig unter die Sachbeschädigung fallen, insbesondere nachdem der GE. diese auch auf die Sachentziehung ausgedehnt hat. — Dagegen hat der GE. aus der vom VE. vorgenommenen Erweiterung des Tatbestandes auf die Rechtsvereitelung durch „Zerstörung" und der dadurch erfolgten Annäherung des Delikts an die Sachbeschädigung die Konsequenz gezogen, wie bei dieser, den Schutz auf unbewegliche Sachen zu erstrecken. Das Wort „beweglichen" ist daher gestrichen (ebenso Lehmann, Sachbeschädigung, a. a. O. S. 55, 56).

Neben dem Nießbrauch führt der GE. auch die Nutznießung als geschütztes Recht auf. Diese will auch der VE. umfassen (vgl. Begr. z. VE. S. 817 Anm. 3). Ihre ausdrückliche Hervorhebung im GE. entspricht dem allgemeinen Bestreben des GE., seine Terminologie mit der des bürgerlichen Rechts, welches die ehemännliche und elterliche „Nutznießung" von dem „Nießbrauch" unterscheidet, in Einklang zu bringen. Die gleiche Erwägung führte dazu, statt von „Gebrauchs- oder Zurückbehaltungsrecht" „an" einer Sache von einem solchen „in Ansehung" der Sache zu sprechen. Es braucht sich hier nicht um dingliche Rechte zu handeln (Begr. z. VE. S. 817 bei Anm. 4). Dann aber darf nicht von Rechten „an" einer Sache gesprochen werden. Die Ausdrucksweise des GE. entstammt dem § 15 KonkO.

Da endlich nicht einzusehen ist, weshalb zur Strafbarkeit der Vorsatz der Rechtsvereitelung nicht genügen soll (ebenso Binding, Gerichtssaal 77 S. 52; Kitzinger, a. a. O. 31 S. 218 Anm. 11), hat der GE. die nach dem VE. erforderliche Absicht der Rechtsvereitelung als unbegründete Einengung des subjektiven Tatbestandes gestrichen.

## § 308. **Benachteiligung eines Aussonderungsberechtigten.**

Diese Bestimmung ist aus dem Depotges. von 1896 § 10 entnommen. Vgl. dazu Kriegmanns Denkschrift. Dabei ist die überaus umständliche Fassung des Depotges. § 10, der in seinem Tatbestand auf die §§ 1, 3, 5 Depotges. zur Ergänzung verweist, in folgender Weise abgeändert und vereinfacht worden:

Neben der Verletzung der durch Verwahrung begründeten Pflichten ist die der durch Pfandgläubigerschaft begründeten Obliegenheiten nicht mehr hervorgehoben worden, weil die Pflichten des Pfandgläubigers in denen des Verwahrers insoweit aufgehen (BGB. § 1215). Da der Kommissionär gleichfalls Kaufmann ist (s. § 1 Ziff. 6 HGB.) ist er neben diesem nicht erwähnt worden. Ebensowenig ist die Kommission ausdrücklich erwähnt, da die Aufzählung: „Einkauf, Eintausch, Bezug von Wertpapieren" die hier in Frage kommenden Kommissionsgeschäfte deckt.

Über § 308 Abs. 2 vgl. das unten zu § 314 Gesagte. Die Ausgestaltung des § 308 zum Antragsdelikt für den Fall, daß die Handlung gegen einen Angehörigen begangen worden ist, entspricht dem auch sonst vom GE. für die Vermögensdelikte eingenommenen Standpunkt (vgl. § 303 Abs. 2 GE.).

### § 309. **Unbefugtes Jagen.**

Während nach dem VE. nur diejenige Verletzung des Jagdrechts strafbar ist, die in der unrechtmäßigen Ausübung der Jagd besteht, hebt der GE. nach den Vorschlägen von Löwenstein (a. a. O. II 442ff.) und Ebner (Dtsch. Jäger-Ztg. 54 S. 258—260, 273—275, 289, 290, 307) neben diesem Merkmal das „der Verletzung des Aneignungsrechts des Jagdberechtigten", also z. B. die Aneignung von Fallwild, Vergiftung des Wildes, die vertragswidrige Ausübung der Jagd durch einen beschränkt Jagdberechtigten hervor (vgl. auch österr. VE. § 348). Über die Strafwürdigkeit der erstgenannten beiden Beispielsfälle besteht kein Zweifel. Nur meint die Begr. z. VE. (S. 820—822), daß diese Fälle in dem der unberechtigten Jagdausübung enthalten sind. Richtig ist, daß die Rechtsprechung auf dem gleichen Standpunkt steht (vgl. die in der Begr. z. VE. S. 822 Anm. 1 zitierten Entscheidungen und v. Liszt, Lehrbuch S. 459 Anm. 7). Diese Ansicht ist aber überaus bestritten und tut zweifellos dem allgemeinen Sprachgebrauch Gewalt an (s. Ebner, a. a. O. S. 289, 290, und Lehmann, Sachbeschädigung, a. a. O. S. 58, 59). Das gibt die Begr. z. VE. (S. 822) selbst zu. Strafwürdig ist indessen auch die vertragswidrige Jagdausübung durch einen beschränkt Jagdberechtigten. Die Begr. z. VE. S. 820, 821, meint, daß vertragsmäßige Beschränkungen des Jagdrechts keinen Schutz verdienten, oder daß doch mindestens der Zivilschutz ausreiche. Die Begr. geht aber hierbei von der irrigen Vorstellung aus, es handle sich bei solchen Beschränkungen um Wiederbelebung des überwundenen Unterschiedes von hoher, mittlerer und niederer

Jagd, und sie verkennt, daß der Angestellte, dem der Jagdberechtigte oft notgedrungen eine beschränkte Jagdausübung einräumt, meist mittellos ist (vgl. dazu Ebner, a. a. O.; Löwenstein, a. a. O.). Aus allen diesen Gründen ergibt sich die Notwendigkeit einer besonderen Erwähnung des zweiten Merkmals.

Der Hervorhebung besonders schwerer Fälle bedurfte es mit Rücksicht auf § 89 GE. nicht. Das Antragserfordernis ist auf die Fälle ausgedehnt worden, in welchen dem Täter ein beschränktes Jagdrecht in dem Jagdbezirke zusteht, oder in welchen die Handlung gegen den Vormund, Pfleger oder Erzieher begangen ist. Die letzte Bestimmung ergab sich folgerichtig aus der entsprechenden Regelung des § 303 GE., § 273 VE. Weshalb § 295 VE. den Kreis der Personen, bei welchen der Strafantrag erforderlich ist, enger zieht als § 273 VE., ist nicht recht einzusehen. Anders als im VE. ist im GE. nach § 39 GE. der Strafantrag zurücknehmbar. — Die Bestimmung des § 295 Abs. 3 VE. über die gewerbs- und gewohnheitsmäßige Begehung ist im Hinblick auf die allgemeine Regelung in § 97 GE. gestrichen. Die pleonastische Randbezeichnung des VE. „Jagdwilderei“ ist durch die Worte „unbefugtes Jagen“ ersetzt worden.

### § 310. **Jagdbares Federwild.**

Der GE. stellt dieses Delikt zu den Vergehen, da es sich bei ihm um Verletzung von Privatrechten handelt, belegt es aber wegen der Geringfügigkeit der in Frage kommenden Rechtsverletzung mit der niedrigsten Vergehensstrafe. — Das Merkmal „unbefugt“ ist aus den oben S. 22, 23 angegebenen Gründen gestrichen worden. Weiter erschien es angemessen, das Vergehen zum Antragsdelikt zu gestalten. Abs. 3 bedeutet gegenüber dem VE. (s. § 310 VE.) keine Neuerung, mußte aber infolge der Erhebung des Delikts zum Vergehen in § 310 GE. aufgenommen werden.

### § 311. **Unbefugtes Fischen.**

Die Abweichungen dieser Bestimmung von § 296 VE. entsprechen denjenigen des § 309 GE. vom § 295 VE. Die Rechtfertigung der Änderungen ergibt sich aus dem zu § 309 GE. Gesagten.

Die sprachwidrige Randbezeichnung „Fischwilderei“ im VE. ist durch die Wendung „Unbefugtes Fischen“ ersetzt worden.

§ 312. **Küstenfischerei.**

Der GE. faßt die Bestimmungen der §§ 297, 298 Abs. 2 VE. ohne inhaltliche Änderungen mit geringfügigen formalen Verbesserungen in § 312 zusammen. Der dem § 298 Abs. 2 VE. entsprechende zweite Satz des § 312, der die Einziehung der Fische zuläßt, ist auch neben § 80 GE. notwendig, da die Fische nicht durch die strafbare Handlung hervorgebracht sind. Im übrigen ist VE. § 298 durch GE. § 80 überflüssig gemacht. § 80 Abs. 2 Schlußsatz des GE. vermeidet zugleich die Härten, für deren Vermeidung die Begr. z. VE. S. 830 auf das landesherrliche Begnadigungsrecht verweist.

## Dreiundzwanzigster Abschnitt.

## Benachteiligung von Gläubigern.

Die systematische Stellung dieses Abschnitts ist in den Vorbemerkungen zum 22. Abschnitt gerechtfertigt. Der 23. Abschnitt umfaßt „die schuldhaften Angriffe auf die Gläubigerforderungen durch Vereitelung oder Verkümmerung ihrer Befriedigungsmöglichkeit“ (Wach, Vgl. Darst. Bes. T. 8 S. 97), und zwar die Vollstreckungsvereitelung und die bisher in den Nebengesetzen geregelten, in den VE. bedauerlicherweise (s. Löwenstein a. a. O. II 435) nicht eingearbeiteten Konkursdelikte. Dabei ist § 244 KO. mit Rücksicht auf die allgemeine Bestimmung des § 11 GE. gestrichen worden.

Im übrigen lehnt sich die Behandlung der Konkursdelikte eng an die von Wach (Vergl. Darst. Bes. T. 8 S. 87ff.) gemachten Vorschläge an. Es handelte sich vor allem darum, die in den §§ 239 und 240 KO. zusammengeworfenen Fälle der Verminderung des schuldnerischen Vermögens einerseits (§ 239 Ziff. 1, 2; § 240 Ziff. 1, 2), der Verdunkelung des Vermögensstandes andererseits (§ 239 Ziff. 3, 4; § 240 Ziff. 3, 4) voneinander zu trennen und die dem letzteren Gesichtspunkt unterfallenden „Buchdelikte“ (Wach), in GE. § 316 einheitlich zusammengefaßt, dem schweren wie dem einfachen Bankbruch (GE. §§ 314, 315) gegenüberzustellen. Daran reiht sich, entsprechend formuliert, in § 317 die Benachteiligung und Gefährdung von Baugläubigern, in § 318 der einheitlich gefaßte Stimmenkauf und in § 319, in Verallgemeinerung zerstreuter Einzelbestimmungen, die unterlassene Stellung des Konkursantrags.

### § 313. Vollstreckungsvereitelung.

Die Fassung des GE. schließt sich inhaltlich vollständig an die von Löwenstein (a. a. O. II 438) vorgeschlagene an. Das Merkmal der „drohenden Zwangsvollstreckung" ist nach dem Vorbilde des schweiz. VE. Art. 98 beseitigt worden, damit eine Reihe gerade der strafwürdigsten Vermögensschiebungen nicht straflos zu bleiben brauchen (s. hierzu Löwenstein a. a. O. II 437, 438). Andererseits ist nach den Vorschlägen Löwensteins (a. a. O. II 437), Wachs (a. a. O. 8 S. 101) und Bindings (Gerichtssaal 77 S. 14 No. 2) und in Übereinstimmung mit dem schweiz. VE. Art. 98 die Vollstreckungsvereitelung vom Absichtsdelikt zum vorsätzlichen Erfolgsdelikt umgestaltet worden. Die von der Begründung des VE. (S. 815) hiergegen geltend gemachten Bedenken bezüglich der sich hieraus angeblich ergebenden Beweisschwierigkeit greifen, wie Löwenstein (a. a. O. II 437, 438) überzeugend dargetan hat, um so weniger durch, als GE. § 27 den Versuch allgemein unter Strafe gestellt hat. Unter die strafbaren Mittel der Vollstreckungsvereitelung hat der GE., einer Anregung Löwensteins (a. a. O. II 436), dem österr. VE. § 372 Ziff. 2 und schweiz. VE. Art. 98 folgend (vgl. auch VE. § 294, GE. § 307), das der Beschädigung der Vermögensbestandteile neu eingefügt.

### § 314. Schwerer Bankbruch.

Im Anschluß an Wach (a. a. O. 8 S. 100), den schweiz. VE. Art. 98, 99 und den österr. VE. §§ 366, 369 (dazu Erl. Bemerkungen zum österr. VE. S. 305) hebt der GE. scharf hervor, daß das Wesen der Konkursdelikte in der schuldhaften Schädigung der Gläubigerrechte liegt. Je nachdem diese Schädigung vorsätzlich oder fahrlässig erfolgt, unterscheidet der GE. nach dem Vorschlage Wachs (a. a O. 8 S. 99, 102) den „schweren" — an Stelle des unzutreffenden und irreführenden Ausdrucks „betrüglichen" — und „einfachen Bankbruch". Jenen behandelt GE. in § 314. Er gestaltet dabei gemäß den eben dargelegten Grundanschauungen, wie die Vollstreckungsvereitelung, so auch dieses Delikt aus einem Absichts- zum Erfolgsdelikt, indem er für: „Schuldner, welche . . . in der Absicht, ihre Gläubiger zu benachteiligen" sagt: „Ein Schuldner, der die Gläubiger dadurch benachteiligt".

Bei den Mitteln der Gläubigerbenachteiligung scheidet der GE., den Ausführungen Wachs (a. a. O 8 S. 94) folgend, die in KO. § 239 Ziff. 3, 4 aufgeführten schon aus dem Grunde aus, weil sie als solche niemals für die Benachteiligung kausal sein können, und vereinigt sie mit den Ziff. 3 und 4 des § 240 KO., mit welchen sie als sog. „Buchdelikte" eng zusammengehören, in § 316.

Nach den Vorschlägen Wachs (a. a. O. S. 101) und in teilweiser Übereinstimmung mit § 313 dehnt der GE. ferner die Gläubigerbenachteiligung durch Verringerung der Aktiva gegenüber § 239 Ziff. 1 KO. einerseits, durch Vermehrung der Passiva gegenüber § 239 Ziff. 2 KO. andererseits aus, indem er für „Schuldner, die . . . Vermögensstücke verheimlicht oder beiseitegeschafft haben, . . . Schulden oder Rechtsgeschäfte anerkannt oder aufgestellt haben, welche ganz oder teilweise erdichtet sind", setzt: „Ein Schuldner, der . . . Bestandteile seines Vermögens veräußert, beschädigt oder beiseiteschafft" (s. oben zu § 313) „oder Schulden eingeht" — ebenso schweiz. VE. Art. 98, österr. VE. § 366 (dem Sinne nach) — „oder vorspiegelt". Der tatsächlichen Verringerung der Aktiva muß folgerichtig die tatsächliche Vermehrung der Passiva gleichgestellt werden.

§ 241 KO. konnte gestrichen werden. Es mag dahingestellt bleiben, ob in der Benachteiligungsabsicht die Begünstigungsabsicht enthalten sei. Nachdem aber der GE. den Bankbruch als Erfolgsdelikt gestaltet hat, ist die Möglichkeit einer Unterscheidung ausgeschlossen; mit der Begünstigung eines Gläubigers ist die Benachteiligung der übrigen Gläubiger notwendig gegeben.

§ 314 Abs. 2 GE. enthält § 242 KO. mit den durch die Umgestaltung des § 239 KO. sich ergebenden Änderungen.

Als qualifizierten, mit Zuchthaus bis zu fünf Jahren bedrohten Fall hebt der GE., einer Anregung Wachs (a. a. O. 8 S. 102) folgend, den hervor, in dem der Täter aus Gewinnsucht (s. hierzu oben zu § 228) handelt. Diese Verallgemeinerung des dem § 242 Ziff. 2 KO. zugrunde liegenden Gedankens gewährt die Möglichkeit, den Grundfall des Delikts mit Gefängnis zu bedrohen. Damit sind die unverhältnismäßig strengen Strafdrohungen des geltenden Rechts auf eine der Stellung des Bankbruchs auf der Verbrechensskala und der Erweiterung des Tatbestandes im GE. entsprechendes Maß zurückgeführt. Für besonders schwere Fälle greift § 89 GE. ein. — Nach dem Vorschlage Wachs (a. a. O.

8 S. 98) sind ferner im Abs. 4 der Konkurseröffnung und Zahlungseinstellung als Strafbarkeitsbedingungen die Abweisung des Eröffnungsantrages wegen Unzulänglichkeit der Konkursmasse und die Eröffnung von Vergleichsverhandlungen zur Abwendung der Konkurseröffnung oder Zahlungseinstellung gleichgestellt. — § 239 Abs. 2 KO. ist im Hinblick auf § 87 GE. gestrichen worden.

## § 315. **Einfacher Bankbruch.**

Über die Gestaltung auch des einfachen Bankbruchs zur schuldhaften Gläubigerbenachteiligung vgl. das zu § 314 Gesagte. Als Mittel der „fahrlässigen" Gläubigerbenachteilgung führt der GE. lediglich die Fälle des § 240 Ziff. 1 KO. auf. Hierbei ersetzt er die Worte „Differenzhandel mit Waren oder Börsenpapieren" durch „Differenz- oder Börsentermingeschäfte". Maßgebend war dabei die Erwägung, daß das Börsengesetz den Begriff des Börsentermingeschäfts selbständig gestaltet und von dem des Differenzgeschäfts im Sinne von BGB. § 764 unabhängig gemacht hat. Mag das Börsentermingeschäft erlaubt oder verboten sein: stets bringt es die Gefahr leichtfertiger Vermögensgefährdung in gleicher Weise mit sich wie das Differenzgeschäft.

§ 240 Ziff. 2 KO. ist nach dem Vorschlage Wachs (a. a. O. 8 S. 102) gestrichen worden, da die hierunter fallenden Fälle, soweit sie überhaupt strafwürdig sind, durch § 314 Abs. 1 GE. gedeckt werden. Die Ziff. 3 und 4 des § 240 KO. gehen in § 316 GE. auf (s. hierzu Begr. zu § 314 oben und zu § 316 unten). Abs. 2 und Abs. 3 des § 240 KO. sind mit Rücksicht auf die allgemeine Regelung in §§ 71, 87 GE. gestrichen worden.

## § 316. **Verdunkelung des Vermögensstandes.**

In diesem Paragraphen faßt der GE. die §§ 239 Ziff. 3 und 4, 240 Ziff. 3, 4 KO., die sog. „Buchdelikte" (s. Wach a. a. O. 8 S. 94) zusammen (vgl. oben Vorbemerkung vor § 313). Als Delikte gegen Gläubigerrechte in ihrer Befriedigungsmöglichkeit sind sie, wie Wach (a. a. O. 8 S. 94—96) ausgeführt hat, als solche nur Gefährdungsdelikte, deren Wesen in der schuldhaften Verdunkelung des Vermögensstandes besteht. Demgemäß hat sie der GE. ausgestaltet und entsprechend der Scheidung der §§ 314, 315 in Abs. 1 die vorsätzliche, in Abs. 3 die fahrlässige Verdunkelung des Vermögensstandes behandelt. Die Mittel sind bei beiden Arten der Verdunkelung — abweichend von der KO., die die pflichtwidrige Unterlassung der Bilanzziehung nur in den Tatbestand des einfachen Bankerutts, die Veränderung der Bücher nur in den des betrüglichen Bankerutts aufgenommen hat — die gleichen, und zwar: Beschädigung, Unterdrückung, unrichtige Führung, Veränderung der Handelsbücher, Aufstellung einer unrichtigen Bilanz und Verletzung der gesetzlich obliegenden Pflicht zur Führung von Handelsbüchern oder zur Aufstellung einer Bilanz. Abgesehen davon, daß der GE. das Delikt dadurch erweitert, daß er die beiden oben angeführten Merkmale, welche die KO. nur für je eine der beiden Arten des Bankbruchs kennt, auf beide Fälle ausdehnt, führt er noch das Merkmal der Bücherbeschädigung, welches das der Büchervernichtung umfaßt, neu ein. Durch die Unterdrückung wird die Verheimlichung gedeckt. Die Strafdrohungen, die Einfügung des qualifizierten Falles beim Handeln aus Gewinnsucht und die Erweiterung der Strafbarkeitsbedingungen sind zu § 314 gerechtfertigt.

### § 317. **Benachteiligung und Gefährdung von Baugläubigern.**

Abs. 1 enthält § 5 des Gesetzes über die Sicherung der Bauforderungen vom 1. Juni 1909. Anders als § 5 des genannten Gesetzes spricht der GE. scharf aus, daß die vorschriftswidrige Verwendung des Baugeldes für die Gläubigerbenachteiligung kausal sein muß. Wann eine vorschriftswidrige Verwendung des Baugeldes vorliegt, ergibt § 1 des genannten Gesetzes. Im übrigen ist, von geringfügigen sprachlichen Abweichungen abgesehen, nur die Strafdrohung gemäß dem allgemeinen Strafensystem des GE. und den Strafbestimmungen dieses Abschnitts geändert, sind ferner die mildernden Umstände mit Rücksicht auf § 87 GE. gestrichen und die Strafbarkeitsbedingungen wie bei den übrigen Konkursdelikten (s. § 314 Abs. 4) ausgedehnt worden.

Abs. 2 ist aus § 6 des genannten Gesetzes übernommen. Das Merkmal der Gläubigerbenachteiligung streicht der GE., da es sich um ein „Buchdelikt" und daher wie in § 316 GE. um ein Gefährdungsdelikt handelt. Während weiter § 6 des genannten Gesetzes verlangt, daß durch das Baubuch keine genügende Übersicht gewährt wird, genügt es nach dem GE., daß die Übersicht erschwert wird. Auch im übrigen ist das Delikt dem wesensverwandten § 316 entsprechend gestaltet worden. Die Abweichungen, die sich daraus gegenüber § 6 des genannten Gesetzes ergeben, sind folgende: das Merkmal der Beschädigung des Baubuchs ist neu eingefügt, das der Vernichtung gestrichen, da es in dem der Beschädigung enthalten ist; „verheimlichen“ wird durch „unterdrücken“ gedeckt, „verändern“ und „unrichtig führen“ sind neu aufgenommen. Die Strafbarkeitsbedingungen sind wie bei den anderen Konkursdelikten ausgedehnt worden.

### § 318. **Stimmenverkauf.**

In dieser Bestimmung gehen die §§ 243 KO. und 23 des Gesetzes, betreffend die gemeinsamen Rechte der Besitzer von Schuldverschreibungen, vom 4. Dezember 1899 auf, dieser ohne irgendeine inhaltliche Änderung, jener, indem sein Tatbestand durch die Worte erweitert wird: „oder an der Abstimmung nicht teilnehme“ und „dieselbe Strafe trifft den, der die besonderen Vorteile gewährt oder verspricht“. Diese nach dem legislativen Grundgedanken unserer Bestimmung erforderlichen Ergänzungen des § 243 KO. bedürfen mit Rücksicht darauf, daß sie sich bereits in der wesensgleichen Vorschrift des § 23 des Ges. v. 4. 12. 99 finden, keiner Rechtfertigung. Sie treten uns auch im österr. VE. § 371 Ziff. 2 und zum Teil im schweiz. VE. Art. 101 entgegen.

### § 319. **Unterlassene Stellung des Konkursantrages.**

Hier faßt der GE. eine Reihe eng zusammengehörender Vorschriften der Nebengesetze, die in der Überschrift des § 319 GE. aufgeführt sind, zusammen, indem er die Deliktssubjekte verallgemeinert.

## Vierundzwanzigster Abschnitt.

## Vermögensbeschädigung und Vermögensgefährdung.

Zur Systematik vgl. oben Vorbem. zum 22. Abschnitt.

Dieser umfangreiche Abschnitt ermöglicht die Zusammenfassung verschiedener, inhaltlich eng verwandter Delikte, die der VE. auf getrennte Abschnitte verteilt hat. So sind im GE. hierhergestellt: aus dem 23. Abschnitt des VE. die vom Raube losgelöste Erpressung; der ganze 24. Abschnitt des VE. über Betrug und Untreue; der 25. Abschnitt des VE. unter Streichung der (sachlichen) Begünstigung; aus dem 27. Abschnitt des VE. die böswillige Vermögensbeschädigung (VE. § 291); endlich der 28. Abschnitt des VE. über Glücksspiel und Wucher. Bei allen diesen deliktischen Tatbeständen handelt es sich um den Schutz des Vermögens gegen Beschädigung oder Gefährdung.

## § 320. **Erpressung.**

Der VE. § 275 sieht mit Frank (VD. Bes. T. 6 S. 141) die Erpressung als ein dem Raube (§ 274 VE.) subsidiäres Delikt an — vgl. die Worte des § 275 VE. „abgesehen von den Fällen des § 274" — und regelt sie wie das RStGB. mit dem Raube in einem, dem 23., Abschnitt. Die sich eng an Frank anlehnende Begründung des VE. (S. 752) für die von ihm befolgte Systematik, daß sowohl Raub wie Erpressung Verbrechen gegen das Vermögen seien, die durch einen Angriff gegen die persönliche Freiheit begangen werden, geht fehl. Denn § 274 VE. (Raub und räuberische Erpressung) kennt nur einen Sachraub, nicht wie Frank einen Vermögensraub. Außerdem hat der VE. selbst durch die Schaffung des 22. Abschnitts das Mittel der rechtswidrigen Zueignung einzelner bestimmter Sachen als Einteilungsgrund für die Delikte gegen fremde Vermögensrechte anerkannt. Der GE. stellt, wie der schweiz. VE. (freilich abweichend vom österr. VE. §§ 355—357), den Raub zum Diebstahl und die Erpressung zum Betrug.

Die Kritik des Tatbestandes des § 275 VE. knüpft sich vornehmlich an den nach dem VE. verlangten Erfolg des Delikts an: „Wer einem anderen einen Vermögensvorteil abnötigt." Durch die Aufnahme dieses im schweiz. Entw. von 1903 sich findenden, von Frank empfohlenen Tatbestandsmerkmals sollte der durch die Praxis bewirkten, allgemein als bedenklich empfundenen Ausdehnung des § 253 StGB. (vgl. Begr. zum VE. S. 756 und Begr. zum Entw. d. Nov. von 1909 S. 18) begegnet werden, indem der Charakter der Erpressung als eines Vermögensdeliktes scharf hervorgehoben und klar ausgesprochen werden sollte, daß die Erpressung Vermögensbeschädigung sei. In diesen Tendenzen stimmt der GE. mit dem VE. überein. Die Verfasser des GE. bezweifeln aber, daß die Aufnahme des Merkmals der Abnötigung eines Vermögensvorteils das Erfordernis der Vermögensbeschädigung in unzweideutiger Weise zum Ausdruck bringe. Es kann dahingestellt bleiben, ob die Meinung der Begr. zum VE. (S. 756) und Franks (a. a. O. 6 S. 27) richtig ist, das Abnötigen des rechtswidrigen Vermögensvorteils setze notwendig voraus, daß der Übergang des Vermögenswerts auf der Seite des Gewährenden eine Vermögensbeschädigung bewirke. Denn entscheidend ist, wie auch Mittermaier (Reform II 371) hervorhebt, daß die Ansicht der Begründung von der Praxis nicht geteilt wird, diese vielmehr einen rechtswidrigen Gewinn auch ohne Schädigung des Gegners annimmt, und daß die Reformbewegung sich gerade gegen diese Rechtsprechung wendet. Richtig betont ferner Mittermaier (a. a. O. II 371), daß die Aufnahme des Begriffs Vermögensbeschädigung in den Tatbestand des Betruges, nicht aber in den der Erpressung, der Ansicht Vorschub leisten könne, daß die Vermögensbeschädigung im Gegensatz zum Betruge bei der Erpressung nicht erforderlich sei. Aus diesen Gründen hat der GE. nach dem Vorbilde des Entw. der Novelle von 1909 an Stelle des mißverständlichen: „wer einem anderen einen Vermögensvorteil abnötigt" das unzweideutige „wer fremdes Vermögen beschädigt" gesetzt (hierfür auch Mittermaier, Reform II 371; Kollmann, Die Lehre von der Erpressung 1910 S. 145).

Durch die Fassung „daß er jemand zu einem Rechtsgeschäft darüber nötigt," bringt der GE. den Tatbestand der Erpressung in Einklang mit dem des Betruges. Nur wenn auch bei der Erpressung die abgenötigte Handlung unzweideutig als Vermögensdisposition gekennzeichnet wird, ergibt sich ein klares Verhältnis inbesondere von Raub und Erpressung. Daß auch das Reichsgericht in der Tat eine Vermögensdisposition verlangt, zeigt die Entsch. Bd. 34 S. 279, welche in dem ungerechtfertigten Vollstreckungsbetrieb nur eine versuchte, keine vollendete Erpressung erblickt. Speziell über den Ausdruck „Rechtsgeschäft" vgl. das unten zu § 321 Gesagte.

Für den subjektiven Tatbestand fordert der VE. „die Absicht, sich oder einem Dritten unrechtmäßigen Gewinn zu verschaffen". Er läßt also einen solchen Vorteil genügen, auf den ein rechtlich begründeter Anspruch nicht besteht, (vgl. Begr.

zum VE. S. 757 und dazu Mittermaier, a. a. O. II 371). Der VE. bleibt so bewußt bei dem Begriffsmerkmal des geltenden Rechts, „um sich oder einem Dritten einen rechtswidrigen Vermögensvorteil zu verschaffen“ und der Auslegung des Begriffs durch das Reichsgericht stehen und will nur diesen Begriff im Sinne der Judikatur schärfer und volkstümlicher zum Ausdruck bringen. Die Aufnahme des Erfordernisses, daß der Vermögensvorteil dem Rechte zuwiderlaufe, lehnt der VE. ab, weil er hiervon — ohne auch nur den Versuch einer Begründung hierfür zu bringen — eine übermäßige Einschränkung der Bestrafung wegen Erpressung fürchtet. Ohne dieses Merkmal aber kann die allgemein getadelte weite Ausdehnung der Erpressung durch die Judikatur nicht erfolgreich bekämpft werden. Mit Unrecht erwartet die Begr. zum VE. (S. 758) in dieser Hinsicht von den Merkmalen der Vermögensbeschädigung und Bereicherungsabsicht allein alles Heil (s. dagegen Finger, GS. 74 S. 360; Frank, Z. 29 S. 644; Heine, ebenda 29 S. 665; Heinemann, ebenda 32 S. 219/20; Klee, Der Erpressungsbegriff 1911 S. 107/8; Oborniker, Monatsschr. f. Kriminalpsychologie 6 S. 498). Unrichtig ist insbesondere die Anschauung des VE., daß schon nach § 275 VE. der Beleidigte, der nur gegen Zahlung einer Geldbuße an die Armenkasse von der Erhebung der Privatklage Abstand zu nehmen erklärt, nicht wegen Erpressung bestraft werden könne. Aus dem Willen, den Beleidiger zu schonen, ergibt sich nicht, wie die Begr. d. VE. meint, der Wille, dessen Vermögen zu schonen. Vielmehr wird in der Regel der Wille des Beleidigten dahin gehen, dem Beleidiger zu ermöglichen, die schweren Nachteile, die er durch eine Verurteilung an Freiheit und Ehre erleiden würde, durch ein Vermögensopfer abzuwenden. Auch die Absicht des Beleidigten, die Armenkasse zu bereichern, und sein Bewußtsein, daß die Armenkasse ein Recht auf Zahlung eines Sühnegeldes seitens des Beleidigten nicht hat, kann nicht geleugnet werden (im Ergebnis ebenso: Frank, Z. 29 S. 644; Klee a. a. O. S. 107). Auch bei Arbeitseinstellungen wird regelmäßig der dolus der Vermögensbeschädigung und die Bereicherungsabsicht gegeben sein (vgl. hierzu Oborniker, a. a. O. 6 S. 497; Heine, a. a. O. 29 S. 664; Kollmann, a. a. O. S. 146; Weinberg, in der Häringschen Festgabe für v. Liszt, 1911, S. 237). Will man in diesen Fällen nicht wegen Erpressung verurteilen, so muß man, wie es der GE. tut, verlangen, daß der erstrebte Vermögensvorteil dem Rechte zuwiderlaufe. Dem Rechte kann nicht zuwiderlaufen, was angemessenes Mittel zu anerkanntem Zweck ist (vgl. v. Liszt, Lehrb. 18. Aufl. S. 482, 145). Mit der Aufnahme dieses Merkmals befindet sich der GE. auch in Übereinstimmung mit den Vorschlägen fast aller Schriftsteller, die sich neuerdings zum Erpressungsproblem geäußert und diesem Gedanken in der verschiedensten Form Ausdruck gegeben haben, sei es, daß sie „Verkehrsfremdheit", „Vertragsfremdheit", „Sittenwidrigkeit der Drohung", „das Fehlen des natürlichen Zusammenhanges des Übels mit dem Entschlusse" forderten, sei es, daß sie die Natur des Delikts als Ausbeutungsdelikt nachdrücklich betonten.

Die hier geforderte Einschränkung des Erpressungstatbestandes ergibt sich auch aus dem vom VE. (Begr. S. 756) scharf herausgehobenen Charakter des Vergehens als eines Deliktes gegen die Freiheit. Es gibt nämlich, wie Rosenfeld und Frank (neuestens Z. 29 S. 642) im Anschluß an Schopenhauer betont haben, nur eine relative Freiheit. Im Gesellschaftsleben wirken notwendig die Gesamtheit auf den einzelnen und die einzelnen aufeinander ein. Daher kann als unzulässige Einwirkung — und damit als Freiheitsbeschränkung — nicht eine solche angesehen werden, die dem ordentlichen Verkehr entspricht.

Die Bestimmung des § 275 VE., daß § 42 VE. Anwendung finde, ist aus den oben zu § 68 (S. 96) angegebenen Gründen gestrichen worden.

Einer Bestimmung über den Versuch bedurfte es nach dem allgemeinen § 27 GE. nicht.

VE. (§ 275 Abs. 3) und GE. (§ 320 Abs. 2) kennen eine qualifizierte, mit Zuchthaus bis zu fünf Jahren bedrohte Erpressung. Während jedoch der VE. auf die besonders schweren Fälle des § 84 Abs. 2 VE. verweist, zählt der GE., seinen allgemeinen Standpunkt auch hier festhaltend, die qualifizierten Fälle namentlich auf: Verursachung eines besonders großen Vermögensschadens, Drohung mit persönlicher Gefahr, Fortsetzung der Tat durch längere Zeit.

Das Verlangen der Einführung einer besonderen Strafbestimmung für gewerbsmäßige Erpresser (so Mittermaier, a. a. O. II 381; Nagel, Dtsch. Jur.-Ztg. 15 Sp. 1207; vgl. auch schweiz. VE. Art. 91 Ziff. 2) ist durch Aufnahme des im VE. noch nicht enthaltenen § 97 GE. gegenstandslos geworden, zumal auch bei gewerbsmäßigen Erpressern regelmäßig der Qualifikationsgrund des § 320 Abs. 2 GE. „Fortsetzung der Tat durch längere Zeit“ gegeben sein wird. Über diese Bestimmungen hinauszugehen, lag kein Anlaß vor.

§ 321. **Betrug.**

Nach dem VE. muß die zum Betruge erforderliche Vermögensdisposition des Getäuschten eine „Verfügung“ sein. Verfügung ist ein technischer Ausdruck des bürgerlichen Rechts und bedeutet dort ein Rechtsgeschäft, durch das unmittelbar eine Rechtsänderung herbeigeführt wird. Nun soll zwar der schon jetzt in § 266 Ziff. 2 StGB. vorkommende, strafrechtliche Begriff der „Verfügung“ ein weiterer sein (RG. Entsch. XI 413; Koffka, Reform II 404, 388, 389). Aber einmal legt der GE. grundsätzlich Wert darauf, nicht ohne Not von der bürgerlichrechtlichen Terminologie abzuweichen. Und sodann umfaßt auch der weitere strafrechtliche Verfügungsbegriff nicht die Eingehung einer Schuld (z. B. Wechselschuld). Auch diese will aber der GE. treffen. Daher hat der GE. „Verfügung“ durch „Rechtsgeschäft“ ersetzt (Privatanregung von M. Wolff; vgl. auch Kohler, GA. 56 S. 299/300). Es ist nun wiederum bezweifelt worden, daß „Rechtsgeschäft“ im Sinne der §§ 320, 321 GE. auch eine „Rechtshandlung einschließlich der Unterlassung“ umfasse (Wach, DJZ. 16, 962), also z, B. Prozeßhandlungen. Will man auch dieses Bedenken beseitigen, so muß man in §§ 320, 321 statt „zu einem Rechtsgeschäft darüber“ sagen: „zur Vornahme oder Unterlassung einer Rechtshandlung darüber“.

Während der VE. die Absicht verlangt, „sich oder einem Dritten unrechtmäßigen Gewinn zu verschaffen“, fordert der GE., wie bei der Erpressung (vgl. oben zu § 320), „die Absicht, sich oder einem Dritten einen dem Recht zuwiderlaufenden Vermögensvorteil zu verschaffen“ (hierfür auch Koffka, a. a. O. II 386; s. auch Binding, GS. 77 S. 54).

Bei den qualifizierten Fällen verweist der VE. allgemein auf § 84 VE., während der GE. die Fälle einzeln aufführt, und zwar: „besondere Größe des verursachten Vermögensschadens oder Fortsetzung der Tat durch längere Zeit.“ Die Rechtfertigung dieser Abweichung ergibt sich aus dem zu der entsprechenden Regelung der Erpressung Gesagten (s. oben zu § 320).

Bezüglich der Bestimmung des VE. über die gewerbs- und gewohnheitsmäßige Begehung des Betrugs ist auf das oben zu § 320 Gesagte zu verweisen.

## § 322. **Untreue.**

Der GE. weicht von dem VE. in folgenden Punkten ab:

1. Bei der Fassung der Begehungsmittel hebt er im Gegensatz zum VE., der von „Mißbrauch einer Befugnis spricht", scharf hervor, daß, wie auch die Begr. d. VE. (S. 767) anerkennt, das Wesentliche der Untreue in der Verletzung einer Rechtspflicht (ebenso Freudenthal, Vgl. Darst. Bes. T. 8 S. 117; Mittermaier, a. a. O. II 355; v. Liszt, Lehrb. S. 462; schweiz. VE. Art. 94), nicht in dem Mißbrauch eines Rechts liegt. Das Merkmal „verfügen" streicht der GE. aus dem nämlichen Grunde wie beim Betruge (s. oben zu § 321).

2. Während der VE. die Absicht erfordert, „das Vermögen eines anderen zu beschädigen", ist nach dem GE. nur „die Absicht, sich oder einem Dritten einen dem Recht zuwiderlaufenden Vermögensvorteil zu verschaffen oder einem anderen einen rechtswidrigen Nachteil zuzufügen", als Tatbestandsmerkmal erforderlich. Es dürfte den allgemeinen Anschauungen entsprechen, die Bereicherungs- oder Schädigungs- (nicht nur Vermögensbeschädigungs-) Absicht, verbunden mit dem Bewußtsein der Vermögensbeschädigung, als zur Untreue notwendig und ausreichend anzusehen.

3. Nach dem VE. bleibt der Versuch der Untreue im Gegensatz zum GE. § 27 straflos. Die Rechtfertigung der Abweichung ergibt sich aus der Begr. zu § 27 GE. (vgl. oben S. 42). Für die Bestrafung des Versuchs insbesondere bei der Untreue haben sich ausgesprochen: Binding (Lehrb. I 2. Aufl. S. 396) und Koffka (a. a. O. II 406).

4. Der VE. droht wahlweise Gefängnis, Haft oder Geldstrafe, der GE. lediglich Gefängnis an, da die Untreue im Volke schlechthin als gefängniswürdiges Vergehen angesehen wird (so auch Kahl, Dtsch. Jur.-Ztg. 15 Sp. 924; schweiz. VE. Art. 94). Die Zulässigkeit der Haft bei festgestellter nicht ehrloser Gesinnung folgt aus § 82 Abs. 2 GE., die Zulässigkeit von Geldstrafe bei mildernden Umständen aus § 87 Ziff. 9 GE.

5. Der VE. kennt keine qualifizierten Fälle der Untreue, wohl aber der GE. Ihre Aufstellung entsprach einem praktischen Bedürfnis. Die zahlreichen Nebengesetze, die durch GE. § 322 überflüssig ge-

macht werden, sind vor der Randbezeichnung aufgezählt (statt der aufgezählten Versicherungsgesetze vgl. jetzt §§ 23 Abs. 2, 535 RVO.).

§ 323.

§ 323 GE. entspricht, abgesehen von einigen unerheblichen Abweichungen im Wortlaut, dem § 278 VE. — Der Aufnahme des § 278 Abs. 1 Satz 2 VE. über die Zurücknehmbarkeit des Antrags bedurfte es mit Rücksicht auf § 39 GE. nicht.

§ 324. **Prellerei.**

§ 324 GE. ist aus § 279 Ziff. 2 VE. gebildet, während § 279 Ziff. 1 VE. in § 325 GE. enthalten ist. Die Auflösung der beiden Ziffern des § 279 VE. in zwei Paragraphen war notwendig (so auch Koffka, a. a. O. II 396), da § 279 Ziff. 2 VE. nur einen privilegierten Fall des Betruges, § 279 Ziff. 1 aber, mangels der Merkmale der Täuschung und Vermögensbeschädigung, einen selbständigen Tatbestand neben dem Betruge enthält. Auch der VE. muß § 279 Ziff. 2 nur für einen privilegierten Betrugsfall halten, da sonst die Beschränkung der Anwendbarkeit des § 279 Ziff. 2 auf den Fall, daß „der Schaden unbedeutend ist", unverständlich wäre (vgl. in der Tat Begr. z. VE. S. 771, 772; Koffka, a. a. O.; Hegler, VD. Bes. T. 7 S. 436).

Die Prellerei um Unterkunft oder Dienstleistungen hat der GE. gestrichen (ebenso bezüglich der Unterkunft schweiz VE. Art. 252). Bei ihnen als Zustandsdelikten liegt der wesentliche Grund der Privilegierung der Fälle des § 324 nicht vor: die geringere Schuld derer, die unter der Einwirkung der Not oder eines Gelüstes, also von starken Anreizen, welche die Gegenmotive nicht zur Geltung kommen lassen, einer augenblicklichen Versuchung unterliegen. Auch § 264a des Entw. der kleinen Novelle zum StGB. nach den Reichstagskommissionsbeschlüssen zweiter Lesung steht auf demselben Standpunkt wie der GE.

Not oder Gelüste waren hiernach aber weiter, wie bei § 301 GE., so auch bei der Prellerei im Gegensatz zum VE. als Motiv in den Tatbestand aufzunehmen. Daß der VE. dies in § 272, auf den die Begr. (S. 771, 772) ausdrücklich als Parallele des § 279 Ziff. 2 hinweist, nicht aber in § 279 Ziff. 2 getan hat, ist widerspruchsvoll.

Das Merkmal „zum alsbaldigen Verbrauch" hat der GE. im Anschluß an den Entw. der kleinen Novelle gestrichen. Da der GE. aber bei der Entwendung (§ 301) eine entsprechende Einschränkung aufgenommen hat, kann man verschiedener Ansicht darüber sein, ob sie nicht auch hier am Platze gewesen wäre. Jedenfalls erscheint die im GE. sich findende Inkongruenz weniger bedenklich als die des VE., der das die Privilegierung einschränkende Merkmal gerade umgekehrt in § 279 Ziff. 2 aufgenommen, in § 272 fortgelassen hat.

Die Beschränkung des § 279 Ziff. 2 VE. auf die Vorspiegelung der Kreditfähigkeit und des Willens, alsbald zu zahlen, entbehrt der Begründung. Diese Täuschung ist nicht weniger strafwürdig als eine andere; jedenfalls ist sie nicht der Grund der Privilegierung (s. oben). Deshalb läßt der GE. wie beim Betruge das Sichverschaffen „durch arglistige Täuschung" schlechthin genügen und paßt andererseits im Gegensatz zum VE. den Tatbestand der Prellerei auch insoweit dem Betruge an, als es nach ihm auch genügt, wenn der Täter die Gegenstände einem Dritten verschafft.

Die Verallgemeinerung der in § 279 Ziff. 2 VE. aufgeführten Gegenstände der Prellerei durch § 324 GE. rechtfertigt sich aus der Begr. zu § 301.

Das Erfordernis des VE., daß der Schaden unbedeutend sein muß, findet sich im GE., kürzer und in Übereinstimmung mit dem Entw. der kleinen Novelle, in dem der Geringwertigkeit der Gegenstände. In dieser Form empfiehlt sich das Erfordernis auch schon mit Rücksicht darauf, daß es sich so in § 301 GE., § 272 VE. findet und hier wie dort demselben gesetzgeberischen Gedanken Ausdruck leihen soll.

Die Aufnahme der Bestimmung, daß der Richter in besonders leichten Fällen von Strafe absehen kann, entspricht ebenso wie in § 301 GE. einem dringenden Bedürfnis. Gerade unter § 324 GE. fallen Vergehen, welche die größte Milde verdienen. Die in dieser Hinsicht unterschiedliche Behandlung in §§ 272 und 279 VE. ist unerklärlich. Der Hungernde, der sich durch Täuschung ein Brot verschafft, ist nicht schuldiger als der, welcher es stiehlt.

## § 325. **Erschleichung von Leistungen.**

§ 325 GE. ist aus § 279 Ziff. 1 VE. gebildet (s. dazu oben zu § 324).

Statt des Ausdruckes des VE. „Verkehrsanstalt" setzt der GE. „eine dem öffentlichen Verkehr dienende Anstalt". Sachlich besteht hierin kein Unterschied, wie aus den der Verkehrsanstalt folgenden Worten des VE. „oder zu einer anderen zur allgemeinen" — der GE. sagt „öffentlichen" — „Benutzung bestimmten Einrichtung" hervorgeht. Die formelle Änderung war nötig, da nicht alle Verkehrsanstalten der allgemeinen (öffentlichen) Benutzung dienen (vgl. denn auch VE. §§ 184, 270 Ziff. 3).

In Befolgung der Anregung Koffkas (a. a. O. II 395) und in Übereinstimmung mit dem schweiz. VE. (Art. 251) und österr. VE. (§ 363 Ziff. 2) hat der GE. eine besondere Bestimmung über den Mißbrauch des Verkehrsautomaten eingefügt, da einerseits dessen Strafwürdigkeit außer Zweifel steht, andererseits weder der Tatbestand des Diebstahls mangels der Wegnahme einer Sache, noch der Tatbestand des Betruges mangels der Täuschung und Vermögensdisposition vorliegt. Hiernach rechtfertigt sich auch die Überschrift des § 325: „Erschleichung von Leistungen."

Für die Zulassung des Absehens von Strafe gilt das zu § 324 Gesagte.

### § 326. **Nachahmung von Nahrungsmitteln.**

§ 326 GE. ist mit geringen inhaltlichen und formellen Änderungen aus § 10 des Nahrungsmittelges. vom 14. Mai 1879 übernommen.

Während § 10 Ziff. 1 Nahrungsmittelges. als „Zweck" des Handelns den der „Täuschung im Handel und Verkehr" erfordert, verlangt der GE., genauer und im Anschluß an die Geldfälschungsdelikte, die „Absicht", die Nahrungsmittel „als echte oder unverfälschte in den Handel zu bringen". Neben dem „Handel" ist der „Verkehr" weggelassen, da es sich hier, anders als in § 219 GE., um ein Vermögensdelikt handelt (wie auch Ziff. 2 beweist). — Von § 10 Ziff. 2 Nahrungsmittelges. hat der GE. das Merkmal „wissentlich" als überflüssig (GE. § 19; s. oben S. 24) und das des „Feilhaltens unter einer zur Täuschung geeigneten Bezeichnung" deshalb gestrichen, weil die hierunter zu beziehenden Fälle durch GE. § 358 Ziff. 4 ausreichend getroffen werden.

### § 327. **Börsenumtriebe.**

§ 327 Ziff. 1 ist aus § 88 Abs. 1 des Börsenges. vom 8. Mai 1908 übernommen. Für „betrügerische Absicht" ist „die

Absicht, sich oder einem Dritten einen dem Recht zuwiderlaufenden Vermögensvorteil zu verschaffen" gesetzt worden.

§ 88 Abs. 3 Börsenges. ist mit derselben Abänderung wie § 88 Abs. 1 zu § 327 Ziff. 2 GE. geworden. Außerdem ist hier statt „Ankauf oder Verkauf" „Umsatz" gesagt.

§ 89 Abs. 1 und 2 Börsenges. ist in § 327 Ziff. 3 GE. zusammengezogen worden. Dabei ist das Versprechen und Gewähren von Vorteilen für die Unterlassung von Mitteilungen in den Tatbestand neu eingefügt worden. § 89 Abs. 2 Börsenges. straft bei Unterlassung von Mitteilungen nur das sich Gewähren- oder Versprechenlassen von Vorteilen. Es wird somit durch den GE. eine Lücke geschlossen. Dagegen ist hier, anders als in GE §§ 133, 158ff., das bloße „Anbieten" und „Fordern" straflos. Stehen doch hier bloße Vermögensinteressen auf dem Spiel.

Die Strafdrohungen für die drei Tatbestände des § 327 GE. sind im Gegensatz zum Börsengesetz bei den Tatbeständen aller drei Ziffern die nämlichen, und zwar Gefängnis schlechthin.

§ 88 Abs. 1 Satz 2 Börsenges. über den Verlust der bürgerlichen Ehrenrechte konnte im Hinblick auf § 71 GE., die obligatorische Androhung der Geldstrafe neben der Gefängnisstrafe im Hinblick auf § 85 GE., §§ 88 Abs. 2, 89 Abs. 4 Börsenges. über die mildernden Umstände mit Rücksicht auf § 87 GE. und § 89 Abs. 3 Börsenges. über die Bestrafung des Versuchs mit Rücksicht auf § 27 GE. gestrichen werden.

## § 328. **Mißbrauch des Schiedsrichteramts.**

Aus den Delikten der Richterbestechung und Rechtsbeugung (§§ 198, 200 VE.) die der VE. in dem Abschnitt über Verbrechen und Vergehen im Amte regelt, scheidet der GE. in Befolgung der Vorschläge Bindings (Lehrbuch II 564), v. Ullmanns (Vgl. Darst.-Bes. T. 9 S. 376) und Preisers (Reform II 252) den Schiedsrichter als Deliktssubjekt aus und stellt dessen Verbrechen zu den Delikten gegen das Vermögen. Denn der Schiedsrichter bekleidet, wie bereits oben zu § 160 ausgeführt, kein öffentliches Amt, seine Stellung gründet sich vielmehr auf den Schiedsvertrag. Die Begründung des VE. (S. 621) für die von ihm vorgesehene Regelung, daß der Schiedsspruch unter den Parteien die Wirkung eines rechtskräftigen Urteils habe und daher Richter und Schiedsrichter gleichzustellen seien, entbehrt nicht allein der Schlüssigkeit in sich, sondern ist auch gegenüber den eigenen sonstigen Ausführungen der Begr. nicht stichhaltig, nach denen einerseits (vgl. S. 615/6) die Strafbestimmungen des 15. Abschnittes „das Interesse des Staates und der Gesellschaft an der gesetzmäßigen Ausübung der Amtsgewalt schützen" und andererseits (s. S. 621) der Schiedsrichter kein öffentliches Amt hat. Vollends unverständlich ist, wie der Schiedsrichter sich der „Rechtsbeugung" soll schuldig machen können, da er doch garnicht an das Recht gebunden ist. — Der Tatbestand selbst gibt dem oben entwickelten Gedanken, daß das Verbrechen des Schiedsrichters in der Vermögensbeschädigung, begangen durch den Mißbrauch der ihm übertragenen Befugnis bestehe, Ausdruck. Hierauf gründet sich auch die Überschrift des § 328 GE. Der Tatbestand wird das, was § 200 VE. unter „Rechtsbeugung" des Schiedsrichters versteht, grundsätzlich decken; mit Hilfe der §§ 32 Abs. 2, 180 GE. aber auch, wenigstens im Falle des § 328 Abs. 2, die konkretisierteren Fälle des § 198 VE.

Die niedrigere Strafdrohung des § 328 GE. gegenüber der Richterbestechung und Rechtsbeugung rechtfertigt sich daraus, daß der Schiedsrichter nicht wie der Richter eine so heilige Pflicht wie die der Amtstreue verletzt. Besonders strafwürdig erschien dem GE. der Schiedsrichter, der seine Stellung zur eigenen oder zur Bereicherung eines anderen mißbraucht. Hieraufberuht Abs. 2 des § 328 GE.

## § 329. **Böswillige Vermögensbeschädigung.**

Der VE. regelt die böswillige Vermögensbeschädigung in einem Abschnitt mit der Sachbeschädigung. Dem steht entgegen, daß die Angriffsobjekte beider Delikte verschieden sind, das eine Mal fremdes Vermögen schlechthin, das andere Mal ein bestimmtes Sachenrecht. Dies allein rechtfertigt nach dem vor § 297 Gesagten die Stellung der Vermögensbeschädigung in dem 24. Abschnitt des GE. Aber auch die Mittel der Begehung beider Delikte sind nicht die gleichen. Das eine Mal veranlaßt der Täter wie beim Betruge durch arglistige Täuschung den Verletzten selbst zu der ihn schädigenden Vermögensdisposition, das andere Mal zerstört der Täter eigenmächtig fremdes Gut. In den Mitteln und dem Erfolg stehen daher Betrug und böswillige Vermögensbeschädigung gleich. Somit hätte der VE. auch von seinem Standpunkt aus diese beiden Delikte in einem Abschnitt regeln müssen (hierfür auch Löwenstein, Reform II 425, 435; Koffka, Reform II 393). Daß die böswillige Vermögensbeschädigung keine Bereicherungsabsicht wie der Betrug erfordert, rechtfertigt nicht, wie die Begr. des VE. (S. 811) meint, die systematische Stellung des § 291 VE., da einerseits auch die Untreue, die von dem VE. in einem Abschnitt mit dem Betruge geregelt wird, eine solche nicht verlangt, und andererseits auch der subjektive Tatbestand der Sachbeschädigung und der der böswilligen Vermögensbeschädigung nicht gleich sind. Daher kann auch nicht, wie die Begr. des VE. (S. 811) andeutet, die zum Betruge, nicht aber zur böswilligen Vermögensbeschädigung erforderliche Vermögensverschiebung eine getrennte Regelung dieser beiden Delikte rechtfertigen. Denn dieses lediglich aus der Bereicherungsabsicht abzuleitende Merkmal fehlt auch bei der Untreue.

Statt „Vermögen eines anderen" sagt der GE. wie in §§ 320, 321 (VE. § 276), 322 „fremdes Vermögen." Das Merkmal „der Bestimmung zu einer Verfügung" ersetzt er aus demselben Grunde wie beim Betruge durch das „der Bestimmung zu einem Rechtsgeschäft"; vgl. aber darüber noch das oben zu § 321 Gesagte.

## § 330. **Kreditwucher.**

Der VE. § 302 führt als die für den Kreditwucher in Frage kommenden Geschäfte „das Darlehn, die Stundung einer Geldforderung oder ein anderes zweiseitiges Rechtsgeschäft, welches denselben wirtschaftlichen Zwecken dienen soll", auf. Das so im Anschluß an das geltende Recht umständlich umschriebene Rechtsgeschäft ist das Kreditgeschäft (vgl. dazu Begr. des VE. S. 837 und die dort Anm. 2 zitierten Reichsgerichtsentscheidungen). Dies Wort, das neben dem Vorzug der Kürze auch den hat, daß es den erforderten wirtschaftlichen Zweck angibt, wählt daher der GE. Da unter den Begriff Kreditgeschäft auch die Stundung von Geldforderungen fällt, hat der GE. dies Merkmal gestrichen.

Das zum Wucher nach dem VE. und GE. notwendige Mißverhältnis von Leistung und Gegenleistung schließt die Überschreitung des üblichen Zinssatzes notwendig in sich (ebenso Löwenstein, a. a. O. II 457). Dieses Erfordernis ist daher als überflüssig, übrigens auch als oft garnicht passend (vgl. Olshausen,

Note 9 Abs. 2 zu § 302a StGB.), vom GE. gestrichen (ebenso schweiz. VE. Art. 92, österr. VE. § 376 Ziff. 1; s. auch BGB. § 138). Das Mißverhältnis von Leistung und Gegenleistung selbst ist — entgegen dem VE. (s. Begr. d. VE. S. 838) und der Praxis (vgl. RG. Entsch. XI 389) — entsprechend der Natur des Wuchers als Ausbeutungsdelikt vom Standpunkt des Kreditnehmers zu beurteilen (ebenso Löwenstein, a. a. O. II 459; schon R. Schmidt, VD. Bes. T. VIII 271). Man kann von Ausbeutung nicht mehr reden, wenn der Kreditnehmer von dem, sei es auch gegen übermäßig hohen Zinssatz gewährten, Kredit Vorteil hat. Dies gesteht auch die Begr. des VE. (S. 838) zu, ohne aber die hieraus sich ergebenden Folgerungen zu ziehen. Die von ihr gegen den Vorschlag Schmidts erhobenen Bedenken z. T. durch Fassungsänderungen im GE. beseitigt, z. T. sind sie, insbesondere soweit sie angebliche Beweisschwierigkeiten geltend machen, unbegründet. Der GE. fordert hiernach anders als der VE., der „Mißverhältnis zu der Leistung" verlangt, im Anschluß an Art. 92 schweiz. VE., „Mißverhältnis zu dem dem anderen gewährten Vermögensvorteil."

Beim Nachwucher kehrt der GE. dagegen in Abweichung vom VE. insofern zum geltenden Rechte zurück, als er zur Strafbarkeit die Kenntnis der Wucherlichkeit der Forderung schon bei deren Erwerbe verlangt. Wer über die Forderung trotz mala fides superveniens verfügt, ist nicht strafwürdig, da er weder selbst wuchert noch den Wucherer durch seine Verfügung unterstützt. Dem gutgläubigen Erwerber zu verwehren, in jedem Falle das Gericht darüber entscheiden zu lassen, ob eine wucherliche Forderung vorliegt oder nicht, ist unbillig (so auch Löwenstein a. a. O. II 460, 461). Die Gefahr, die nach dem VE. der Gläubiger läuft, sich durch Angehen des Gerichts, wenn der Fall auch nur zweifelhaft liegt, strafbar zu machen, würde, wie Löwenstein (a. a. O. II 460, 461) ausführt, die Verkehrssicherheit erschüttern. Eine Analogie mit dem Abschieben falschen Geldes (§ 202 Abs. 3 GE., § 160 Abs. 2 VE.), auf die allein sich die Begr. des VE. S. 840 zur Rechtfertigung der neuen Strafbestimmung beruft, läßt sich nicht konstruieren. Denn jene Strafbestimmung dient der Sicherung des Geldverkehrs, für die ein öffentliches Bedürfnis besteht. Der Verkehr mit Forderungen verlangt solche Sicherung nicht (so auch Löwenstein a. a. O. II 461).

Für „Veräußern" setzt der GE., einer mündlichen Anregung von M. Wolff folgend, den weiteren Begriff „Verfügen" ein. „Veräußern" ist ein technischer Ausdruck des BGB. und umfaßt nur die Rechtsübertragung, nicht aber die Belastung, beispielsweise die Verpfändung eines Rechts (vgl. Staudinger, Kommentar z. BGB. 5./6. Aufl. I 359). Diese aber erschien dem GE. ebenso strafwürdig wie die Übertragung der Forderung.

Der Qualifizierung gewerbs- oder gewohnheitsmäßigen Wuchers bedurfte es im GE. mit Rücksicht auf § 97 GE. nicht.

## § 331. **Sachwucher.**

Während der VE. § 303, wie StGB. § 302e, die gewerbs- oder gewohnheitsmäßige Begehung des Sachwuchers unter Strafe stellt, bestraft der GE. nur den gewerbsmäßigen Sachwucher (ebenso österr. VE. § 378). Der gewohnheitsmäßige Sachwucher dürfte — wenn überhaupt — jedenfalls nur ganz ausnahmsweise vorkommen. Die Gewohnheitsmäßigkeit wird im übrigen zweckmäßig nur bei den Handlungen zum strafbegründenden Umstand gemacht werden, bei denen die Gefahr der Lust an der Begehung besteht. Diese Gefahr liegt beim Sachwucher nicht vor.

Das Erfordernis des Mißverhältnisses zwischen Leistung und Gegenleistung begreift in sich, daß die Gegenleistung die Leistung übersteigt. Der GE. hat daher dies Merkmal, als neben dem ersten überflüssig, gestrichen.

Im übrigen ist der Tatbestand des § 331 GE. dem des § 330 GE. entsprechend gestaltet. Es sei daher hier auf die Begr. zu § 330 verwiesen.

Der VE. § 303 hat in „besonders schweren Fällen" Zuchthaus bis zu fünf Jahren angedroht. Der GE. hat diese Bestimmung gestrichen. Den Sprung von Gefängnis auf Zuchthaus lehnt der GE. von seinem allgemeinen Standpunkt aus ab, wenn der schärfende Tatbestand nicht genau umschrieben ist. Für Aufstellung solcher Qualifikationstatbestände bietet sich aber hier kein Anlaß. Bei Rückfall findet § 96 GE. Anwendung. Im übrigen kann es bei § 89 GE. sein Bewenden haben.

## § 332. **Verleitung Minderjähriger zu Schulden.**

An Stelle des Ausdruckes in VE. „in gewinnsüchtiger Absicht" setzt der GE. „aus Gewinnsucht". Er hat es hier wie in anderen Fällen (vgl. oben zu § 228) getan, um auszudrücken, daß gewinnsüchtige Absicht im Einzelfall (animus lucri faciendi) nicht genügt, sondern die Tat Ausfluß einer dauernden Charaktereigenschaft sein muß. Die Abweichungen des zweiten Absatzes sind die nämlichen wie beim Wucher und oben zu § 330 gerechtfertigt.

### § 333. **Verkauf von Losen auf Teilzahlung.**

In § 333 GE. geht § 7 des Gesetzes betreffend die Abzahlungsgeschäfte vom 16. Mai 1894 auf. Die systematische Stellung dieser Bestimmung ergibt sich aus dessen Verwandtschaft mit dem Spiel (vgl. Stenglein, Kommentar zu den strafrechtl. Nebengesetzen, 4. Aufl. 1911 S. 757 No. 1). Für „oder durch sonstige auf die gleichen Zwecke abzielende Verträge veräußert" sagt der GE.: „oder darüber einen anderen auf die gleichen Zwecke abzielenden Vertrag abschließt", da nach der modernen bürgerlichrechtlichen Terminologie das „Veräußern" nicht dem „Verkaufen" an die Seite gestellt werden kann. Eine Stellungnahme zu der freilich nicht unbedenklichen Auslegung, die das Reichsgericht (Entsch. 39 S. 262) dem Begriffe „Veräußern" in § 7 des Ges. v. 1894 gegeben hat, wird mit der neuen Fassung nicht beabsichtigt.

Der Abs. 2 des § 7 des Ges. von 1894 wird mit dieser Fassung gleichzeitig überflüssig.

Während das Ges. v. 1894 Geldstrafe bis zu fünfhundert Mark androht, ist die Bestrafung nach dem GE. gemäß seinem Strafensystem Gefängnis bis zu sechs Monaten oder Geldstrafe bis zu eintausend Mark.

### § 334. **Gewerbsmäßiges Glücksspiel.**

Der GE. schließt sich dem § 299 VE. an. Die Abweichungen in den Strafdrohungen und die Streichung des Abs. 2 des § 299 VE. folgen aus dem allgemeinen Standpunkt des GE.

### § 335. **Veranstaltung öffentlicher Glücksspiele.**

§ 335 GE. zieht die §§ 300 und 301 VE. ohne wesentliche Änderungen zusammen. Das Tatbestandsmerkmal „unbefugt" ist aus den zu § 19 GE. (s. oben S. 22, 23) dargelegten Gründen gestrichen worden. Folgerichtig ist das Merkmal der „Öffentlichkeit", das der VE. in § 300 adverbial zum „Veranstalten", in § 301 dagegen attributiv zu den veranstalteten Spielen setzt, gleichmäßig zur Bestimmung der Tätigkeit „veranstalten" verwendet worden. — Ein Grund, die öffentliche Veranstaltung von Glücksspielen anders zu behandeln als die von Lotterien oder Ausspielungen, ist nicht ersichtlich. Hieraus und aus den allgemeinen Anschauungen des GE. rechtfertigen sich die Abweichungen in den Strafdrohungen. Einer besonderen Bestimmung über die Einziehung der Spielgelder bedarf es nach der allgemeinen Regelung der Einziehung in § 80 GE. nicht. Deshalb ist § 300 Abs. 2 gestrichen worden.

## § 336. **Wettunternehmungen bei Pferderennen.**

§ 336 Ziff. 1 GE. entspricht vollständig dem § 6 Ziff. 1 des Ges. betr. die Wetten bei öffentlich veranstalteten Pferderennen vom 4. Juli 1905.

§ 336 Ziff. 2 GE. hat den § 6 Ziff. 2 des Ges. von 1905 mit folgenden Abweichungen übernommen:

Statt „geschäftsmäßiger" ist im GE., in Anpassung insbesondere an die §§ 334, 337 GE., „gewerbsmäßige" Begehung gefordert.

Das Merkmal der Begehung „durch Verbreitung von Schriften usw." ist im Hinblick auf § 12 Ziff. 4 GE. gestrichen worden.

Mit Wegfall der erhöhten Strafminima in § 336 GE. ist Abs. 2 des § 6 des Ges. v. 1905 überflüssig geworden.

## § 337. **Verleitung zum Börsenspiel.**

§ 337 GE. enthält mit geringfügigen Abänderungen den § 94 des Börsenges. vom 8. Mai 1908.

Statt „gewohnheitsmäßiger" Begehung „in gewinnsüchtiger Absicht" fordert der GE. „gewerbsmäßige" Begehung (vgl. darüber oben zu § 331); für „verleiten" setzt er, seinem Sprachgebrauch entsprechend, „bestimmen".

## § 338. **Begebung von Inhaberpapieren mit Prämien.**

§ 338 GE. entspricht fast gänzlich dem § 6 (und §§ 1—3) des Ges. betr. die Inhaberpapiere mit Prämien vom 8. Juni 1871. In Ziff. 2 hat der GE., abweichend von dem Ges. von 1871, neben dem weiteren Begriff der „zum Verkehr bestimmten Versammlungsorte" den engeren der „Börse" nicht mehr besonders hervorgehoben. Den Unterschied in den Strafdrohungen der Ziff. 1 und 2 einerseits und Ziff. 3 andererseits hat der GE. beseitigt. Die Strafdrohungen selbst sind gemäß dem Strafensystem des GE. geändert (vgl. darüber insbesondere oben zu § 207).

## § 339. **Küstenfrachtfahrt.**

Der Tatbestand des § 339 GE. ist ohne wesentliche Änderungen aus dem des § 3 des Ges. betr. die Küstenfrachtfahrt vom 22. Mai 1881 gebildet. Das Merkmal „unbefugt" ist aus den zu § 19 (oben S. 22, 23) angegebenen Gründen gestrichen worden. § 6 Abs. 2 und 3 des Ges. von 1881 über die Einziehung sind mit Rücksicht auf die allgemeine Regelung der Einziehung in § 80 GE. gestrichen worden. Dagegen ist die Ersetzung von „der" („welcher") durch „das" ein Redaktionsfehler, der zu berichtigen ist.

## § 340. **Schiffsgefährdung durch Konterbande.**

Der VE. § 187 stellt die Schiffsgefährdung durch Konterbande unter die Straftaten gegen die Sicherheit des öffentlichen Verkehrs. Diese systematische Stellung ist unrichtig, da es sich nicht um eine Störung des öffentlichen Verkehrs, sondern um eine Gefährdung des Vermögens des Schiffseigentümers oder der Eigentümer der Ladung durch Beschlagnahme des Schiffs oder der Ladung handelt.

Die Merkmale „vorsätzlich und widerrechtlich" sind mit Rücksicht auf § 19 GE. gestrichen. Für „Gegenstände" setzt der GE. „Sachen" (s. hierzu oben S. 110). Statt „die Gefahr der Beschlagnahme . . . herbeiführen können" sagt der GE. kürzer „die Beschlagnahme herbeiführen können", da in „können" schon das Merkmal der Gefährdung enthalten ist (vgl. schon oben zu § 266). — Im Abs. 2 setzt der GE., entsprechend den §§ 3, 4 Ziff. 1, 3, 4 und § 5 GE., an Stelle von „Verfolgung" „Bestrafung" und an Stelle des Satzes „wenn das Vergehen außerhalb des Reichsgebiets begangen ist": „wenn die Handlung im Ausland begangen ist". Ein besonderer Schutz ausländischer Schiffe erschien nicht nötig. Deshalb ist § 187 Abs. 3 VE. gestrichen worden.

## § 341. **Hehlerei.**

Der GE. hat den selbständigen Tatbestand der sachlichen Begünstigung (VE. § 280) gestrichen (dafür insbesondere Binding, Beling). Die eingehende Rechtfertigung der Beibehaltung der sachlichen Begünstigung, die in der Begr. zum VE. S. 777 versucht wird, hat die Verf. des GE. nicht zu überzeugen vermocht. Einmal ist schon heute in der Literatur die Ansicht vorherrschend, daß unter den zu sichernden „Vorteilen" aus der Tat nur Vermögensvorteile zu verstehen seien (vgl. Begr. des VE. S. 774 Anm. 3, S. 777 Anm. 1). Dann aber ist es der Begr. des VE. selbst nicht gelungen, auch nur eine einzige Gruppe von praktisch bedeutsamen Fällen nachzuweisen, in denen andere als Vermögensvorteile in Frage ständen. Ist demnach auch die sogen. sachliche Begünstigung ein Vermögensdelikt, so erscheint ihre Aufrechterhaltung als selbständiger Tatbestand neben der Hehlerei überflüssig.

Andererseits bedingt die Streichung der sachlichen Begünstigung, daß die Hehlerei in subjektiver wie in objektiver Beziehung gewisse Erweiterungen erfährt.

Nach Auffassung des GE. ist die Hehlerei Aufrechterhaltung einer rechtswidrigen Vermögenslage (vgl. v. Liszt, Lehrbuch, 18. Aufl., S. 495) und als solche strafwürdig (vgl. auch Beling, Vgl. Darst. Bes. Teil 7 S. 203). Die Gewinnabsicht ist zu ihr nicht erforderlich. Deshalb hat der GE., im Anschluß an Beling (a. a. O. 7 S. 203, 232), Binding (Lehrbuch I 2. Aufl. S. 389 Anm. 5), den schweiz. VE. Art. 87 und den österr. VE. § 411, dieses Merkmal gestrichen. Daß, wie die Begr. des VE. (S. 779) ausführt, der Hehler nach dem Volksbewußtsein seines Vorteils wegen handeln muß, ist nur insoweit richtig, als ein Hehler, der aus Gewinnsucht handelt, besonders strafwürdig erscheint. Dieser Anschauung hat der GE. durch Abs. 2 des § 341 Rechnung getragen (dazu oben zu § 228). Die sich so aus dem Begriff der Hehlerei ergebende Erweiterung des subjektiven Tatbestandes schließt aber gleichzeitig einen Teil der Lücke, die durch Streichung der sachlichen Begünstigung entsteht.

Es bedarf indessen noch einer Erweiterung des objektiven Tatbestandes. Zwar läßt es der GE. bei der Hehlerei von Sachen bewenden (so jetzt auch Binding, a. a. O.; vgl. Begr. z. VE. S. 774 Anm. 4, S. 777). Aber für „zu deren Absatz bei anderen mitwirkt" setzt der GE. nach dem Vorschlage Bindings (a. a O).: „deren Besitz einem anderen verschafft oder sichert". Diese Erweiterung rechtfertigt sich dadurch, daß die Vorenthaltung des Besitzes dem Berechtigten gegenüber das Wesen der Hehlerei ausmacht, und daß es daher außer in dem „Verheimlichen“ und „Ansichbringen“ darin besteht, daß der Besitz einem Unberechtigten „verschafft“ oder, z. B. auch dem Vortäter, „gesichert“ wird. Es leuchtet ein, daß sich damit die durch den Wegfall der sachlichen Begünstigung entstehende Lücke wenigstens praktisch gänzlich schließt.

Andererseits ist der Tatbestand der Hehlerei im GE. verengert. Nach dem VE. sind Objekte der Hehlerei „Sachen, die durch eine strafbare Handlung erlangt sind“, nach dem GE. dagegen nur solche, „die durch ein Verbrechen oder Vergehen erlangt sind“. Diese Abweichung ergibt sich aus der scharfen Scheidung des GE. zwischen Verbrechen und Vergehen einerseits, Übertretungen andererseits (vgl. das Vorwort z. GE. S. IV). Hiernach kann die Aufrechterhaltung eines durch Verletzung der Kriminalordnung geschaffenen Zustandes mit der Aufrechterhaltung einer durch Polizeiübertretung hervorgerufenen Lage nicht auf eine Stufe gestellt werden (vgl. auch das oben zu § 193 Gesagte). Es erscheint ferner unbillig, den Vortäter nur einer Übertretung, den Hehler aber eines Vergehens oder Verbrechens schuldig zu sprechen. Dies ist mit der fast allgemein aufgestellten Forderung der Proportionalität zwischen der Strafe der Hehlerei und der der Vortat (s. Beling, a. a. O. 7 S. 228) unvereinbar.

Da „ankaufen“ und „zum Pfande nehmen“ nur besondere Arten des „Ansichbringens“ sind, wie auch die Begr. des VE. (S. 780) ausdrücklich und der VE. selbst durch das Wort „sonst“ zugibt, sind die beiden ersten Merkmale, als in dem dritten enthalten, vom GE. gestrichen worden.

Die Einfügung der Worte „ohne Rücksicht auf die Strafbarkeit der Person des Täters“ (vgl. oben S. 47, 48) erschien mit Rücksicht darauf erforderlich, daß ohne sie der Hehler straflos gelassen werden müßte, wenn in der Person des Täters des Vordelikts ein Schuldausschließungsgrund vorliegt (s. v. Liszt, Lehrbuch S. 496 Anm. 3; vgl. denn auch Binding, GS. 76 S. 80, und Erläuternde Bemerkungen zum österr. VE. S. 329). Die Ersetzung von „angeschafften“ durch „erworbenen“ in Abs. 1 Satz 2 ist erfolgt mit Rücksicht auf den Sprachgebrauch des BGB. (z. B. § 1370). Die Androhung von Zuchthaus in besonders schweren Fällen ist aus den in der Begr. zu §§ 87—89 GE. (oben S. 118, 119) angegebenen Gründen gestrichen worden. Sie, sowie die Androhung von Zuchthaus in Abs. 2 des § 281 VE. gegen gewerbs- oder gewohnheitsmäßige Begehung von Hehlerei werden durch Abs. 2 des § 341 GE. weitaus gedeckt, zumal §§ 89, 96, 97 GE. daneben anwendbar bleiben.

## § 342. **Verrat von Geschäftsgeheimnissen.**

In § 342 GE. ist eine Reihe von Nebengesetzen, die in der Klammer vor der Überschrift des § 342 aufgeführt sind, zusammengefaßt worden, indem die Subjekte der einzelnen Delikte verallgemeinert sind. Es handelt sich hier um ein Vermögensdelikt. Daher ist, abweichend von dem Vorschlage Kriegsmanns, keine Vereinigung mit § 291 GE. erfolgt (vgl. denn auch die an Stelle der in der Klammer aufgeführten Paragraphen der Versicherungsgesetze tretenden §§ 142—144 RVO. im Gegensatz zu § 141 RVO.). Da die Geschäftsgeheimnisse die Betriebsgeheimnisse umfassen, sind diese neben jenen nicht mehr aufgeführt worden.

Zweites Buch.

# Von den Übertretungen.

## Vorbemerkung.

Der grundsätzliche Standpunkt, den der GE. zu der Frage der Scheidung des kriminellen und des polizeilichen Unrechts einnimmt, ist im Vorwort S. IV, V dargelegt. Hier sei noch bemerkt:

Wenn die Begr. zum VE. S. VII ff. behauptet, eine Trennung des kriminellen und polizeilichen Unrechts sei unmöglich, so gilt ihr gegenüber das gleiche, was schon der Abg. Windthorst in der Reichstagssitzung vom 22. Febr. 1870 (Stenogr. Ber. Session 1870 I 50, 51) der entsprechenden Behauptung der Motive zum RStGB. entgegengehalten hat: „dieselbe Kommission", welche die Unmöglichkeit einer Trennung behaupte, habe „eine solche Trennung machen müssen". Denn genau wie das RStGB. behandelt der VE. die Übertretungen als eine Spezialmaterie des Besonderen Teils. Wie kann er das, wenn sich die Übertretungen von den Verbrechen und Vergehen wirklich nur durch die Schwere der Strafbarkeit unterscheiden? Wäre es dem VE. mit seiner Behauptung der Gleichartigkeit der drei Arten strafbarer Handlungen: Verbrechen, Vergehen und Übertretungen Ernst, so müßte er die Übertretungen in den einzelnen Abschnitten des Besonderen Teils aufgehen lassen, d. h. immer in dem Abschnitt, der die Verbrechen und Vergehen gegen ein Rechtsgut behandelt, die Übertretung gegen dieses Rechtsgut erledigen. Wenn der VE. das so wenig tut wie das RStGB., so zeigt sich deutlich, daß auch für ihn die unter dem Namen „Übertretungen" zusammengefaßten strafbaren Handlungen noch etwas anderes von den Verbrechen und Vergehen trennt als ihre geringe Strafbarkeit, nämlich ihre polizeiliche Natur.

Erklärt sich die Zusammenfassung der Übertretungen in einem besonderen Buch des Besonderen Teils durch den VE. nur vermöge der Anerkennung ihrer polizeilichen Natur, so gilt das gleiche von der eigenartigen Behandlung, welche § 58 Abs. 2 VE. den Übertretungen in Ansehung der Schuld angedeihen läßt. Bei Übertretungen soll im Zweifel zur Bestrafung Fahrlässigkeit genügen. Wie rechtfertigt sich diese Bestimmung, wenn nicht aus der polizeilichen Natur der Übertretungen? Ja, gelegentlich bricht in der Begr. zum VE. das Zugeständnis der generischen Verschiedenheit von kriminellem und polizeilichem Unrecht offen durch. So wird S. 475 die Aufnahme einer besonderen Strafvorschrift gegen den ungenehmigten Verkehr des Publikums mit Gefangenen mit der Motivierung abgelehnt, darin liege „kein strafrechtlich zu ahndendes Unrecht", sondern ein „ordnungswidriges Tun", das durch die Polizei verhindert und, wo sich das Bedürfnis zeige, durch Polizeiverordnungen mit Strafe bedroht werden müsse.

So wird mit der offiziellen Leugnung des Unterschiedes von kriminellem und polizeilichem Unrecht durch den VE. nichts anderes erreicht, als daß einige Fälle kriminellen Unrechts unter den Übertretungen belassen werden und die kriminelle Gefängnisstrafe auf die Übertretungen ausgedehnt wird. Die Begr. zum VE. S. VII, VIII, 4, 5 scheint jenes mit der geringen Strafbarkeit mancher Fälle kriminellen Unrechts, dieses mit der schwereren Strafbarkeit mancher Fälle polizeilichen Unrechts rechtfertigen zu wollen. Beides wäre unrichtig. Mit dem qualitativen Unterschied zwischen polizeilichem und kriminellem Unrecht ist der quantitative schwererer Strafbarkeit des kriminellen, geringerer Strafbarkeit des polizeilichen eng verbunden. Sobald wir uns in die Notwendigkeit versetzt sehen, ein Delikt mit Gefängnis zu bedrohen, hat es für uns ein Polizeidelikt zu sein aufgehört, ist es in dem „Abschichtungsprozeß" (Goldschmidt), der sich andauernd zwischen Polizei- und Justizdelikten vollzieht, aus einem Polizei- ein Justizdelikt geworden. Dies gilt von den von der Begr. zum VE. S. VII als Polizeidelikte bezeichneten Vergehen des Auflaufs, der Bildung eines bewaffneten Haufens, der Geheimbündelei, der widernatürlichen Unzucht und des Glücksspiels, genau so wie es schon in vergangener Zeit von Delikten wie Blutschande und Kuppelei gegolten hat, und wie es in Zukunft (nach dem VE.) von der Tierquälerei, der unbefugten Wegnahme von Leichenteilen, der Fälschung von Ausweispapieren, dem Mißbrauch verwendeter Wertzeichen und der öffentlichen Veranstaltung von Glücksspielen gelten wird. Andererseits können umgekehrt unzweifelhafte Eingriffe in fremde Rechtssphären, sofern sie überhaupt strafwürdig sind, niemals mit bloßer Polizeistrafe davonkommen. Für die unzweifelhaftesten Fälle, die des Mundraubes und unbefugten Fischens, hat dies der VE. selbst anerkannt, und es tritt noch klarer zutage, wenn man mit dem GE. nur die Geldstrafe als echte Polizeistrafe gelten läßt.

Aber wäre selbst die schwerere Strafbarkeit einzelner echter Polizeidelikte, die geringere Strafbarkeit einzelner echter Justizdelikte, mit anderen Worten die teilweise Inkongruenz der qualitativ und quantitativ voneinander zu scheidenden Delikte zuzugeben, so wäre darum der Standpunkt des VE. um nichts weniger gerechtfertigt. Denn um der Unsicherheit der Rubrizierung einiger Grenzfälle willen darf doch nicht ein Unterschied preisgegeben werden, der für unser Rechtsbewußtsein von einschneidendster Bedeutung ist. Die Begr. zum VE. S. VIII glaubt darauf verweisen zu dürfen, daß in der Bevölkerung ohnehin niemand eine Bestrafung z. B. wegen unterlassener Anmeldung eines Dienstboten als eine kriminelle ansehe. Das mag richtig sein; aber was heißt diese Bemerkung anderes, als daß das Rechtsbewußtsein des Volkes so gesund sei, daß auch der falscheste Standpunkt des Gesetzgebers ihm keinen nennenswerten Abbruch zu tun vermöge. Eine ungünstigere Kritik des vom VE. eingenommenen Standpunktes konnte ihm seine Begr. eigentlich nicht mit auf den Weg geben.

Die Begr. zum VE. S. VIII meint schließlich, daß die Trennung polizeilichen und kriminellen Unrechts jedenfalls nur dann von Wert sein könne, wenn sie sich suf das Gebiet der Nebengesetze erstrecke; eine Einbeziehung der Nebengesetze sei aber wegen der damit verbundenen zeitraubenden Arbeit untunlich. Aber auch dieser Einwand greift nicht durch. Einmal steht ja der GE. (Vorwort S. V, VII, VIII) in der Frage der Einarbeitung der Nebengesetze auf einem von dem VE. gänzlich verschiedenen Standpunkt. Sodann aber ist es gerade für den VE. recht bedenklich, die Ablehnung einer Reform damit zu motivieren, daß sie mangels Einbeziehung der Nebengesetze keine große praktische Bedeutung habe. Denn würde die Nichteinbeziehung der Nebengesetze den praktischen Wert einer Reform in Frage stellen, so wäre die praktische Bedeutung des ganzen VE., der doch die Nebengesetze nicht eingearbeitet hat, erschüttert. Oder sollte etwa gerade die Scheidung von kriminellem und polizeilichem Unrecht mehr als irgendein anderer Reformpunkt von der Einbeziehung der Nebengesetze abhängen? Dafür wäre ein Grund um so weniger erfindlich, als vielmehr umgekehrt die Scheidung von kriminellem und polizeilichem Unrecht mehr als irgendein anderer Reformpunkt programmatische Bedeutung hat, diese aber ganz unabhängig davon ist, bei wie vielen Delikten das Programm schon im einzelnen durchgeführt werden kann. Das ist der Begr. zum VE. S. VIII allerdings zuzugeben, daß, solange die Nebengesetze nicht eingearbeitet werden, es nicht zweckmäßig erscheint, die Übertretungen des StGB. in ein besonderes Reichspolizeistrafgesetzbuch zu verweisen. Denn dessen Umfang würde zu minimaler Natur sein. Der GE. hat daher die Übertretungen des StGB. in sich aufgenommen und sie nur, gleich dem schweiz. VE., in Buch II auf eine völlig selbständige Grundlage gestellt, auf der dereinst ein Reichspolizeistrafgesetzbuch aufgebaut werden kann (Vorw. S. V; ganz analog Erl. Bemerk. z. österr. VE. S. XI). Es ist schwer begreiflich, wie die Begr. zum VE. S. VIII in der Schaffung eines Reichspolizeistrafgesetzbuchs und in der Versetzung der Übertretungen dahin nur einen „Platzwechsel" sehen kann.

# Allgemeiner Teil.

## § 343. Begriff der Übertretung.

Der GE. definiert die Übertretungen, gleich den Verbrechen und Vergehen, nach der angedrohten Strafart. Man könnte einwenden, dies stehe im Widerspruch damit, daß der GE. die Übertretungen von den Verbrechen und Vergehen qualitativ unterscheide. Dieser Einwand wäre aber nicht berechtigt. Zu den Eigenschaften, welche das polizeiliche Delikt vom kriminellen unterscheiden, gehört — wie in der Vorbemerkung ausgeführt — auch die mindere Strafbarkeit. Diese Eigenschaft begründet natürlich nicht das Qualitative des Unterschiedes von polizeilichem und kriminellem Unrecht. Sie tritt nur als Quantitätsunterschied neben dem im übrigen qualitativen Unterschied. Der Qualitätsunterschied der Übertretungen des GE. gegenüber den Verbrechen und Vergehen kommt in der Auswahl der Übertretungstatbestände und in der Aufstellung einer Reihe besonderer Vorschriften für die Übertretungen zum Ausdruck. § 343 GE. hebt in Anknüpfung an § 1 den Quantitätsunterschied hervor.

Übrigens ist gerade die ausschließlich angedrohte Geldstrafe unmittelbarer Ausfluß der rein polizeilichen Natur der Übertretungen. Sobald man nämlich mit dem GE. daran geht, die Übertretungen von allen kriminellen Bestandteilen zu säubern, erkennt man, daß es für die übrigbleibenden reinen Polizeidelikte der Androhung von Freiheitsstrafe nicht mehr bedarf (so bereits insbesondere Frank, Mitt. der Int. Krimin. Vereinigung XII 201; v. Hippel, Monatsschr. f. Kriminalpsych. VII 464, 465; Goldschmidt, Vgl. Strafrechtsdarst. Allg. Teil IV S. 338 bei Note 5, S. 399; auch Rosenberg, Reform des RStGB. II 489). So wenig sich die ausschließliche Androhung von Geldstrafe mit dem Wesen des kriminellen Delikts verträgt (vgl oben S. 86), so sehr wird sie vom Wesen des Polizeidelikts geradezu erfordert. Ein Sicherheitsventil gegen etwa zu befürchtenden Mißbrauch des Ausschlusses der Freiheitsstrafe bei Übertretungen eröffnet § 356 GE. (vgl. noch Begr. zu diesem Paragraphen). Die Entbehrlichkeit einer „polizeilichen Gefängnisstrafe" beseitigt zugleich mit einem Schlage die Mißlichkeiten, welche die Verwendung der „Haft" als Polizeistrafe im VE. mit sich bringt (vgl. darüber oben S. 65).

Auf der anderen Seite nimmt der GE. davon Abstand, das Höchstmaß der bei Übertretungen zulässigen Geldstrafe zu begrenzen. Zwar beschränkt sich das Höchstmaß der im GE. selbst für Übertretungen vorkommenden Geldstrafe auf fünfhundert Mark. Es würde aber ein höheres Höchstmaß der Geldstrafe dem Wesen des Polizeidelikts und damit der Qualifikation als „Übertretung" keineswegs widerstreiten. Diese Feststellung ist wichtig für die im Vorwort S. VII vorgesehene Anpassung der Nebengesetze an das künftige Strafgesetzbuch. Wird in einem Nebengesetz auf einen Tatbestand zwar ausschließlich Geldstrafe angedroht, aber mit einem Höchstmaße, welches den Tatbestand nach den Grundsätzen des heutigen Rechts als „Vergehen" qualifiziert, so wird zu prüfen sein: Erscheint die Geldstrafe in der Tat als die für den betreffenden Tatbestand allein angemessene — was immer nur dann der Fall sein wird, wenn das Delikt echtes Polizei- oder sonstiges Verwaltungsdelikt ist — so wird der Tatbestand im künftigen Recht ohne Rücksicht auf das Höchstmaß der angedrohten Geldstrafe zu einer „Übertretung" werden. Das Hauptkontingent für diese Gruppe werden die Finanzdelikte liefern, bei denen, soweit nicht die Voraussetzungen des § 356 GE. vorliegen, Geldstrafe stets ausreicht. Oft aber wird sich, wie in den Fällen der §§ 147, 161 Abs. 2 Satz 2, 304 Abs. 2 Satz 2 VE. (vgl. oben S. 86), herausstellen, daß der Tatbestand in Wahrheit krimineller Natur ist. In diesem Falle wird die alternative Androhung von Gefängnis und damit die Aufrechterhaltung des Vergehenscharakters jenes Tatbestandes auch im künftigen Recht angezeigt sein.

Keine Folge hat der GE. dem Vorschlage Rosenbergs (Reform II 470—473) gegeben, innerhalb der Übertretungen wieder zwischen Übertretungen von Reichsgesetzen oder Verordnungen des Kaisers oder Bundesrats einerseits und von Polizeiverordnungen andererseits zu unterscheiden und nur auf diese letzteren den Begriff der „Polizeiübertretungen" mit seiner eigentümlichen polizeirechtlichen Regelung zu beschränken. Einmal erscheint eine Wiederbelebung der in der bayerischen Gesetzgebung von 1861 sich findenden

Vierteilung der strafbaren Handlungen in Verbrechen, Vergehen, Übertretungen und Polizeiübertretungen nicht empfehlenswert. Sie ist s. Z. (vgl. Goldschmidt, Verwaltungsstrafrecht, 1902, S. 375) nur aus taktischen Gründen, die in der politischen Konstellation wurzelten, beschlossen worden. Und sie wäre um so überflüssiger, als auch Rosenberg die Erhebung von Delikten wie Bettel, Landstreicherei, Gewerbsunzucht und Verletzung der Unterhaltspflicht zu „Vergehen" befürwortet. Sodann aber mag es zwar richtig sein, daß die Übertretungen der Polizeiverordnungen den reinsten und unverfälschtesten Typus von „Polizeiübertretungen" repräsentieren (übrigens weniger, wie Rosenberg meint, wegen ihrer räumlich und zeitlich beschränkten Geltung, als vielmehr wegen der bei ihnen vorliegenden Kongruenz von Inhalt und Form). Indessen als ausschlaggebendes Kriterium kann dieses formale Moment der staatsrechtlichen Qualität der übertretenen Vorschrift nicht gewertet werden, da die Grenzen der formalen staatsrechtlichen Zuständigkeit zum Erlaß von Polizeivorschriften nicht parallel dem materiellen Charakter dieses Begriffes laufen. Dazu kommt noch, daß auch das formale Kriterium des Ursprunges der übertretenen Vorschrift keinen sicheren Anhalt bietet. Man denke an die sog. „Blankettstrafgesetze". In der Tat sieht sich Rosenberg (a. a. O. S. 483) genötigt, zur Rubrizierung der den Blankettstrafgesetzen unterfallenden Übertretungen — er zählt sie zu den „Polizeiübertretungen" — in weitgehendstem Maße auf den „Inhalt" der übertretenen Vorschrift Bezug zu nehmen. Damit gibt aber Rosenberg sein formales Kriterium für die wichtigsten Fälle selbst preis.

## § 344. Anwendung des Allgemeinen Teils über Verbrechen und Vergehen.

§ 344 lehnt sich an Art. 233 des schweiz. VE. an und ist dazu bestimmt, Lücken auf dem Gebiete der Übertretungen zu vermeiden. Zu den bereits im VE. enthaltenen Fällen, daß sich Vorschriften des Allgemeinen Teils ausdrücklich — oder stillschweigend — nur auf Verbrechen oder Vergehen beziehen (vgl. Wach, DJZ. XV 11), treten im GE. noch insbesondere die der §§ 32, 57, 68, 76, 77, 94, 100, 110, 111. Von diesen hinzukommenden Fällen erklärt sich ein Teil (die §§ 68, 76, 77, 100) daraus, daß der GE. bei Übertretungen keine Freiheitsstrafe androht; ein anderer Teil (die §§ 57, 94, 110, 111) stammt daher, daß der GE. die „Bewährung" an festumgrenzte Voraussetzungen gebunden hat; über den Fall des § 32 endlich vgl. oben S. 52 (dazu schon Seuffert, Ein neues StGB. für Deutschland, 1902, S. 24). Von den auf die Übertretungen anwendbaren Vorschriften des Allgemeinen Teils des Ersten Buchs seien insbesondere hervorgehoben die vorwiegend staatsrechtlichen Vorschriften der §§ 2, 3, 6—10, die Vorschriften über Zurechnungsfähigkeit der §§ 13, 15, 16, die Vorschriften über Rechtswidrigkeit und Schuld (§§ 19—24) — soweit nicht die §§ 347, 348 Abweichendes enthalten —, über Notwehr und Notstand (§§ 25, 26), der Täterschaftsparagraph 31, die Bestimmungen über Geldstrafe, Verweis und Wirtshausverbot (§§ 61—67, 69 Abs. 1 Satz 1), einzelne Grundsätze aus der „Strafbemessung" (so die §§ 81, 86, 88, 89, 91, 92—94, letztere vorbehaltlich des § 354), aus den Vorschriften über Zusammentreffen die §§ 99, 102, 103 — vorbehaltlich des § 349 Abs. 4 —, endlich die Bestimmungen über Verjährung (§§ 104—109) mit der Maßgabe des § 355. Die Unanwendbarkeit des § 87 Ziff. 9 GE. auf Übertretungen setzt voraus, daß bei Anpassung der Nebengesetze an das Strafensystem des GE. etwa sich findende erhöhte Mindestmaße in den Geldstrafdrohungen gegen Übertretungen beseitigt werden. Über die Frage der Anwendbarkeit des § 11 GE. auf Übertretungen vgl. unten zu § 348.

Im übrigen fassen die §§ 345—356 des GE. die im VE. zerstreut sich findenden ausdrücklichen Sonderbestimmungen für Übertretungen (vgl. Wach, DJZ. XV 11) zusammen. Mit dieser Art der Regelung folgt der GE. nicht allein dem schweiz. VE., sondern er kehrt damit auch zum Standpunkt des preußischen Strafgesetzbuchs zurück. Außerdem bringen die §§ 345—356 GE. noch einige weitere, über den VE. hinausgehende Sondernormen, und zwar in den §§ 346, 347 Abs 2, 348 einerseits, den §§ 350, 351, 356 andererseits. Diese erklären sich daraus, daß der GE. als Übertretungen nur mit Geldstrafe bedrohte Delikte kennt. Jene sind einige weitere Folgerungen, die der GE. aus der verwaltungsrechtlichen Natur der Übertretungen ziehen zu können glaubt. Sie sind größtenteils dem Finanzstrafrecht entnommen, als demjenigen Zweige des Verwaltungsstrafrechts, welcher diese seine eigentümliche Natur besser bewahrt hat als das eigentliche Polizeistrafrecht.

Der GE. verkennt nicht, daß der Allgemeine Teil seines Zweiten Buchs vorläufig nur ein bescheidener Ausdruck der von ihm behaupteten Eigenart der Übertretungen ist. Er glaubt aber, daß diese Sondernormen, in Verbindung mit der aus dem Allgemeinen Teil des Ersten Buchs arg. e contrario sich ergebenden Unanwendbarkeit gewisser nur auf Verbrechen und Vergehen bezüglicher Vorschriften, ausreichen, die Behauptung der Sondernatur der Übertretungen zu rechtfertigen. Die Jahrhunderte währende Verquickung des kriminellen und des polizeilichen Unrechts und die Jugend des Verwaltungsrechts haben eine hohe Entwickelung des Verwaltungsstrafrechts bisher nicht aufkommen lassen. Immerhin zeigen die aufgestellten Sondernormen, deren teilweiser Aufstellung sich ja auch der VE. nicht zu entziehen vermocht hat, daß die Behauptung der Begr. des VE. (S. VIII), die „verwaltungsrechtlichen Gesichtspunkte", denen das auszuscheidende Polizeiunrecht zu unterstellen wäre, müßten noch erst „gefunden werden", weit über das Ziel hinausschießt. Es ist gewiß nicht die Aufgabe eines für die Gegenwart arbeitenden Gesetzgebers, die Grundsätze, welche erst die Entwickelung ferner Zukunft herausbilden wird, vorauszuahnen. Wohl aber ist es die Aufgabe des Gesetzgebers unfertigen Rechtsgebilden gegenüber, eine Lage zu schaffen, welche einer gesunden Fortentwickelung nicht hinderlich, sondern förderlich ist. Dieser Aufgabe zu genügen, ist der GE. bestrebt gewesen, indem er den gesicherten Bestand der für das Verwaltungsstrafrecht bereits herausgebildeten Sonderbestimmungen aufgenommen und auf eine selbständige Grundlage gestellt hat.

### § 345. **Bestrafung im Ausland begangener Übertretungen.**

§ 345 GE. gibt den § 6 VE. unverändert wieder.

### § 346. **Übernahme der Verantwortung.**

§ 346 verallgemeinert eine Einrichtung, die dem Finanzstrafrecht des Deutschen Reichs längst geläufig ist (vgl. § 55 Abs. 2 des Zuckersteuergesetzes i. d. Fass. v. 6. Januar 1903; § 125 des Branntweinsteuergesetzes v. 15. Juli 1909; § 13 des Brausteuergesetzes i. d. Fass. v. 21. Juli 1909). Die Verallgemeinerung und damit die Übertragung auf das Polizeistrafrecht im engeren Sinne ist vielfach verlangt worden; so von Seuffert (Ein neues Strafge setzbuch für Deutschland, 1902, S. 24), Frank (MIKV. XII 201) und Rosenberg (Reform II 490). In der Tat trifft der den zitierten Paragraphen der Finanzgesetze zugrunde liegende Gedanke auch für das Polizeistrafrecht zu. Es muß z. B. eine Möglichkeit geben, daß der Eigentümer eines Hauses, der dieses Haus vermietet hat und nun vielleicht in einer ganz anderen Stadt wohnt, frei wird von der polizeistrafrechtlichen Verantwortlichkeit für Verletzung der mit der Hausverwaltung verbundenen polizeilichen Pflichten. Für das Gebiet der Gewerbepolizei enthält bereits § 151 Abs. 1 Satz 1 der Gewerbeordnung eine zum Teil sogar noch weiter gehende Vorschrift (vgl. auch § 82a Krankenvers.-Ges. v. 1892; § 43 Abs. 2 Auswand.-Ges. v. 1897; § 29 Kinderschutz-Ges. v. 1903; §§ 534, 913, 1045, 1494 der Reichsversicherungsordnung). Im Hinblick darauf, daß § 346 GE. die Übertragung der Verantwortlichkeit an die — selbstverständlich jederzeit widerrufliche — „Einwilligung der zuständigen Behörde" knüpft, dürften alle Bedenken gegen allzu weite Ausdehnung oder etwaigen Mißbrauch beseitigt sein.

Über die in der Parenthese in § 346 GE. gegebene Begriffsbestimmung der „Verwaltungsvorschrift" vgl. noch unten zu § 347.

## § 347. **Schuld.**

Abs. 1 des § 347 GE. gibt den die Übertretungen betreffenden Teil von § 58 Abs. 2 VE. wieder. Daß Ausnahmen von dem Satze: „Ohne Schuld keine Strafe" auch auf dem Gebiete des Verwaltungsstrafrechts nicht zugelassen werden können, ist bereits oben S. 23 ausgeführt. Deshalb ist der Vorbehalt des § 58 Abs. 1 VE.: „Wenn das Gesetz nichts anderes bestimmt" auch hier in keiner Form zum Ausdruck gelangt. Übrigens scheint schon die Begr. z. VE. S. 200, 201 die Ausnahmen auf das Gebiet des Finanzstrafrechts beschränken zu wollen, welches jedenfalls in seiner eigentümlichen Regelung dem GE. fremd ist. Aber auch von Aufstellung einer allgemeinen Schuldvermutung für das Polizeistrafrecht (vgl. Rosenberg, Reform II 488, 489, und die daselbst zitierten Stellen bei Seuffert und Goldschmidt) hat der GE. abgesehen. Maßgebend war die Erwägung, daß sich bisher weder in der Gesetzgebung noch in der Rechtsprechung in dieser Beziehung genügend feste Grundsätze herausgebildet haben, um schon heute zur Formulierung eines allgemeinen Satzes gelangen zu können (vgl. dazu die Ausführungen der Begr. z. VE. S. 200,

201 einerseits, der Begr. zu § 344 des GE. am Schlusse daselbst andererseits).

Dagegen hat der GE. umgekehrt in § 347 Abs. 2 einen Rechtssatz aufgestellt, welcher die Verantwortlichkeit für Übertretungen von gesteigerten Voraussetzungen abhängig macht.

Es ist oben S. 33 ausgeführt worden, daß im Justizstrafrecht allerdings die Vorstellung bzw. die Vorstellbarkeit der Rechtswidrigkeit nicht von vornherein als Schuldmerkmal erfordert werden kann. Denn im Justizstrafrecht bringt die Vorstellung bzw. Vorstellbarkeit der zum gesetzlichen Tatbestand gehörigen Tatumstände grundsätzlich ohne weiteres die Vorstellung bzw. Vorstellbarkeit der Schädlichkeit der Handlung mit sich. Es bedarf also regelmäßig nicht noch daneben des Bewußtseins bzw. der Möglichkeit des Bewußtseins der Rechtswidrigkeit. Anders im Verwaltungsstrafrecht. Hier bedingt die Vorstellung oder Vorstellbarkeit der zum gesetzlichen Tatbestand gehörigen Tatumstände noch keineswegs das Bewußtsein bzw. die Bewußtseinsmöglichkeit von der rechtlichen Bedeutung der Handlung. Die Rechtsordnung, welche im Justizstrafrecht ihren Schutz empfängt, wurzelt tief in den sittlichen Wertvorstellungen der Allgemeinheit. Die Verwaltungsordnung, deren Aufrechterhaltung das Verwaltungsstrafrecht dient, ist zu ihrem größten Teil positive Staatsschöpfung. Die dem Justizstrafrecht zugrunde liegende Rechtsordnung erhält ihre Sanktion durch die höchsten Stellen im Staat. Die dem Verwaltungsstrafrecht zugrunde liegende Verwaltungsordnung geht größtenteils von unteren Behörden aus. Die Rechtsnormen beherrschen weite Gebiete, ja sind zum Teil von universaler Bedeutung. Die Verwaltungsnormen, insbesondere die Polizeivorschriften, haben vielfach nur lokale Geltung. Das Recht ist seinem Wesen nach meist auf Dauer berechnet, es überlebt oft ganze Geschlechter, ja seine Fundamente haben Ewigkeitswert. Den Verwaltungsvorschriften ist ihrer Natur nach eine beschränkte Lebensdauer zugemessen, sie sind oft raschem Wechsel unterworfen. Sieht doch ein im Preußischen Abgeordnetenhaus in der Session 1910/1911 eingebrachter Antrag Schiffer sogar das Erlöschen der Rechtswirksamkeit jeder Polizeiverordnung mit dem Ablauf von fünfundzwanzig Jahren seit ihrem Erlasse vor.

Aus allen diesen Gründen ist von den verschiedensten Seiten die Forderung erhoben worden, den im Justizstrafrecht geltenden

Satz: Ignorantia juris nocet für das Verwaltungsstrafrecht außer Wirksamkeit zu setzen; so von Goldschmidt, Verwaltungsstrafrecht, 1902, § 30; DJZ. VII 214; GoltdA. Bd. 49 S. 75; Bd. 54 S. 41; Festg. d. Berl. Jur.-Ges. f. Koch, 1903, S. 429; MIKV. XII 246; O. Mayer, Dtsch. Verw.-R. I 325; M. E. Mayer, Rechtsnormen und Kulturnormen, Strafr.Abhdl. Heft 50, S. 128; Hofacker, VerwA. XV 420; v. Bar, Gesetz und Schuld, II 428; Graf Gleispach, Verhdl. d. 29. Juristentages, V 453, 838; Rosenberg, Reform II 489; Eingabe der Ältesten der Berliner Kaufmannschaft an den Herrn Staatssekretär des Reichsjustizamts v. 4. Februar 1911 S. 6ff. Nun trägt zwar der GE. im § 23 dem „Irrtum über die Rechtswidrigkeit" schon auf dem Boden des Justizstrafrechts Rechnung. Indessen diese Bestimmung genügt für die besonderen Verhältnisse des Verwaltungsstrafrechts nicht. Denn, wie oben S. 33, 34 ausgeführt worden ist, erkennt § 23 GE. nur die „irrige" bzw. entschuldbar irrige „Vorstellung der Berechtigung in concreto als Schuldausschließungsgrund" an (oben S. 34). Im Verwaltungsstrafrecht muß aber, darüber hinaus, von vornherein das Bewußtsein bzw. die Möglichkeit des Bewußtseins der Normwidrigkeit in abstracto als Schuldmerkmal erfordert werden. Demgemäß verlangt § 347 Abs. 2 GE. Kenntnis bzw. schuldhafte Unkenntnis der übertretenen Vorschrift als Schuldmerkmal.

§ 347 Abs. 2 GE. ist aber noch aus einem anderen Grunde neben § 23 GE. nötig und geht noch in einer anderen Beziehung über diesen hinaus.

Es ist oben S. 33, 34 ausgeführt worden, daß Irrtum über die Rechtswidrigkeit einer strafbaren Handlung, soweit Rechtsirrtum, seinem Wesen nach außerstrafrechtlicher Rechtsirrtum sein muß. Indessen auch dies gilt nur für das Justizstrafrecht. Im Verwaltungsstrafrecht gehören die Strafdrohungen und die ihnen zugrunde liegenden Normen gerade umgekehrt einem und demselben Rechtsgebiet an, nämlich dem Verwaltungsrecht. Ein auf Rechtsirrtum beruhender Irrtum über die Rechtswidrigkeit bezieht sich also im Verwaltungsstrafrecht auf das nämliche Rechtsgebiet, wie ein auf Rechtsirrtum beruhender Irrtum über die Strafbarkeit. Ist dies aber der Fall, so kann der § 23 GE., der den Täter entschuldigt, wenn er „sich zur Vornahme der Handlung für berechtigt" hält, auf dem Boden des Verwaltungsstrafrechts erst recht nicht ausreichen, den Rechtsirrtum über die Rechtswidrigkeit zu decken. Denn er weist, außer auf die „irrige Vorstellung der Berechtigung in concreto als Schuldausschließungsgrund", auf einen Rechtsirrtum hin, der sich notwendig auf ein anderes Rechtsgebiet beziehen muß, als dasjenige ist, dem die Strafdrohung angehört. Die Fassung des § 347 Abs. 2 GE.: „Ist dem Täter die übertretene Vorschrift unbekannt", . . . bringt, ohne den, natürlich auch im Verwaltungsstrafrecht bestehenden, begrifflichen Unterschied von Norm und Strafgesetz zu verleugnen (vgl. Unterschied der Fassung: „übertretene Vorschrift" in § 347 Abs. 2 und: „Fällt eine Handlung unter mehrere Strafgesetze" in § 99 GE.), doch die Gleichartigkeit von Norm- und Strafrechtsirrtum im Verwaltungsstrafrecht zum Ausdruck.

„Vorschrift" im Sinne des § 347 Abs. 2 ist, wie im Sinne des § 346, „Gesetz, Verordnung oder Anordnung". Die dem Verwaltungsstrafrecht zugrunde liegende Norm braucht nicht notwendig eine Rechtsnorm zu sein. Wesentlich ist allein, daß sie ein Verwaltungsbefehl ist (vgl. Goldschmidt, MIKV. XII 244 zu Anm. 2 und die in Anm. 2 daselbst Zitierten: Rosin und Binding).

Mit Aufstellung des Satzes, daß im Verwaltungsstrafrecht unverschuldete Normunkenntnis entschuldigt, in § 347 Abs. 2 entspricht der GE. nicht allein den in der Reformliteratur laut gewordenen Wünschen, sondern er knüpft damit auch an Vorgänge an, die sich in der deutschen Partikulargesetzgebung vor dem Reichsstrafgesetzbuch finden. So findet sich derselbe Satz für das Polizeistrafrecht ausgesprochen in dem Entwurf eines preußischen StGB. v. 1833 (vgl. Goldschmidt, Verwaltungsstrafrecht S. 284, 285; v. Hippel, Vgl. Darst. Allg. T. III 477), sowie in den Polizeistrafgesetzbüchern für Bayern v. 1861 und Baden v. 1863 (Goldschmidt, a. a. O. S. 391, 409; v. Hippel, a. a. O. S. 471).

Ausdrücklich sei bemerkt, daß die Verfasser des GE. auf dem Standpunkt stehen, daß der Satz des § 347 Abs. 2 auch Geltung für die Verwaltungsdelikte außerhalb des Strafgesetzbuchs beansprucht, und daß mit ihm im Widerspruch stehende Vorschriften der Nebengesetze (z. B. § 163 des Vereinszollges. v. 1. Juli 1869) zu beseitigen sind. Inwieweit den Interessen der Verwaltung, insbesondere der Finanzverwaltung, durch Aufstellung von Schuldvermutungen in den Nebengesetzen Genüge zu tun ist, steht hier nicht zur Erörterung (vgl. oben den Anfang der Begr. zu diesem Paragraphen, sowie oben S. 23).

## § 348. Haftung Dritter.

Abs. 1 des § 348 verallgemeinert eine Reihe von Vorschriften aus dem Finanz- und Polizeistrafrecht des Reiches und der Einzelstaaten, welche § 306 Ziff. 2 Satz 2 VE. ausdrücklich aufrechterhält. Auf dem Boden des GE. dient § 348 Abs. 1 dazu, den Täterschaftsparagraphen 31, der sich nur auf das pflichtwidrige Zulassen einer dem Täter bekannten oder fahrlässig unbekannten bestimmten Einzelhandlung bezieht, sowie den § 182, der nur die Nichtabhaltung von Kindern unter vierzehn Jahren von strafbaren Handlungen bedroht (vgl. oben S. 198), zu ergänzen. Die von § 348 Abs. 1 aufgestellte Haftung ist keine Strafhaftung, sondern eine verwaltungsrechtliche Haftung für fremdes Verschulden. Wie aber die §§ 831, 832 BGB. die sog. außervertragliche „Haftung für fremdes Verschulden" auf eine Haftung für culpa in eligendo, administrando, custodiendo gegründet haben, so verlangt § 348 Abs. 1 GE. als Voraussetzung der Haftung eine culpa in custodiendo. Damit wird das Wesen der Haftung um so weniger geändert, als — abweichend von verwandten Bestimmungen einiger Reichsgesetze (vgl. v. Liszt, Lehrb. 18. Aufl. S. 254 Anm. 5 a. E.) — Voraussetzung stets die Strafbarkeit des Hauptschuldigen bleibt. Im übrigen ist als Haftungsgrund ein Gewalts- oder Aufsichtsverhältnis des Haftbaren zu dem Täter der Übertretung vorausgesetzt. Es ist hier so wenig wie in § 182 GE., aber abweichend von §§ 305 Ziff. 2 dritter Mischtatbestand, 306 Ziff. 2 VE. erfordert, daß der Täter der Übertretung zur „häuslichen Gemeinschaft" des Haftbaren gehört. Denn noch mehr als in § 182 GE. genügt in § 348 Abs. 1 GE. die Verletzung der Aufsichtspflicht, um den Aufsichtspflichtigen haftbar zu machen (genau so § 832 BGB.).

Auch mit Aufstellung des in § 348 Abs. 1 enthaltenen Satzes befindet sich der GE. im Einklang mit beachtenswerten Stimmen der Reformliteratur und früheren partikulären Polizeistrafgesetzbüchern (vgl. Rosenberg, Reform II 490 zu Anm. 1 das. und diese Anm. 1 selbst).

Mit Abs. 1 hängt Abs. 2 des § 348 GE. eng zusammen. Er will nicht, wie man vielleicht annehmen könnte, die Deliktsfähigkeit juristischer Personen auf dem Gebiete des Verwaltungsstrafrechts statuieren. Vielmehr glaubt der GE., daß auch hier für den Gesetzgeber noch nicht die Zeit gekommen ist, eine so weitgehende Folgerung aus der verwaltungsrechtlichen Natur des Verwaltungsstrafrechts zu ziehen. Im Gegenteil, der GE. sieht davon ab, seinen § 11, dem gewissermaßen geradezu das Prinzip der Deliktsunfähigkeit juristischer Personen im Justizstrafrecht zugrunde liegt, etwa für unanwendbar auf Übertretungen zu erklären. Solange die verwaltungsstrafrechtliche Deliktsfähigkeit juristischer Personen nicht anerkannt ist, bleibt — soll nicht eine Lücke in der Verantwortlichkeit entstehen — gar nichts anderes übrig, als gegebenen Falles den § 11 GE. auch im Verwaltungsstrafrecht anzuwenden (vgl. denn auch z. B. den § 21 des Wechselstempelgesetzes i. d. Fass. v. 21. Juli 1909; zum Teil auch die §§ 536, 912, 1045, 1222, 1493 der Reichsversicherungsordnung). Was Abs. 2 des § 348 GE. will, ist nichts als eine Ausdehnung der in Abs. 1 statuierten subsidiären Haftung Aufsichtspflichtiger auf juristische Personen. So wenig wie die Haftung in Abs. 1 ist die in Abs. 2 Strafhaftung, sondern nur verwaltungsrechtliche Haftung für fremdes Verschulden. Für eine solche Haftung juristischer Personen findet sich aber in der Verwaltungsstrafgesetzgebung des Reiches bereits ein Vorgang in dem § 153 Ziff. 2 des Vereinszollgesetzes v. 1. Juli 1869. Im übrigen lehnt sich § 348 Abs. 2 in der Fassung an § 31 BGB. an. Angesichts der Neuheit der Vorschrift schien es ratsam, die Haftung vorläufig auf juristische Personen des „bürgerlichen“ Rechts zu beschränken.

## § 349. **Geldstrafe.**

Abs. 1 gibt den § 30 Satz 1 des VE. wieder, soweit er von Übertretungen handelt.

Abs. 2 Satz 1 bestimmt, daß die Tilgung von durch Übertretungen verwirkten, nicht beitreibbaren Geldstrafen in einer Anstalt und die Vollstreckung von Ersatzfreiheitsstrafen (GE. § 65) erst stattfinden soll, wenn die Geldstrafe auch von dem gemäß § 348 für haftbar Erklärten nicht beigetrieben werden kann. Damit setzt sich der GE. zwar in Widerspruch zu neueren Bestimmungen der Reichsfinanzgesetzgebung (vgl. v. Liszt, Lehrb. 18. Aufl. S. 254 Anm. 5 a. E.). Aber diese Bestimmungen, wonach die Steuerbehörde die Wahl hat zwischen Inanspruchnahme des subsidiär haftbaren Dritten und Vollstreckung der Ersatzfreiheitsstrafe gegen den Hauptschuldigen, verdienen keine Nachahmung. Die Tilgung der Geldstrafe durch Anstaltsarbeit und erst recht die Ersatzfreiheitsstrafe müssen stets Mittel bleiben, auf die erst nach Erschöpfung aller anderen gegriffen wird. — Satz 2 des Abs. 2 spricht den wohl keiner Begründung bedürftigen Satz aus, daß der gemäß § 348 für haftbar Erklärte weder zur Tilgung der Geldstrafe in einer Anstalt angehalten, noch zu einer Ersatzfreiheitsstrafe verurteilt werden darf.

Abs. 3 ergänzt den in § 65 Abs. 3 festgesetzten Umwandlungsmaßstab mit Rücksicht darauf, daß bei Übertretungen das Mindestmaß der Geldstrafe eine Mark beträgt. Der GE. verfährt dabei aber nicht wie der an das geltende Recht sich anlehnende § 34 VE., der den Umwandlungsmaßstab bei Übertretungen einfach auf 1—30 Mk. = 1 Tag Freiheitsstrafe festsetzt. Denn dieses Verfahren führt zu der Konsequenz, daß die Ersatzfreiheitsstrafen für Übertretungen dreimal (nach dem VE. sogar fünfmal) so lang bemessen werden können als für Verbrechen und Vergehen (so schon für das geltende Recht — vgl. dazu Olshausen, Note 2 zu § 29 StGB. —; erst recht für VE. und GE., nach denen die Ersatzfreiheitsstrafe bei allen strafbaren Handlungen die gleiche ist). Aus diesem Grunde soll nach dem GE. der Umwandlungsmaßstab bei Übertretungen an sich derselbe sein wie bei Verbrechen und Vergehen, nämlich: 3—30 Mk. = 1 Tag Freiheitsstrafe. Nur für den Fall, daß überhaupt bloß eine unter drei Mark betragende Geldstrafe zur Umwandlung steht, trifft Abs. 3 des § 349 GE. dahin Vorsorge, daß alsdann die Ersatzstrafe einen Tag betragen soll.

Abs. 4 endlich ergänzt die §§ 65, 102 GE. durch Bestimmung eines Höchstmaßes der Anhaltung in der Anstalt bzw. der Ersatzstrafe, soweit Übertretungen, im Falle der Realkonkurrenz nur Übertretungen in Frage stehen. Die entsprechenden Bestimmungen des VE. finden sich in den §§ 34 Abs. 2, 92 Abs. 2. Der GE. kehrt aber in Festsetzung des Höchstmaßes gegenüber dem VE. zum geltenden Recht (§§ 29 Abs. 2, 78 Abs. 2 StGB.) zurück. Die Rückkehr verstand sich für den GE., der bei Übertretungen überhaupt keine primären Freiheitsstrafen kennt, von selbst, da die Abweichung des VE. vom geltenden Recht lediglich eine Folge der Erhöhung der Übertretungsstrafen auf drei Monate Gefängnis ist (vgl. Begr. z. VE. S. 126, 395).

## § 350. **Verweis.**

Der GE. kennt den Verweis bei Verbrechen und Vergehen, wie der VE., nur „in besonders leichten Fällen“ (GE. § 88; oben S. 91, 117). Bei den Übertretungen schien es wünschenswert, darüber hinauszugehen. Zwar geht der GE. nicht so weit, den Verweis, wie vielfach (z. B. von Frank, MIKV. VII 196, XII 201; Junghanns, Bl. f. Gef.-Kunde Bd. 37 S. 316; Rosenberg, Reform II 489) empfohlen worden ist, bei Übertretungen schlechthin als poena ordinaria zu verwenden. Er hält es aber für richtig, dies wenigstens Jugendlichen gegenüber zu tun. Wird doch auch die vom GE. als ausschließliche Übertretungsstrafe verwendete Geldstrafe, gegen einen Jugendlichen verhängt, meist gar nicht diesen, sondern nur den gemäß § 348 Abs. 1 GE. haftbaren Aufsichtspflichtigen treffen. Die durch § 350 GE. vorgenommene Einsetzung des Verweises als eine der Geldstrafe gleichstehende Übertretungsstrafe bei Jugendlichen knüpft auch, insoweit der Verweis dabei als spezifische Jugendstrafe erscheint, an das geltende Recht (§ 57 Ziff. 4 StGB.) an.

## § 351. **Unanwendbarkeit gewisser Maßnahmen.**

Der GE. hat alle mit Freiheitsstrafe zu bedrohenden Delikte aus dem Kreise der Übertretungen entfernt. Daraus ergibt sich als Konsequenz, daß auch alle eine Freiheitsentziehung oder wesentliche Freiheitsbeschränkung mit sich bringenden sichernden Maßnahmen auf Übertretungen nicht anwendbar sein dürfen und es auch nicht zu sein brauchen. Für die sichernden Maßnahmen der §§ 60, 68 und 98 GE. folgt die Unanwendbarkeit auf Übertretungen schon ohne weiteres aus dem Wortlaut dieser Paragraphen. Für die sichernden Maßnahmen der §§ 14, 17, 18 Abs. 1, 68 Abs. 1 Satz 2, Abs. 2 GE. mußte die Unanwendbarkeit ausdrücklich ausgesprochen werden. Es sei auch hier auf das Sicherheitsventil des § 356 GE. verwiesen, durch dessen Vermittlung auch die genannten sichernden Maßnahmen auf Übertretungen anwendbar werden können.

## § 352. **Einziehung.**

Entsprechend dem grundsätzlichen Standpunkt, den der GE. (§ 80) zur Einziehung einnimmt (vgl. oben S. 109 ff.), verallgemeinert § 352 die in § 310 Abs. 3 VE. gegebenen Bestimmungen.

## § 353. Besonders leichte Fälle.

§ 353 gibt den Abs. 1 des § 310 VE. mit der Maßgabe wieder, daß er, entsprechend der Forderung Wachs (DJZ. XV 11) die Befugnis, von Strafe in besonders leichten Fällen abzusehen, auf alle, nicht bloß auf die im StGB. geregelten Übertretungen erstreckt. Die Einwendungen, die Rosenberg (Reform II 487) gegen die Anwendung des § 310 Abs. 1 VE. auf Polizeiübertretungen erhoben hat, greifen nach Ansicht der Verfasser des GE. nicht durch. „Besonders leichte Fälle" ist ein relativer Begriff, aber eben deshalb sind sie bei jedem Delikt denkbar.

## § 354. Bedingte Strafvollstreckung.

Abs. 1 Satz 1 ergänzt den § 92 Abs. 2 Satz 1 GE., indem er § 38 Abs. 2 VE. insoweit wiedergibt, als dieser sich auf Übertretungen bezieht. Abs. 1 Satz 2 schließt aus den oben zu § 351 entwickelten Gründen für Übertretungen die Stellung des Verurteilten unter Schutzaufsicht (§ 92 Abs. 2 Satz 2 GE.) aus.

Abs. 2 ergänzt sinngemäß den § 94 GE.

## § 355. Verjährung.

Abs. 1 ergänzt den § 104 GE., indem er § 94 Abs. 3 VE. wiedergibt.

Abs. 2 ergänzt den § 106 Abs. 1 GE., indem er den auf Übertretungen bezüglichen Teil des § 96 Abs. 1 (in der Klammer vor der Überschrift von § 355 GE. heißt es irrtümlich: „96 Abs. 2" statt „Abs. 1") VE. wiedergibt.

## § 356. Strafschärfung.

Die ausschließliche Verwendung der Geldstrafe als Übertretungsstrafe durch den GE. macht gleichsam die Eröffnung eines Sicherheitsventils nötig. Daher haben alle diejenigen, welche die Androhung von Freiheitsstrafe gegen Verwaltungsdelikte verwerfen, eine Ausnahme gemacht für die Fälle der böswilligen, der gewerbs- oder gewohnheitsmäßigen Begehung und der Begehung in wiederholtem Rückfall (vgl. Frank, MIKV. XII 201; Goldschmidt, Vgl. Darst. Allg. T. IV 338 Anm. 5, 399 zu Anm. 5 u. 6; Rosenberg, Reform II 489, 490). In der Tat ergibt eine genaue Analyse des Begriffes des Verwaltungsdelikts, daß bei Vorliegen einer der genannnten Voraussetzungen das Verwaltungsdelikt aufhört, ein solches zu sein, und zu einem kriminellen wird (vgl. schon Rosenfeld, MIKV. III 189; Goldschmidt, a. a. O.).

Diesen praktisch wie theoretisch zu demselben Ergebnis führenden Erwägungen ist der § 356 GE. entsprungen. Voraussetzung ist, daß „der Täter die übertretene Vorschrift böswillig (§ 21 Abs. 2 GE.) oder gewerbs- oder gewohnheitsmäßig übertreten hat, oder daß er wegen ihrer Übertretung in den letzten drei Jahren vor Begehung der gegenwärtigen Tat wiederholt rechtskräftig im Inland verurteilt worden ist". Zur Strafschärfung speziell wegen „Rückfalls" genügt hier also, abweichend von § 95 GE., „rechtskräftige Verurteilung". Andererseits ist, abweichend von § 95 GE., „wiederholte" Verurteilung wegen Übertretung derselben Vorschrift, und zwar „im Inland" erforderlich. Unverkennbar ist die — beabsichtigte — Anlehnung des § 356 GE. an § 362 Abs. 2 Satz 2 StGB. Erforderlich ist, daß die genannten Voraussetzungen „vom Gericht festgestellt" werden; es soll also nicht zulässig sein, daß sie durch polizeiliche Strafverfügung oder durch Strafbescheid der (Finanz-) Verwaltungsbehörde festgestellt werden. Dieses Erfordernis tritt danach als prozessuale Voraussetzung zu den bezeichneten materiellen Voraussetzungen.

Werden die Voraussetzungen des § 356 Abs. 1 festgestellt, so finden die Vorschriften über „Vergehen" Anwendung (§ 356 Abs. 2). Gewissermaßen nur eine Spezialanwendung dieses Grundsatzes ist, daß auf Gefängnis bis zu sechs Monaten erkannt werden kann (§ 356 Abs. 1). Es finden also u. a. Anwendung die durch § 351 GE. bei Übertretungen ausgeschlossenen sichernden Maßnahmen der §§ 14, 17, 18 Abs. 1, 69 Abs. 1 Satz 2, Abs. 2 GE. Es können aber sogar, sofern schon früher der Täter auf Grund des § 356 Abs. 1 mit Gefängnis bestraft worden ist, unter Umständen die §§ 95, 96 Abs. 1 Satz 1, Abs. 2 GE. Anwendung finden, also auch die sichernde Maßnahme des § 68 GE. Endlich können auch die sichernden Maßnahmen der §§ 76, 77 GE. Anwendung finden.

Die Bestimmung des § 356 GE. ist nicht ohne Vorgang in der Reichsgesetzgebung. Vielmehr hat der oben entwickelte, praktisch wie theoretisch gleich fundierte Grundgedanke, daß ein Verwaltungsdelikt durch die in ihm betätigte intensive verbrecherische Gesinnung zu einem kriminellen wird, Ausdruck gefunden in den Reichsfinanzgesetzen. Diese pflegen grundsätzlich gegen die Finanzdelikte nur Geldstrafe anzudrohen, im Rückfalle aber mit Freiheitsstrafen vorzugehen. Das ist genau der Standpunkt des GE.

# Besonderer Teil.

## Vorbemerkungen.

Von den in §§ 305 bis 309 VE. aufgeführten Übertretungen hat der GE. die der §§ 305, 306 Ziff. 1, 2, 307 Ziff. 1, 2 — erster und zweiter Mischtatbestand —, 3 — erster Mischtatbestand —, 308 Ziff. 1, 2, 10, 11, 309 Ziff. 2 zu Vergehen erhoben (GE. §§ 192, 246, 149, 233, 182, 128, 152, 154 Ziff. 1, 191, 306, 310). Die Übertretungen der §§ 306 Ziff. 3, 309 Ziff. 6 VE. sind durch den § 190 GE. ersetzt (vgl. dazu oben S. 201, 202). Die §§ 306 Ziff. 6, 9, 307 Ziff. 4, 308 Ziff. 12, 309 Ziff. 4, 5 VE. hat der GE. gestrichen, und zwar aus folgenden Gründen:

§ 306 Ziff. 6 VE. erscheint als durch die §§ 120—122 GE. (§§ 108—110 VE.) genügend gedeckt (vgl. auch über die der Ziff. 6 des § 306 VE. zugrunde liegende Ziff. 1 des § 360 StGB. Binding, Lehrbuch II 492).

§ 306 Ziff. 9 VE. ist schon nach dem VE. überflüssig, da der VE. in § 228 Abs. 2 den Versuch der gefährlichen Körperverletzung mit Strafe bedroht (ebenso v. Lilienthal, Reform II 289; anders allerdings Begr. z. VE. S. 661, 662). Er ist jedenfalls überflüssig nach dem GE., der den Versuch jeder Körperverletzung unter Strafe stellt (GE. §§ 265, 27) und damit auch die Fälle trifft, wo das „gefährliche Werkzeug" bei der „Schlägerei" oder dem „Angriff" nicht gerade als Mittel der Körperverletzung verwendet wird (vgl. die von Olshausen, Note b $\beta$ zu § 367 Ziff. 10 angeführten Beispiele). Endlich wurzelt § 306 Ziff. 9 VE. durchaus in der kasuistischen Fassung des § 228 VE., welche § 266 GE. beseitigt hat (vgl. oben S. 256). Den in § 306 Ziff. 9 VE. aufrecht erhaltenen Begriff des „gefährlichen Werkzeugs" hat übrigens schon § 228 VE. aufgegeben.

Die veraltete, aus dem preußischen Allgemeinen Landrecht stammende und in ihrer Bedeutung völlig unklare (vgl. Olshausen, Note a zu § 370 Ziff. 3) Bestimmung des § 307 Ziff. 4 VE. wird durch die allgemeinen Strafvorschriften, insbesondere durch die des § 341 GE. gegen Hehlerei ausreichend gedeckt. Dies gilt um so mehr, als die Begr. z. VE. S. 861, 862 die Bedeutung des

§ 307 Ziff. 4 darin sieht, daß sie bestimmt sei, „den Fiskus gegen Veruntreuung militärischer Bekleidungs- und Ausrüstungsgegenstände zu sichern", mit anderen Worten voraussetzt, daß die gekauften oder zum Pfande angenommenen Sachen im Eigentum des Fiskus stehen.

Die Streichung des § 308 Ziff. 12 VE. ist bereits oben zu § 306 gerechtfertigt. Hier sei noch ergänzend bemerkt: Die Bestimmung ist dem ausländischen Recht ausnahmslos unbekannt (vgl. Harburger, Vgl. Darst. Bes. T. VI 309). Die Begr. z. VE. S. 866 nennt sie eine „bewährte Vorschrift". Indessen fehlt der Nachweis ihrer praktischen Bedeutung. Daß allerdings, sollte überhaupt ein praktisches Bedürfnis nach einer solchen Vorschrift bestehen, es durch § 272 VE. (§ 301 GE.) „abgeschwächt" werde (so Begr. z. VE. S. 866), läßt sich nicht behaupten.

Für die Ziff. 4 und 5 des § 309 VE. gilt im wesentlichen das oben zu § 306 Ziff. 9 VE. Gesagte: sie werden durch die allgemeinen Vorschriften gegen Körperverletzung, Sachbeschädigung und Tierquälerei (GE. §§ 265 ff., 305, 189; VE. §§ 227 ff., 289 ff., 146) um so mehr gedeckt, als neben dem Versuch der Sachbeschädigung schon der VE. § 228 Abs. 2 den Versuch der gefährlichen Körperverletzung, der GE. §§ 265, 27 den Versuch jeder Körperverletzung mit Strafe bedroht. Außerdem greifen noch die allgemeinen sicherheits-, ordnungs- und sittenpolizeilichen Vorschriften der §§ 358 Ziff. 10, 359 Ziff. 3 u. 4 GE. (§§ 307 Ziff. 13, 306 Ziff. 11, 308 Ziff. 9, 306 Ziff. 4 VE.) ein.

Konnte so eine Anzahl von Übertretungsvorschriften, die der VE. aus dem StGB. herübernehmen zu müssen glaubt, gestrichen werden, so mußte es auf der anderen Seite auffallen, daß der VE. einzelne Übertretungsvorschriften des StGB. — wenn die Verfasser des GE. recht sehen — ohne jede Begründung gestrichen hat (so die §§ 360 Ziff. 9, 12; 365; 367 Ziff. 16; 368 Ziff. 1, 2, 9; 369 Ziff. 1). Es entstand daher die Frage, inwieweit diese Strafvorschriften entgegen dem VE. in den GE. aufzunehmen wären. Die Verfasser des GE. haben es aber bei der Streichung bewenden lassen. Maßgebend war die Erwägung, daß nach dem im Vorwort S. V dargelegten Standpunkt der Besondere Teil des II. Buchs des GE. ohnehin nur ein Torso ist, der lediglich als Grundlage eines künftigen Reichspolizeistrafgesetzbuchs gedacht ist. Außerdem bestanden im einzelnen in der Tat vielfach begründete Bedenken gegen die Aufnahme der vom VE. — wenn auch ohne besondere Begründung — gestrichenen Übertretungsvorschriften. Dies gilt u. a. auch von der Aufnahme des vom VE. gestrichenen § 365 StGB. (Übertreten der Polizeistunde), dessen Streichung ohne nähere Begründung besonders auffällt. Es ist herrschende Ansicht, daß § 365 StGB. nicht etwa eine Einführung der Polizeistunde für das ganze Reich bedeutet, daß vielmehr über die Einführung Landesrecht entscheidet, m. a. W. daß § 365 nur die Bedeutung eines Blankettstrafgesetzes hat (vgl. Olshausen, Note 1 zu § 365). Dieser Charakter eines Blankettstrafgesetzes kommt aber in dem Tatbestand des § 365 nicht einwandfrei zum Ausdruck. Dies hat sich erst neuerdings wieder gezeigt gelegentlich der Kontroverse, ob politische Versammlungen die Polizeistunde einhalten müssen (vgl. Stier-Somlo, Delius, Anschütz i. d. Dtsch. Jur.-Ztg. XVI 689, 807, 864). Deshalb ist es besser, auch die Strafdrohung gegen Übertretung der Polizeistunde dem Landesrecht zu überlassen.

Über die Wiedereinstellung der vom VE. gestrichenen Ziff. 7 des § 367 StGB. vgl. unten zu § 358 Ziff. 4 GE.

Der VE. teilt die Übertretungen nach ihrer Schwere ein. Die Begr. zum VE. S. 843 meint, daß sich „ein anderer einwandfreier Einteilungsgrund nicht finden“ lasse. Der GE. teilt die Übertretungen nach den Verwaltungszweigen, gegen die sie sich richten, ein. Er glaubt, daß dieser Einteilungsgrund sich unmittelbar aus dem Wesen der Übertretungen als Verwaltungsdelikte ergibt. Daß die Einteilung nach Verwaltungszweigen mit der Einteilung nach der Deliktsschwere zusammenfällt, ist gewiß kein bloßer Zufall, aber doch nicht notwendig im Wesen der Sache begründet.

### § 357. **Militärverwaltung.**

Ziff. 1 gibt § 306 Ziff. 7 VE. wörtlich wieder.

Ziff. 2 enthält den zweiten Mischtatbestand des § 307 Ziff. 3 VE. Der erste Mischtatbestand ist in § 154 Ziff. 1 GE. aufgenommen (vgl. oben S. 185, 186).

### § 358. **Sicherheitspolizei.**

Ziff. 1 gibt § 306 Ziff. 8 VE., Ziff. 2 § 308 Ziff. 5 VE. wörtlich wieder.

Ziff. 3 faßt die Ziff. 6 u. 7 (nicht wie es irrtümlich in der Klammer im Text heißt: „5, 6") des § 307 VE. zusammen. Das der Ziff. 7 des § 307 VE. entnommene Merkmal „ohne die vorgeschriebene Erlaubnis" deckt das Merkmal der Ziff. 6 des § 307 VE.: „ohne polizeiliche Erlaubnis . . ., soweit der Handel damit nicht freigegeben ist". Statt „Schießpulver oder andere explodierende Stoffe oder Feuerwerk" in § 307 Ziff. 7 VE. sagt der GE. einfach „explodierende Stoffe", da nicht nur das ausdrücklich als Unterart der „explodierenden Stoffe" hervorgehobene „Schießpulver", sondern auch das daneben gestellte „Feuerwerk" „explodierende Stoffe" sind (vgl. Olshausen, Note a zu § 367 Ziff. 4). Neben den vom VE. § 307 Ziff. 6, 7 genannten Tatbestandshandlungen nennt der GE. das „Sichverschaffen". Der GE. will damit, unter Anlehnung an die Terminologie der §§ 204, 227 GE. (§ 162 VE.), das „Einführen" und „Besitzen" des § 9 Abs. 1 des Sprengstoffgesetzes vom 9. Juni 1884, den er (teilweise abweichend von Kriegsmann, Denkschrift unter VII 8 Punkt 5 das.) in die Ziff. 3 des § 358 einbezieht, decken. Die dadurch entstehende Erweiterung des Tatbestandes des § 307 Ziff. 6 des VE. ist, ebenso wie die durch Vereinigung der Ziff. 6 und 7 des § 307 VE. entstehende Erweiterung des Tatbestandes der Ziff. 7 des § 307 VE., nur eine scheinbare; denn strafbar ist eine jede der Tatbestandshandlungen nur dann, wenn zu ihrer Vornahme eine besondere Erlaubnis „vorgeschrieben" ist.

Ziff. 4 stellt den § 367 Ziff. 7 des StGB. wieder ein. Der VE. hat diese Vorschrift, deren praktische Unentbehrlichkeit er anerkennt, gestrichen, weil er sie der Sondergesetzgebung über das Nahrungsmittelwesen vorbehalten will (Begr. z. VE. S. 863). Da der GE. das Nahrungsmittelgesetz von 1879 gerade umgekehrt eingearbeitet hat (GE. §§ 219, 326), verstand sich für ihn die Wiederaufnahme des § 367 Ziff. 7 StGB. von selbst. Bei der Wiederaufnahme ist aber der Tatbestand so erweitert, daß er auch die Fälle der §§ 10 Ziff. 2, 11 des Nahrungsmittelgesetzes insoweit deckt, als sie nicht unter § 326 GE. zu subsumieren sind (vgl. dazu oben zu § 326). Demgemäß bedroht die Ziff. 4 allgemein das „Feilhalten oder Verkaufen von nachgemachten, verfälschten oder verdorbenen Nahrungs- oder Genußmitteln".

Ziff. 5 faßt die Ziff. 8 und 9 des § 307 VE., unter Beseitigung der vom VE. aus den Ziff. 5 und 5a des § 367 StGB.

übernommenen Kasuistik, zusammen, Die Verallgemeinerung hat die Einbeziehung des § 9 Abs. 2 des Sprengstoffgesetzes ohne weiteres zur Folge.

Ziff. 6 gibt die Ziff. 10 des § 307 VE. wieder. Auch hier ist die vom VE. aus § 367 Ziff. 6 StGB. übernommene Kasuistik beseitigt.

Ziff. 7 entspricht der Ziff. 11 des § 307 VE. Da „Vorschriften" „Anordnungen" umfaßt (vgl. § 346 GE.), spricht der GE. nur von „Vorschriften". Statt „zum Zwecke der Verhütung" sagt er einfacher: „zur Verhütung".

Ziff. 8 gibt die Ziff. 12 des § 307 VE. in vereinfachter Fassung wieder. Angesichts der Allgemeinheit der Fassung bedurfte es hier, im Gegensatz zu § 226 GE. (§ 195 VE.), nicht der besonderen Erwähnung von „Abbruchsbauten" (vgl. Begr. z. VE. S. 863 Anm. 1), aber auch nicht der besonderen Hervorhebung der „Ausführung" von Bauten. Vgl. im übrigen das zur vorigen Ziffer Gesagte.

Ziff. 9 wiederholt die Ziff. 6 des § 308 VE. Statt „Brunnen, Keller, Gruben, Abhänge oder sonstige Vertiefungen" ist einfach „Vertiefungen" gesetzt. Im übrigen fordert der GE. hier, gleich dem VE., Gefahr für „andere". Daraus folgt argumento e contrario zu §§ 215 ff. GE. (vgl. oben S. 216), daß der GE. hier die Gefährdung mehrerer voraussetzt.

Ziff. 10 gibt die Ziff. 13 des § 307 VE. wieder. Doch ist, entsprechend der Natur des Tatbestandes als eines Verkehrspolizeidelikts, ausdrücklich hervorgehoben, daß die „Wege, Straßen, Plätze oder Wasserstraßen" „dem öffentlichen Verkehr" dienen müssen; vgl. darüber das oben zu § 138 Gesagte.

Ziff. 11 entspricht der Ziff. 14 des § 307 VE., Ziff. 12 der Ziff. 7 des § 308 VE., Ziff. 13 der Ziff. 8 des § 308 VE. Die vorgenommenen Änderungen sind nur stilistischer Natur.

Ziff. 14 faßt die §§ 306 Ziff. 5, 307 Ziff. 5 VE. zusammen. Über die Streichung von „oder Anordnungen" aus § 307 Ziff. 5 VE. vgl. das oben zu Ziff. 7 Bemerkte.

## § 359. **Ordnung- und Sittenpolizei.**

Ziff. 1 gibt den dritten Mischtatbestand der Ziff. 2 (nicht der „Ziff. 7", wie es in der Klammer im Text irrtümlich heißt) des § 307 VE. wieder; die ersten beiden sind im § 152 GE. zu Ver gehen erhoben (vgl. oben S. 184). Wegen der Verwandtschaft des Delikts des § 359 Ziff. 1 mit dem des § 152 GE. und in Übereinstimmung mit der schon für das geltende Recht herrschenden Ansicht (vgl. Olshausen, Note e zu § 360 Ziff. 8) fordert der GE. hier Vorsatz als Schuldform. Mit Rücksicht auf § 347 Abs. 1 GE. (§ 58 Abs. 2 VE.) bedurfte dies ausdrücklicher Hervorhebung.

Ziff. 2 gibt § 306 Ziff. 10 VE. unverändert wieder. Nur ist das „vorsätzlich" an den Anfang gestellt, um auszudrücken, daß der Vorsatz sich auf den ganzen Tatbestand beziehen muß.

Ziff. 3. faßt die §§ 306 Ziff. 11, 308 Ziff. 9 VE. zusammen (ebenso Rosenberg, Reform II 484). Auch hier ist (vgl. oben zu Ziff. 2) das „vorsätzlich" in dem ersten Mischtatbestand an den Anfang gesetzt. Außerdem ist, einer Anregung Rosenbergs (Reform II 484) Folge gebend, zur Strafbarkeit eine „erhebliche" Belästigung des Publikums erfordert.

Ziff. 4 gibt den § 306 Ziff. 4 VE., Ziff. 5 den § 309 Ziff. 1 VE., ohne andere als stilistische Änderungen, wieder.

## § 360. **Handelspolizei.**

Ziff. 1 wiederholt § 308 Ziff. 3 VE. Statt „Stempel, Siegel, Stiche, Platten oder andere Formen" ist einfach „Formen" gesagt. In dem der Ziff. 5 des § 360 StGB. entstammenden Tatbestandsteil ist das Wort „öffentlichen" vor „Papieren, Beglaubigungen oder Bescheinigungen" gestrichen, da die Papiere des § 205 GE. (§ 164 VE., § 149 StGB.) nicht notwendig „öffentliche" zu sein brauchen. Da § 206 GE. die „Versicherungsmarken" berücksichtigt, umfaßt § 360 Ziff. 1 GE. den § 1499 der RVO. (wie § 206 GE. die §§ 1496, 1497 der RVO.; vgl. oben S. 210) und zwar, mit Rücksicht auf § 1343 Satz 1 der RVO., auch ohne besondere Erwähnung der „Versicherungsanstalt" neben der „Behörde".

Ziff. 2 entspricht dem § 308 Ziff. 4 VE. Statt „Warenempfehlungskarten, Ankündigungen oder andere Drucksachen" ist kurz „Drucksachen" gesagt. Aber auch der besonderen Erwähnung der „Abbildungen" neben den „Drucksachen" bedurfte es nicht, da jene unter diese fallen (vgl. auch § 2 des Preßgesetzes). Als Tatbestandshandlung ist im ersten Mischtatbestand neben dem „Anfertigen" nicht das „Verbreiten" (so VE.), sondern das „Inverkehrbringen" genannt. Es ist kein Grund ersichtlich, warum Ziff. 2 des § 360 GE. (Ziff. 4 des § 308 VE.) von der Ausdrucksweise der §§ 202, 203, 206, 208 GE. (§§ 159—161, 284 VE., Ges. v. 26. Mai 1885, 2. Januar 1911), zu deren Ergänzung sie bestimmt ist, abweichen sollte. — Im zweiten Mischtatbestand ist, wie in Ziff. 1, statt „Stempel, Stiche, Platten oder andere Formen" (§ 308 Ziff. 4 VE.) kurz „Formen" gesagt.

## § 361. **Jagdpolizei.**

§ 361 GE. wiederholt die Ziff. 3 des § 309 VE. Das „unbefugt" ist mit Rücksicht auf § 19 Satz 1 GE. (vgl. oben S. 22, 23) gestrichen.

Anlage

# Vorschläge

für die

# Einarbeitung der Nebengesetze

## in das Strafgesetzbuch.

Eine Denkschrift

von

**Dr. N. H. Kriegsmann,**
Privatdozent in Kiel.

I. „Das künftige Deutsche StGB. hat das Gesamtgebiet des kriminellen Unrechts unter Einarbeitung der in den Nebengesetzen enthaltenen Tatbestände zu umfassen, dagegen die Polizeiübertretungen vollständig auszuscheiden.“

Es ist eine der herben Enttäuschungen, die der deutsche Vorentwurf der Juristenwelt bereitet hat, daß er der Erfüllung dieser von weiten Kreisen unterschriebenen Forderung Franz v. Liszts sich entzogen hat. Er hat es grundsätzlich abgelehnt, die strafrechtlichen Bestimmungen der Nebengesetze in seine Arbeit einzubeziehen, und hat nicht einmal den weit bescheideneren Vorschlag des 26. deutschen Juristentags befolgt, — „die Gelegenheit wahrzunehmen, den Stoff der strafrechtlichen Ergänzungsgesetze mindestens insoweit in das StGB. einzuarbeiten, als es zur Vereinfachung der gesetzlichen Tatbestände wünschenswert und zur Beseitigung der aus der Gelegenheitsgesetzgebung erwachsenen zahlreichen Inkongruenzen notwendig ist.“

Die Zurückhaltung des Entwurfs hat bereits in Wach einen berufenen Kritiker gefunden. An dieser Stelle mag nur nochmals mit Entschiedenheit darauf hingewiesen werden, daß die Verfasser des Entwurfs ihre Stellungnahme mit keinerlei stichhaltigen Gründen zu rechtfertigen vermocht haben. Es ist irrig, daß „die Sichtung und Modifikation der Nebengesetze mit der Schöpfung eines neuen StGB. nicht notwendig zu tun“ habe: die Reform des StGB. wird viel zu tief auf die strafrechtliche Behandlung auch der in den Nebengesetzen geregelten Materien zurückwirken, als daß sie nicht jedenfalls eine Sichtung dieser Gesetze nach sich ziehen müßte, — eine Erkenntnis, der sich der Entwurf selbst bei allem Respekt vor der Integrität der Nebengesetze nicht entziehen kann. Das entscheidende Argument erblickt der Entwurf deshalb auch in einer andern Erwägung: „Die Nebengesetze betreffen meist an sich nicht strafrechtliche Materien, denen nur gewisse Strafbestimmungen angeschlossen sind. Insoweit eignen sie sich überhaupt nicht zur Aufnahme in das allgemeine StGB. Dieses würde dadurch nicht nur einen ganz übermäßigen

Umfang erhalten, sondern auch mit einer Menge fremdartiger Materien angefüllt werden und den Namen eines StGB. überhaupt nicht mehr verdienen."

Es ist kaum anzunehmen, daß die Verfasser des Entwurfs diesen Sätzen überzeugende Kraft beigemessen haben; denn sie zeugen, wenn sie ernsthaft ins Auge gefaßt werden, von einer grundsätzlichen Verkennung der bei der Einarbeitung der Nebengesetze zu erfüllenden Aufgabe. Niemals ist von irgendeiner Seite die Forderung aufgestellt worden, es solle die ganze Masse der in den Nebengesetzen enthaltenen Rechtsnormen in das StGB. aufgenommen werden. Vielmehr handelt es sich nur darum, die in den zahlreichen Nebengesetzen verstreuten Strafbestimmungen aus dem Zusammenhang mit den einzelnen Materien, auf die sie sich beziehen, zu lösen, und sie in systematischer Gliederung im StGB. zusammenzufassen, — um kein anderes Verfahren also, als es der Ablösung etwa der Diebstahlsbestimmung von der zivilrechtlichen Eigentums- und Besitzregelung zugrunde liegt. Es ist schlechterdings nicht einzusehen, wie dieses Vorgehen das StGB. mit „fremdartigen" Materien belasten könnte! Es sei denn, man entschließt sich zu der Behauptung, auch durch die Aufnahme der zivilrechtlich fundierten Diebstahls- oder der staatsrechtlich fundierten Hochverratsbestimmungen usw. habe das StGB. fremdartige Materien in sich aufgenommen und dadurch das Recht eingebüßt, sich als StGB. zu bezeichnen! Will man aber diesen Satz, der folgerichtig jedem selbständigen StGB. die Existenzberechtigung abspricht, nicht aufstellen, so ist kein Grund erfindlich, weshalb das StGB. durch die Aufnahme etwa der Urheberrechtsdelikte seinem Zwecke mehr entfremdet werden sollte, als durch die Berücksichtigung der Eigentumsdelikte.

Mit prinzipiellen Gründen läßt sich eben die Aufteilung des strafrechtlichen Stoffs unter ein StGB. und beiläufig einhundertzwanzig Nebengesetze nicht rechtfertigen; entscheidend in Betracht können nur Gründe gesetzestechnischer oder politischer Zweckmäßigkeit kommen. So spricht die Begründung die Befürchtung aus, durch die Einarbeitung der Nebengesetze werde das StGB. einen übermäßigen Umfang erhalten. Allein, man soll doch nicht die Übersichtlichkeit und Kürze des StGB. dadurch erkaufen wollen, daß man die unerträgliche Zersplitterung der nebengesetzlichen Strafbestimmungen fortbestehen läßt, — wichtiger als die Übersichtlichkeit und Kürze des StGB. erscheint doch die Übersichtlichkeit des Strafrechts als Ganzen. Obendrein aber muß mit aller Entschiedenheit bestritten werden, daß der Umfang des StGB. bei Einarbeitung der Nebengesetze ein so übermäßiger würde. Er würde es vielleicht, wenn der gesamte rechtliche Gehalt der Nebengesetze in das StGB. aufgenommen würde, — aber es wurde bereits gezeigt, daß davon nicht die Rede sein kann. Und er würde ein übermäßiger vielleicht auch dann, wenn man daran dächte, jede einzelne Strafbestimmung, die sich in der Reichsgesetzgebung außerhalb des StGB. findet, einzuarbeiten. Aber auch das kann heute nicht beabsichtigt sein. Wir werden einmal von prinzipiellen Erwägungen aus dazu gelangen, einem großen Teil der nebengesetzlichen Strafbestimmungen die Aufnahme in das StGB. zu versagen; sodann aber mag mit Nachdruck betont sein, daß uns gerade bei dieser Aufgabe jede Pedanterie, alles ängstliche Bemühen um eine absolut erschöpfende Einarbeitung der Nebengesetze verfehlt erscheint. Dazu sind in der Tat manche nebengesetzlich geregelten Materien gesetzestechnisch noch zu wenig abgeschlossen, oder befinden sich sachlich noch zu sehr in Fluß, als daß man ihre Regelung schon in das StGB. einbeziehen sollte und könnte, — das doch mehr als ein Provisorium sein will, und nicht der Gefahr ausgesetzt werden darf, in kurzer Frist wieder einer Abänderung durch Novellen zu unterliegen. So erscheint uns die Aufgabe nicht zu sein die Absorption des nebengesetzlichen Strafrechts durch das StGB., sondern eine freilich erhebliche Verschiebung des Gewichtsverhältnisses zwischen den im StGB. und den in den Nebengesetzen geregelten strafrechtlichen Materien. Kein Zweifel, daß solche Revision die Gefahr eines übermäßigen Umfangs für das StGB. nicht aufkommen lassen wird!

Die Begründung aber spricht weiter von einer übermäßigen Erweiterung des Arbeitsfeldes und äußert die Befürchtung, es werde dadurch die Erfüllung der schon an sich nicht leichten Aufgabe der Strafrechtsreform nicht nur auf das äußerste erschwert, sondern wahrscheinlich sogar vereitelt werden. In der Tat muß zugegeben werden, daß die Vorarbeiten zum StGB. einer wesentlichen Erweiterung ihres Arbeitsgebiets bedürfen, wenn die hier aufgenommene Forderung erfüllt werden soll. Es geht nicht an, die Strafbestimmungen der Nebengesetze schlechthin in ihrem heutigen Bestande in das StGB. einzuarbeiten; sie werden vielmehr in derselben Weise einer legislativ-kritischen Behandlung unterzogen werden müssen, wie die Bestimmungen des StGB. eine solche bereits erfahren haben. Allein auch diese Arbeit kann geleistet werden und sie wird geleistet werden. Die „Vergleichende Darstellung" hat bereits zahlreiche Nebengesetze berücksichtigt, die unmittelbare Ergänzungen der im StGB. gegebenen Bestimmungen enthalten; es ist bedauerlich, daß der Entwurf diese Vorarbeiten nicht nutzbar gemacht hat. Und wo es an solchen Vorarbeiten noch fehlt, da lassen sich diese in nicht zu ferner Zeit nachbringen. Man denke etwa an die Urheberrechtsdelikte, die noch unbearbeitet geblieben sind: sollte es bei dem lebhaften Interesse, dessen sich das Urheberrecht in der Rechtswissenschaft zu erfreuen hat, bei der starken Betonung der internationalen Rechtsgemeinschaft gerade auf diesem Gebiet, wirklich so schwer sein, hier in kurzer Zeit brauchbare Vorarbeiten für das Reformwerk zu gewinnen? Wie diese Erweiterung des Arbeitsfeldes, die man als übermäßig nur bezeichnen kann, wenn man die Einarbeitung der Nebengesetze grundsätzlich ablehnt, das Zustandekommen der Reform vereiteln könnte, vermögen wir nicht einzusehen. Nicht einmal die Verzögerung, die das Reformwerk erleiden könnte, vermögen wir gar so hoch anzuschlagen: wird jetzt schnell und energisch zugegriffen, so brauchte der Entwurf wegen der Einarbeitung der Nebengesetze nicht einen Tag später an den Bundesrat und Reichstag gebracht zu werden, als es ohnehin in Aussicht genommen ist.

Wir dürfen es uns versagen, die Gründe noch einmal zu entwickeln, die für die Einarbeitung der Nebengesetze in das StGB. sprechen; es genügt die Betonung der Tatsache, daß die Konzentration unseres Strafrechts nicht nur in formeller, gesetzestechnischer Hinsicht von größtem Nutzen sein, dem Strafrecht die schmerzlich vermißte Übersichtlichkeit verschaffen würde, sondern daß sie zugleich sachlich einen wertvollen Gewinn bedeuten würde: jene Inkongruenzen der Gelegenheitsgesetzgebung, von denen der oben zitierte Beschluß des Deutschen Juristentags sprach, jene Inkongruenzen, die sich vor allem auf dem Gebiet der Schuldlehre und auf dem der Strafdrohungen geltend machen, würden durch jene Zusammenfassung beseitigt, und ihr Wiederaufleben dauernd verhindert werden. An dieser Stelle kommt es nur darauf an, jene Forderung zu umgrenzen: die Materien zu bezeichnen, deren Einarbeitung in das StGB. uns nach dem Stande der Nebengesetzgebung und nach der Bedeutung der bezüglichen Bestimmungen wünschenswert und möglich zu sein scheint. Wir betrachten es deshalb nicht als unsere Aufgabe, diejenige Vorarbeit zu leisten, von der zuletzt die Rede war: Die legislativ-kritische und die rechtsvergleichende Behandlung der für die Einarbeitung in Betracht kommenden Materien soll hier nicht unternommen werden. Nicht weil wir sie nicht für notwendig hielten: es wäre der schwerste Fehler, den man bei der Einarbeitung der Nebengesetze begehen könnte, wenn man sie sachlich unverändert in das StGB. aufnähme, sie aufnähme, ohne die Frage ihrer Reformbedürftigkeit und Reformierbarkeit überhaupt geprüft zu haben. Sondern weil es sich hier um eine Arbeit handelt, die die Kraft des einzelnen weit übersteigt: hier bedarf es von neuem des Zusammenwirkens derselben Kreise, die bereits bei den vorliegenden Vorarbeiten ihre Kräfte mit so erfreulichem Erfolg in den Dienst der großen Aufgabe gestellt haben. Eine Vorarbeit zur Vorarbeit, — mehr wollen wir an dieser Stelle nicht leisten.[1])

Für die Umgrenzung der Aufgabe ist zunächst der Grundsatz aufzustellen: alle Strafbestimmungen sind von der Aufnahme in das StGB. auszuschließen, die lediglich polizeilich-präventiver Natur sind. Wir betrachten es als einen schweren Fehler des Entwurfs, daß er den Übertretungsabschnitt des StGB. aufrechterhalten, die von vielen Seiten geforderte Ausscheidung des polizeilichen Unrechts aus dem StGB. nicht vorgenommen hat. Aber darüber haben wir an dieser Stelle mit dem Entwurf nicht zu rechten. Wir haben hier nur davor zu warnen, diesen Fehler dadurch zu vertiefen, daß man nun auch die zahlreichen Übertretungstatbestände der Nebengesetze in das StGB. einfügt. Selbstverständlich übersehen wir nicht die Schwierigkeiten, denen die Abgrenzung des kriminellen Unrechts von dem polizeilichen begegnet; und es muß zugegeben werden, daß der erste gesetzgeberische Versuch, diese Scheidung scharf durchzuführen, mit großer Wahrscheinlichkeit hier und dort fehl-

---

[1]) Die Verfasser des GE. stehen hier auf etwas anderem Standpunkt.

greifen, kriminelles Unrecht gelegentlich als polizeiliches behandeln wird und umgekehrt. Allein diese Gefahr muß in den Kauf genommen werden. Der Gesetzgeber darf und muß hier skrupelloser vorgehen, als es der Theoretiker des Strafrechts je tun dürfte; er hat das Problem ohne doktrinaristische Pedanterie energisch anzufassen, ohne viel Sorge darum, ob später die zunächst gezogene Grenze an dem einen oder anderen Punkte berichtigt werden muß. Die Strafbestimmungen der Nebengesetze, die unter diesem Gesichtspunkte ausgeschlossen bleiben, sind unten zusammengestellt. Es ist bei ihrer Auswahl durchweg, wenn auch weder in der einen noch in der andern Richtung ausschließlich, entscheidendes Gewicht auf die Höhe der bisher gegebenen Strafdrohungen gelegt worden. Gewiß ein grobes, äußerliches Kriterium! Aber in diesem Augenblick kommt es zunächst darauf an, über die große Masse des zu bearbeitenden Stoffs einen Überblick zu gewinnen: es wird sich bei der kritischen Durcharbeitung des Stoffs Gelegenheit genug bieten, an die Stelle dieser ins Grobe gehenden Unterscheidung eine feinere, sorgsam prinzipiell fundierte zu setzen.

Auszuscheiden sind ferner sämtliche Strafbestimmungen der Zoll- und Steuergesetze. Es sei ganz abgesehen von den prinzipiellen Erwägungen, die gegen ihre Aufnahme geltend gemacht werden können; entscheidend ist für uns die Tatsache, daß diese Gesetzgebung in ihrem Gehalt viel zu stark beherrscht ist von den Wandlungen der Handels- und Finanzpolitik, als daß sie mit ihrem strafrechtlichen Gehalt in das StGB. Aufnahme finden dürfte. Ähnliche Erwägungen müssen dazu führen, die große Masse der gewerblichen Gesetze auszuschließen. Ein Hinweis auf die Geschichte der Gewerbeordnung und ihrer zahlreichen Abänderungen dürfte zur Begründung ausreichen: die Aufnahme ihrer Strafbestimmungen würde in das StGB. ein Moment beständiger Unruhe hineintragen. Auszuscheiden sind endlich die Strafbestimmungen der Versicherungsgesetze: ihre Aufnahme kann erst zur Diskussion gestellt werden, nachdem sich das Schicksal der Reichsversicherungsordnung entschieden hat.[1])

Endlich aber muß in engen Grenzen die Berechtigung einer Sondergesetzgebung anerkannt, und es müssen die-

[1]) Mittlerweile geschehen; vgl. auch Begr. zu §§ 206, 322, 342, 360 Ziff. 1 GE.

jenigen Gesetze von der Einarbeitung ausgeschlossen werden, die, mit einer durchaus singulären Situation rechnend, der allgemeinen Bedeutung entbehren. Wir verkennen nicht, daß die gesamte Abgrenzung von StGB. und Nebengesetzen damit auf ein durchaus unsicheres Kriterium gestellt ist, verkennen nicht, daß wir hier dem persönlichen Ermessen weitgehenden Einfluß auf die Entscheidung einräumen. Allein man wird, will man nicht in doktrinärem Fanatismus alle und jede Sonderbestimmung in das StGB. einfügen, — die nicht einmal äußerste Konsequenz wäre dann die Einarbeitung des Militärstrafgesetzbuchs — um die Anerkennung jener Unterscheidung nicht herumkommen. Wir greifen ein beliebiges Beispiel heraus. Das Reichsgesetz vom 21. November 1887 zur Ausführung des internationalen Vertrages zum Schutze der unterseeischen Telegraphenkabel vom 14. März 1884 enthält in § 2 eine Ergänzung der §§ 317ff. StGB., in § 3 eine solche der §§ 113, 114 StGB. § 2 bedroht unter anderem „das Herannahen eines Fahrzeugs in Entfernung von weniger als einer Seemeile von einem mit dem Legen eines Kabels beschäftigten Fahrzeug" mit einer Vergehensstrafe; § 3 den Widerstand gegenüber dem Kommandanten eines Kriegsschiffs, der auf Grund der Annahme, es sei eine Zuwiderhandlung gegen § 2 begangen, von dem Schuldigen die Vorlegung der urkundlichen Ausweise über die Nationalität des Fahrzeugs verlangt. Mag man dem § 2 auch polizeilichen Charakter zusprechen, so handelt es sich in § 3 doch jedenfalls um einen echten Fall kriminellen Verhaltens, dessen Angliederung an § 113 StGB. keinerlei prinzipiellen Bedenken begegnen würde. Und doch wird man u. E. auf die Einarbeitung solcher Bestimmungen verzichten müssen, um eine Belastung des StGB. nicht freilich mit „fremdartigen Materien", wie die Begründung meint, wohl aber mit deliktischen Tatbeständen zu vermeiden, die mit einem sehr engumgrenzten Täterkreis rechnen. Man braucht diesen Bestimmungen nur etwa diejenigen der Urheberrechtsgesetze gegenüberzustellen, um den Unterschied zu erkennen, auf den es uns hier ankommt. Bei der Grenzziehung handelt es sich nunmehr um reine Fragen gesetzgeberischen Taktes. Ein anderes Beispiel entnehmen wir dem Nahrungsmittelrecht. Es ist schlechterdings nicht einzusehen, weshalb den Delikten des Nahrungsmittelgesetzes die Aufnahme in das StGB. verwehrt werden sollte; dagegen wird man kaum geneigt sein, auch das

Vergehen des § 14 des Margarinegesetzes: die Herstellung unzulässiger Mischungen von Butter und Margarine zum Zwecke der Täuschung im Handel und Verkehr in das StGB. einzubeziehen. Hier gibt es nur die doppelte Möglichkeit: entweder wird die heute vorliegende Spezialisierung der Tatbestände durch die Aufstellung allgemeinerer Formulierungen überwunden, oder diese spezialisierten Strafbestimmungen bleiben der Sondergesetzgebung vorbehalten. U. E. empfiehlt es sich auch hier zunächst, den letztbezeichneten Weg einzuschlagen.

Damit sollen nur die leitenden Gesichtspunkte bezeichnet, der Einzelbearbeitung aber nicht vorgegriffen werden. Die grundsätzliche Zurückstellung etwa der gewerblichen Gesetze darf die Prüfung nicht ausschließen, ob nicht der Koalitionszwang (§ 153 GO.) der Einarbeitung in das StGB. bedarf; und umgekehrt muß mit der Möglichkeit gerechnet werden, daß Materien, die unter keine der eben bezeichneten Gruppen fallen, gleichwohl von der Aufnahme in das StGB. ausgeschlossen bleiben müssen, weil sie nicht nur ihrer technischen Ausprägung nach, sondern auch ihrer materiellen Struktur nach noch nicht derartig durchgebildet sind, daß sie den ehrwürdigen Tatbeständen des StGB. zur Seite gestellt werden könnten. Dieser Gesichtspunkt ist bereits oben angedeutet worden; er mag an dieser Stelle nochmals besonders betont sein, weil er sich uns für das wichtige Gebiet des unlauteren Wettbewerbs als fruchtbar erweisen wird.

Wir geben im folgenden zunächst einen Überblick über die Strafbestimmungen der Nebengesetze, die u. E. für die Einarbeitung in das StGB. nicht in Betracht kommen. Durchweg ist der Angabe der Bestimmungen eine kurze Skizzierung ihres Inhalts angeschlossen, die es sich keineswegs zur Aufgabe gesetzt hat, den Tatbestand bis in die letzten Verästelungen der Tatbestandsmerkmale hinein wiederzugeben; es kam uns vielmehr nur darauf an, den wesentlichen Gehalt der Bestimmungen kurz zu charakterisieren. Diese Charakteristik dürfte durchweg jede weitere Begründung unserer Stellungnahme überflüssig machen, — sie wird bei der einen Gruppe den polizeilich-präventiven Charakter der Bestimmungen, bei der andern die starke Spezialisierung der Tatbestände, die u. E. ihre Einarbeitung in das StGB. ausschließt, deutlich genug, so hoffen wir, hervortreten lassen.

Daran wird sich die Erörterung derjenigen Gesetze schließen, deren Einarbeitung nach den entwickelten Grundsätzen wenigstens in nähere Erwägung gezogen werden muß. Vorangestellt ist die Besprechung der Urheberrechts- und der Delikte gegen die Lauterkeit des geschäftlichen Verkehrs. Die übrigen Gesetze sind in chronologischer Reihenfolge abgehandelt. Auch hier hat sich unsere Begründung der größten Knappheit befleißigt.

II. Wegen des rein polizeilichen Charakters ihrer Strafsatzungen scheiden folgende Gesetze gänzlich aus der weiteren Betrachtung aus:

1. Das Gesetz vom 21. Dezember 1871, betreffend Beschränkungen des Grundeigentums bei Festungen.

   § 32 des Gesetzes bedroht mit einer Geldbuße bis zu 50 Talern Grundbesitzer, welche ohne die gesetzlich erforderte Genehmigung usw. einen Bau usw. ausführen oder ausführen lassen; Abs. 2 die Unterlassung der Anzeige von der Niederlegung baufälliger Anlagen im Rayon mit einer Geldbuße bis zu 5 Talern.

2. Das Gesetz vom 13. Juni 1873 über die Kriegsleistungen.

   § 27 straft die Übertretung der für die Pferdeaushebung getroffenen Anordnungen mit einer Geldstrafe bis zu 50 Talern.

3. Das Reichsmilitärgesetz vom 2. Mai 1874.

   § 33 droht Geldstrafe bis zu 30 Mk. oder Haft bis zu 3 Tagen demjenigen, welcher die vorgeschriebenen Meldungen zur Berichtigung von Stammrollen unterläßt, sowie den Militärpflichtigen, welche in den von der Ersatzbehörde abzuhaltenden Terminen nicht pünktlich erscheinen;

   § 60³ unterstellt die in § 56²⁻⁴ bezeichneten Mannschaften dem dritten Abschnitt des MilStGB., kommt daher für das StGB. nicht in Betracht.

4. Die Strandungsordnung vom 17. Mai 1874 (mit Novelle vom 30. Dezember 1901)

   § 9 enthält eine Ergänzung des § 360¹⁰ StGB. (Liebesparagraph). § 43 droht Geldstrafe bis zu 150 Mk. oder Haft an für die Zuwiderhandlungen gegen

   § 4: Verletzung der Anzeigepflicht bei Wahrnehmung eines Schiffes, das sich in Seenot befindet;

§ 7 Abs. 1: Vornahme von Rettungsmaßregeln wider den Willen des Schiffers bzw. ohne Erlaubnis des Strandvogts;

§ 12 Abs. 1: Fortschaffen von Sachen ohne Genehmigung des Schiffers bzw. des Strandvogts;

§ 13: Nichtablieferung an den Strand getriebener Gegenstände;

§ 20: Nichtablieferung von strandtriftigen Gegenständen usw.;

§ 21: sowie von seetriftigen Gegenständen;

§ 25 Abs. 2: Unbefugte Beseitigung eines Wracks im Fahrwasser;

— Abs. 4: Verletzung der Anzeigepflicht bezgl. von Hindernissen der Seefahrt im Fahrwasser.

5. Das Reichsgesetz vom 4. Dezember 1876, betreffend die Schonzeit für den Fang von Robben.

Der Fang von Robben während der Schonzeit wird mit Geldstrafe bis zu 5000 Mk. belegt, — trotz der Vergehensstrafe ein echtes Polizeidelikt.

6. Das Reichsgesetz vom 25. März 1880, betreffend die Schiffsmeldungen bei den Konsulaten des deutschen Reichs.

§ 4 bedroht die nicht rechtzeitige oder nicht vollständige Meldung der Ankunft oder des Abgangs des Schiffes usw. mit Geldstrafe bis zu 200 Mk.

7. Das Gesetz, betreffend die Bezeichnung des Raumgehaltes der Schankgefäße vom 20. Juli 1881 mit Novelle vom 24. Juli 1909.

§ 5 bedroht Gast- und Schankwirte, welche vorschriftswidrige Schankgefäße verwenden usw., mit Geldstrafe bis 100 Mk. oder mit Haft bis zu 4 Wochen.

8. Gesetz betreffend die Reichskriegshäfen vom 19. Juni 1883.

§ 4 entspricht dem § 32 Rayonges. (s. oben zu 1).

9. Das Reichsgesetz vom 30. April 1884 zur Ausführung der internationalen Konvention vom 6. Mai 1882, betreffend die polizeiliche Regelung der Fischerei in der Nordsee außerhalb der Küstengewässer.

§ 2 bedroht Zuwiderhandlungen gegen die polizeilichen Bestimmungen der Konvention und der Ausführungsverordnungen mit Geldstrafe bis zu 600 Mk. oder mit Gefängnis bis zu 6 Monaten.

10. Das Gesetz, betreffend den Verkehr mit blei- und zinkhaltigen Gegenständen, vom 25. Juni 1887.

§ 4 droht Geldstrafe bis zu 150 Mk. oder Haft an für die gewerbsmäßige Herstellung von verbotenen bleihaltigen Gegenständen usw., den gewerbsmäßigen Verkauf und das gewerbsmäßige Feilhalten von Gegenständen, die verbotswidrig hergestellt, aufbewahrt oder verpackt sind, sowie die gewerbsmäßige Verwendung von verbotenen Druckvorrichtungen usw. zum Ausschank von Bier. § 5 droht die gleiche Strafe an für die verbotswidrige Herstellung usw. von Mühlsteinen

11. Das Gesetz, betreffend die Verwendung gesundheitsschädlicher Farben bei der Herstellung von Nahrungsmitteln, Genußmitteln und Gebrauchsgegenständen, vom 5. Juli 1887.

§ 12 bestraft die Verwendung der namentlich aufgeführten gesundheitsschädlichen Farben mit Geldstrafe bis zu 150 Mk. oder mit Haft.

12. Das Gesetz, betreffend die Prüfung der Läufe und Verschlüsse der Handfeuerwaffen vom 19. Mai 1891.

§ 9 bedroht mit Geldstrafe bis zu 1000 Mk. oder mit Gefängnis bis zu 6 Monaten das Feilhalten und das In-Verkehrbringen von Handfeuerwaffen, deren Läufe nicht mit den vorgeschriebenen Prüfungszeichen versehen sind. An dem polizeilichen Charakter des Vergehens ist kein Zweifel möglich.

13. Das Gesetz vom 24. Mai 1880, betreffend den Wucher, in der Fassung des Gesetzes vom 19. Juni 1893. In Betracht kommt nur (vgl. Stenglein[4] S. 752f.) Art. 4: Die Nichtmitteilung einer Abrechnung aus Geld- oder Kreditgeschäften ist bedroht mit Geldstrafe bis 500 Mk. oder Haft.

14. Das Reichsgesetz vom 4. März 1894, betreffend die Ausführung des internationalen Vertrages vom $\frac{\text{16. Nov. 1887}}{\text{14. Febr. 1893}}$ zur Unterdrückung des Branntweinhandels unter den Nordseefischern auf hoher See.

§ 1 bedroht die Zuwiderhandlungen gegen Art. 2 und 3 des internationalen Vertrages mit Geldstrafe bis zu 600 Mk. oder mit Gefängnis bis zu 6 Monaten: den Verkauf spirituoser Getränke an Personen, welche zu einem Fischerfahrzeug gehören usw.

15. Das Reichsgesetz, betreffend die privatrechtlichen Verhältnisse der Binnenschiffahrt, vom 15. Juni 1895 (20. Mai 1898). Nach

§ 132 wird mit Geldstrafe bis zu 300 Mk. bestraft, wer den vom Bundesrat bzw. der Landesregierung über den Befähigungsnachweis erlassenen Bestimmungen zuwider das Gewerbe eines Schiffers oder Maschinisten für Binnenschiffe ausübt.

16. Das Reichsgesetz, betreffend die privatrechtlichen Verhältnisse der Flößerei, vom 15. Juni 1895.

§ 32 entspricht dem § 132 des Binnenschiffahrtsgesetzes.

17. Das Gesetz, betreffend die elektrischen Maßeinheiten, vom 1. Juni 1898.

§ 12 bestraft die Verwendung unzulässiger Maßwerkzeuge bei der gewerbsmäßigen Abgabe elektrischer Arbeit mit Geldstrafe bis zu 100 Mk. oder mit Haft bis zu 4 Wochen.

18. Das Gesetz zum Schutze des Genfer Neutralitätszeichens vom 22. März 1902

straft in § 2 den vorschriftswidrigen Gebrauch des Roten Kreuzes mit Geldstrafe bis zu 150 Mk. oder mit Haft.

19. Das Reichsgesetz vom 2. Juni 1902, betreffend die Verpflichtung der Kauffahrteischiffe zur Mitnahme heimzuschaffender Seeleute.

Nach § 8 wird mit Geldstrafe bis zu 150 Mk. oder mit Haft bestraft, wer sich der Pflicht zur Mitnahme heimzuschaffender Seeleute entzieht.

20. Die Bekanntmachung, betreffend die Eisenbahn-Bau- und Betriebsordnung vom 4. November 1904.

§ 82 bestraft die Übertretung der Ordnungsvorschriften (Betreten der Bahnanlagen usw.) mit Geldstrafe bis zu 100 Mk.

21. Das Vereinsgesetz vom 19. April 1908.

§§ 18, 19 strafen eine Reihe von Zuwiderhandlungen gegen die vereinspolizeilichen Vorschriften des Gesetzes mit Geldstrafe bis zu 150 bzw. 300 Mk., an deren Stelle im Unvermögensfalle Haft tritt, oder mit Haft.

22. Die Maß- und Gewichtsordnung vom 30. Mai 1908.

§ 22 ersetzt den § 369 Ziff. 2 und Abs. 2 StGB.

23. Das Vogelschutzgesetz vom 30. Mai 1908.

§ 6 bedroht das verbotswidrige Fangen usw. von Vögeln mit Geldstrafe bis zu 150 Mk. oder mit Haft.

24. Das Gesetz, betreffend die Preisfeststellung beim Markthandel mit Schlachtvieh vom 8. Februar 1909.

§ 3 bedroht die Übertretung der von den Landeszentralbehörden für die Preisfeststellung beim Marktvieh erlassenen Vorschriften mit Geldstrafe bis zu 150 Mk., im Unvermögensfalle mit Haft bis zu 4 Wochen.

25. Das Münzgesetz vom 1. Juni 1909

§ 14 Abs. 3 straft die gewohnheits- oder gewerbsmäßigen Zuwiderhandlungen gegen die vom Bundesrat zur Aufrechterhaltung eines geregelten Geldumlaufs usw. erlassenen polizeilichen Vorschriften mit Geldstrafe bis zu 150 Mk. oder mit Haft bis zu 6 Wochen.

26. Das Stellenvermittlergesetz vom 2. Juni 1910.

§§ 12—18 bedrohen eine Reihe von Ordnungswidrigkeiten des Stellenvermittlers mit Übertretungs- und leichten Vergehensstrafen. Hierher gehört der unkonzessionierte Gewerbebetrieb, die unerlaubte Reklame; die Überschreitung der Taxe usw. (§ 12). Schwereren Gehalt dürfte nur die Handlung des § 12 Ziff. 5 besitzen: das Unternehmen, einen Arbeitnehmer zum Bruche eines eingegangenen Arbeitsvertrages zu verleiten. Indessen empfiehlt es sich kaum, die Verleitung zum Kontraktbruch in dieser einen Gestaltung in das StGB. aufzunehmen.

Hinzu treten die Polizeidelikte der folgenden Gesetze:

1. Gewerbeordnung §§ 146—150.
2. Das Gesetz über das Postwesen des Deutschen Reichs vom 28. Oktober 1871.

§ 18 bedroht die Vornahme von Pfändungen gegen Posten usw. mit Geldstrafe von 10 Silbergroschen bis zu 20 Talern;

§ 19 mit derselben Strafe das Nichtausweichen von Fuhrwerken vor den ordentlichen Posten;

§ 23 mit derselben Strafe die Verzögerung der Öffnung der Tore und Schlagbäume, nachdem der Postillon das übliche Signal gegeben hat.

3. Impfgesetz vom 8. April 1874.

§§ 14, 15 bedrohen die Zuwiderhandlungen gegen die polizeilichen Bestimmungen des Gesetzes mit Geldstrafe bis zu 20, 50 oder 100 Mk. oder mit Haft bis zu 3 Tagen; § 16 die unbefugte Vornahme von Impfungen mit Geldstrafe bis zu 150 Mk. oder Haft bis zu 14 Tagen.

4. Das Gesetz über die Presse vom 7. Mai 1874

§ 6, 19 bedroht mit Geldstrafe bis zu 150 Mk. oder mit Haft die Unterlassung der Angabe des Druckers usw. auf einer Druckschrift;

§ 7, 19 mit derselben Strafe die Unterlassung der Angabe des verantwortlichen Redakteurs auf den Nummern einer periodischen Druckschrift;

§ 8, 19 mit derselben Strafe die Führung der Redaktion durch eine nicht verfügungsfähige usw. Person;

§ 18 Ziff. 2 droht für diese Handlungen Geldstrafe bis zu 1000 Mk. oder Haft oder Gefängnis an, wenn sie durch falsche Angaben mit Kenntnis ihrer Unrichtigkeit begangen werden;

§ 9, 19 bedroht mit der Übertretungsstrafe die Unterlassung der Ablieferung eines Exemplars der Nummern einer periodischen Druckschrift an die Polizeibehörde;

§ 10, 19 mit derselben Strafe die Nichtaufnahme amtlicher Bekanntmachungen;

§ 11, 19 die Nichtaufnahme einer Berichtigung.

5. Das Gesetz über die Beurkundung des Personenstandes und die Eheschließung vom 6. Februar 1875.

§ 68 bedroht die Verletzung der gesetzlich statuierten Anzeigepflichten mit Geldstrafe bis zu 150 Mk. oder mit Haft;

§ 69 mit Geldstrafe bis zu 600 Mk. den Standesbeamten, der in ordnungswidriger Weise eine Eheschließung vollzieht.

6. Das Gesetz, betreffend den Verkehr mit Nahrungsmitteln, Genußmitteln und Gebrauchsgegenständen vom 14. Mai 1879.

§ 8 bedroht mit Geldstrafe bis zu 150 Mk. oder Haft die Zuwiderhandlung gegen die für den Nahrungsmittelverkehr erlassenen Kaiserlichen Verordnungen;

§ 9 mit Geldstrafe von 50 bis 150 Mk. oder Haft die Verweigerung des Eintritts in die Verkaufsräume usw. oder der Entnahme einer Probe.

7. Das Gesetz über das Telegraphenwesen des Deutschen Reiches vom 6. April 1892.

§ 10 bedroht mit Geldstrafe bis zu 150 Mk. die Zuwiderhandlung gegen die Kontrollvorschriften, die für die Errichtung und den Betrieb von Telegraphenanlagen erlassen sind.

8. Das Gesetz über das Auswanderungswesen vom 9. Juni 1897.

§ 43 bedroht mit Geldstrafe von 150 bis 6000 Mk. oder mit Gefängnis bis zu 6 Monaten den konzessionierten Unternehmer, welcher den für die Ausübung des Geschäftsbetriebs erlassenen Vorschriften oder den gesetzlichen Bestimmungen über den Agentenzwang (§ 8), über die Beförderung von Auswanderern (§ 22, 23) usw. zuwiderhandelt;

§ 43 Abs. 3 bedroht mit gleicher Strafe den Schiffsführer, der nicht für die vorschriftsmäßige Einrichtung des Schiffs Sorge getragen hat;

§ 44 bedroht die entsprechenden Ordnungswidrigkeiten der Agenten mit Geldstrafe von 30 bis 3000 Mk. oder Gefängnis bis zu 3 Monaten;

§ 46 den Verkauf von Fahrscheinen an Auswanderer zur Weiterbeförderung von einem überseeischen Platze aus mit Geldstrafe bis zu 150 Mk. oder Haft;

§ 47 die Zuwiderhandlungen gegen die Kaiserlichen Verordnungen zur Regelung der Beförderung von Auswanderern usw. auf deutschen Schiffen, welche von außerdeutschen Häfen ausgehen, mit Geldstrafe von 150 bis 6000 Mk. oder Gefängnis bis zu 6 Monaten.

9. Das Handelsgesetzbuch vom 10. Mai 1897.

§ 82: Wer die ihm nach § 62, Abs. 1, 2 oder nach § 76, Abs. 2, 3 dem Lehrling gegenüber obliegenden Pflichten in einer dessen Gesundheit, Sittlichkeit oder Ausbildung gefährdenden Weise verletzt, wird mit Geldstrafe bis zu 150 Mk. bestraft;

die gleiche Strafe trifft denjenigen, welcher entgegen der Vorschrift des § 81 Handlungslehrlinge hält, ausbildet oder ausbilden läßt.

Polizeilichen Charakter möchten wir ferner dem

§ 103 zusprechen, der Handelsmäkler mit Geldstrafe bis zu 1000 Mk. bedroht, die den Vorschriften über die Führung und Aufbewahrung des Tagebuchs zuwiderhandeln.

Ebenso scheidet § 319 — Ordnungsstrafen für Vorstand und Liquidatoren von Aktiengesellschaften usw. — aus.

10. Das Börsengesetz vom 8. Mai 1908.

§ 90 bestraft die verbotswidrige Veröffentlichung von Kurszetteln mit Geldstrafe bis zu 1000 Mk. oder mit Haft oder mit Gefängnis bis zu 6 Monaten.

11. Das Gesetz über den Verkehr mit Kraftfahrzeugen vom 3. Mai 1909.

Die Bestimmungen des Gesetzes sind zum großen Teile polizeilicher Natur; so § 21: Die Zuwiderhandlung gegen die zur Erhaltung der Ordnung und Sicherheit auf den öffentlichen Wegen und Plätzen erlassenen polizeilichen Anordnungen wird mit Geldstrafe bis zu 150 Mk. oder Haft bestraft; so § 23, der das Führen eines behördlich nicht zugelassenen Kraftfahrzeugs mit Geldstrafe bis zu 300 Mk. oder Gefängnis bis zu 2 Monaten belegt; so § 24, der dieselbe Strafe demjenigen androht, welcher ohne Führerschein oder nach Entziehung der Fahrerlaubnis ein Kraftfahrzeug führt oder den Führerschein nach Entziehung der Fahrerlaubnis nicht abliefert. Auch § 25 wird grundsätzlich hierherzuziehen sein: Die hier getroffenen Handlungen stehen zwar den Fälschungsdelikten nahe, unterscheiden sich aber doch dadurch von ihnen, daß hier nirgends die falsche Anfertigung polizeilicher Kennzeichnung tatbestandlich vorausgesetzt ist. Vor allem scheint mir aus der ausdrücklich ausgesprochenen Subsidiarität der Bestimmung gegenüber den strafgesetzlichen Vorschriften hervorzugehen, daß die Fälschung hier eben nicht getroffen werden soll. Nach § 25 wird bestraft, wer in rechtswidriger Absicht

1. ein Kraftfahrzeug, für welches von der Polizeibehörde ein Kennzeichen nicht ausgegeben oder zugelassen worden ist, mit einem Zeichen versieht, welches geeignet ist, den Anschein der polizeilich angeordneten oder zugelassenen Kennzeichnung hervorzurufen;
2. ein Kraftfahrzeug mit einer anderen als der polizeilich für das Fahrzeug ausgegebenen oder zugelassenen Kennzeichnung versieht;
3. das an einem Kraftfahrzeug gemäß polizeilicher Anordnung angebrachte Kennzeichen verändert, beseitigt, verdeckt oder sonst in seiner Erkennbarkeit beeinträchtigt.

Ich setze den Wortlaut hierher, weil er mir ohne weiteres

die Berechtigung der Auffassung darzulegen scheint, daß es sich hier zwar um recht bedenkliche und deshalb recht empfindlich geahndete Verstöße — die Strafe ist Geldstrafe bis zu 500 Mk. oder Gefängnis bis zu 3 Monaten —, aber darum doch um nichts anderes als polizeiliche Ordnungswidrigkeiten handelt.

12. Das Bankgesetz vom $\frac{\text{14. März 1875}}{\text{1. Juni 1909}}$

§ 56 bestraft mit Geldstrafe bis zu 150 Mk. die verbotswidrige Verwendung inländischer,

§ 57 mit Geldstrafe von 50 bis 5000 Mk., im Falle der Gewerbsmäßigkeit außerdem mit Gefängnis bis zu einem Jahre, diejenige ausländischer Banknoten zu Zahlungszwecken.

13. Das Gesetz über die Sicherung der Bauforderungen vom 1. Juni 1909

§ 7 straft mit Übertretungsstrafe den Bauleiter, der es unterläßt, an leicht sichtbarer Stelle einen Anschlag anzubringen, welcher den Stand usw. des Eigentümers, ev. des Unternehmers enthält.

III. Auszuscheiden ist sodann die Gruppe der Zoll- und Steuerdelikte, deren Aufzählung an dieser Stelle sich erübrigen dürfte.

IV. Wegen der Singularität der Tatbestände nicht zur Aufnahme in das StGB. geeignet sind u. E. die Strafbestimmungen folgender Gesetze:

1. Das Reichsgesetz über den Feingehalt der Gold- und Silberwaren vom 16. Juli 1884.

Nach § 9 wird mit Geldstrafe bis zu 1000 Mk. oder mit Gefängnis bis zu 6 Monaten bestraft, wer Gold- und Silberwaren mit einer überhaupt oder ihrer Art nach unzulässigen Angabe des Feingehalts versieht, gold- oder silberähnliche Waren mit einem Stempelzeichen für Gold- und Silberwaren versieht usw. Es handelt sich hier überall um die Gefährdung des lauteren Verkehrs, um bestimmt qualifizierte Vorbereitungshandlungen zu betrügerischer Übervorteilung. Mit Rücksicht einmal darauf, daß die ganze Gruppe der Delikte gegen die Lauterkeit des Verkehrs zur Aufnahme in das StGB. noch nicht reif erscheint, sodann aber auch mit Rücksicht auf die starke Spezialisierung des Tatbestandes glauben wir die Aufnahme der Bestimmung nicht befürworten zu können.

2. Das Gesetz vom 21. November 1887 zur Ausführung des internationalen Vertrages zum Schutze der unterseeischen Telegraphenkabel vom 14. März 1884.

   Vgl. oben unter I.

3. Das Gesetz vom 28. Mai 1894, betreffend den Schutz der Brieftauben und den Brieftaubenverkehr im Kriege.

   § 4: Für den Fall eines Krieges kann durch Kaiserliche Verordnung bestimmt werden, . . . daß die Verwendung von Tauben zur Beförderung von Nachrichten ohne Genehmigung der Militärbehörde mit Gefängnis bis zu 3 Monaten zu bestrafen ist.

4. Das Handelsgesetzbuch vom 10. Mai 1897.

   § 313 bedroht falsche Angaben bei der Gründung usw. von Aktiengesellschaften mit Gefängnis und zugleich mit Geldstrafe bis zu 20000 Mk.;

   § 314 mit Gefängnis bis zu 1 Jahr und zugleich mit Geldstrafe bis zu 20000 Mk. unwahre Angaben in den Übersichten über den Vermögensstand der Gesellschaft, vorzeitige Ausgabe von Aktien und Interimsscheinen, sowie die vorschriftswidrige Ausgabe von Aktien, die auf einen geringeren Betrag als 1000 Mk. gestellt sind.

In eine materielle Würdigung dieser Bestimmungen braucht hier nicht eingetreten zu werden. Ihre Übernahme in das StGB. verbietet sich mit Rücksicht auf die unverkennbare starke Spezialisierung der Tatbestände.

Das gleiche gilt von dem Fall des

   § 315 Ziff. 1, demzufolge Mitglieder des Vorstandes usw. mit Gefängnis bis zu 3 Monaten und zugleich mit Geldstrafe bis zu 5000 Mk. bestraft werden, wenn länger als 3 Monate die Gesellschaft ohne Aufsichtsrat geblieben ist oder in dem letzteren die zur Beschlußfähigkeit erforderliche Zahl von Mitgliedern gefehlt hat.

   Die §§ 316—318 bestrafen bestimmte Delikte, die auf die Abstimmung in der Generalversammlung der Aktiengesellschaften sich beziehen. Sie haben aus den gleichen Gründen wie die oben bezeichneten Bestimmungen auszuscheiden.

5. Das Gesetz vom 15. Juni 1897, betreffend den Verkehr mit Butter, Käse, Schmalz und deren Ersatzmitteln.

U. E. wird das StGB. zwar die Delikte des Nahrungsmittelgesetzes aufzunehmen haben; dagegen empfiehlt es sich nicht, die Gesetze, die den Verkehr mit einzelnen Nahrungsmitteln regeln, einzuarbeiten. Hier handelt es sich vielfach um überaus spezialisierte Tatbestände, um Bestimmungen, die in engem Anschluß an gewisse im Nahrungsmittelverkehr hervorgetretene Mißstände ihre inhaltliche Bestimmung erhalten haben, deren Notwendigkeit aber bei der starken Entwicklung der Technik auch auf dem Gebiet des Nahrungsmittelwesens vielfach zeitlich beschränkt ist. Das gilt nicht nur für das vorliegende, sondern auch für das Weingesetz, das Schlachtvieh- und Fleischbeschaugesetz, das Süßstoffgesetz und das Phosphorzündwarengesetz. Herauszuheben aus den Sondergesetzen sind nur die Bestimmungen des § 5 Margarinegesetz und §. 27 Weingesetz, die nicht den Schutz des Publikums gegen Mißbräuche der Produzenten und Händler, sondern umgekehrt den Schutz der Produzenten zum Gegenstand haben: hier handelt es sich um die unbefugte Offenbarung von Geschäfts- und Betriebsgeheimnissen durch Personen, die obrigkeitlich zur Beaufsichtigung des Nahrungsmittelverkehrs herangezogen worden sind.

Der Inhalt der Bestimmungen braucht an dieser Stelle nicht wiedergegeben zu werden; hervorgehoben sei nur, daß nur § 14 eine Vergehensstrafe androht, während die §§ 16, 17, 18 Abs. 1 (s. aber § 18 Abs. 2) sich mit Übertretungsstrafen begnügen.

6. Das Gesetz, betreffend die Erwerbs- und Wirtschaftsgenossenschaften, vom 20. Mai 1898.

§ 147 entspricht § 313, 314 HGB. Vgl. vorige Seite.

§ 148 Ziff. 1 entspricht § 315 Ziff. 1 HGB.;

§ 149 straft Mitglieder des Vorstandes mit Geldstrafe bis zu 600 Mk., wenn ihre Handlungen auf andere als die im § 1 erwähnten geschäftlichen Zwecke gerichtet sind, oder wenn sie in der Generalversammlung die Erörterung von Anträgen gestatten oder nicht hindern, welche auf öffentliche Angelegenheiten gerichtet sind, deren Erörterung unter die Gesetze über das Versammlungs- und Vereinsrecht fällt;

§ 150 bedroht die pflichtwidrige Nichtanzeige der Generalversammlung seitens der Mitglieder des Vorstandes des Revisionsverbandes mit Geldstrafe bis zu 600 Mk. Abs. 2 bürdet dem Beschuldigten den Exkulpationsbeweis auf;

§ 151 entspricht § 317 Abs. 1 HGB. Vgl. oben unter 4.

§§ 152, 153 bedrohen mit Übertretungsstrafe den Verkauf usw. von Waren eines Konsumvereins an Nichtmitglieder, § 154 die Ausgabe von Wertzeichen durch Konsumvereine.

7. Das Reichsgesetz, betreffend die Gesellschaften mit beschränkter Haftung, vom 20. Mai 1898.

§ 82 entspricht den §§ 313, 314 HGB. Vgl. oben unter 4.

8. Das Gesetz vom 22. Juni 1899, betreffend das Flaggenrecht der Kauffahrteischiffe.

§ 18 straft die unbefugte Führung der Reichsflagge mit Geldstrafe bis zu 1500 Mk. oder Gefängnis bis zu 6 Monaten;

§ 19 die verfrühte Führung der Reichsflagge mit Geldstrafe bis zu 300 Mk. oder Haft;

die §§ 20 (dieser mit Vergehensstrafdrohung), 21, 22 enthalten Übertretungstatbestände.

9. Das Hypothekenbankgesetz vom 13. Juli 1899.

§ 37: „Wer für eine Hypothekenbank wissentlich Hypothekenbankbriefe über den Betrag hinaus ausgibt, welcher durch die in das Hypothekenbankregister eingetragenen Hypotheken usw. gedeckt ist, wird mit Gefängnis bis zu einem Jahre und mit Geldstrafe bis zu 20000 Mk. bestraft.

Die gleiche Strafe trifft denjenigen, welcher für eine Hypothekenbank wissentlich über eine in das Hypothekenregister eingetragene Hypothek usw. verfügt, obwohl die übrigen in das Register eingetragenen Hypotheken usw. zur Deckung der Hypothekenpfandbriefe nicht genügen, sowie denjenigen, welcher es unterläßt, bei der Rückzahlung einer Hypothek das gezahlte Geld einem Treuhänder zur Verwahrung zu geben."

Abs. 3. . . .

§ 38 straft denjenigen, welcher für eine Hypothekenbank Hypothekenpfandbriefe ohne die Bescheinigung über das Vorhandensein der Deckung usw. ausgibt, mit Geldstrafe bis zu 1000 Mk. oder Gefängnis bis zu 3 Monaten;

§ 39 die Vorstände von offenen Handelsgesellschaften usw., die Darlehen unter Ausgabe von Pfandbriefen gewähren, mit Geldstrafe bis zu 3000 Mk.

10. Das Gesetz vom 4. Dezember 1899, betreffend die gemeinsamen Rechte der Besitzer von Schuldverschreibungen.

§ 21 bestraft die mißbräuchliche Verwendung von Schuldverschreibungen, welche sich im Besitze des Schuldners befinden, zur Abstimmung in der Gläubigerversammlung mit Gefängnis bis zu 1 Jahr und Geldstrafe bis zu 5000 Mk.; § 22 falsche Angaben in der Bekanntmachung, daß der Gesamtbetrag der im Umlaufe befindlichen Schuldverschreibungen unter 100000 Mk. gesunken sei usw., mit Gefängnis bis zu einem Jahre oder Geldstrafe bis zu 3000 Mk.;

11. Das Gesetz betreffend die Schlachtvieh- und Fleischbeschau vom 3. Juni 1900. Vgl. oben zu 4. § 26 hat eine Vergehens-, § 27 eine Übertretungsstrafe angedroht.

12. Das Gesetz über die privaten Versicherungsunternehmungen vom 12. Mai 1901.

Die Einarbeitung der Strafbestimmungen empfiehlt sich wegen der Besonderheit der hier vorausgesetzten Verhältnisse grundsätzlich nicht. Eine Ausnahme ist nur insofern zu machen, als der Untreuetatbestand des § 110 durch die Untreuebestimmung des StGB. absorbiert werden sollte. In Erwägung wäre ferner die Aufnahme des § 109 zu ziehen, der, dem § 315 HGB. nachgebildet, die Unterlassung der Anzeige der Zahlungsunfähigkeit an die Aufsichtsbehörde unter Strafe stellt.

13. Die Seemannsordnung vom 2. Juni 1902.

Die Strafbestimmungen der Seemannsordnung eignen sich grundsätzlich nicht zur Einarbeitung in das StGB.: Sie setzen einen engbegrenzten Täterkreis voraus, rechnen durchweg mit einer ganz eigenartig gestalteten Situation, wie sie durch die besonderen Verpflichtungen der Schiffsleute, Kapitäne und Reeder geschaffen wird, und gelangen dadurch zu einer Spezialisierung, die wir in das StGB. nicht gern hinübergenommen sähen. So können wir darauf verzichten, die einzelnen Bestimmungen einer Besprechung zu unterziehen. Nur in doppelter Richtung ließe sich die Einarbeitung einzelner Bestimmungen erwägen. Einmal denken wir an § 109: danach wird die vorsätzliche Beschädigung von Teilen des Schiffskörpers usw. durch den Schiffsmann mit Geldstrafe bis zu 1000 Mk. oder Gefängnis bis zu 2 Jahren bestraft. Diese Bestimmung geht ganz in der einfachen Sachbeschädigung auf. Andererseits stellt die Seemannsordnung in den §§ 100—106 den hartnäckigen Ungehorsam, den tätlichen Widerstand, die Meuterei usw. unter besondere Strafen, die teilweise bis zur Zuchthausstrafe aufsteigen. Es dürfte sich vielleicht im Interesse der Gesetzesökonomie und mit Rücksicht auf die außerordentliche Schwere der hier angedrohten Strafen empfehlen, diese Bestimmungen als Parallelen zu der Gefangenenmeuterei in das StGB. aufzunehmen.

14. Das Süßstoffgesetz vom 7. Juli 1902.

§ 7 straft mit Gefängnis bis zu 6 Monaten und mit Geldstrafe bis zu 1500 Mk. oder mit einer dieser Strafen die vorsätzliche, mit Geldstrafe bis zu 150 Mk. oder Haft die fahrlässige Begehung folgender Handlungen:

a) die unberechtigte Herstellung von Süßstoff und das Zusetzen von Süßstoff zu Nahrungsmitteln usw. bei deren gewerblicher Herstellung,
b) die Einfuhr von Süßstoff oder süßstoffhaltigen Nahrungs- oder Genußmitteln,
c) das Feilhalten oder den Verkauf von Süßstoff oder süßstoffhaltigen Nahrungs- oder Genußmitteln;

§ 8 bedroht mit der gleichen Strafe den Besitz von Süßstoff, wenn der Besitzer nicht nachzuweisen vermag, daß er den Süßstoff von einer zur Abgabe befugten Person bezogen hat. § 10 bedroht Zuwiderhandlungen gegen die auf Grund dieses Gesetzes erlassenen Verwaltungsvorschriften mit einer „Ordnungsstrafe" von 1—300 Mk.

15. Das Reichsgesetz betreffend Kinderarbeit in gewerblichen Betrieben vom 30. März 1903.

Die Strafbestimmungen der §§ 23ff. bedrohen die unzulässige Beschäftigung von eigenen oder fremden Kindern mit Geldstrafe bis zu 20, 30, 150, 600 und 2000 Mk.; bei gewohnheitsmäßiger Begehung einzelner Delikte wird Haft, in § 23 Abs. 2 Gefängnis bis zu sechs Monaten angedroht. Die hier getroffenen Vergehungen lassen sich nicht sämtlich als Polizeidelikte charakterisieren; sie enthalten zum Teil so schwere und unmittelbare Gefährdungen der physischen und der sittlichen Kraft der heranwachsenden Jugend, daß gegen die Einbeziehung wenigstens eines Teils dieser Delikte in das StGB. Gründe materieller Natur nicht geltend gemacht werden können. Indessen stehen ihr u. E. schwerwiegende technische Gründe entgegen. Das Kinderschutzgesetz ist — und es mußte so vorgehen, da es sich um den ersten Versuch handelte, diese Materie durchgreifend gesetzlich zu regeln — durchaus kasuistisch gestaltet; es erscheint aber undenkbar, diese Kasuistik in das StGB. zu übernehmen. Nicht minder schwer wiegt das Bedenken, daß die Entwicklung auf diesem Neuland gesetzgeberischer Arbeit noch keineswegs abgeschlossen erscheint; das StGB. wird sich damit begnügen müssen, die weitere Entwicklung abzuwarten, ehe es die Materie aufnimmt.

16. Das Gesetz betreffend Phosphorzündwaren vom 10. Mai 1903

§ 2: Mit Geldstrafe bis zu 2000 Mk. wird gestraft, wer weißen oder gelben Phosphor zur Herstellung von Zündhölzern und andern Zündwaren verwendet, Zündwaren, die unter Verwendung von weißem oder gelbem Phosphor hergestellt sind, gewerbsmäßig feilhält, verkauft oder sonst in Verkehr bringt oder zum Zwecke gewerblicher Verwendung in das Zollinland einführt; bei fahrlässiger Begehung tritt Geldstrafe bis zu 150 Mk. ein.

17. Das Börsengesetz vom 8. Mai 1908.

Hierher gehören

§ 91: Mit Gefängnis und mit Geldstrafe bis zu 10000 Mk. wird bestraft, wer aus dem Abschlusse von verbotenen Börsentermingeschäften in Getreide oder Erzeugnissen der Getreidemüllerei ein Gewerbe macht usw.

§ 92 droht gleiche Strafe demjenigen, welcher „in gewinnsüchtiger Absicht, um den Preis von Getreide oder Erzeugnissen der Getreidemüllerei im Widerspruche mit der durch die allgemeine Marktlage gegebenen Entwicklung zu beeinflussen“, verbotene Börsentermingeschäfte usw. schließt.

18. Das Weingesetz vom 7. April 1909.

Vgl. oben zu 5. Die §§ 26—29 drohen Vergehens-, § 30 Übertretungsstrafe an.

19. Das Bankgesetz vom $\frac{\text{14. März 1875}}{\text{1. Juni 1909}}$
Hierher gehören

§ 58: Mit Geldstrafe bis zu 5000 Mk. wird bestraft, wer den Bestimmungen des § 42 zuwider für Rechnung von Banken als Vorsteher von Zweiganstalten oder als Agent Bankgeschäfte betreibt oder mit Banken als Gesellschafter in Verbindung tritt.

Abs. 2 enthält entsprechende Strafbestimmungen für die Mitglieder des Vorstandes einer Bank.

Ebenso straft § 59 die Mitglieder des Vorstandes einer Bank bei bestimmten Pflichtverletzungen mit Gefängnis bis zu 3 Monaten usw.

V. Besondere Schwierigkeiten bereitet sowohl in sachlicher wie in technischer Beziehung die Frage der Einarbeitung der Seuchengesetze. Hierher gehört sowohl das Gesetz, betreffend die Bekämpfung gemeingefährlicher Krankheiten vom 30. Juni 1900, wie auch die Gruppe der Gesetze gegen Viehkrankheiten, — das Gesetz, Maßregeln gegen die Rinderpest betreffend vom 7. April 1869, das Gesetz, betreffend Zuwiderhandlungen gegen die zur Abwehr der Rinderpest erlassenen Vieheinfuhrverbote, vom 21. Mai 1878, das Gesetz, betreffend die Beseitigung von Ansteckungsstoffen bei Viehbeförderungen auf Eisenbahnen, vom 25. Februar 1876 und das Viehseuchengesetz vom 26. Juni 1909. Dazu tritt aber endlich auch das gegen die Verbreitung von Pflanzenkrankheiten gerichtete Gesetz, betreffend die Bekämpfung der Reblaus vom 6. Juli 1904. Es ist schlechterdings undiskutabel, die zahlreichen stark spezialisierten Strafbestimmungen dieser Gesetze in das StGB. herüber zu nehmen. Das wäre um so weniger angängig, als der gesamte Komplex der Normen, die jenen Strafbestimmungen zugrunde liegen, dringend der Revision bedarf; auch hier wieder steht der Regelung im StGB. die legislative Unfertigkeit der Materie entgegen. Unter diesen Umständen wird auch kaum daran gedacht werden können, nach dem Vorschlage Kitzingers (VDB. IX, 164) die Verbreitung von Seuchen selbständig herauszuheben und besonders unter Strafe zu stellen. Vielmehr wird der Begründung z. VE. (S. 614f.) zuzugeben sein, daß das StGB., wenn es überhaupt sich mit diesen Fragen befassen will, sich wird mit der Aufstellung von Blankettbestimmungen begnügen müssen, die den jetzigen §§ 327, 328 StGB. entsprechen, — nur etwa mit der Maßgabe, daß neben den Viehseuchen auch die Pflanzenkrankheiten (mit Rücksicht auf das Reblausgesetz) berücksichtigt werden. Gewiß kein befriedigender Ausweg, — insbesondere da die Strafbestimmung des Blankettgesetzes äußerst vage gefaßt werden muß, da sie sonst nicht fähig wäre, die höchst verschiedenartigen Fälle, die für sie in Betracht kommen, angemessen zu ahnden. Immerhin aber sollte, selbst bei im wesentlichen unveränderter Beibehaltung des geltenden Rechts, das Verhältnis klar gestellt werden, in dem die Strafbestimmungen jener Sondergesetze zu den Blankettgesetzen des StGB. stehen. Das würde insbesondere voraussetzen, daß man sich darüber klar würde, ob zu den behördlichen Anordnungen auch die gesetzlichen Einfuhrverbote usw. gerechnet werden sollen, wie bekanntlich das Reichsgericht annimmt, oder ob der Ausdruck im engeren Sinne gefaßt werden soll. Danach würde es sich dann zu entscheiden haben, wie weit durch die bloßen Blankettstrafbestimmungen des StGB. die Strafbestimmungen der Sondergesetze absorbiert sind, — daß die Einzelanordnungen der Gesetze durch die Regelung des StGB. nicht berührt werden, noch von ihr berührt zu werden brauchen, bedarf keiner Ausführung. Stellt man sich in jener Frage auf den Standpunkt des Reichsgerichts, so würden einerseits die Bestimmungen des Reichsseuchengesetzes §§ 44—46, andererseits aber auch das Rinderpestgesetz von 1878, das Viehseuchengesetz §§ 74—77 sowie das Reblausgesetz §§ 9—12 entbehrlich werden: denn hier überall handelt es sich um die Bestrafung von Zuwiderhandlungen gegen die Ge- und Verbote, die die Gesetze entweder allgemein oder bestimmte Behörden auf Grund dieser Gesetze für den Einzelfall erlassen haben. Immerhin bleiben auch dann Bedenken genug bestehen. Sie liegen teils auf technischem Gebiet: es muß darauf ankommen, eine Formel zu geben, die gleichmäßig die vom Gesetz, von Behörden oder von Einzelbeamten erlassenen Anordnungen umfaßt, und zwar diese nicht nur, soweit sie sich auf die Einschleppung beziehen, sondern auch, soweit sie die bloße Prophylaxe im Auge haben. Teils liegen sie auf materiellem Gebiet: es würden eine Reihe von bloßen Polizeidelikten unter die Vergehensstrafe gezogen werden, deren Verhängung nicht immer gerechtfertigt erscheinen dürfte. So vermag ich lediglich vorzuschlagen: 1. von der Aufnahme von Sonderbestimmungen in das StGB. abzusehen, 2. auf diesem Gebiet an dem System der Blankettgesetze einstweilen festzuhalten, 3. dabei aber nachzuprüfen, wie weit die besonderen Strafbestimmungen der Nebengesetze mit Rücksicht auf die Blankettgesetze als entbehrlich werden betrachtet werden können.

VI. Die Prüfung der Frage, inwieweit die Strafbestimmungen der Nebengesetze in das StGB. einzuarbeiten sind, wird von der Tatsache ausgehen müssen, daß diese Bestimmungen nach ihrem Verhältnis zu dem überkommenen Bestande des StGB. zwei große Gruppen bilden. Zum einen Teile wollen sie dieselben Rechtsgüter, die bereits das StGB. dem Aufbau seiner Tatbestände zugrunde gelegt hat, in ihren Schutz nehmen; sie wollen den vom StGB. gewährleisteten Schutz in der einen oder anderen Richtung erweitern, vertiefen; oft handelt es sich bei ihnen nur um die Heraushebung eines besondere Behandlung fordernden, privilegierten oder qualifizierten Unterfalls des im StGB. geregelten Gattungsdelikts. Zum anderen Teile aber haben sie es mit Rechtsgütern zu tun, die dem StGB. fremd sind; hier enthalten die Nebengesetze die erschöpfende Regelung einer durch die Einheitlichkeit des angegriffenen Rechtsguts zusammengehaltenen Deliktsgruppe. Unvergleichlich viel selbstständiger als die erstbezeichneten stehen die Strafbestimmungen dieser Gruppe dem StGB. gegenüber. Aber gerade bei ihnen bedarf die Frage der Einarbeitung in das StGB. besonders eindringlicher Prüfung. Denn bei ihnen handelt es sich in der Regel um die gesetzliche Anerkennung neuer Bedürfnisse, um den rechtlichen Schutz von Lebenswerten, von denen die Zeit, die das StGB. schuf, noch nichts wußte, oder von deren Bedeutung sie sich doch noch nicht durchdrungen hatte; und hier bedarf es besonders sorgsamer Prüfung, ob jetzt die Zeit zur Aufnahme dieser Bestimmungen in den Grundstock der Strafbestimmungen, als den wir das StGB. zu betrachten haben, bereits gekommen ist; — ob die Entwicklung hier bereits zu einem Ruhepunkt gelangt ist, an dem wir festzustellen vermögen, daß wir es mit Werten zu tun haben, deren strafrechtliche Garantien dauernd eine Notwendigkeit unseres gesellschaftlichen Lebens bilden werden.

Für eine Gruppe von Strafbestimmungen haben wir diese Frage bereits oben verneint: für die Gesamtheit der Vorschriften, die dem Schutz der gewerblich tätigen Bevölkerungsklassen gegen die Ausbeutung in allen ihren Formen dient. Nicht als ob es sich hier nicht um Bestimmungen handelte, deren Aufrechterhaltung berechtigten, starken Bedürfnissen unserer Zeit entspricht; — im Gegenteil ist vielleicht nichts für die Gegenwart und ihre Bedürfnisse so charakteristisch, wie gerade diese Arbeiterschutzgesetzgebung mit ihrer schier überreichen Spezialisierung. Maßgebend ist vielmehr die Erkenntnis, daß wir hier noch von dem Ruhepunkt recht weit entfernt sind, der uns die sichere Umgrenzung des Rechtsguts und die scharfe Erfassung der Angriffsformen gestattete: solange die Entwicklung sich auf einem Gebiete gesetzgeberischer Tätigkeit noch so sehr im Fluß befindet, wie es hier der Fall ist, darf und muß sich das StGB. Reserve auferlegen, will es anders auf Jahrzehnte hinaus für sich die Forderung des noli me tangere erheben können.

Als neue Deliktsgruppe würden sodann die Delikte gegen die Lauterkeit des wirtschaftlichen Verkehrs für die Einarbeitung in Betracht kommen. Hierher würden gehören die Delikte des Gesetzes gegen den unlauteren Wettbewerb vom 7. Juni 1909 und des Gesetzes zum Schutz der Warenbezeichnungen vom 12. Mai 1894. Dazu würde § 40 des Patentgesetzes zu stellen sein. Alle Gründe materiellrechtlicher Natur, die man für die Einbeziehung der Sondergesetze überhaupt anführen kann, würden für die Einarbeitung dieser Gruppe geltend gemacht werden können. Es handelt sich um Delikte, die in keiner Weise singulären Charakter tragen; sie sind der Begehung durch jedermann zugänglich; und die von ihnen angegriffenen Interessen sind gleichfalls personell nirgends in singulärer Weise umgrenzt. Trotzdem glauben wir die Einarbeitung zurzeit nicht empfehlen zu sollen. Es handelt sich bei dem unlauteren Wettbewerb um ein Rechtsgebiet, das der legislativen Behandlung erst in jüngster Zeit zugeführt ist; und man wird sagen dürfen, daß die gesetzgeberische Lösung der hier vorliegenden Probleme noch nicht befriedigend gelungen ist. Das beweist nicht nur die Geschichte des Unlauteren Wettbewerbsgesetzes, das nach kaum zehnjähriger Geltung bereits einer Umarbeitung an Haupt und Gliedern bedurfte; das beweist auch die technische Gestaltung seiner Bestimmungen, das Zusammenkleben zivilistischer und strafrechtlicher Normen, vor allem aber die überstarke Verwendung einer sonst unserem Recht fremd gewordenen Kasuistik. Seinem

Gegenstande und seinen Grundgedanken nach durchaus zur Einbeziehung in ein allgemeines StGB. geeignet, muß der unlautere Wettbewerb zurzeit doch noch zurückstehen; man wird auf die Einarbeitung zurückzukommen haben, wenn die hier vorliegenden Rechtsgedanken sich im weiteren Lauf der Entwicklung geklärt und gefestigt haben. Nur für die eine Bestimmung des § 17 möchten wir eine Ausnahme machen: die Offenbarung von Geschäftsgeheimnissen usw. wird bereits jetzt mit den übrigen strafrechtlich geregelten Fällen pflichtwidriger Geheimnisoffenbarung und -verwertung zusammengefaßt und in das StGB. aufgenommen werden können.

Wird aber grundsätzlich von der Einarbeitung des Unl. Wettbewerbsgesetzes Abstand genommen, so wird auch § 40 des Patentgesetzes, vor allem aber auch das Gesetz zum Schutz der Warenbezeichnungen nicht in das StGB. einbezogen werden können. Die Delikte der §§ 14—16 erhalten ihre Signatur nicht so sehr durch die Nachahmung fremder Ausstattungen, den Gebrauch fremder Firmen, Namen, Warenzeichen, sondern durch die Irreführung des Publikums; der Mißbrauch des fremden Warenzeichens rückt insofern systematisch mit der Anmaßung von Auszeichnungen — § 4 Unl. Wettbewerb — und mit der Patentberühmung, § 40 Patentgesetz, zusammen. Wenn bezüglich des Mißbrauchs der fremden Firma, des fremden Namens und des fremden Warenzeichens auch Zweifel bestehen könnten, so sind solche doch ausgeschlossen bei der irreführenden Herkunftsbezeichnung und der irreführenden Warenausstattung; hier will das Gesetz gewissen illoyalen Mitteln der Konkurrenz entgegentreten. Und auf demselben Gedanken liegt denn auch sowohl wirtschaftlich wie für die systematische Betrachtung der Nachdruck der Warenzeichenfälschung. Es wäre deshalb unrichtig, wollte man diese Bestimmungen, die zugleich auch den einzelnen gegen den Mißbrauch seines Namens schützen wollen, von den übrigen abtrennen, die die Gefährdung des lauteren Verkehrs schlechthin zum Gegenstand haben: mit der Warenzeichenfälschung gehört die fälschliche Herkunftsbezeichnung systematisch zusammen, mag sie auch nicht die Verletzung eines Individualrechts als Mittel des Angriffs auf die Lauterkeit des gewerblichen Verkehrs verwenden. So bleibe auch dieses Gesetz späterer Einarbeitung vorbehalten!

Anders steht es dagegen mit den Urheberrechtsdelikten. Ihre Einarbeitung erscheint uns nach der heutigen Gestaltung des Urheberrechts durchaus geboten und durchführbar zu sein.

Auf die Geschichte des Urheberrechts ist an dieser Stelle nicht einzugehen. Immerhin mag betont sein, daß die letzten Jahrzehnte durch mancherlei Schwankungen hindurch das Urheberrecht zu klarer rechtlicher Ausprägung gebracht haben; und insofern steht der Strafgesetzgeber der Gegenwart vor einer anderen Situation als derjenige der ausgehenden sechziger Jahre. Heute ist der Entwicklungsprozeß in allen wesentlichen Punkten abgeschlossen. Das Urheberrecht in subjektivem Sinne hat seine scharfe Umgrenzung insbesondere auch nach der zivilrechtlichen Seite hin erfahren; und die fortdauernde Kontroverse über die Natur des Urheberrechts darf die Strafgesetzgebung nicht hindern, nunmehr mit der Aufnahme der Urheberrechtsdelikte in das StGB. diese Entwicklung auch formell zum Abschluß zu bringen. Gegen diese Aufnahme aber spricht keiner der Gründe, die man etwa für eine Sondergesetzgebung anführen könnte. Es handelt sich bei den Urheberrechtsdelikten um Delikte mit unbegrenztem Täterkreis; und die Deliktshandlungen setzen nirgends eine besondere Situation für den Täter voraus, die die Aufrechterhaltung der Sondergesetzgebung rechtfertigen könnte. In der allgemeinen Zugänglichkeit für Angriffe aller Art und von jeder Seite her stehen die Urheberrechte den ehrwürdigen Angriffsobjekten etwa der Eigentumsdelikte in keiner Weise nach.

Im Anschluß an die in der Theorie vorherrschende, von der Praxis anerkannte Auffassung möchten wir die Urheberrechtsdelikte als besondere Gruppe den Vermögensdelikten angliedern. Für diese Gruppe kommen fünf Gesetze in Betracht. Auf der einen Seite 1. das Gesetz, betreffend das Urheberrecht an Mustern und Modellen vom 11. Januar 1876; 2. das Gesetz, betreffend das Urheberrecht an Werken der Literatur und der Tonkunst vom 19. Juni 1901; 3. das Gesetz, betreffend das Urheberrecht an Werken der bildenden Künste und der Photographie vom 9. Januar 1907; auf der anderen 4. das Patentgesetz vom 7. April 1891 und 5. das Gesetz, betreffend den Schutz von Gebrauchsmustern vom 1. Juni 1891.

Für die Einzelbetrachtung mag an dieser Stelle das Geschmacksmustergesetz ausscheiden. Denn es unterliegt wohl keinem Zweifel, daß die Strafrechtsreform hier mit einer Reform des Geschmacksmusterrechts Hand in Hand gehen muß — auf die Fragen der sachlichen Reformen aber soll hier nicht eingegangen werden. Nur die gesetzestechnische Seite der Frage ist hier ins Auge zu fassen. Übrigens dürfte es keinem Zweifel unterliegen, daß die Strafbestimmungen, die den Schutz der Muster und Modelle abzuschließen haben, sich eng an die Bestimmungen zum Schutz der Werke der Literatur usw. anschließen werden.

Bei dem heutigen Stand der urheberrechtlichen Gesetzgebung erscheint es uns nicht ratsam, die Konzentration der urheberrechtlichen Strafbestimmungen über das Maß hinaus zu führen, in dem sie im geltenden Recht erfolgt ist. Vielmehr dürfte es sich mit Rücksicht auf die Besonderheiten des Urheberrechts an den Werken der Literatur gegenüber dem Urheberrecht an Werken der bildenden Künste empfehlen, die heutige Scheidung aufrechtzuerhalten, selbst auf die Gefahr hin, daß die Formulierung der einzelnen Bestimmungen sich bis in eine Reihe von Einzelheiten hinein wiederholt. Immerhin werden sich einige Sonderbestimmungen zusammenfassen lassen.

Im einzelnen würde sich folgendes ergeben:

1. Mit Geldstrafe bis zu 3000 Mk. wird bestraft, wer vorsätzlich ohne die erforderliche Einwilligung des Berechtigten ein Werk der Literatur oder der Tonkunst vervielfältigt oder gewerbsmäßig verbreitet.

Diese Formulierung dürfte § 38 Ziff. 1 des LitGes. seinem Gehalte nach erschöpfend wiedergeben. Sie unterscheidet sich von § 38 Ziff. 1 nur dadurch, daß sie die Worte „in anderen als den gesetzlich zugelassenen Fällen" streicht, zum Hinweis auf diese Fälle aber das Wort „erforderlich" dem Tatbestandsmerkmal „ohne Einwilligung" hinzufügt.

2. Mit der gleichen Strafe wird belegt, wer ohne die erforderliche Einwilligung des Berechtigten ein Bühnenwerk, ein Werk der Tonkunst oder eine unzulässige dramatische Bearbeitung einer Erzählung öffentlich aufführt oder eine unzulässige bildliche Darstellung unter Anwendung des Kinematographen oder eines ähnlichen Verfahrens öffentlich vorführt oder ein Werk, bevor es erschienen ist, öffentlich vorträgt.

Die etwas schwerfällige Bestimmung gibt den Inhalt des

§ 38 Ziff. 2 wieder, der durch die Novelle von 1910 diesen stark spezialisierten Tatbestand erhalten hat. Unser Vorschlag weicht nur in doppelter Richtung in der Textierung von § 38 ab. Einmal verbietet § 38 die Aufführung einer dramatischen Bearbeitung, die nach § 12 unzulässig ist. Der Vorschlag sagt dafür kurz: eine unzulässige dramatische Bearbeitung. Daß die Zulässigkeit der dramatischen Bearbeitung sich nach außerstrafrechtlichen, urheberrechtlichen Grundsätzen bestimmt, versteht sich von selbst: es bedarf deshalb keines besonderen Hinweises auf § 12 LitGes. Dasselbe gilt von unserer zweiten Abweichung. § 38 in Fassung des Gesetzes vom 20. Mai 1910 verbietet es, „eine bildliche Darstellung, die nach § 12 unzulässig ist, öffentlich vorzuführen". Unzulässig ist aber nach § 12 Ziff. 6 „die Benutzung eines Schriftwerks zu einer bildlichen Darstellung, welche das Originalwerk seinem Inhalt nach im Wege der Kinematographie oder eines ihr ähnlichen Verfahrens wiedergibt." Das StGB. wäre in sich kaum verständlich, wenn es § 38 Ziff. 2 in seiner abstrakten Formulierung aufnähme; es bedarf zur Klarstellung des Tatbestandes eines Hinweises darauf, daß gerade die kinematographische Vorführung des Inhalts eines Schriftwerks getroffen werden soll. Andererseits bedurfte es aus den oben angeführten Gründen auch hier eines ausdrücklichen Hinweises auf § 12 LitGes. nicht, es genügt, daß unsere Bestimmung von einer „unzulässigen bildlichen Darstellung" spricht. Damit ist der Tatbestand zugleich gegen die Fälle des § 32 Kunstgesetzes abgegrenzt; dort handelt es sich um die unzulässige Vorführung eines urheberrechtlich geschützten Bildwerks, hier um die Vorführung einer urheberrechtlich nicht geschützten bildlichen Darstellung, welche wegen ihrer inhaltlichen Abhängigkeit von einem urheberrechtlich geschützten Schriftwerk als unzulässig erscheint. Um diesen Sachverhalt noch schärfer hervortreten zu lassen, könnte vielleicht gesagt werden: „wer ohne die erforderliche Einwilligung des Berechtigten den Inhalt eines Schriftwerks unter Anwendung der Kinematographie usw. öffentlich im Bilde vorführt"; — indessen steht diesem Vorschlag das Bedenken entgegen, daß er sich von dem Wortlaut des geltenden Rechts sehr weit entfernt. Immerhin mag auch er zur Diskussion gestellt werden.

3. Mit Geldstrafe bis zu 1500 Mk. wird belegt, wer den wesentlichen Inhalt eines Werkes der Literatur oder der Tonkunst,

bevor der Inhalt öffentlich mitgeteilt ist, ohne Einwilligung des Berechtigten öffentlich mitteilt.

§ 39 LitGes., den dieser Vorschlag inhaltlich wiedergibt, bedarf keiner textlichen Abänderung.

4. Wer vorsätzlich ohne die erforderliche Einwilligung des Berechtigten ein Werk der bildenden Künste oder der Photographie vervielfältigt, gewerbsmäßig verbreitet oder gewerbsmäßig mittels mechanischer oder optischer Einrichtungen oder öffentlich unter Anwendung der Kinematographie oder eines ihr ähnlichen Verfahrens vorführt, wird mit Geldstrafe bis zu 3000 Mk. bestraft.

Vgl. § 32 Abs. 1 des Kunstgesetzes.

5. Wer auf der Vervielfältigung eines Werkes der bildenden Künste oder der Photographie die Bezeichnung des Urhebers in einer Weise anbringt, die zu Verwechslungen Anlaß geben kann, wird mit Geldstrafe bis zu 1000 Mk. bestraft.

Vgl. § 33 Ziff. 1 des Kunstgesetzes. Die Worte „den Namen oder eine sonstige" Bezeichnung können wohl ohne Schaden wegfallen.

6. Wer vorsätzlich ohne Einwilligung des Urhebers auf einem Werke der bildenden Künste oder der Photographie den Namen oder den Namenszug des Urhebers anbringt, wird mit Geldstrafe bis zu 300 Mk. bestraft.

Vgl. § 34 Abs. 1 des Kunstgesetzes.

7. Wer bei der zulässigen Benutzung eines Werkes der Literatur, der Tonkunst, der bildenden Künste oder der Photographie die Quelle anzugeben unterläßt, wird mit Geldstrafe bis zu 150 Mk. bestraft.

Der Vorschlag will einerseits § 44 des LitGes., andererseits § 40 des Kunstgesetzes wiedergeben. § 44 setzt voraus, daß die Angabe der Quelle „den Vorschriften des § 18 Abs. 1 oder des § 25 zuwider", § 40, daß sie „der Vorschrift des § 19 Abs. 2 zuwider" unterblieben sei. Alle diese Bestimmungen erklären die Benutzung des fremden Werkes unter besonderer Voraussetzung für zulässig, und fordern von dem Benutzer nur, daß er die benutzte Quelle angebe; die Fälle unzulässiger Benutzung fremden Schriftwerks usw. deckt die Bestimmung nicht. Diesem Sachverhalt trägt unsere Formulierung Rechnung. Daß trotz der Übertretungsstrafe das hier getroffene „Plagiat" in das StGB. gehört, wird kaum bezweifelt werden können; eher aber, ob die Strafdrohung dem Rechtsschutzbedürfnis genügt.

8. In den Fällen zu 1 und 4 tritt Geldstrafe bis zu 300 Mk. ein, wenn die Einwilligung des Berechtigten nur deshalb zu der Vervielfältigung des Werkes erforderlich war, weil an diesem selbst, an seiner oder an der Bezeichnung des Urhebers Änderungen vorgenommen sind.

Vgl. § 38 Abs. 2 LitGes.; § 32 Abs. 2 Kunstgesetz. Die Vorschrift denkt an die Fälle, in denen die Vervielfältigung selbst der Einwilligung nicht bedarf; in diesen Fällen ist durch § 24 LitGes. § 21 Kunstges. die Zulässigkeit der Vervielfältigung aber an die Bedingung geknüpft, daß an dem Werke selbst usw. keine Änderungen vorgenommen werden. Die Nichtachtung dieser Bedingung macht die Vervielfältigung selbst rechtswidrig und, freilich nur in geringerem Maße, strafbar. Die Zusammenfassung der beiden Bestimmungen dürfte keiner weiteren Begründung bedürfen. Es wäre nur zu erwägen, ob nicht mit Rücksicht auf die Weite des Strafrahmens für die sub 1—6 behandelten Delikte von der Aufstellung einer Sonderbestimmung ganz Abstand genommen werden könnte.

9. Die Strafbarkeit der zu 1—4 bezeichneten Handlungen wird dadurch nicht ausgeschlossen, daß das Werk nur zu einem Teil vervielfältigt, verbreitet, öffentlich mitgeteilt, aufgeführt, vorgeführt oder vorgetragen wird.

Vgl. § 41 LitGes., § 36 Kunstges. Auch hier kann es fraglich erscheinen, ob es der strafgesetzlichen Sonderbestimmung bedarf; es bedarf einer solchen dann nicht, wenn schon nach allgemeinen urheberrechtlichen Grundsätzen es feststeht, daß die teilweise Vervielfältigung der Vervielfältigung des Ganzen gleichsteht.

10. Auf Verlangen des Verletzten kann neben der Strafe auf eine an ihn zu erlegende Buße bis zum Betrage von 6000 Mk. erkannt werden. Die zu dieser Buße Verurteilten haften als Gesamtschuldner.

Eine erkannte Buße schließt die Geltendmachung eines weiteren Anspruchs auf Schadensersatz aus.

Vgl. § 40 LitGes., § 35 Kunstges. Die Übernahme der Bestimmung hängt selbstverständlich davon ab, wie das StGB. sich zur Buße überhaupt stellt.

11. Die Strafverfolgung in den Fällen zu 1, 2, 3, 4 und 5 tritt nur auf Antrag ein; die Zurücknahme des Antrags ist zulässig.

Vgl. § 45 LitGes., § 41 Kunstges.

12. Die strafbaren Handlungen zu 1—7 verjähren in 3 Jahren.

Die Verjährung des Nachdrucks eines Werkes der Literatur oder der Tonkunst beginnt mit dem Tage, an welchem die Verbreitung der Nachdrucksexemplare zuerst stattgefunden hat. Dasselbe gilt für die widerrechtliche Vervielfältigung von Werken der bildenden Künste und der Photographie, wenn die Vervielfältigung zum Zwecke der Verbreitung bewirkt würde. Andernfalls beginnt die Verjährung dieser Vervielfältigung mit dem Tage, an dem die Vervielfältigung vollendet ist.

Die Verjährung der übrigen strafbaren Handlungen zu 1—7 beginnt mit dem Tage, an welchem die widerrechtliche Handlung zuletzt stattgefunden hat.

Vgl. §§ 50, 51 LitGes., §§ 47, 48 Kunstges.

Nicht aufgenommen sind in unsere Vorschläge die §§ 42, 43, 46, 47, 48, 52 LitGes.; §§ 37, 38, 39, 42, 43, 44, 45, 50 Kunstges. Diese Bestimmungen regeln die Vernichtung der Nachdrucksexemplare usw. Es handelt sich bei dieser Maßregel um eine zivilrechtliche Unrechtsfolge, die freilich im Strafverfahren verfolgt werden kann; gleichwohl ist es nicht die Aufgabe des StGB., auf diese Fälle der strafprozessualen Verfolgung zivilrechtlicher Ansprüche hinzuweisen.

In das StGB. aufzunehmen, aber aus der Gruppe der Urheberrechtsdelikte auszuscheiden ist endlich die Bestimmung:

Mit Geldstrafe bis zu 1000 Mk. wird bestraft, wer vorsätzlich ohne Einwilligung des Abgebildeten ein Bildnis verbreitet oder öffentlich zur Schau stellt.

Vgl. § 33 Ziff. 2 Kunstges.

Diese Bestimmung bedarf der Aufnahme in das StGB. Sie ist etwa der Verletzung fremder Geheimnisse anzugliedern. Auf die in § 23 Kunstges. aufgestellten Ausnahmen von dem Verbot des § 22 wird das StGB. nicht besonders hinzuweisen brauchen.

Die besonderen Bestimmungen der Urheberrechtsgesetze über die Umwandlung der Geld- in Gefängnisstrafen sind übergangen worden.

Den bisher behandelten Urheberrechtsdelikten sind nunmehr die strafbaren Patent- und Gebrauchsmusterschutzverletzungen anzureihen.

1. „Wer wissentlich ohne Einwilligung des Berechtigten den Gegenstand einer Erfindung, für die ein Patent erteilt ist, gewerbsmäßig herstellt, in Verkehr bringt, feilhält oder gebraucht, wird mit Geldstrafe bis zu 5000 Mk. oder mit Gefängnis bis zu einem Jahre bestraft."

Es bedarf keiner Begründung, daß die Grenzen, die § 5 des Patentgesetzes der Wirkung des Patentes zieht, im Strafgesetz nicht hervorgehoben zu werden brauchen; es versteht sich beispielsweise von selbst, daß den durch § 5 geschützten Vorbenutzer die Strafe unserer Bestimmung nie treffen kann, da seine Handlung der Widerrechtlichkeit ermangelt. Fraglich könnte dagegen sein, ob der Tatbestand des Strafgesetzes nicht dem Schlußsatz des § 4 Rechnung zu tragen hätte: „Ist das Patent für ein Verfahren erteilt, so erstreckt sich die Wirkung auch auf die durch das Verfahren unmittelbar hergestellten Erzeugnisse." Danach ist strafbar auch der gewerbsmäßige Gebrauch der durch das patentierte Verfahren hergestellten Erzeugnisse. Unter den Wortlaut der oben vorgeschlagenen Bestimmung würde dieser indessen nicht zu ziehen sein, da nach geltendem Recht in den hergehörigen Fällen nur das Verfahren selbst den Gegenstand der patentierten Erfindung bildet. Hier bedarf es u. E. indessen einer Abänderung nicht des Strafgesetzes, sondern der patentrechtlichen Bestimmungen; in Übereinstimmung mit der älteren Judikatur (vgl. Stenglein 4 S. 127 Note 19) wäre im Gesetz ausdrücklich auszusprechen, daß in den Fällen des Verfahrenspatents auch die unmittelbaren Erzeugnisse des Verfahrens als Gegenstand der patentierten Erfindung gelten. Dieser Satz würde auf die Umgrenzung des strafgesetzlichen Tatbestandes unmittelbar zurückwirken.

2. „Wer wissentlich ohne Einwilligung des Berechtigten gewerbsmäßig ein Gebrauchsmuster nachbildet, die durch Nachbildung hervorgebrachten Gerätschaften und Gegenstände in Verkehr bringt, feilhält oder gebraucht, wird mit Geldstrafe bis zu 5000 Mk. oder mit Gefängnis bis zu einem Jahre bestraft."

Vgl. § 10 des Gebrauchsmusterschutzgesetzes. Auch hier bedürfen die Grenzen des Gebrauchsmusterschutzes keiner besonderen strafgesetzlichen Hervorhebung.

3. „Die Strafverfolgung der zu 1, 2 bezeichneten Handlungen tritt nur auf Antrag ein. Die Zurücknahme des Antrags ist zulässig.

Wird auf Strafe erkannt, so ist zugleich dem Verletzten die Befugnis zuzusprechen, die Verurteilung auf Kosten des Verurteilten öffentlich bekannt zu machen. Die Art der Bekanntmachung sowie die Frist zu derselben ist im Urteil zu bestimmen."

4. „Auf Verlangen des Verletzten kann neben der Strafe auf eine an ihn zu erlegende Buße bis zum Betrage von 10000 Mk. erkannt werden. Die zu dieser Buße Verurteilten haften als Gesamtschuldner.

Eine erkannte Buße schließt die Geltendmachung eines weiteren Anspruches auf Schadensersatz aus."

Vgl. zu 3. § 36 Abs. 2, 3 PatGes., § 10 Abs. 2, 3 GebMustGes.; zu 4. § 37 PatGes.; § 11 GebMustGes.

Nicht in diesem Abschnitt einzustellen ist der § 40 PatGes.:

Mit Geldstrafe bis zu 1000 Mk. wird bestraft,

1. wer Gegenstände oder deren Verpackung mit einer Bezeichnung versieht, welche geeignet ist, den Irrtum zu erregen, daß die Gegenstände durch ein Patent geschützt seien;
2. wer in öffentlichen Anzeigen, auf Aushängeschildern, auf Empfehlungskarten oder in ähnlichen Kundgebungen eine Bezeichnung anwendet, welche geeignet ist, den Irrtum zu erregen, daß die darin erwähnten Gegenstände durch ein Patent geschützt seien.

Dieser Tatbestand der sog. Patentberühmung gehört in den Zusammenhang der Delikte gegen die Lauterkeit des geschäftlichen Verkehrs; er enthält eine wichtige Ergänzung des § 4 UnlWettbGes. Die Tatsache, daß er den Begriff des Patents verwendet, rechtfertigt es nicht, ihn mit den Delikten des PatGes. systematisch zusammenzufassen.

Wir verhehlen uns nicht, daß gegen diese Vorschläge gewichtige Bedenken erhoben werden können. Soweit diese den sachlichen Gehalt der vorgeschlagenen Bestimmungen zum Gegenstande haben, treffen sie uns nicht; denn die Frage der sachliehen Reform dieser urheberrechtlichen Bestimmungen haben wir ausdrücklich offen gelassen. Aber auch soweit jene Bedenken sich gegen die technische Struktur dieser Bestimmungen richten, seien sie gern hingenommen; es ist selbstverständlich, daß bei der Eingliederung dieser Bestimmungen in das künftige StGB. manches wird geändert werden müssen, was wir aufrechterhalten haben, um unseren Vorschlägen die inhaltliche Übereinstimmung mit den geltenden Bestimmungen der verarbeiteten Gesetze zu sichern. Wichtig ist uns nur das eine: es kam uns darauf an, an den Urheberrechtsdelikten paradigmatisch zu zeigen, daß eine Herauslösung dieser Tatbestände möglich ist, ohne daß die Klarheit und Verständlichkeit der Strafbestimmungen darunter leidet. Diesen Beweis glauben wir mit unseren Vorschlägen erbracht zu haben. Gewiß arbeiten die vorgeschlagenen Bestimmungen in weitem Umfange mit Begriffen, deren inhaltliche Fixierung nach wie vor Sache der einzelnen Urheberrechtsgesetze ist; aber verfährt denn das StGB. nicht überall so? Nur wer die sekundäre Natur des Strafrechts verkennt, kann aus diesem inhaltlichen Abhängigkeitsverhältnis unserer Bestimmungen zu jenen Gesetzen einen Vorwurf gegen unsere Vorschläge ableiten; nur er behaupten, daß diese Einarbeitung das StGB. mit fremdartigen Materien belaste.

VII. Für die Einarbeitung in das StGB., und zwar zur Ergänzung einzelner im StGB. geregelter Tatbestände, kommen ferner folgende Gesetze in Betracht.

1. Die Gewerbeordnung.

Für die Aufnahme in das StGB. kommen nur in Betracht

1. § 145a. Die Offenbarung oder die Verwertung von Betriebsgeheimnissen seitens der Sachverständigen, welche in den Fällen der §§ 16, 24, 25 zugezogen waren.

Diese Bestimmung ist, freilich nicht in ihrer jetzigen kasuistischen Ausprägung, in das StGB. im Anschluß an die Regelung des § 300 StGB. einzugliedern. Es bedarf dazu einer allgemeineren Formulierung, die den höchst verschiedenartigen Fällen gerecht wird und auch etwa neu hinzutretende Fälle deckt.

2. § 153: Wer andere durch Anwendung körperlichen Zwanges usw. bestimmt oder zu bestimmen sucht, an Verabredungen zum Behufe der Erlangung günstiger Lohn- und Arbeitsbedingungen teilzunehmen oder ihnen Folge zu leisten, oder andere durch gleiche Mittel hindert oder zu hindern versucht, von solchen Verabredungen zurückzutreten, wird mit Gefängnis bis zu 3 Monaten bestraft, sofern nach dem allgemeinen Strafgesetze nicht eine härtere Strafe eintritt.

Es handelt sich um einen Unterfall der Nötigung, der dieser anzugliedern ist.

2. Das Gesetz vom 8. Juni 1871, betreffend die Inhaberpapiere mit Prämien enthält im wesentlichen eine Er-

gänzung der Glücksspielbestimmungen des StGB. Es bedroht mit einer Vergehensstrafe

a) jede Ausgabe von Inhaberpapieren mit Prämien;

b) das Weiterbegeben von widerrechtlich im Inland oder nach dem 30. April 1871 im Ausland ausgegebenen Inhaberpapieren mit Prämien;

c) den Abschluß von Geschäften über die zu b genannten Papiere an Börsen;

d) alle Handlungen zu b—c mit Bezug auf nicht abgestempelte vor dem 1. Mai 1871 ausgegebene ausländische Inhaberpapiere mit Prämien.

Im Anschluß an § 286 StGB. wäre demgemäß einzustellen:

„Wer im Inlande Inhaberpapiere mit Prämien ausgibt, wird mit einer Geldstrafe belegt, welche dem fünften Teile des Nennwertes der den Gegenstand seiner Handlung bildenden Papiere gleichkommt, mindestens aber 300 Mk. beträgt.

Entsprechende Geldstrafe trifft denjenigen, welcher im Inland widerrechtlich ausgegebene oder ausländische Inhaberpapiere weiterbegibt oder an einem zum Verkehr mit Wertpapieren bestimmten Versammlungsort zum Gegenstand eines Geschäfts oder einer Geschäftsvermittlung macht.

Die Vorschrift des Abs. 2 erstreckt sich nicht auf ausländische Inhaberpapiere mit Prämien, welche vor dem 1. Mai 1871 ausgegeben und nach Maßgabe des Gesetzes vom 8. Juni 1871, betreffend die Inhaberpapiere mit Prämien abgestempelt worden sind.“ —

Neben der vorgeschlagenen Bestimmung ist § 1 des Ges. v. 8. Juni 1871 insofern aufrechtzuerhalten, als er eine Emissionsbeschränkung für die Einzelstaaten enthält; die Beseitigung des § 1 würde die Wirkung haben, daß die Einzelstaaten auch ohne reichsrechtliche Ermächtigung durch die Ausgabe von Inhaberpapieren mit Prämien Anleihen aufnehmen könnten. Ob dieser Wegfall der Emissionsbeschränkung erwünscht oder unerwünscht wäre, ist hier nicht zu entscheiden — es handelt sich hier um einen Grundsatz des Reichsstaatsrechts, auf den das Strafrecht jedenfalls keinen Anlaß hat, ausdrücklich Bezug zu nehmen. Sollte später ein Reichsgesetz irgendwem die Ausgabe von Inhaberpapieren mit Prämien gestatten, so versteht es sich von selbst, daß diese Ausgabe nicht unter die vorgeschlagene Bestimmung fiele: lex posterior derogat priori.

Die Bestimmungen der §§ 2, 3, 6 des zit. Gesetzes sind vollinhaltlich aufgenommen worden. Die ausdrückliche Hervorhebung der Börsen erscheint entbehrlich, da sie als zum Verkehr mit Wertpapieren bestimmte Versammlungsorte erscheinen.

Ob zurzeit noch ein Bedürfnis zur Aufrechterhaltung des Abs. 3 meines Vorschlages besteht, entzieht sich meiner Beurteilung. Zu erwägen wäre, ob Abs. 3 nicht in das Einführungsgesetz einzustellen wäre, da er im wesentlichen mit einem Übergangszustand von allerdings erheblicher Dauer rechnet.

3. Das Impfgesetz vom 8. April 1874.

§ 17: Wer bei der Ausführung einer Impfung fahrlässig handelt, wird mit Geldstrafe bis zu 500 Mk. usw. bestraft.

Die Bestimmung enthält eine Ergänzung der Strafbestimmungen wider die Körperverletzung, die in unmittelbarem Anschluß an diese in das StGB. einzustellen ist, wenn man sich nicht zu ihrer völligen Beseitigung entschließt.

4. Das Gesetz über die Presse vom 7. Mai 1874.

Die strafrechtlich bedeutsamen Bestimmungen des Preßgesetzes zerfallen, — nach Ausscheidung der Polizeidelikte der §§ 6, 7, 8, 9, 10, 11 vbd. mit § 18 Ziff. 2, § 19 — in zwei wesentlich verschiedene Gruppen. Sie enthalten einmal eine Modifikation der allgemeinen Haftungsgrundsätze des Strafrechts; sie enthalten zum andern Teil Ergänzungen zu der Regelung der Einzeltatbestände des besonderen Teils.

Jener ersten Gruppe sind jedenfalls § 20, der die Haftung des verantwortlichen Redakteurs, und § 22, der die Verjährung der Preßdelikte regelt, zuzurechnen. Es läßt sich nicht verkennen, daß manches für die Einarbeitung dieser Bestimmungen in das StGB. spricht. Sie modifizieren die allgemeinen Grundsätze des Strafrechts, die im StGB. ihre Regelung gefunden haben, und diese Modifikationen haben Bedeutung nicht nur für die im Preßgesetz geregelten, sondern auch für eine große Anzahl der im StGB. geregelten Delikte: für alle, welche durch die Presse begangen werden können. Und dasselbe gilt nach einer weit verbreiteten, von mir freilich nicht geteilten Ansicht, auch für § 21 PG.: danach soll § 21 nicht ein Sonderdelikt preßrechtlicher Fahrlässigkeit aufstellen, sondern einen bestimmten Fall fahrlässiger Begehung der einzelnen Preßdelikte regeln wollen. Ist diese Auffassung richtig, so modifiziert sich die strafrechtliche Behandlung zahlreicher Delikte des StGB. ganz wesentlich durch das Eingreifen auch dieser Bestimmung.

Gleichwohl möchte ich davon Abstand nehmen, die Einarbeitung dieser Bestimmungen positiv vorzuschlagen. Sie würde nur wünschenswert erscheinen, wenn die Rechtsgedanken, die in den zitierten Bestimmungen niedergelegt sind, in Wissenschaft und Praxis bereits klar und scharf erkannt und umgrenzt wären. Allein es muß gesagt werden, daß wir davon noch recht weit entfernt sind. Das beweisen die Schwankungen der Judikatur, selbst der oberstrichterlichen Judikatur des Reichsgerichts; das beweisen weiter die endlosen, unausgetragenen Kontroversen der Theorie; gerade auf unserem Gebiet ist man von einer Einigung auch nur über die leitenden Gesichtspunkte noch recht weit entfernt. Man könnte daraus den Schluß ziehen, daß gerade diese Situation ein Eingreifen des Gesetzgebers besonders wünschenswert erscheinen lasse. Allein es handelt sich bei jenen Kontroversen nicht nur um Schwierigkeiten, die auf die Formulierung der positiv-rechtlichen Bestimmungen zurückzuführen wären; vielmehr sind die Prinzipien selbst, die diesen Bestimmungen zugrunde gelegt werden sollen, der materielle Charakter der in Frage stehenden Verhältnisse noch nicht mit der Klarheit erkannt, die die Vorbedingung gedeihlicher Gesetzesreform zu bilden hätte. Daher dürfte es sich wohl empfehlen, die Revision dieser preßgesetzlichen Bestimmungen bis zu völliger Klärung dieser Fragen auszusetzen, und sie nicht mit der Strafrechtsreform zu verkoppeln.

Anders steht es mit der zweiten Gruppe. Hier handelt es sich um Tatbestände, die den besonderen Teil des StGB. unmittelbar ergänzen; um die Regelung von Straftaten, die zwar nur durch die Verbreitung von Druckschriften begangen werden können, deren Täterkreis sich aber keineswegs auf die im Preßgewerbe arbeitenden Personen beschränkt, sondern sich auf jeden erstreckt, der die Presse in den Dienst seiner deliktischen Absichten stellt. Die Einarbeitung dieser Delikte ist zur inhaltlichen Abrundung des StGB. dringend zu befürworten. Hierher gehören:

1. § 14 vbd. § 18 Ziff. 1: Die fernere Verbreitung einer Druckschrift, deren Verbreitung der Reichskanzler auf

Grund von § 14 (zweimalige Verurteilung nach §§ 41, 42 StGB.) verboten hat, wird mit Geldstrafe bis zu 1000 Mk., Haft oder Gefängnis bis zu 6 Monaten bestraft.

Es handelt sich hier um einen Angriff auf die Staatsgewalt, der dem Arrestbruch und dem Siegelbruch (§§ 136, 137 StGB.) zwar nicht der juristischen Konstruktion, wohl aber seinem materiellen Gehalte nach systematisch an die Seite zu stellen ist.

2. § 15 vbd. § 18 Ziff. 1.
Dieselbe Strafe wie zu 1. trifft die verbotswidrige Veröffentlichung von Mitteilungen über Truppenbewegungen oder Verteidigungsmittel in Zeiten der Kriegsgefahr oder des Krieges.

Das Vergehen wäre als Gefährdungsdelikt dem Landesverrat an die Seite zu stellen.

3. § 16 vbd. § 18 Ziff. 1.
Dieselbe Strafe wie zu 1. trifft die öffentliche Aufforderung mittels der Presse zur Aufbringung von Geldstrafen und Kosten sowie öffentliche Bescheinigungen mittelst der Presse über den Empfang der zu solchen Zwecken gezahlten Beiträge.

Die Bestimmung würde entweder der Begünstigung als ein Fall der Strafvereitelung — wenn diese juristisch nicht ganz genaue Charakterisierung gestattet ist — oder den strafbaren Aufforderungen anzugliedern sein.

4. § 17 vbd. § 18 Ziff. 1
belegt mit derselben Strafe wie zu 1. die Veröffentlichung von amtlichen Schriftstücken eines Strafprozesses vor deren Kundgabe in öffentlicher Verhandlung oder vor Beendigung des Verfahrens.

Wenn überhaupt ein Bedürfnis besteht, die Bestimmung aufrechtzuerhalten, wird sie ihren Platz im Zusammenhang der Begünstigungslehre, als Angriff auf die Strafrechtspflege, erhalten müssen.

5. In denselben Zusammenhang wie § 14 vbd. § 18 Ziff. 1 wäre endlich § 28 zu stellen, der die Verbreitung einer beschlagnahmten Druckschrift oder den Wiederabdruck der die Beschlagnahme veranlassenden Stellen mit Geldstrafe bis zu 500 Mk. oder mit Gefängnis bis zu 6 Monaten bedroht.

5. Das Reichsgesetz vom 6. Februar 1875 über die Beurkundung des Personenstandes und die Eheschließung.

§ 67. Ein Geistlicher oder anderer Religionsdiener, welcher zu den religiösen Feierlichkeiten einer Eheschließung schreitet, bevor ihm nachgewiesen worden ist, daß die Ehe vor dem Standesbeamten geschlossen sei, wird mit Geldstrafe bis zu 300 Mk. oder mit Gefängnis bis zu 3 Monaten bestraft.

Eine strafbare Handlung ist nicht vorhanden, wenn der Geistliche oder der Religionsdiener im Falle einer lebensgefährlichen, einen Aufschub nicht gestattenden Erkrankung eines der Verlobten zu den religiösen Feierlichkeiten der Eheschließung schreitet.

§ 67 will den Grundsatz der obligatorischen Zivilehe zur Durchführung bringen; er bezweckt nach einer bestimmten Seite den Schutz der staatlichen Ordnung des Personenstandes. Er wird bei seiner Aufnahme in das StGB. dem 12. Abschnitt des Entwurfs „Verbrechen und Vergehen gegen die Ordnung der Ehe und des Personenstandes“ anzugliedern sein.

6. Konkursordnung vom 10. Februar 1877 (Fass. v. 20. Mai 1898).

§ 239 straft den betrüglichen,
§ 240 den einfachen Bankrott,
§ 241 die Gläubigerbegünstigung,
§ 242 die Bankrottunterstützung,
§ 243 den Stimmverkauf.

Die Wiedereingliederung dieser Deliktsgruppe in das StGB. ist ein unabweisliches Bedürfnis. Sie ist systematisch um so mehr geboten, als der Vorentwurf mit gutem Recht in § 293 den § 288 StGB., die Vollstreckungsvereitelung, aufrechterhalten hat: ebensowenig, wie man ernsthaft in Erwägung ziehen könnte, diese Bestimmung in die ZPO. zu verpflanzen, ebensowenig ist es gerechtfertigt, die Vereitelung der Generalexekution in der KO. zu belassen. Die grundsätzlichen Mißverständnisse, auf denen die Stellungnahme des Vorentwurfs zu unserer Frage überhaupt beruht, treten gerade in den Ausführungen deutlich hervor, in denen die Einarbeitung der Bankrottbestimmungen abgelehnt wird. „Auch die Konkursordnung ist nicht einbezogen, so daß die Bestimmungen über den Bankrott außerhalb des StGB. bleiben. Daß in dieses die KO. als Ganzes nicht gehört, kann nicht zweifelhaft sein. Sie durch Übernahme der gegen den Bankrott gerichteten Bestimmungen zu zerreißen, erschien aber nicht angemessen, zumal diese erst vor kurzem revidiert worden sind und einer Neuordnung zurzeit nicht bedürfen" (Begr. S. VI). Wieder hat hier der in diesem Falle durchaus unberechtigte Respekt vor der Integrität der Nebengesetze der Reform im Wege gestanden. Hinsichtlich der Frage der Abänderung der Bankrottbestimmungen sei ausdrücklich auf die Ausführungen Wachs in VD. hingewiesen. Es dürfte sich aber empfehlen, in den Zusammenhang der Konkursdelikte dann auch die völlig analogen Tatbestände der §§ 5, 6 des Gesetzes über die Sicherung der Bauforderungen vom 1. Juni 1909 aufzunehmen.

7. Das Gesetz, betreffend den Verkehr mit Nahrungsmitteln, Genußmitteln und Gebrauchsgegenständen, vom 14. Mai 1879.

Die Strafbestimmungen wider die Nahrungsmittelfälschung in ihren verschiedenen Formen sind heute im wesentlichen in den Nebengesetzen enthalten. Immerhin ist das StGB. an den hergehörigen Delikten nicht ganz vorübergegangen. Es berücksichtigt in § 324 StGB. die Vergiftung von Gegenständen, welche zum öffentlichen Verbrauche und Verkaufe bestimmt sind, sowie das Feilhalten und Inverkehrbringen solcher vergifteten Gegenstände; daneben straft § 367 [7] das Feilhalten und den Verkauf von verfälschten oder verdorbenen Getränken und Eßwaren. Das Schwergewicht der Bestimmungen hatte sich indessen längst auf das Nahrungsmittelgesetz verlegt. Angesichts dieser Aufteilung der Materie sah sich der Vorentwurf vor die Frage gestellt, ob er die Nahrungsmittelfälschung nunmehr ganz aus dem StGB. ausscheiden oder sie ganz in dasselbe einarbeiten wolle; deutlich war nur, daß der jetzige Zustand jeder Berechtigung entbehrt. Es ist höchst charakteristisch, daß der Entwurf auch hier wieder sich von dem Respekt vor der Integrität der Nebengesetze hat in seiner Entscheidung bestimmen lassen; er entschließt sich kurzerhand, die bezeichneten Bestimmungen des StGB. in Fortfall zu bringen. Das wäre begreiflich, wenn die Nebengesetzgebung in ihrem heutigen Bestande bereits jene Bestimmungen überflüssig gemacht hätte. Allein der Entwurf sieht sich zu der Anerkennung genötigt, daß davon doch noch nicht ganz die Rede sein kann, und er scheidet den § 367 [7] nur „unter dem ausdrücklichen Vorbehalt" aus, daß eine ihm entsprechende Vorschrift nunmehr in das Nahrungsmittelgesetz aufgenommen werde (Begr. S. 863). Soweit sind wir nun also gelangt; es bedarf einer Reform der Nebengesetzgebung, um die ohne Not in das StGB. gerissene Lücke auszufüllen!

Die Begründung führt indessen für die Ausscheidung der Nahrungsmitteldelikte drei Erwägungen an, auf die kurz eingegangen sei. Einmal will sie die Strafbestimmungen des Nahrungsmittelgesetzes nicht aus ihrem Zusammenhang mit umfangreichen Vorschriften polizeilicher Natur lösen. Allein selbst wenn dieser Zusammenhang bestände, dürften wir ihn nicht gar zu sehr respektieren; in erster Linie muß es zurzeit darauf ankommen, wenigstens alle diejenigen Delikte im StGB. zusammenzufassen, denen wegen der Bedeutung der von ihnen angegriffenen Interessen und der Mannigfaltigkeit der von ihnen verwendeten Angriffsformen allgemeinere Bedeutung zukommt. Und daß zu diesen die Nahrungsmittelfälschung gehört, kann schlechterdings nicht bestritten werden. Obendrein aber muß entschieden in Abrede gestellt werden, daß die hergehörigen Bestimmungen mit den polizeilichen Vorschriften des Gesetzes in irgendeinem anderen als dem rein äußerlichen Zusammenhang stehen, daß sie eben im Rahmen eines und desselben Gesetzes erlassen sind und es beide mit Nahrungsmitteln zu tun haben. Die Vorschriften über die Beaufsichtigung des Verkehrs mit Nahrungsmitteln, die die §§ 1—9 des Gesetzes ausfüllen, und die daran anschließenden Strafbestimmungen der §§ 10—14 stehen völlig selbständig nebeneinander; beispielsweise braucht die Interpretation der zuletzt genannten Paragraphen, die sich mit der Nahrungsmittelfälschung usw. befassen, nirgends auf jene polizeilichen Vorschriften zurückzugreifen. — Völlig unverständlich ist das zweite Argument der Begründung, durch die Aufnahme unserer Delikte werde die Übersichtlichkeit des StGB. nicht gefördert werden. Gewiß nicht — aber sie würde dadurch wohl auch kaum beeinträchtigt werden. Und selbst wenn sie es würde, wäre es immer besser, durch eine etwas umfangreichere Gestaltung des StGB. die größere Übersichtlichkeit des Strafrechts im ganzen zu erkaufen, als im Interesse der Eleganz des StGB. es bei dem heutigen Zustande heilloser Zersplitterung des Strafrechts zu belassen. — Den entscheidenden Trumpf aber spielt die Begründung erst jetzt aus; es dürfte, so befürchtet sie, auch „die sachgemäße Weiterentwicklung der wichtigen und schwierigen Gesetzgebung zur Bekämpfung der Gefährdungen und Mißbräuche im Verkehr mit Ver- und Gebrauchsgegenständen durch eine solche Einfügung (der Nahrungsmittelfälschung in das StGB.) nicht gefördert werden" (614). Auch dies Argument ist, so sehr es geeignet erscheint, Eindruck zu machen, nicht überzeugend. Denn es ist nicht einzusehen, wie jemals die sachgemäße Weiterentwicklung der Gesetzgebung, gleichviel um welches Rechtsgebiet es sich handelt, dadurch positiv gefördert werden könnte, daß man einer Bestimmung diesen oder jenen Platz anweist! Hier hat der Entwurf doch wohl die Bedeutung einer rein technischen Frage weit überschätzt. Abgesehen davon aber spricht die Geschichte der Nahrungsmittelgesetzgebung nicht für, sondern gegen die Begründung. Die Tatsache, daß das StGB. in den oben genannten Bestimmungen der Nahrungsmittelfälschung gedachte, hat die Reichsgesetzgebung nicht gehindert, das Nahrungsmittelgesetz zu schaffen. Und dieses seinerseits hat die ganze Reihe der speziellen Gesetze, die sich mit dem Verkehr von Nahrungsmitteln befassen, entstehen sehen, ohne in seinem Bestande davon berührt zu werden. Ausdrücklich sprechen diese Spezialgesetze es aus, daß die Bestimmungen des Nahrungsmittelgesetzes durch sie nicht berührt werden sollen. Man vergleiche § 7 des Gesetzes betreffend den Verkehr mit bleihaltigen usw. Gegenständen, § 14 des Gesetzes betreffend die Verwendung gesundheitsschädlicher Farben, § 20 des Margarinegesetzes, § 29 des Schlachtvieh- und Fleischbeschaugesetzes und § 32 des Weingesetzes. In sich abgeschlossen stehen die Bestimmungen des Nahrungsmittelgesetzes dieser Entwicklung gegenüber; und ebensowenig, wie ihre Zusammenfassung im Nahrungsmittelgesetz die sachgemäße Weiterentwicklung bisher gehindert hat, ebensowenig wird diese durch die Einfügung der Bestimmungen in das StGB. beeinträchtigt werden können.

Freilich soll hier nicht befürwortet werden, alle jene Spezialgesetze in das StGB. einzufügen. Im Gegenteil glauben wir gerade für jene von den wechselnden Erscheinungen des Nahrungsmittelverkehrs abhängigen Gesetze die Berechtigung der Sondergesetzgebung anerkennen zu müssen. Wohl aber sind die Bestimmungen des Nahrungsmittelgesetzes selbst zur Aufnahme vorzuschlagen, da sie recht eigentlich den Kern des Nahrungsmittelstrafrechts bilden, in ihrem tatbestandlichen Aufbau auch weit genug gefaßt sind, um jedem Wechsel der Erscheinungen im Nahrungsmittelverkehr Rechnung tragen zu können.

In Betracht kommen für die Aufnahme in das StGB.

1. § 10, die eigentliche Nahrungsmittelfälschung.

Mit Gefängnis bis zu 6 Monaten und mit Geldstrafe bis zu 1500 Mk. oder mit einer dieser Strafen wird bestraft,

1. wer zum Zwecke der Täuschung im Handel und Verkehr Nahrungs- oder Genußmittel nachmacht oder verfälscht;
2. wer wissentlich Nahrungs- oder Genußmittel, welche verdorben oder nachgemacht oder verfälscht sind, unter Verschweigung dieses Umstandes verkauft oder unter einer zur Täuschung geeigneten Bezeichnung feilhält;

2. § 11: Die fahrlässige Begehung des Delikts des § 10 Ziff. 2 ist trotz der Übertretungsstrafe aufzunehmen;
3. § 12: Die Herstellung gesundheitsschädlicher Nahrungs- oder Genußmittel oder Gebrauchsgegenstände, sowie das Inverkehrbringen dieser Gegenstände;
4. § 13 stellt für die Handlungen des § 12 eine geschärfte Strafe für den Fall auf, daß der Genuß oder Gebrauch der in § 12 bezeichneten Gegenstände die menschliche Gesundheit zu zerstören geeignet und diese Eigenschaft dem Täter bekannt war;
5. § 14 straft die fahrlässige Begehung der in §§ 12, 13 bezeichneten Handlungen.

Die Delikte zu 1. und 2. sind den Vermögensdelikten, die übrigen den gemeingefährlichen Verbrechen und Vergehen einzureihen. Es hängt von der Art, wie bei der Bestrafung dieser Delikte die Herbeiführung eines schweren Erfolges generell berücksichtigt wird, ab, ob auch die Strafschärfungen aufgenommen werden müssen, die §§ 12 Abs. 2, 13, 14 für die Fälle aufstellen, daß durch die Handlung eine schwere Körperverletzung oder der Tod eines Menschen verursacht worden ist. Der Vorentwurf hat auf diese Schärfungen verzichtet, mit Rücksicht darauf, daß die allgemeine Bestimmung über die Strafschärfung in besonders schweren Fällen hier eine ausreichende Handhabe zu gerechter Ahndung bieten werde. Die Einarbeitung des Nahrungsmittelgesetzes wird unter anderen auch den Vorzug bieten, daß die Frage der Strafschärfungen für die bezeichneten Delikte in demselben Sinne entschieden wird, wie für das StGB. überhaupt.

8. Gesetz gegen den verbrecherischen und gemeingefährlichen Gebrauch von Sprengstoffen, vom 9. Juni 1884.

Das Sprengstoffgesetz enthält in erster Linie Ergänzungen des 27. Abschnitts des StGB.: „Gemeingefährliche Verbrechen und Vergehen," der in wesentlich umgeänderter Fassung auch im DVE. wiederkehrt. Der Entwurf hat nun zwar die Herbeiführung einer Explosion unter die gemeingefährlichen Delikte gestellt — unter der Voraussetzung, daß sie eine Gefahr für Menschenleben oder in bedeutendem Umfange für fremdes Eigentum verursacht —, er hat aber gleichwohl das Sprengstoffgesetz nicht eingearbeitet. „Dieses Gesetz bildet ein Ganzes für sich, es enthält neben solchen Strafvorschriften gegen die Gefährdung des Eigentums, der Gesundheit oder des Lebens anderer durch Anwendung von Sprengstoffen, die hier einschlagen würden, noch eine Reihe weiterer Strafvorschriften, die in anderem Zusammenhange zu behandeln wären, und ferner Vorschriften nicht strafrechtlicher Natur. Es empfiehlt sich nicht, diese verschiedenen, auf gemeinsamem Grunde beruhenden Vorschriften auseinanderzureißen" (Begr. S. 608). Wieder sehen wir die Verfasser des Entwurfs die Vollständigkeit des StGB. leichten Herzens der Integrität eines Sondergesetzes opfern.

An eine unveränderte Übernahme der Bestimmungen des Sprengstoffgesetzes kann nun in der Tat nicht gedacht werden — um so weniger, nachdem der Entwurf, an diesem Punkte vielleicht allzu radikal alle Kasuistik bekämpfend, die Brandstiftungs- und Explosionsdelikte auf einen Paragraphen zusammengestrichen hat. Aber gerade die Feststellung, daß die unveränderte Einstellung dieser Vorschriften in das StGB. schlechterdings unmöglich ist, erbringt vielleicht den besten Beweis für die Notwendigkeit, das Sprengstoffgesetz bei der Reform des StGB. nicht unberührt zu lassen, es innerlich mit den Bestimmungen des StGB. in Einklang zu setzen. Sobald aber diese Arbeit in Angriff genommen wird, läßt sich die Ausscheidung unserer Vorschriften aus dem StGB. nicht einmal mehr durch Rücksichten der Bequemlichkeit rechtfertigen.

Im einzelnen gilt folgendes:

1. § 5 Abs. 1 bestimmt: „Wer vorsätzlich durch Anwendung von Sprengstoffen Gefahr für das Eigentum, die Gesundheit oder das Leben eines anderen herbeiführt, wird mit Zuchthaus bestraft."

Die Aufrechterhaltung dieser Bestimmung würde der Tendenz des Entwurfs entsprechen, überall die konkrete Gefahr zum Tatbestandsmerkmal der gemeingefährlichen Delikte zu machen. Zahlreiche Fälle der gefährlichen Explosion würden sowohl unter § 189 DVE. wie unter § 5 Sprengstoffgesetz fallen. Es muß aber in hohem Grade zweifelhaft erscheinen, ob es neben dem § 189 DVE. noch des § 5 bedarf: einerseits dürfte die Gefährdung durch Anwendung von Sprengstoffen ausschließlich durch die Herbeiführung einer Explosion erfolgen; andererseits dürften die Fälle, in denen durch Anwendung von Sprengstoffen zwar Gefahr für das Eigentum oder die Gesundheit eines andern (§ 5), nicht aber gleichzeitig für „Menschenleben oder in bedeutendem Umfange für fremdes Eigentum" herbeigeführt wird, außerordentlich selten sein. Aber gleichviel; jedenfalls wäre es die Aufgabe des Entwurfs gewesen, sich darüber klar zu werden, daß er § 5 bereits in weitem Umfange aufgenommen hat, und zu prüfen, inwieweit nunmehr § 5 noch aufrechterhalten werden muß.

Jedenfalls läßt sich ein Grund für die Aufrechterhaltung dieser Bestimmung nicht daraus entnehmen, daß § 5 Abs. 2, 3 die Strafe bei Eintritt eines schweren Erfolges wesentlich schärft, während der Entwurf diese Strafverschärfungen wegen der Verursachung schwerer Erfolge bei den gemeingefährlichen Delikten grundsätzlich aufgegeben hat (vgl. Begr. 601). Denn darüber kann kein Zweifel bestehen, ob die Sprengstoffdelikte nun in das StGB. aufgenommen werden oder nicht: die Bestimmungen des § 5 Abs. 2, 3 müssen jedenfalls beseitigt werden. Sie enthalten die krasseste Erfolgshaftung, die das geltende Recht überhaupt kennt, und lassen sich mit einem grundsätzlich den Schuldgedanken betonenden Strafrecht nicht in Einklang setzen. Es genügt, an ihren Wortlaut zu erinnern:

„Ist durch die Handlung eine schwere Körperverletzung verursacht worden, so tritt Zuchthausstrafe nicht unter fünf Jahren, und wenn der Tod eines Menschen verursacht worden ist, Zuchthausstrafe nicht unter 10 Jahren oder lebenslängliche Zuchthausstrafe ein.

Ist durch die Handlung der Tod eines Menschen herbeigeführt worden und hat der Täter einen solchen Erfolg voraussehen können, so ist auf Todesstrafe zu erkennen."

So kann lediglich die Aufnahme des § 5 Abs. 1 in das StGB. zur Ergänzung des § 189 DVE. in Vorschlag gebracht werden.

2. Dagegen eignen sich die Strafbestimmungen wider die Vorbereitung des Sprengstoffverbrechens unmittelbar zur Aufnahme in das StGB. Hierher gehört einerseits § 6: „Haben mehrere die Ausführung einer oder mehrerer nach § 5 zu ahndender strafbarer Handlungen verabredet oder sich zur fortgesetzten Begehung derartiger, wenn auch im einzelnen noch nicht bestimmter Handlungen verbunden, so werden dieselben, auch ohne daß der Entschluß der Verübung des Verbrechens durch Handlungen, welche einen Anfang der Ausführung enthalten, betätigt worden ist, mit Zuchthaus nicht unter 5 Jahren bestraft; andererseits § 7: „Wer Sprengstoffe herstellt, anschafft, bestellt oder in seinem Besitze hat, in der Absicht, durch Anwendung derselben Gefahr für das Eigentum, die Gesundheit oder das Leben eines anderen entweder selbst herbeizuführen oder andere Personen zur Begehung dieses Verbrechens in den Stand zu setzen, wird mit Zuchthaus bis zu 10 Jahren bestraft. — Der gleichen Strafe verfällt, wer Sprengstoffe, wissend, daß dieselben zur Begehung eines in dem § 5 vorgesehenen Verbrechens bestimmt sind, an andere Personen überläßt."

Zu streichen ist dagegen § 8: „Wer Sprengstoffe herstellt, anschafft, bestellt, wissentlich in seinem Besitze hat, oder an andere Personen überläßt unter Umständen, welche nicht erweisen, daß dies zu einem erlaubten Zwecke geschieht, wird mit Zuchthausstrafe bis zu 5 Jahren usw. bestraft." Die hier aufgestellte Verdachtsstrafe kann das StGB. nicht aufnehmen; es wird für jeden einzelnen Fall den Nachweis des verbrecherischen Zwecks zur Verurteilung voraussetzen müssen. Übrigens ist die Bestimmung praktisch nicht von großer Bedeutung, da nach feststehender Judikatur schon der Nachweis irgendeines verbrecherischen Zwecks, sofern es sich nur nicht um den Zweck eines Sprengstoffverbrechens nach § 5 handelt, die Anwendung des § 8 ausschließt.

3. § 10: „Wer öffentlich vor einer Menschenmenge oder wer durch Verbreitung oder öffentlichen Anschlag oder öffentliche Ausstellung von Schriften oder anderen Darstellungen, oder wer in Schriften oder anderen Darstellungen zur Begehung einer der in den §§ 5 und 6 bezeichneten strafbaren Handlungen oder zur Teilnahme an denselben auffordert, wird mit Zuchthaus bestraft.

Gleiche Strafe trifft denjenigen, welcher auf die vorbezeichnete Weise zur Begehung der in Abs. 1 gedachten strafbaren Handlungen insbesondere dadurch anreizt oder verleitet, daß er dieselben anpreist oder als etwas Rühmliches darstellt."

Die Bestimmung ist als Ergänzung des § 111 StGB., § 131 DVE. in das StGB. einzustellen.

4. Nach § 13 verfällt der Strafe des § 139 StGB., „wer von dem Vorhaben eines im § 5 vorgesehenen Verbrechens oder von einer im § 6 vorgesehenen Verabredung oder von dem Tatbestande eines im § 7 unter Strafe gestellten Verbrechens in glaubhafter Weise Kenntnis erhält und es unterläßt, der durch das Verbrechen bedrohten Person oder der Behörde rechtzeitig Anzeige zu machen."

Die Bestimmung ist als Ergänzung des § 139 StGB., § 174 DVE. in das StGB. einzuarbeiten.

5. Endlich wird aber auch § 9 in das StGB. aufzunehmen sein.

„Wer es unternimmt, ohne polizeiliche Ermächtigung Sprengstoffe herzustellen, vom Auslande einzuführen, feilzuhalten, zu verkaufen oder sonst an andere zu überlassen, oder wer im Besitze derartiger Stoffe betroffen wird, ohne polizeiliche Erlaubnis hierzu nachweisen zu können, ist mit Gefängnis von 3 Monaten bis zu 2 Jahren zu bestrafen."

Abs. 2 droht gleiche Strafe für die Zuwiderhandlungen wider die polizeilichen Bestimmungen über den Verkehr mit Sprengstoffen an.

Die Bestimmung trägt zweifellos polizeilichen Charakter. Aber einerseits sind die Gefahren, die aus den hier getroffenen Handlungen erwachsen, so groß, andererseits ist die hier angedrohte Strafe so hoch, daß es angemessen erscheint, die Bestimmung in den Abschnitt Gemeingefährliche Verbrechen oder Vergehen als abstraktes Gefährdungsdelikt einzustellen.

6. § 11 regelt die Zulässigkeit der Polizeiaufsicht und die Einziehung; § 12 statuiert für die Verfolgung der Sprengstoffverbrechen das Weltrechtsprinzip. Diese Bestimmungen müssen eingearbeitet werden. Die Frage, ob die Beibehaltung der Polizeiaufsicht sich empfiehlt, ist an dieser Stelle ebensowenig zu erörtern, wie die andere, ob die Erstreckung des Weltrechtsprinzips auf die Dynamitverbrechen notwendig erscheint.

9. Das Reichsgesetz vom 22. Mai 1881, betreffend die Küstenfrachtfahrt.

§ 3: Der Führer eines ausländischen Schiffes, welcher unbefugt Küstenfrachtfahrt betreibt, wird mit Geldstrafe bis zu 3000 Mk. bestraft.

Neben der Geldstrafe kann auf Einziehung usw. erkannt werden.

§ 42 StGB. findet entsprechende Anwendung.

Die Strafbestimmung dient dem Schutz der deutschen Küstenfrachtfahrt. Nach § 1 steht das Recht, Güter in einem deutschen Seehafen zu laden und nach einem andern deutschen Seehafen zu befördern, um sie daselbst auszuladen (Küstenfrachtfahrt), ausschließlich deutschen Schiffen zu; § 2 sieht die Einräumung dieses Rechts an ausländische Schiffe durch Staatsvertrag oder durch Kaiserliche Verordnung, die der Zustimmung des Bundesrats bedarf, vor. Die Bestimmung bedarf, wenn sie nicht etwa sachlich geändert werden soll, keiner textlichen Änderung; den Ausnahmefällen des § 2 ist durch das Wort „unbefugt" hinreichend Rechnung getragen.

Die Aufnahme der Bestimmung in das StGB. rechtfertigt sich im Hinblick auf § 296a StGB., den § 297 DVE. wörtlich wiederholt, — das Verbot der Küstenfischerei für Ausländer geht auf dieselben Gedankengänge zurück wie das Verbot der Küstenfrachtfahrt. Es handelt sich bei dem Verbot der Küstenfischerei nicht um den Schutz des ausschließlichen Okkupationsrechtes eines bestimmten Berechtigten, sondern um den Schutz des einheimischen Fischereigewerbes, dem die Ausbeutung der deutschen Küstengewässer vorbehalten bleiben soll (Begr. S. 827). Die Parallele zu dem Verbot der Küstenfrachtfahrt dürfte auf der Hand liegen.

10. Das Gesetz, betreffend den Schutz des zur Anfertigung von Reichskassenscheinen verwendeten Papiers gegen unbefugte Nachahmung, vom 26. Mai 1885.

Wer unbefugt Papier anfertigt, einführt, verkauft, feilhält oder sonst in Verkehr bringt, welches dem zur Herstellung von Reichskassenscheinen verwendeten, durch äußere Merkmale erkennbar gemachten Papier hinsichtlich dieser Merkmale gleicht oder so ähnlich ist, daß die Verschiedenheit nur durch Anwendung besonderer Aufmerksamkeit wahrgenommen werden kann, wird mit Gefängnis bis zu 1 Jahre, und wenn die Handlung zum Zwecke eines Münzverbrechens begangen worden ist, mit Gefängnis von 3 Monaten bis zu 2 Jahren bestraft.

Ist die Handlung aus Fahrlässigkeit begangen worden, so ist auf Geldstrafe bis zu 1000 Mk. oder Gefängnis bis zu 6 Monaten zu erkennen.

Der Tatbestand ist den Münzdelikten (§§ 146ff. StGB., 159ff. DVE.) einzureihen, und hier den besonders pönalisierten Vorbereitungshandlungen (§§ 151 StGB., 162 DVE.) anzugliedern.

11. Das Gesetz vom 5. April 1888, betreffend die unter Ausschluß der Öffentlichkeit stattfindenden Gerichtsverhandlungen.

In Betracht kommen nur Art. II und Art. III des Gesetzes; dazu § 286 MStGO. und § 18 EGMStGO. Diese Bestimmungen wollen den Gefahren vorbeugen, die der Staatssicherheit aus der Erörterung bestimmter Tatsachen in gerichtlichen Verhandlungen erwachsen können; sie verbieten deshalb einerseits die Veröffentlichung von Verhandlungsberichten durch die Presse, und ahnden andererseits die Verletzung der Schweigepflicht, die in diesen Fällen den anwesenden Personen durch besonderen Gerichtsbeschluß auferlegt werden kann. Die Bestimmungen ergänzen die Vorschriften des StGB. wider den Landesverrat. Für ihre Aufnahme in das StGB. spricht nicht nur ihr systematischer Zusammenhang, sondern auch die Tatsache, daß die entsprechende Bestimmung für die Fälle der Gefährdung der Sittlichkeit bereits im geltenden StGB. (§ 184b) wie im DVE. (§ 258) ihren Platz gefunden hat.

Die Bestimmungen wären etwa dahin zu formulieren:

1. Wer über eine Gerichtsverhandlung, für die wegen Gefährdung der Staatssicherheit oder wegen Gefährdung militärdienstlicher Interessen die Öffentlichkeit ausgeschlossen war, einen Bericht in der Presse veröffentlicht, wird mit Geldstrafe bis zu 1000 Mk. oder mit Haft oder mit Gefängnis bis zu 6 Monaten bestraft. Das gleiche gilt auch nach der Beendigung des Verfahrens in betreff der Veröffentlichung der Anklageschrift oder anderer amtlicher Schriftstücke des Prozesses.
2. Mit der gleichen Strafe wird belegt, wer aus einer solchen Gerichtsverhandlung einer ihm durch Gerichtsbeschluß auferlegten Pflicht zur Verschwiegenheit zuwider unbefugt Tatsachen mitteilt, welche durch die Verhandlung, durch die Anklageschrift oder durch andere amtliche Schriftstücke zu seiner Kenntnis gelangt sind.

12. Das Gesetz, betreffend die Abzahlungsgeschäfte, vom 16. Mai 1894.

Nach § 7 wird mit Geldstrafe bis zu 500 Mk. bestraft, wer Lotterielose, Inhaberpapiere mit Prämien, oder Bezugs- oder Anteilscheine auf solche Lose oder Inhaberpapiere gegen Teilzahlungen verkauft usw.

Das Vergehen trifft eine bedenkliche Form der Verleitung zum Lotteriespiel, die im Zusammenhang der Glücksspielbestimmungen in das StGB. einzustellen ist.

13. Das Gesetz, betreffend die Bestrafung des Sklavenraubes und des Sklavenhandels, vom 28. Juli 1895.

Der Entwurf macht gegen die Einarbeitung dieses den § 234 StGB. ergänzenden Gesetzes geltend, es sei den besonderen afrikanischen Verhältnissen angepaßt, seine Bestimmungen hätten daher ihren richtigen Platz in einem besonderen Gesetz und gehörten nicht in das Reichsstrafgesetzbuch, für welches die Sklavereifrage von untergeordneter Bedeutung ist. Indessen bezieht sich das Gesetz keineswegs nur auf Afrika, sondern „ist allgemein gefaßt und auf alle Erdteile anwendbar" (Kronecker in Reform des StGB. II S. 299). Und es liegt durchaus im Bereich der Möglichkeit, daß die Veranstaltung eines auf Sklavenraub gerichteten Unternehmens mit ihren Anfangsstadien in das Inland fällt; insofern kann selbst, wenn man sich bei dem StGB. auf die Einfügung derjenigen Vorschriften beschränken will, die für den Inländer unmittelbare praktische Bedeutung besitzen, von hier aus ein Argument gegen die Einarbeitung nicht gewonnen werden. Es ist dabei gleichgültig, ob Handlungen der im StGB. bezeichneten Art häufiger oder seltener im Inlande begangen werden — das StGB. wird es oft mit Tatbeständen zu tun haben, die selten oder nie verwirklicht werden. — Kronecker hält dem Vorschlag, die Bestimmungen einzuarbeiten, entgegen, die im Sklavenraubgesetz angedrohten Strafen fügten sich in das System des StGB. nicht recht ein. Allein gerade daraus resultieren zum Teil die schweren Vorwürfe, die gegen das Gesetz erhoben sind, und es ist die Aufgabe der Reform, nicht vor den zum Teil brutalen Strafbestimmungen des Gesetzes Halt zu machen, sondern sie auf das den allgemeinen Anschauungen und dem System des StGB. entsprechende Maß herunterzuschrauben. Zur Erreichung dieses Zieles aber kann es nur beitragen, wenn die Bestimmungen in das StGB. selbst eingearbeitet werden.

Die Reformbedürftigkeit des Gesetzes ist so allgemein anerkannt, daß es zwecklos erscheint, über die Art, wie das geltende Recht seinem vollen Bestande nach einzuarbeiten wäre, Vorschläge zu machen. Wir begnügen uns deshalb mit der Feststellung, daß sowohl der Tatbestand des § 1 — die Mitwirkung an einem auf Sklavenraub gerichteten Unternehmen — wie derjenige des § 2 — das Betreiben des Sklavenhandels und die Mitwirkung bei der diesem Handel dienenden Beförderung von Sklaven, in das StGB. einzustellen wäre. Inwieweit daneben die Blankettbestimmung des § 4 Aufnahme finden soll — Wer den vom Kaiser mit Zustimmung des Bundesrats zur Verhütung des Sklavenraubes und des Sklavenhandels erlassenen Verordnungen zuwiderhandelt, wird mit Geldstrafe bis zu 6000 Mk. oder mit Gefängnis bestraft —, hängt von der Stellung ab, die das StGB. überhaupt zu den Blankettgesetzen einnehmen will.

14. Das Gesetz, betreffend die Pflichten der Kaufleute bei Aufbewahrung fremder Wertpapiere, vom 5. Juli 1896.

1. In die Gruppe der Delikte wider fremdes Eigentum ist einzustellen § 9: die Verfügung über fremde Wertpapiere, welche sich nicht als Aneignung im Sinne des § 246 StGB. darstellt, einerseits, § 11: die Unterschlagung fremder Wertpapiere andererseits. Bei § 9 handelt es sich um einen Tatbestand, der der Unterschlagung selbständig zur Seite zu stellen ist, bei § 11 um einen qualifizierten Fall der Unterschlagung, der an die Bedingung geknüpft ist, daß der Täter seine Zahlungen eingestellt hat, oder daß über sein Vermögen das Konkursverfahren eröffnet worden ist.

2. § 10 straft den Kaufmann, welcher seine Zahlungen eingestellt hat usw. mit Gefängnis bis zu 2 Jahren, wenn er fremde, ihm zur Aufbewahrung unverschlossen übergebene Wertpapiere nicht unter äußerlich erkennbarer Bezeichnung des Hinterlegers gesondert von seinen eigenen Beständen und von denen Dritter aufbewahrt hat — oder wenn er es unterlassen hat, ein Handelsbuch zu führen, in welches die Wertpapiere des Hinterlegers nach Gattung, Nennwert, Nummer oder sonstigen Unterscheidungsmerkmalen der Stücke eingetragen sind; die Bestrafung ist an die weitere Bedingung geknüpft, daß durch diese Unterlassungen der Berechtigte bezüglich des Anspruchs auf Aussonderung der aufzubewahrenden Wertpapiere benachteiligt ist. § 10

straft weiter eine Reihe entsprechender Unterlassungen des Kommissionärs.

Auch diese Bestimmung dient dem Schutz subjektiv bestimmt umgrenzter Eigentumsrechte; es handelt sich nicht um ein Konkursdelikt, um die Vereitlung der Gläubigerbefriedigung im ganzen, sondern um einen Angriff auf das Eigentum des Hinterlegers, Verpfänders, Kommittenten usw. Auch dieses Vergehen ist daher den Eigentumsdelikten einzugliedern.

3. § 12 regelt die strafrechtliche Haftung des Vorstandes von Aktiengesellschaften usw. für die Straftaten der §§ 9—11.

Es wäre unpraktisch, wollte man diese Bestimmung unverändert in das StGB. herübernehmen. Es handelt sich hier um eine prinzipielle Frage von allgemeiner Bedeutung, die nicht an Sonderfällen zur Entscheidung gebracht werden sollte, zu deren Lösung es vielmehr einer allgemeinen Bestimmung bedarf.

15. Das Handelsgesetzbuch vom 10. Mai 1897.

§ 312 bedroht Mitglieder des Vorstandes, des Aufsichtsrats, Liquidatoren einer Aktiengesellschaft mit Gefängnis und zugleich mit Geldstrafe bis zu 20000 Mk., wenn sie absichtlich zum Nachteile der Gesellschaft handeln.

Der Tatbestand wird bei der Neuregelung der Untreue in dieser aufzugehen haben. Vgl. Freudenthal in Vergl. Darst. Bes. T. Bd. VIII, S. 124, 155.

§ 315 straft mit Gefängnis bis zu 3 Monaten und zugleich mit Geldstrafe bis zu 5000 Mk.

2. die Mitglieder des Vorstandes oder die Liquidatoren einer Aktiengesellschaft usw., wenn in vorschriftswidriger Weise der Antrag auf Eröffnung des Konkursverfahrens unterblieben ist.

Gegen die Aufnahme dieser Bestimmung ließe sich geltend machen, daß dem hier bezeichneten Vergehen das charakteristische Merkmal der Konkursdelikte, der pflichtwidrige Angriff auf fremde Vermögensrechte, abgeht; es handelt sich zunächst anscheinend nur um eine Ordnungswidrigkeit. Trotzdem dürfte sich die Aufnahme der Bestimmung empfehlen. Einmal aus materiellen Gründen: die Verzögerung der Konkursanmeldung bedeutet hier, bei dem häufig bedeutenden Umfang des geschäftlichen Betriebes der Aktiengesellschaft, regelmäßig eine so schwere Gefährdung der Gläubiger, daß das StGB. daran nicht achtlos wird vorübergehen dürfen. Schwerer noch wiegen für uns zwei andere Erwägungen. Läßt die Strafgesetzreform die Bestimmung des § 315 unberührt, so bleibt auch der letzte Absatz des Paragraphen bei Bestand, demzufolge derjenige straflos bleibt, bezüglich dessen festgestellt wird, daß der Eröffnungsantrag ohne sein Verschulden unterblieben ist. Diese Bestimmung will entweder dem Beschuldigten den Exkulpationsbeweis aufbürden — dann muß sie jedenfalls beseitigt werden. Und die Aufnahme der Ziff. 2 in das StGB. würde diese Beseitigung auch für den nicht aufgenommenen Fall der Ziff. 1 nach sich ziehen, da es geradezu unverständlich wäre, wenn für diesen Fall das Gesetz eine Bestimmung aufrechterhielte, die es für den bisher gleich behandelten Fall der Ziff. 2 als unberechtigt anerkannt hätte. Oder die Bestimmung will an den strafprozessualen Grundsätzen der Beweislast nichts ändern: dann ist sie überflüssig, und muß schon wegen der Gefahr, daß aus ihr falsche Schlüsse gezogen werden, aus dem Gesetz verschwinden. — Sodann spricht für die Aufnahme in das StGB. die Erwägung, daß nur auf diesem Wege die Gleichstellung dieses Delikts mit den analogen Vergehen des § 148 Ziff. 2 des Gesetzes, betreffend die Erwerbs- und Wirtschaftsgenossenschaften vom 20. Mai 1898 und des § 84 des Gesetzes, betreffend die Gesellschaften mit beschränkter Haftung vom 20. Mai 1898 erreicht werden kann. Beide Bestimmungen reproduzieren den Schlußabsatz des § 315 HGB.; es verdient indessen hervorgehoben zu werden, daß § 148 zit. in völlig unzweideutiger Weise die strafprozessuale Beweislast zuungunsten des Beschuldigten umkehrt. Höchst absonderlicherweise weichen — darauf hat bereits Wach, Vgl. Darst. Bd. VIII S. 93 aufmerksam gemacht — die Strafdrohungen dieser Bestimmungen von derjenigen des § 315 StGB. nicht unwesentlich ab: die Aufnahme in das StGB. wäre der sicherste Weg, hier zu einer Vereinheitlichung der Strafdrohungen und dadurch zu einer Vereinfachung des Systems der Strafrahmen zu gelangen.

16. Das Reichsgesetz vom 9. Juni 1897 über das Auswanderungswesen.

1. Nach § 45 Abs. 2 wird mit Gefängnis bis zu 1 Jahre und mit Geldstrafe bis zu 6000 Mk. oder mit einer dieser Strafen bestraft, wer es „sich zum Geschäfte macht, zur Auswanderung anzuwerben". „Damit ist — nach der Auffassung der Begründung (S. 500) „die bisherige Vorschrift des § 144 StGB. trotz der hier

angedrohten strengeren Strafen entbehrlich geworden." Der Entwurf schafft deshalb in § 145 einen neuen Tatbestand des Auswanderungsbetruges: „Wer in gewinnsüchtiger Absicht einen Deutschen durch arglistige Täuschung zur Auswanderung verleitet, wird mit Geldstrafe usw. bestraft."

Es soll hier nicht geprüft werden, ob wirklich ein Bedürfnis bestand, diesen neuen Tatbestand zu schaffen; jedenfalls ist es fast unverständlich, daß der Entwurf aus dem von ihm anerkannten Verhältnis, in dem § 45 zu § 144 StGB. steht, nicht die Konsequenz gezogen hat, den § 45 Abs. 2 in das Gesetz aufzunehmen. Es kann doch nicht die Aufgabe der Strafgesetzreform sein, Bestimmungen des StGB. durch solche der Nebengesetze ersetzen zu lassen! Dieses Verfahren aber scheint der Entwurf an dieser Stelle einschlagen zu wollen.

Umgekehrt erscheint es uns über jeden Zweifel erhaben, daß an Stelle des § 144 StGB. und neben dem „Auswanderungsbetrug" die Vorschrift des § 45 Abs. 2 Aufnahme im StGB. finden muß. Das gleiche gilt aber u. E. auch von dem § 45 Abs. 1. Wer ohne die erforderliche Erlaubnis die Beförderung von Auswanderern betreibt oder bei einem solchen Betriebe gewerbsmäßig mitwirkt, wird mit Gefängnis bis zu 1 Jahre usw. bestraft. Die Aufnahme dieser Bestimmung rechtfertigt sich in der Erwägung, daß die Konzessionierung des Auswanderungswesens der Ausbeutung des Leichtsinns und der Unerfahrenheit der auswanderungslustigen Bevölkerungsklassen vorbeugen will; es handelt sich um völlig analoge Erwägungen wie bei der Bestrafung der unbefugten Veranstaltung von Lotterien (§ 286 StGB., § 301 DVE.). Beiden Bestimmungen kann man freilich entgegenhalten, es handle sich hier um Delikte polizeilicher Natur; allein bei der Bedeutung der auf dem Spiele stehenden Interessen und bei der Höhe der angedrohten Strafen wird es gerechtfertigt erscheinen, über diesen Einwand hinwegzuschreiten.

2. Einen völlig heterogenen Bestandteil des Auswanderungsgesetzes bildet § 48, der der Bekämpfung des internationalen Mädchenhandels dient, und sich als eine Ergänzung der §§ 180, 181 StGB. darstellt: „Wer eine Frauensperson zu dem Zwecke, sie der gewerbsmäßigen Unzucht zuzuführen, mittels arglistiger Verschweigung dieses Zweckes zur Auswanderung verleitet, wird mit Zuchthaus bis zu 5 Jahren bestraft. — — Dieselben Straf-

vorschriften finden auf denjenigen Anwendung, welcher mit Kenntnis des vom Täter in solcher Weise verfolgten Zweckes die Auswanderung der Frauensperson vorsätzlich befördert — —." Der DVE. kennt einen Tatbestand des Frauenhandels; nach § 253 wird mit Zuchthaus bis zu 5 Jahren bestraft, „wer ein Gewerbe daraus macht, Frauenspersonen der Unzucht zuzuführen." Mit Recht weist die Begründung darauf hin, daß § 48 durch diese Bestimmung nicht überflüssig wird: denn er trifft auch Fälle nicht gewerbsmäßiger Verleitung zur Auswanderung. Indessen stehen § 253 DVE. und § 48 in so enger, nachbarlicher Beziehung zueinander, daß es nicht gerechtfertigt werden kann, den § 48 in einem Sondergesetz zu belassen, in das er obendrein seiner ganzen Tendenz nach nicht hineinpaßt. Die Übernahme des § 48 in das StGB. wird zugleich Gelegenheit geben, die von der Begründung selbst indirekt als notwendig anerkannte Reform der Bestimmung zu bewerkstelligen.

17. Das Reichsgesetz betreffend die Gesellschaften mit beschränkter Haftung, vom 20. Mai 1898.

§ 84 entspricht § 315 Ziff. 2 HGB., vgl. oben unter 15. § 83 wendet die §§ 239—241 KO. auf die Geschäftsführer einer G. m. b. H. an, welche ihre Zahlungen eingestellt hat usw., wenn sie in dieser Eigenschaft die mit Strafe bedrohten Handlungen begangen haben. U. E. ist der hier für einen Einzelfall durchgeführte Gedanke, die Organe einer juristischen Person für Delikte, die sie sich mit Bezug auf die Führung der Geschäfte dieser juristischen Person haben zu schulden kommen lassen, verantwortlich zu machen, in genereller Wendung in den allgemeinen Teil des StGB. einzustellen. Vgl. zu § 12 des Depotgesetzes.

18. Das Reichsgesetz, betreffend die Erwerbs- und Wirtschaftsgenossenschaften, vom 20. Mai 1898

§ 146 straft die Untreue der Mitglieder des Vorstandes, des Aufsichtsrats und der Liquidatoren mit Gefängnis und zugleich mit Geldstrafe bis zu 3000 Mk.

§ 148 Ziff. 2 entspricht § 315 Ziff. 2 HGB. Vgl. oben unter 15.

19. Das Hypothekenbankgesetz vom 13. Juli 1899.

In Betracht kommt nur § 36 „Treuhänder, die absichtlich zum Nachteile der Pfandbriefgläubiger handeln, werden wegen Untreue nach § 266 StGB. bestraft". Der Tatbestand ist bei Neuregelung der Untreue zu berücksichtigen.

20. Das Gesetz, betreffend die gemeinsamen Rechte der Besitzer von Schuldverschreibungen vom 4. Dezember 1899.

§ 23 bedroht denjenigen mit Geldstrafe bis zu 3000 Mk. oder mit Gefängnis bis zu 1 Jahre, welcher sich besondere Vorteile dafür gewähren oder versprechen läßt, daß er bei einer Abstimmung in der Gläubigerversammlung in einem bestimmten Sinne stimme usw.; Abs. 2 denjenigen, welcher diese Vorteile verspricht oder gewährt.

Gegen die Einbeziehung des § 23 ließen sich dieselben Gründe geltend machen, die uns dazu bestimmt haben, §§ 21, 22 nicht zur Einarbeitung in das StGB. vorzuschlagen: Die stark spezialisierte Natur des Tatbestandes, der singuläre Charakter der hier vorausgesetzten Situation. Indessen steht § 23 sowohl nach seiner Struktur wie auch nach seinen Zwecken dem § 243 KO. so nahe, daß die Zusammenziehung der Bestimmungen und ihre gemeinsame Aufnahme in das StGB. wohl erwogen zu werden verdient.

21. Das Gesetz vom 21. Mai 1900, betreffend die Patentanwälte.

§ 19 straft mit Geldstrafe bis zu 300 Mk., im Unvermögensfalle mit Haft denjenigen, welcher sich als Patentanwalt ausgibt, ohne als solcher eingetragen zu sein.

Trotz der Übertretungsstrafe muß mit Rücksicht auf die Gefährlichkeit der hier getroffenen Handlung die strafgesetzliche Behandlung zur Erwägung gestellt werden. Die Handlung steht trotz aller juristischen Differenzen der Amtsanmaßung wesentlich näher als etwa der Annahme eines Adelsprädikats und enthält eine wesentlich größere Gefährdung des gutgläubigen Verkehrs als diese.

22. Das Gesetz, betreffend die Wetten bei öffentlich veranstalteten Pferderennen, vom 4. Juli 1905.

Das gesamte Glücksspielstrafrecht trägt bis zu einem gewissen Grade polizeilichen Charakter. Es kommt der Gesetzgebung in erster Linie darauf an, der Verleitung zum Glücksspiel entgegenzutreten, die sittlichen und wirtschaftlichen Gefahren zu bekämpfen, die aus der übermäßigen Hingabe an das Spiel entspringen können. Der andere Gedanke, die wirtschaftliche Ausbeutung fremder Spielleidenschaft zu ahnden, steht demgegenüber zurück und findet keine unmittelbare tatbestandliche Verwertung. Nimmt das StGB. diese Materie von überwiegend polizeilichem Charakter überhaupt auf, so wird auch gegen die Einarbeitung des sog. Totalisatorgesetzes dessen polizeiliche Natur nicht angeführt werden können. Für die Aufnahme spricht aber die außerordentliche Häufigkeit der hier unter Strafe gezogenen Handlungen, sowie der enge Zusammenhang der Bestimmungen des Totalisatorgesetzes und der Bestimmungen wider das Glücksspiel.

Die Bestimmung wäre etwa dahin zu formulieren:

Mit Gefängnis von 1 bis zu 6 Monaten oder mit Geldstrafe von 500 bis 1500 Mk. wird, sofern nicht nach anderen Gesetzen eine höhere Strafe eintritt, bestraft:

1. Wer ein Wettunternehmen für öffentlich veranstaltete Pferderennen ohne die vorgeschriebene Erlaubnis betreibt;
2. wer geschäftsmäßig Wetten für öffentlich im In- oder Auslande veranstaltete Pferderennen vermittelt, oder öffentlich oder durch Verbreitung von Schriften oder anderen Darstellungen zum Abschluß oder zur Vermittlung solcher Wetten sich erbietet oder auffordert.

Sind mildernde Umstände vorhanden, so kann auf Gefängnisstrafe bis zu 1 Monat oder auf Geldstrafe bis zu 500 Mk. erkannt werden.

23. Börsengesetz vom 8. Mai 1908.

1. Als Ergänzung des § 263 StGB. ist zunächst in das StGB. einzustellen

§ 88. Wer in betrügerischer Absicht auf Täuschung berechnete Mittel anwendet, um auf den Börsen- oder Marktpreis von Waren oder Wertpapieren einzuwirken, wird mit Gefängnis und zugleich mit Geldstrafe bis zu 15000 Mk. bestraft. Auch kann auf Verlust der bürgerlichen Ehrenrechte erkannt werden.

Sind mildernde Umstände vorhanden, so kann ausschließlich auf die Geldstrafe erkannt werden.

Die gleiche Strafe trifft denjenigen, welcher in betrügerischer Absicht wissentlich unrichtige Angaben in Prospekten oder in öffentlichen Kundgebungen macht, durch welche die Zeichnung oder der Ankauf oder Verkauf von Wertpapieren herbeigeführt werden soll.

Es handelt sich in beiden Fällen um keine Sonderfälle des Betruges, wohl aber um Handlungen, die sich letzten Endes auf die Beschädigung fremden Vermögens richten, und die sich zur Erreichung ihres Zieles der Mittel des Betruges bedienen.

2. In denselben Zusammenhang aber gehört auch

§ 89. Wer für Mitteilungen in der Presse, durch welche auf den Börsenpreis eingewirkt werden soll, Vorteile gewährt oder verspricht oder sich gewähren oder versprechen läßt, welche in auffälligem Mißverhältnis zu der Leistung stehen, wird mit Gefängnis bis zu 1 Jahre und zugleich mit Geldstrafe bis zu 5000 Mk. bestraft.

Die gleiche Strafe trifft denjenigen, der sich für die Unterlassung von Mitteilungen der bezeichneten Art Vorteile gewähren oder versprechen läßt.

Der Versuch ist strafbar.

Sind mildernde Umstände vorhanden, so kann ausschließlich auf die Geldstrafe erkannt werden.

Der Tatbestand bringt allerdings nirgends die betrügerische Absicht des Täters zum Ausdruck, und ebensowenig ist die Vornahme von Betrugshandlungen tatbestandlich verwertet. Indessen gehört die Bestimmung ihrem Grundgedanken nach doch in den hier hervorgehobenen Zusammenhang. Für Mitteilungen in der Presse, durch welche auf den Börsenpreis eingewirkt werden soll, werden die hier geforderten exorbitanten Vorteile nur dann gewährt werden, wenn es sich um ein unlauteres Gebahren, um entstellende oder inhaltlich unwahre, auf die Irreführung des Publikums berechnete Mitteilungen handelt. Umgekehrt wird die Unterlassung von Mitteilungen nur dann einen Preis haben, wenn nach den Gewohnheiten des Verkehrs erwartet werden konnte, daß die Mitteilung von der Presse gebracht würde; es handelt sich hier um eine Unterdrückung wahrer Tatsachen, die zwar an sich nicht pflichtwidrig ist, sondern die im freien Belieben des Herausgebers usw. steht; die aber in dem Augenblick nach der Auffassung des Gesetzes rechtswidrig wird, in dem der Herausgeber sich für sie bezahlen läßt. Daß der endliche Erfolg dieser Manipulationen die Beschädigung fremden Vermögens ist, dürfte keiner Ausführung bedürfen.

3. Als Ergänzung der Glücksspielbestimmungen ist § 94 zu betrachten:

Wer gewohnheitsmäßig in gewinnsüchtiger Absicht andere unter Ausbeutung ihrer Unerfahrenheit oder ihres Leichtsinns zu Börsenspekulationsgeschäften verleitet, welche nicht zu ihrem Gewerbebetriebe gehören, wird mit Gefängnis und zugleich mit Geldstrafe bis zu 15000 Mk. bestraft. Auch kann auf Verlust der bürgerlichen Ehrenrechte erkannt werden.

Das Delikt steht auf der Grenze von Wucher und Glücksspiel. Besonders hingewiesen sei darauf, daß sowohl der österreichische wie der schweizerische Entwurf diesen Tatbestand aufgenommen haben.

4. Endlich muß zur Ergänzung der Untreuebestimmungen auch § 95, der die Untreue des Kommissionärs, begangen entweder durch böswillige Erteilung unrichtigen Rates oder durch absichtliches Handeln zum Nachteil des Kommittenten, behandelt, in das StGB. herübergenommen werden. Die Bestimmung steht heute „auf einem verlorenen Posten", — sie hängt mit dem Börsengesetz ihrem Gehalt nach nicht mehr zusammen. Sie in das HGB. zu verpflanzen, wäre diskutabel; indessen läßt sich kein entscheidender Grund finden, der ihrer Aufnahme in das StGB. selbst entgegenstände. Die Fassung des DVE. § 277 würde den Paragraphen übrigens nicht überflüssig machen.

24. Das Gesetz über den Verkehr mit Kraftfahrzeugen vom 3. Mai 1909.

§ 22 Abs. 1 bedroht den Führer eines Kraftfahrzeugs, der nach einem Unfalle es unternimmt, sich der Feststellung durch die Flucht zu entziehen, mit Geldstrafe bis zu 300 Mk. oder Gefängnis bis zu 2 Monaten. Abs. 2 straft ihn, wenn er eine bei dem Unfall verletzte Person in hilfloser Lage verläßt, mit Gefängnis bis zu 6 Monaten.

Es handelt sich hier um zwei Tatbestände von unverkennbar deliktischer Natur. Abs. 1 trifft einen Sonderfall der sonst straflosen Selbstbegünstigung; da er den Führer auch dann straft, wenn diesen zwar keine Schuld an dem Unfall traf, er sich aber gleichwohl der Feststellung entzog, so wird man sogar über jene Formel hinausgehen und die Erschwerung der Rechtspflege schlechthin als den Kernpunkt des Delikts betrachten müssen. Seine Eingliederung in den Zusammenhang der Begünstigung dürfte sich empfehlen. Abs. 2 trifft einen Fall der Aussetzung, der dieser anzugliedern wäre.

25. Das Bankgesetz vom $\frac{\text{14. März 1875}}{\text{1. Juni 1909}}$.

In Betracht kommt ausschließlich

§ 55. Wer unbefugt Banknoten oder sonstige auf den Inhaber lautende unverzinsliche Schuldverschreibungen ausgibt, wird mit einer Geldstrafe bestraft, welche dem Zehnfachen des Betrages der von ihm ausgegebenen Wertzeichen gleichkommt, mindestens aber 5000 Mk. beträgt.

Die Bestimmung geht ihrer Fassung wie ihrem Zwecke nach über den Rahmen des Bankgesetzes hinaus; sie will die unbefugte Ausgabe von Banknoten und ähnlichen Wertpapieren unbedingt verbieten, gleichviel, ob Banken oder Einzelpersonen als deren Urheber in Frage kommen. Die Vorschrift schließt sich zwanglos dem § 145a StGB., § 147 DVE. an.

26. Das Gesetz, betreffend den Schutz des zur Anfertigung von Reichsbanknoten verwendeten Papiers gegen unbefugte Nachahmung, vom 2. Januar 1911.

§ 2 straft die unbefugte Anfertigung des geschützten Papiers, sowie seine Einfuhr, seinen Verkauf usw. bei vorsätzlicher Begehung mit Gefängnis bis zu 1 Jahre, bzw. von 3 Monaten bis zu 2 Jahren, bei fahrlässiger mit Geldstrafe bis zu 1000 Mk. oder Gefängnis bis zu 6 Monaten. Die Bestimmung ist wie diejenige des Gesetzes vom 20. Mai 1885 (s. oben unter 10) im Anschluß an die Münzdelikte in das StGB. einzustellen.

27. Bei dem gegenwärtigen Stande der Arbeiten zur Reichsversicherungsordnung[1]) würde es inopportun sein, die Einarbeitung der Strafbestimmungen der Versicherungsgesetze zur Diskussion zur stellen. Nur in zwei Richtungen möchten wir davon eine Ausnahme machen. Die erste betrifft die Untreuetatbestände der Versicherungsgesetze. Freudenthal hat eine Regelung der Untreue vorgeschlagen, die diese Sonderbestimmungen überflüssig macht (VDB. VIII, 155); erfreulicherweise hat an diesem Punkte auch der Vorentwurf die Zweckmäßigkeit und Durchführbarkeit einer zusammenfassenden Regelung anerkannt (Begr. S. 765ff.). So bedarf unsere Forderung, diese Tatbestände einzuarbeiten, hier keiner weiteren Begründung. Daneben aber müssen auch diejenigen Bestimmungen eingearbeitet werden, die die Offenbarung von Privatgeheimnissen unter Strafe stellen. Ich lege

---

[1]) Vgl. oben S. 344 Anm. 1.

Nachdruck darauf, daß die technische Frage der Einarbeitung dieser Bestimmungen völlig unabhängig ist von der legislativen Frage, ob sich die Auferlegung einer ganz allgemeinen Berufsschweigepflicht empfiehlt. Der Entwurf hat sich gegen die Auferlegung einer solchen erklärt — „sie würde wegen ihrer Allgemeinheit in ihren Wirkungen unberechenbar und vermutlich geeignet sein, in zahlreichen Fällen verkehrshemmend zu wirken", — und die Begründung hat aus der Unzweckmäßigkeit einer Bestimmung, welche solche allgemeine Berufsschweigepflicht statuiert, das Bedürfnis sondergesetzlicher Regelung hergeleitet (S. 729). Allein es ist keineswegs die Aufgabe des Strafgesetzes, diese Schweigepflicht seinerseits zu normieren; das StGB. wird seiner spezifischen Aufgabe als Strafgesetz vollkommen gerecht, wenn es sich damit begnügt, die Verletzung der anderweitig gesetzlich normierten Schweigepflichten seinerseits unter Strafe zu stellen. Man darf dagegen nicht einwenden, daß § 300 StGB. heute nicht nur die Verletzung von Schweigepflichten strafe, sondern zunächst diese Schweigepflichten aufstelle. Wenn hier auch Norm und Strafgesetz gleichzeitig und im Rahmen einer Bestimmung erlassen sind, so bildet das doch kein Argument gegen die Durchführbarkeit des hier formulierten Vorschlags, für das Gebiet der sonstigen Berufsschweigepflichten die Aufstellung der Norm den Sondergesetzen, die Aufstellung der poenalen Sanktion dem StGB. zu überweisen. Völlig einfach würde sich die Frage natürlich erledigen, wenn man entgegen dem Entwurf eine allgemeine Berufsschweigepflicht statuieren wollte; ihrer Aufstellung im StGB. ständen technische Bedenken ebensowenig entgegen, wie dem § 300 StGB.

Unter diesem Gesichtspunkt würden für die Einarbeitung in Betracht kommen:

1. Das Reichsgesetz über die eingeschriebenen Hilfskassen vom 7. April 1876 (1. Juni 1884).

   § 34 stellt die Untreue der Mitglieder des Vorstandes usw. unter die Strafe des § 266 StGB.

2. Das Krankenversicherungsgesetz vom 15. Juni 1883 (10. April 1892).

   § 42 Abs. 3 entspricht § 34 des Hilfskassengesetzes.

3. Das Invalidenversicherungsgesetz vom 13. Juli 1899.

   § 93 entspricht § 34 des Hilfskassengesetzes.

§§ 185, 186 belegen die Offenbarung von Betriebsgeheimnissen sowie die Nachahmung geheimgehaltener Betriebseinrichtungen durch die Mitglieder der Vorstände der Versicherungsanstalten usw. mit Vergehensstrafe.

4. Das Gewerbeunfallversicherungsgesetz vom 30. Juni 1900.

§ 45 entspricht § 34 des Hilfskassengesetzes.

§§ 150, 151 belegen die Offenbarung von Betriebsgeheimnissen sowie die Nachahmung von geheimgehaltenen Betriebseinrichtungen usw. durch die Mitglieder der Vorstände der Genossenschaften, Aufsichtsbeamte, Rechnungsbeamte, Sachverständige und Beisitzer mit Vergehensstrafen.

5. Das Bauunfallversicherungsgesetz vom 30. Juni 1900.

§ 14 ordnet insbesondere die Anwendung des § 45,
§ 45 diejenige der §§ 150, 151 des Gewerbeunfallversicherungsgesetzes an.

6. Das Unfallversicherungsgesetz für Land- und Forstwirtschaft vom 30. Juni 1900.

§ 47 entspricht § 34 des Hilfskassengesetzes.

§§ 160, 161 entsprechen den §§ 150, 151 des Gewerbeunfallversicherungsgesetzes.

7. Das Seeunfallversicherungsgesetz vom 30. Juni 1900.

§ 45 entspricht § 34 des Hilfskassengesetzes.

28. Nicht berücksichtigt wurden das Gesetz gegen den Verrat militärischer Geheimnisse vom 3. Juli 1893 und das Gesetz, betreffend die Bestrafung der Entziehung elektrischer Arbeit vom 9. April 1900. Das Bedürfnis, diese Gesetze einzuarbeiten, hat bereits der Entwurf mit Recht anerkannt.

VIII. Wird in dem hier vorgeschlagenen Umfang die Einarbeitung der nebengesetzlichen Bestimmungen in Angriff genommen, so wird sich die Frage nicht umgehen lassen, wie denn den nicht aufgenommenen Bestimmungen gegenüber zu verfahren sei. Es handelt sich bei ihnen in der Hauptsache um drei Gruppen. Einmal um Strafbestimmungen von unzweifelhaft polizeilicher Natur. Hierher gehören alle Bestimmungen, die wir unter II. zusammengestellt haben. Es kann keinem Zweifel unterliegen, daß sie später mit den Übertretungsbestimmungen des StGB. zusammenzufassen sein werden: mit diesen zusammen werden sie den Grundstock eines Reichspolizeigesetzes zu bilden haben. Allein es kann die Sorge für den Ausbau eines solchen der Zukunft überlassen bleiben: die Reform des Strafrechts im engeren Sinne darf nicht warten, bis diese Zusammenfassung unternommen und durchgeführt wird. Eine zweite Gruppe stellen jene Tatbestände dar, denen wir singulären Charakter zugesprochen, für deren Regelung wir daher das Recht der Sondergesetzgebung anerkannt haben; hierher gehören im wesentlichen die unter III. zusammengestellten Bestimmungen. Es ist dringend wünschenswert, daß diese Gruppe so eng als möglich begrenzt werde; wenn wir auch davon Abstand genommen haben, ihre Einarbeitung zurzeit zu empfehlen, um die Forderung der Einarbeitung nicht dem Einwand der praktischen Undurchführbarkeit auszusetzen, so wird doch jede Erweiterung der Arbeit auf die eine oder andere dieser Materien freudig begrüßt werden müssen. Allein soweit man mit uns von dem singulären Charakter dieser Bestimmungen ausgehen will, kann wiederum die Stelle, an die sie zu verweisen sind, nicht zweifelhaft sein: sie müssen in dem Zusammenhang der Rechtssätze belassen werden, welche die eigenartigen Rechtsverhältnisse normieren, auf die sich jene Strafbestimmungen beziehen. Sie gehören in das Sondergesetz. Bei der dritten Gruppe handelt es sich um Bestimmungen, die ihrer grundsätzlichen Struktur wie ihrem sachlichen Gehalte nach sich zur Aufnahme in das Strafgesetzbuch eignen würden, die aber noch nicht derartig abgeklärt sind, daß nicht mit ihrer Revision von Zeit zu Zeit gerechnet werden müßte. Das Gesetz gegen den unlauteren Wettbewerb bietet das Prototyp dieser Gruppe. Hier zwingt die Unfertigkeit der Materie zur einstweiligen, aber auch nur zur einstweiligen Beibehaltung der Sonderregelung: in nicht zu ferner Zeit dürfte ihre Einarbeitung in das StGB. möglich, dann aber auch geboten sein!

So ergeben sich technisch keine erheblichen Schwierigkeiten. Einzelne Grenzberichtigungen freilich werden sich nicht umgehen lassen; so wird, um nur ein Beispiel herauszuheben, § 40 des Patentgesetzes in das Gesetz gegen den unlauteren Wettbewerb, in das es seinem Gehalte nach ausschließlich gehört, versetzt werden müssen. Größere Schwierigkeiten dürfte dagegen die zweite Aufgabe bereiten, die sich dem Gesetzgeber hier stellt: er wird es nicht unterlassen dürfen, die Strafbestimmungen auch der nebengesetzlichen Bestimmungen, die von der Kodifikation ausgeschlossen bleiben, mit dem System den Strafrahmen in

Einklang zu setzen, das er den Strafbestimmungen des Strafgesetzbuchs zugrunde legt. Wir dürfen es uns versagen, in dieser Richtung detaillierte Vorschläge zu machen. Kahl hat gezeigt, wie das Strafensystem des Vorentwurfs nicht nur der erforderlichen Einfachheit, sondern auch der inhaltlichen Einheitlichkeit entbehrt. Wird hier, wie es notwendig erscheint, Wandlung geschaffen, so darf das nunmehr aufgestellte Strafrahmensystem selbstverständlich nicht auf das Strafgesetzbuch beschränkt bleiben. Die Schwierigkeiten, die sich bei dieser Arbeit der Anpassung ergeben mögen, sprechen übrigens nicht gegen die Einarbeitung der hier zur Aufnahme vorgeschlagenen Strafbestimmungen. Denn der Anpassung der Strafdrohungen an das System des StGB. wird sich der Gesetzgeber selbst dann nicht entziehen können, wenn er auf die Einarbeitung der Nebengesetze völlig verzichtet; es hätte keinen Sinn, das Strafmaximum etwa für die nebengesetzlichen Übertretungen bei 150 Mk. Geldstrafe und 6 Wochen Haft zu belassen, es dagegen für die Übertretungstatbestände des StGB. auf drei Monate Gefängnis oder Haft oder 300 Mk. Geldstrafe hinaufzusetzen. Wird aber zugegeben, daß die Frage der Anpassung der Strafbestimmungen völlig unabhängig ist von der Frage der Einarbeitung, so wird es gerechtfertigt erscheinen, wenn hier von einer Erörterung der für die Anpassung der Strafdrohungen maßgebenden Gesichtspunkte abgesehen wird. Es kommt uns nur darauf an, dem Einwand vorzubeugen, die Einarbeitung eines Teils der Nebengesetze werde die Einheitlichkeit des Strafrechts völlig aufheben: mag man nun einarbeiten oder nicht, für die inhaltliche Einheitlichkeit aller Strafbestimmungen in der angegebenen Richtung wird man jedenfalls Sorge tragen müssen!

IX. Nur wenige Bemerkungen seien unserer Zusammenstellung noch hinzugefügt.

Die Zusammenstellung dürfte einmal gezeigt haben, daß die Aufgabe, die der Strafgesetzgebung hier gestellt ward, keineswegs so überaus umfassender Natur ist. Begnügt man sich damit, ohne nähere Umgrenzung die Forderung der Einarbeitung der Nebengesetze aufzustellen, so gibt man dem Gegner leichtes Spiel; in der Tat scheint es die Arbeit von Jahrzehnten zu erfordern, wenn man sämtliche Nebengesetze, deren Zahl sich auf rund 120 beläuft, einarbeiten will. Allein davon ist nicht die Rede: wir fordern lediglich, daß der strafrechtliche Gehalt von 34 Gesetzen eingearbeitet werde — gewiß keine leichte Aufgabe, aber gewiß auch keine, die sich nicht bei gutem Willen bewältigen ließe!

Um so mehr, als unsere Zusammenstellung zweitens an einzelnen Beispielen nachzuweisen versucht hat, daß der Versuch, den jetzt vorliegenden Gesetzesstoff einzuarbeiten, technisch keine unüberwindlichen Schwierigkeiten bereiten würde; und dasselbe, was von der lex lata gilt, wird doch auch von dem revidierten Material dieser Gesetze gelten, zumal die Revision dieser Bestimmungen sich stets vor Augen halten wird, daß sie auf die Kongruenz der bisherigen Sonderbestimmungen mit den Vorschriften des StGB. hinzuarbeiten hat.

Freilich, ein technisches Bedenken bleibt bestehen, auf das hier noch nicht hingewiesen wurde. Die Einarbeitung der Nebengesetze wird den Strafgesetzgeber vielfach zu der Aufstellung kasuistischer Bestimmungen zwingen, — und damit wird von hier aus die Erreichung eines Zieles in Frage gestellt, das gerade der Entwurf mit so außerordentlicher Entschiedenheit verfolgt hat: die Überwindung der Kasuistik, an der das geltende StGB. krankt. Indessen möge man die Gefahr der Kasuistik nicht überschätzen. Eine ganze Reihe nebengesetzlicher Strafbestimmungen werden durch die generelle Formulierung von Vorschriften des StGB. überflüssig gemacht werden können; die Reform der Bestimmungen wider den Geheimnisverrat und wider die Untreue mögen hier als wichtigste Beispiele dienen. Andererseits vermögen wir die moderne Abneigung gegen die energische Spezialisierung der Tatbestände nicht ganz zu teilen. Gewiß bringt die Spezialisierung die Gefahr mit sich, daß der Rechtsgüterschutz hier und da Lücken aufweist, die hätten vermieden werden sollen und die sich hätten vermeiden lassen; aber gar nicht nachdrücklich genug kann zurzeit darauf hingewiesen werden, daß das heute so sehr beliebte Verfahren, die strafrechtlichen Tatbestände in recht allgemein gehaltenen Formulierungen zu umschreiben, eine weit bedenklichere Gefahr mit sich bringt: die Gefahr, daß die Strafbestimmung Fälle umfaßt, deren Strafbarkeit man nicht gewollt hat und nie gewünscht hätte. Aber dem sei, wie ihm wolle — jedenfalls ist der Gewinn, den wir aus der Einarbeitung der Nebengesetze in das StGB. heimbringen, mit der Einfügung einiger kasuistisch gefaßter Bestimmungen nicht zu teuer bezahlt. Und es wäre ein Verfahren, das man fast als Heuchelei bezeichnen könnte, wenn man im StGB. die Kasuistik überwände und sich dieses Fortschritts rühmte, gleichzeitig aber in den Nebengesetzen der Kasuistik die reichste Gelegenheit gäbe, ihre Blüten zu treiben. Daß der Gewissenskonflikt, in den der Gesetzgeber in dieser Richtung durch die hier vertretene Forderung gedrängt wird, übrigens kein unausgleichbarer ist, beweist der Entwurf selbst; derselbe Entwurf, der aller übertriebenen Spezialisierung so abhold ist, bisweilen gar zu radikal zahlreiche Paragraphen in einen zusammenstreicht, ergibt sich bei der Behandlung des Landesverrats einer bei ihm überraschenden Kasuistik; allein diese Kasuistik ist sachlich durchaus gerechtfertigt, da der Entwurf hier sich die Aufgabe gestellt hat, die Bestimmungen des Gesetzes gegen den Verrat militärischer Geheimnisse einzuarbeiten. Es ist nur nicht zu verstehen, weshalb der Entwurf sich mit der Einarbeitung dieses einen Gesetzes begnügt hat — mit demselben Erfolge hätte er auch die Eingliederung der nicht verwerteten 33 Gesetze, die hier zur Aufnahme vorgeschlagen worden sind, in Angriff nehmen können!

**Herrosé & Ziemsen, G. m. b. H., Wittenberg.**